俄羅斯科學院東方文獻
研究所藏黑水城文獻

俄羅斯科學院東方文獻研究所
中國社會科學院民族學與人類學研究所
上海古籍出版社 編

㉑

西夏文

佛教部分

上海古籍出版社
二〇一三年・上海

圖書在版編目(CIP)數據

俄藏黑水城文獻.21,西夏文佛教部分/俄羅斯科學院
東方文獻研究,上海古籍出版社,中國社科院民族學
與人類學研究所編纂. —上海:上海古籍出版社,
2013.9
ISBN 978-7-5325-7067-6

Ⅰ.①俄… Ⅱ.①俄… ②上… ③中… Ⅲ.①出土文
物-文獻-額濟納旗-西夏-圖録②佛教-文獻-額濟納旗-
西夏-圖録 Ⅳ.①K877.92

中國版本圖書館 CIP 數據核字(2013)第 231903 號

俄藏黑水城文獻自第十五册起受中國社會科學院出版基金資助

俄藏黑水城文獻 ㉑

編者 俄羅斯科學院東方文獻研究所
中國社會科學院民族學與人類學研究所
上海古籍出版社

主編 史金波(中)
魏同賢(中)
Е.И.克恰諾夫(俄)

出版 上海古籍出版社
中國上海瑞金二路 272 號郵政編碼 200020
©

印製 上海麗佳製版印刷有限公司

俄羅斯科學院東方文獻研究所
中國社會科學院民族學與人類學研究所
上海古籍出版社

開本 787×1092 mm 1/8 印張 45 插頁 22
二○一三年九月第一版 二○一三年九月第一次印刷
ISBN 978-7-5325-7067-6/K·1794
定價:一二○○圓

Памятники письменности из Хара-Хото хранящиеся в Институте восточных рукописей РАН

Коллекции буддийской части тангутского языка

Институт восточных рукописей
Российской академии наук
Институт национальностей и антропологии
Академии общественных наук Китая
Шанхайское издательство "Древняя книга"

Шанхайское издательство
"Древняя книга"
Шанхай 2013

Памятники письменности
нз Хара-Хото хранящиеся в России ㉑

Составвтели
Институт восточных рукописей РАН
Институт национальности и антропологии
АОН Китая
Шанхайское издательство
"Древняя книга"

Главные редакторы
Е. И. Қычанов (Россия)
Ши Цзинь-бо (Китай)
Вэй Тун-сянь (Китай)

Издатель
Шанхайское нздательство
"Древняя книга"
Китай Шанхай ул. Жуйцзиньэр 272
Почтовый индекс 200020

Печать
Шанхайская гравировальная и полиграфическая компания
"Ли Цзя" с ограниченной ответственностью

© Институт восточных рукописей РАН
Институт национальности и антропологии
Академии общественных наук Китая
Шанхайское нздательство "Древняя книга"

Формат 787 × 1092 mm 1/8
Печатный лист 45
Вкладка 22
Первое издание Ⅸ.2013г.
Первая печать Ⅸ.2013г.

Перепечатка воспрещается
ISBN 978 − 7 − 5325 − 7067 − 6/К · 1794
Цена：¥2200.00

Heishuicheng Manuscripts
Collected in
the Institute of Oriental Manuscripts of
the Russian Academy of Sciences

Tangut Buddhist Manuscripts

The Institute of Oriental Manuscripts of
the Russian Academy of Sciences
Institute of Ethnology and Anthropology of
the Chinese Academy of Social Sciences
Shanghai Chinese Classics Publishing House

Shanghai Chinese Classics Publishing House
Shanghai, 2013

Heishuicheng Manuscripts
Collected in Russia
Volume ㉑

Participating Institutions
The Institute of Oriental Manuscripts of
the Russian Academy of Sciences
Institute of Ethnology and Anthropology of
the Chinese Academy of Social Sciences
Shanghai Chinese Classics Publishing House

Editors-in-Chief
Shi Jinbo (on Chinese part)
Wei Tongxian (on Chinese part)
E. I. Kychanov (on Russian part)

Publisher
Shanghai Chinese Classics Publishing House
(272 Ruijin Second Road, Shanghai 200020, China)

Printer
Shanghai Pica Plate Making & Printing Co. , Ltd

8 mo 787×1092mm 45 printed sheets 22 insets
First Edition: September 2013   First Printing: September 2013
ISBN 978 − 7 − 5325 − 7067 − 6/K · 1794
Price: ￥2200.00

俄藏黑水城文獻

主　編　　史金波（中）
　　　　　魏同賢（中）
　　　　　Е.И.克恰諾夫（俄）

編輯委員會（按姓氏筆畫爲序）

中方　　魏同賢
　　　　聶鴻音
　　　　李偉國
　　　　李國章
　　　　白　濱
　　　　史金波

俄方　　Е.И.克恰諾夫
　　　　孟列夫
　　　　К.Б.克平

執行編輯　　蔣維崧

Памятники письменности
из Хара-Хото хранящиеся в России

Главные редакторы
Е. И. Кычанов
Ши Цзинь-бо
Вэй Тун-сянь

Редколлегия (Фамилии по алфавиту)
Е. И. Кычанов
К. Б. Кепинг
Л. Н. Меньшиков
Бай Бинь
Вэй Тун-сянь
Ли Вэй-го
Ли Го-чжан
Не Хун-инь
Ши Цзинь-бо
Исполнительный редактор
Цзян Вэй-сун

Heishuicheng Manuscripts
Collected in Russia

Editors-in-Chief
Shi Jinbo (on Chinese part)
Wei Tongxian (on Chinese part)
E. I. Kychanov (on Russian part)

Heishuicheng Manuscripts Project Committee
(in alphabetical order)

In China
Bai Bin
Li Guozhang
Li Weiguo
Nie Hongyin
Shi Jinbo
Wei Tongxian

In Russia
E. I. Kychanov
K. B. Kepping
L. N. Menshikov

Executive Editor
Jiang Weisong

俄藏黑水城文獻㉑

本卷主編　史金波
　　　　　E.И.克恰諾夫

本卷副主編　聶鴻音　蘇航

責任編輯　蔣維崧

裝幀設計　嚴克勤

攝　　影　嚴克勤

技術編輯　盛美

Памятники письменности
из Хара-Хото хранящиеся в России ㉑

Главный редактор этого тома
Е. И. Кычанов
Ши Цзинь-бо
Заместитель главного редактора этого тома
Не Хун-инь
Су Хан

Ответственный редактор
Цзян Вэй-сун
Художественный и технический редактор
Янь Кэ-цинь
Фотограф
Янь Кэ-цинь
Технический редактор
Шэн Мэй

Heishuicheng Manuscripts

Collected in Russia

Volume ㉑

Editor-in-Chief for this Volume
Shi Jinbo
E. L. Kychanov
Deputy Editor-in-Chief for this Volume
Nie Hongyin
Su Hang
Editor-in-Charge
Jiang Weisong
Cover Designer
Yan Keqin
Photographer
Yan Keqin
Technical Editor
Sheng Mei

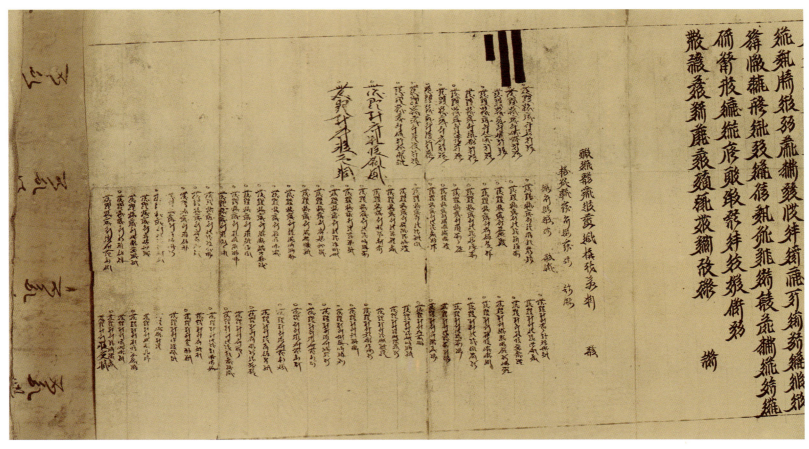

一　**Инв**.No.2200　大般若波羅蜜多經卷第十卷末及題記

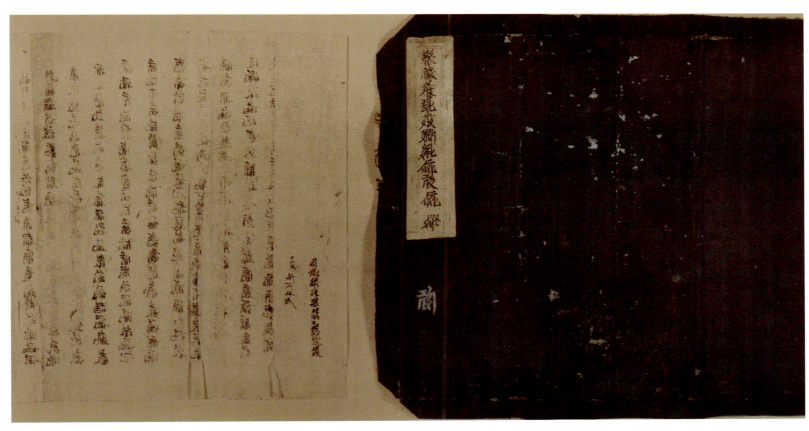

二　**Инв**.No.1720　大般若波羅蜜多經卷第百五十五封套及題記

1

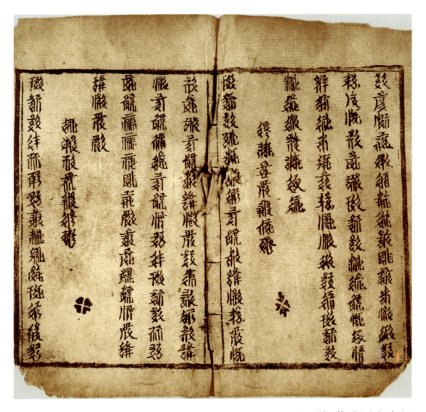
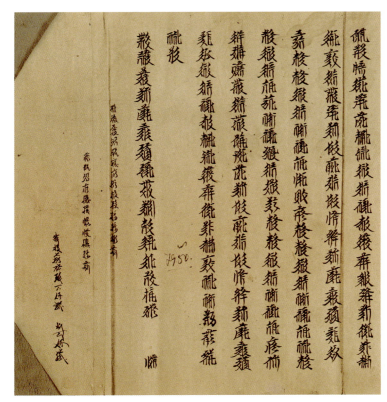

四 Инв.No.726　金剛般若波羅蜜多經　　　　三 Инв.No.7950　大般若波羅蜜多經卷第三百九十二卷末及題記

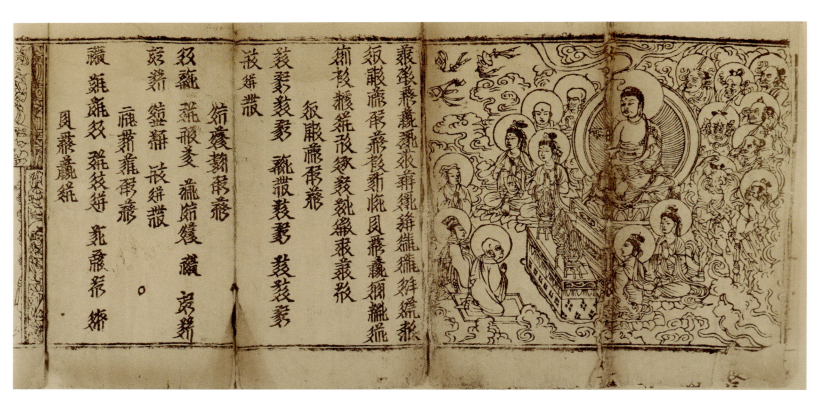

五 Инв.No.686　金剛般若波羅蜜多經經圖卷首

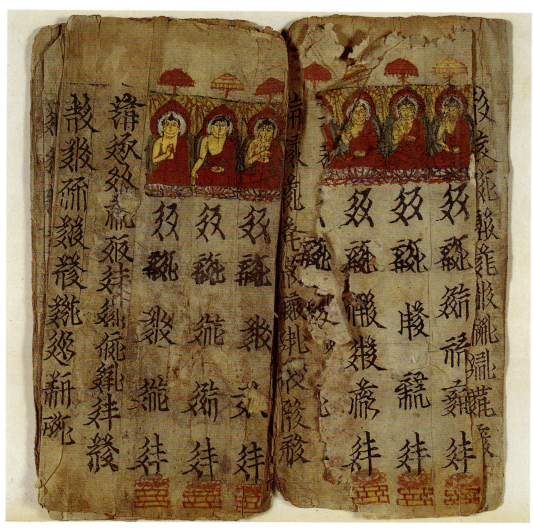

六　Инв.No.3867　金剛般若波羅蜜多經

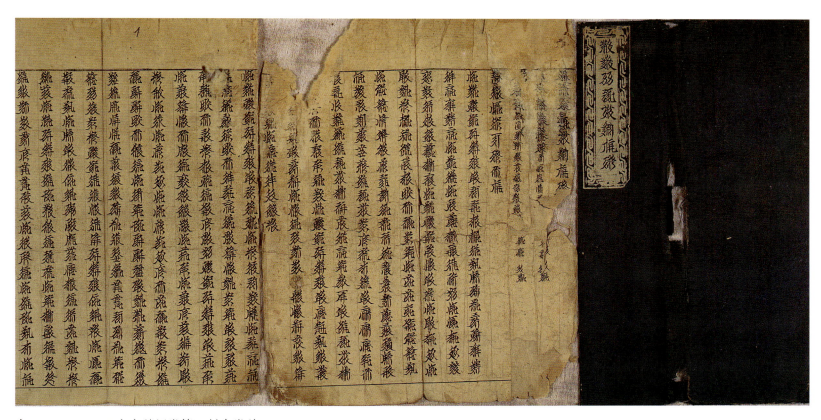

七　Инв.No.365　大寶積經卷第二封套卷首

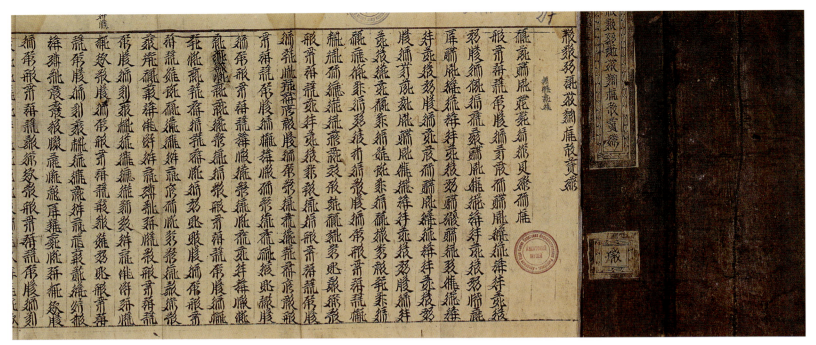

八　Инв.No.723　大寶積經卷第二十七封套卷首

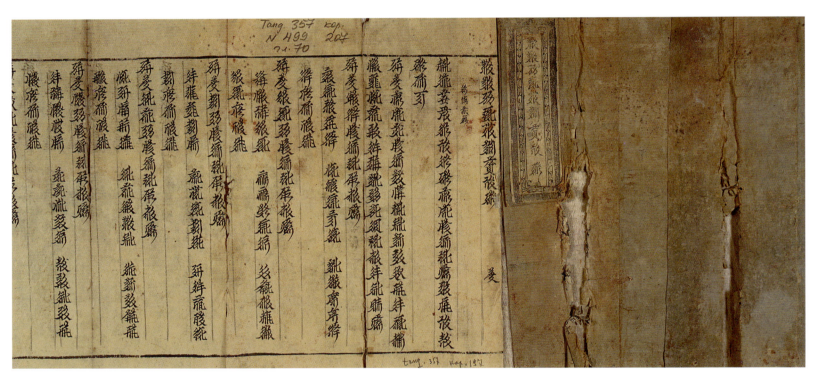

九　Инв.No.499　大寶積經卷第七十封套卷首

一〇　Инв.No.516　大寶積經卷第八十三卷末及題記

俄藏黑水城文獻第二十一册目録

4

彩色圖版目録

俄 Инв.No.2200　　大般若波羅蜜多經卷第十卷末題記

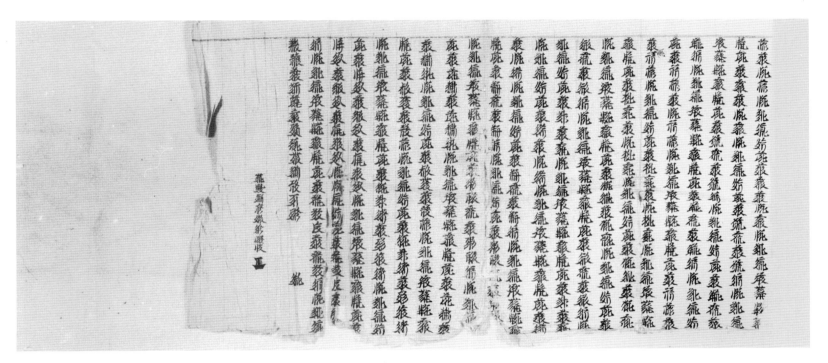

俄 Инв.No.792　　大般若波羅蜜多經卷第十一卷末題記

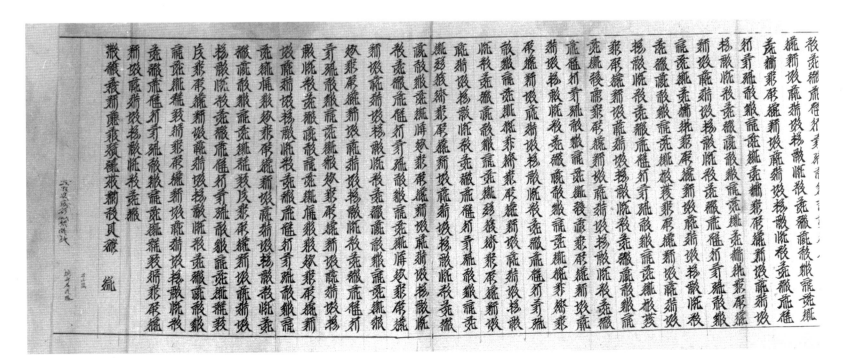

俄 Инв.No.1157　　大般若波羅蜜多經卷第十八卷末題記

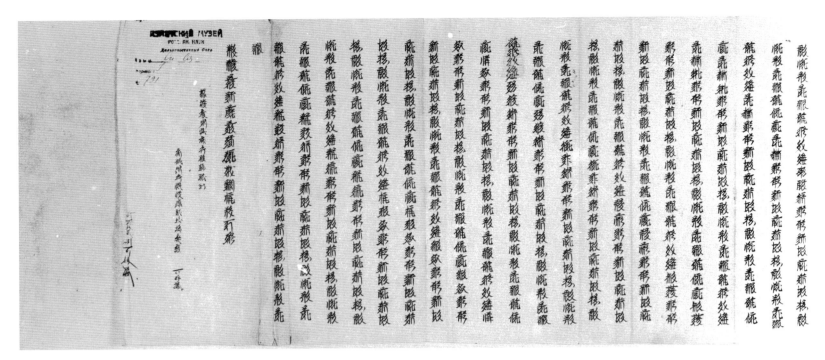

俄 Инв.No.1712　　大般若波羅蜜多經卷第二十一卷末題記

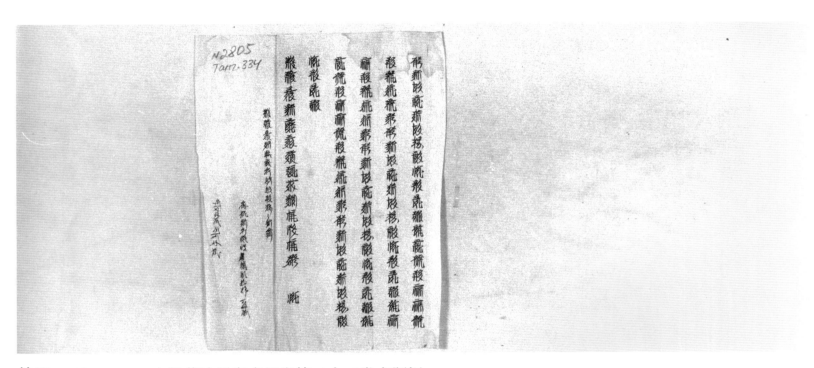

俄 Инв.No.2805　　大般若波羅蜜多經卷第二十二卷末題記

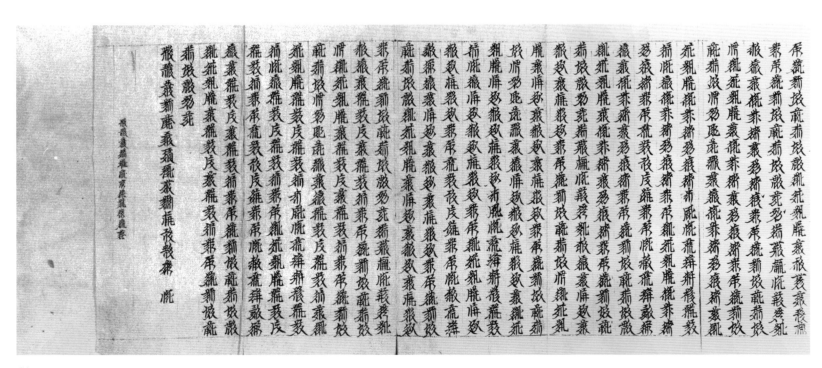

俄 Инв.No.631　　大般若波羅蜜多經卷第二十三 卷末題記

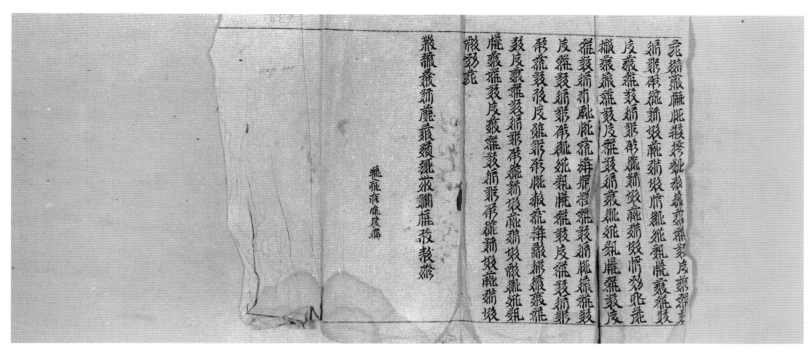

俄Инв.No.633　　大般若波羅蜜多經卷第二十三卷末題記

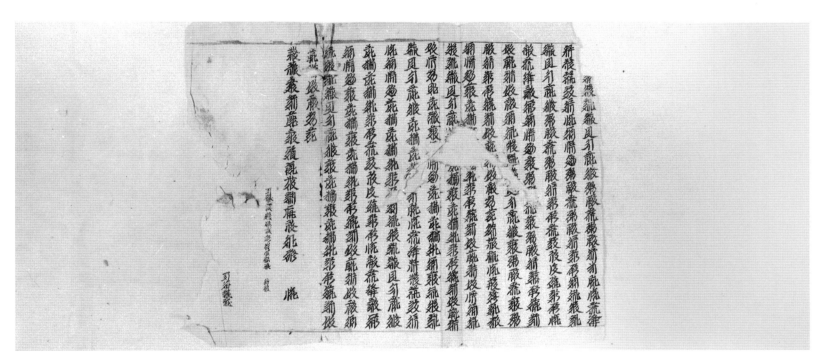

俄Инв.No.2705　　大般若波羅蜜多經卷第二十九卷末題記

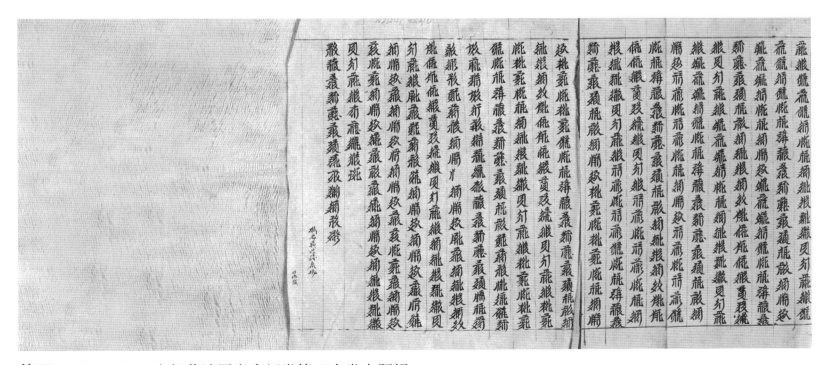

俄Инв.No.2124　　大般若波羅蜜多經卷第四十卷末題記

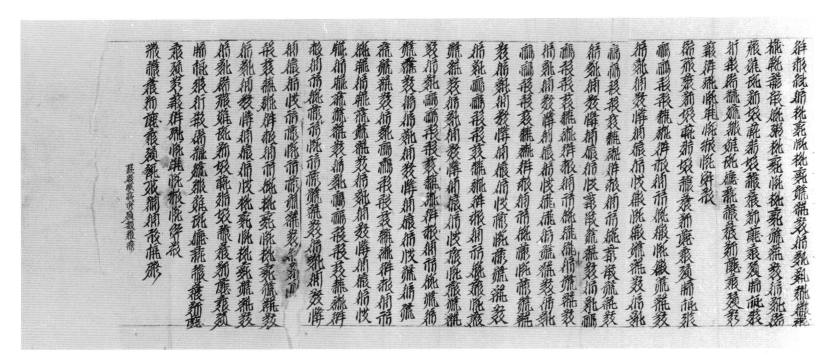

俄 Инв.No.3048　大般若波羅蜜多經卷第四十二卷末題記

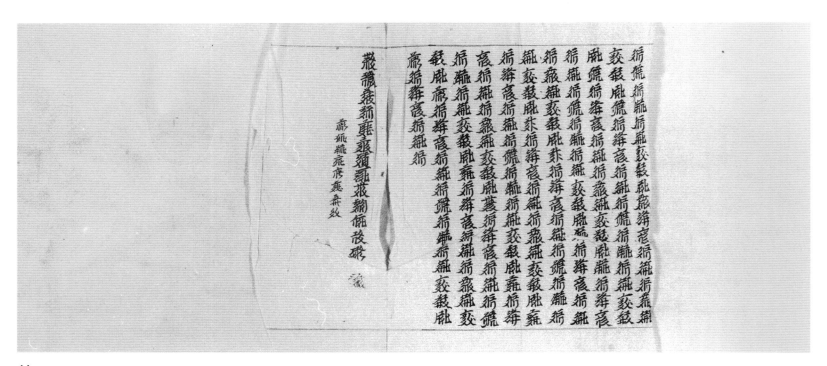

俄 Инв.No.1206　大般若波羅蜜多經卷第五十卷末題記

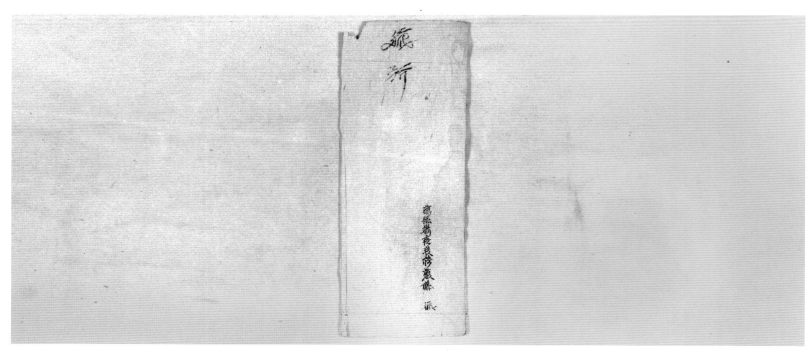

俄 Инв.No.2702　大般若波羅蜜多經卷第六十三卷末題記

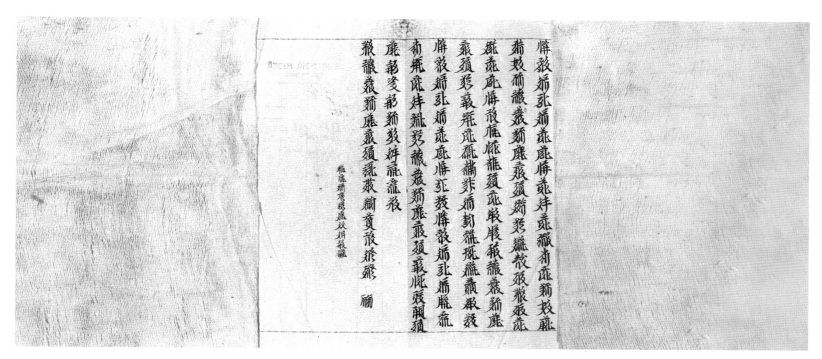

俄 Инв.No.994　大般若波羅蜜多經卷第七十六卷末題記

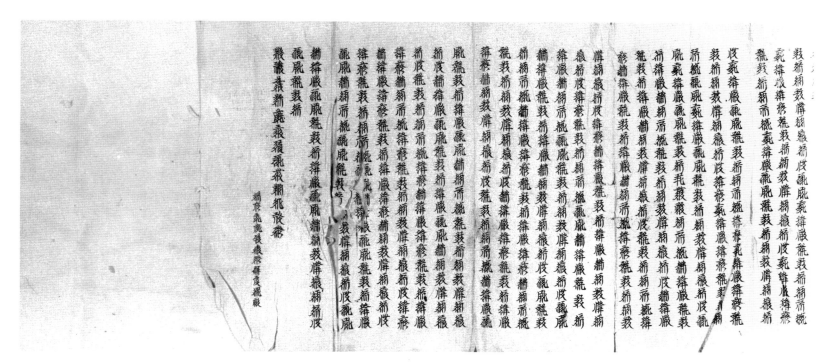

俄 Инв.No.1050　大般若波羅蜜多經卷第九十卷末題記

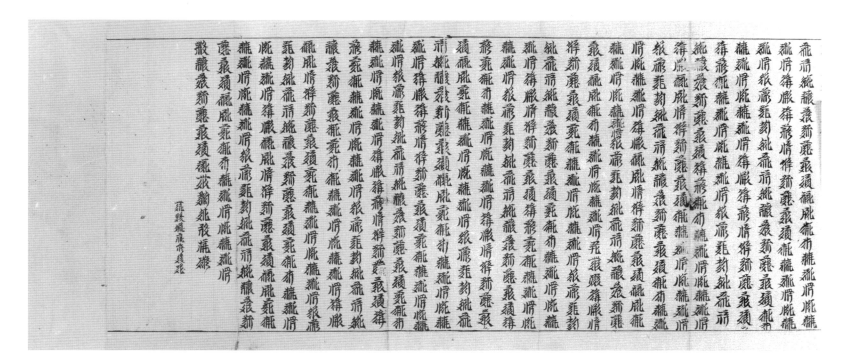

俄 Инв.No.1085　大般若波羅蜜多經卷第九十二卷末題記

5

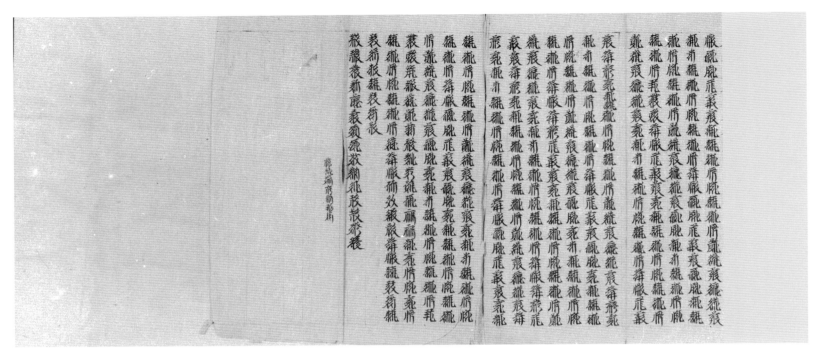

俄 **И**нв.No.1056 　　大般若波羅蜜多經卷第九十三卷末題記

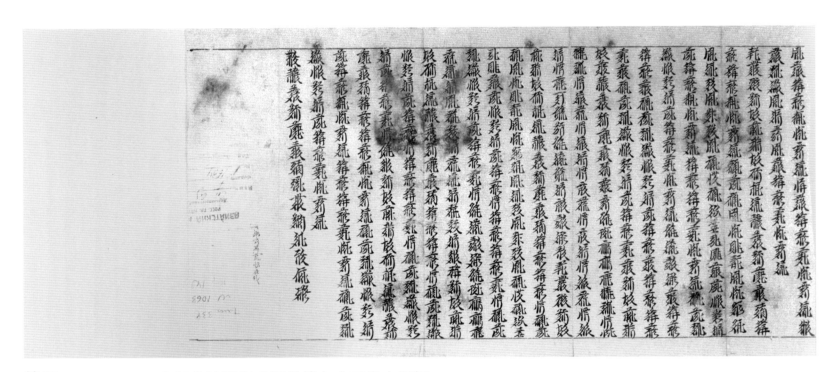

俄 **И**нв.No.1063 　　大般若波羅蜜多經卷第九十五卷末題記

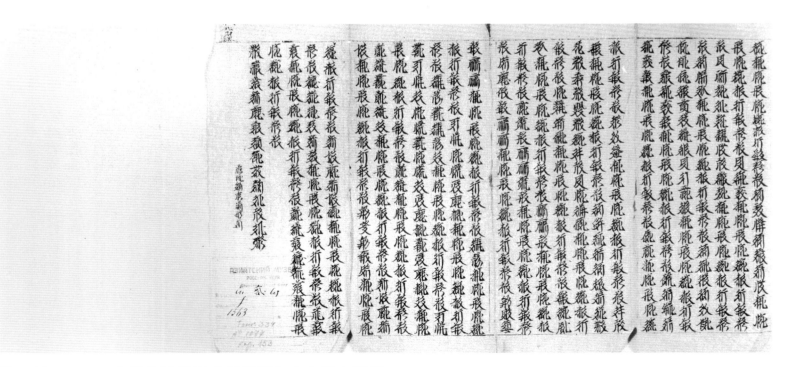

俄 **И**нв.No.1563 　　大般若波羅蜜多經卷第九十九卷末題記

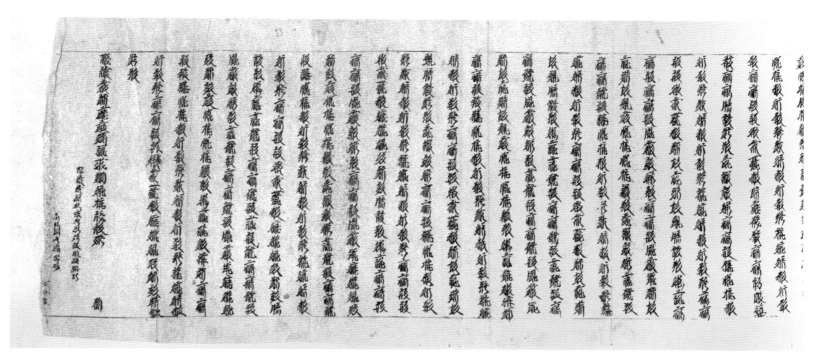

俄 Инв.No.3532　大般若波羅蜜多經卷第百二十三卷末題記

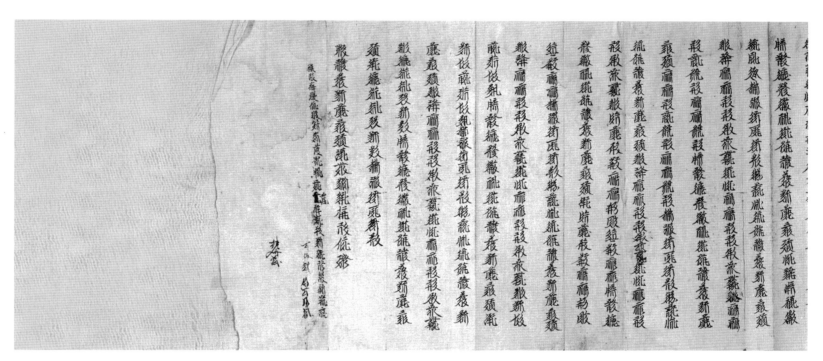

俄 Инв.No.1465　大般若波羅蜜多經卷第百二十五卷末題記

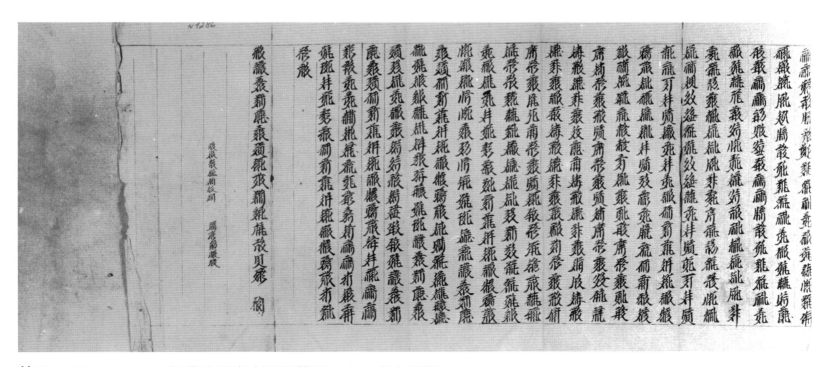

俄 Инв.No.1286　大般若波羅蜜多經卷第百二十八卷末題記

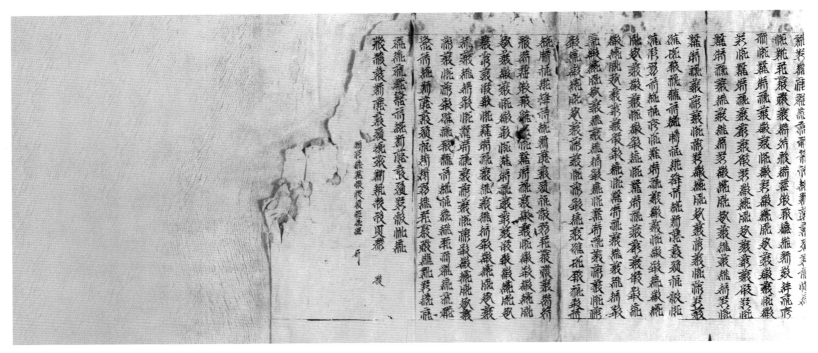

俄 Инв.Но.2061　　大般若波羅蜜多經卷第百三十八卷末題記

俄 Инв.Но.1457　　大般若波羅蜜多經卷第百四十一卷末題記

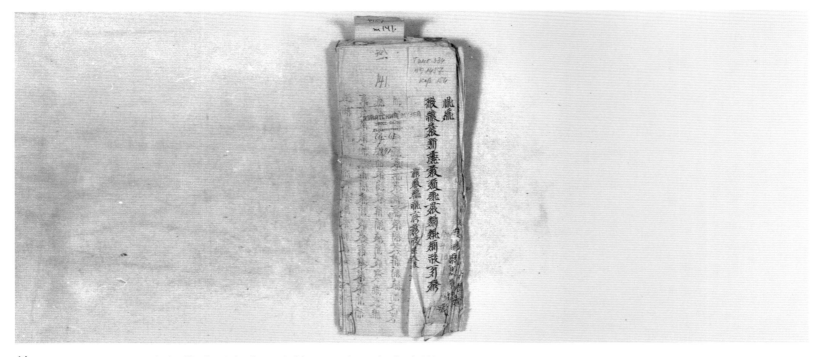

俄 Инв.Но.1457　　大般若波羅蜜多經卷第百四十一卷末書影

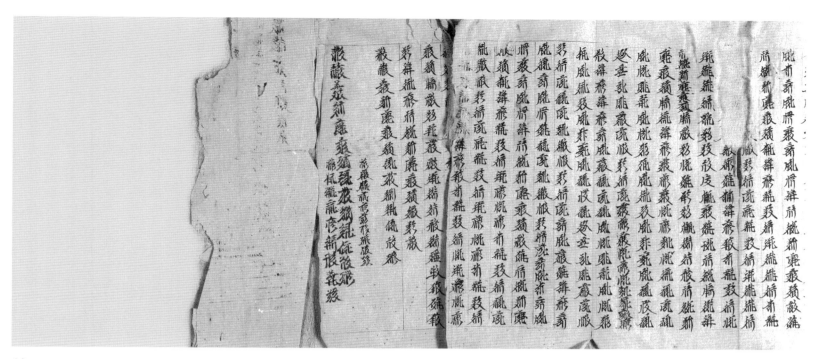

俄 Инв.No.629 大般若波羅蜜多經卷第百五十卷末題記

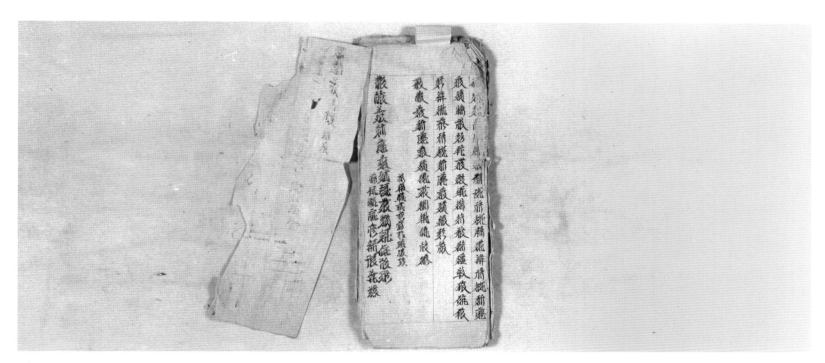

俄 Инв.No.629 大般若波羅蜜多經卷第百五十卷末書影

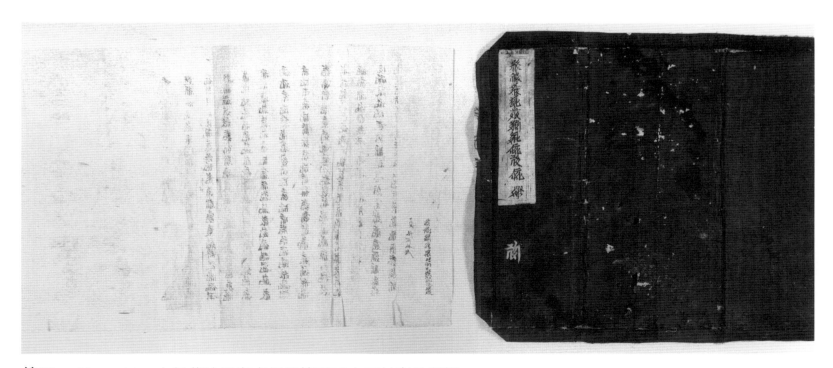

俄 Инв.No.1720 大般若波羅蜜多經卷第百五十五封套及題記

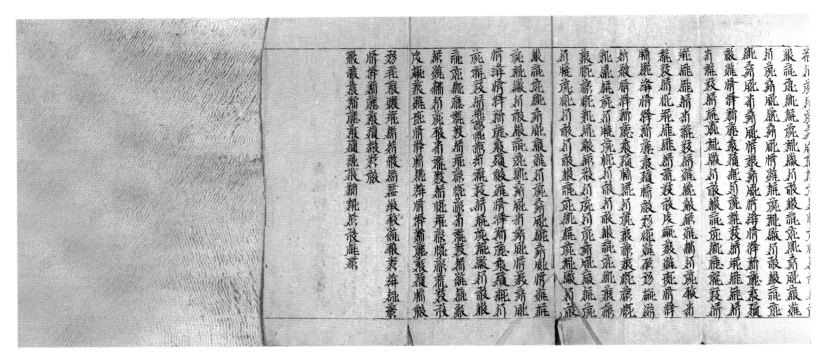

俄Инв.No.1754　大般若波羅蜜多經卷第百六十二卷末

俄Инв.No.1754　大般若波羅蜜多經卷第百六十二卷末題記

俄Инв.No.1825　大般若波羅蜜多經卷第百八十九卷末題記

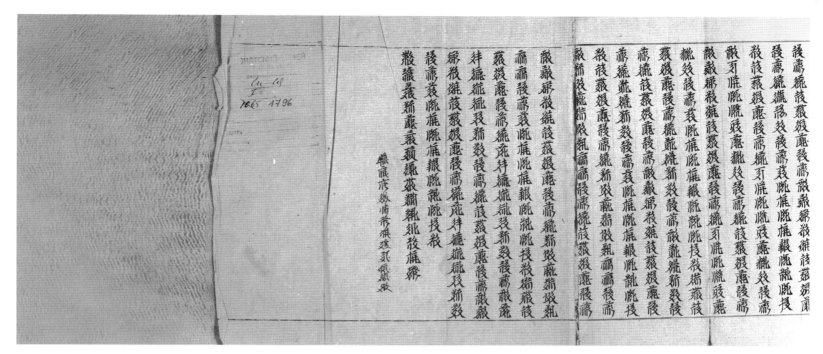

俄Инв.No.1796 　大般若波羅蜜多經卷第百九十二卷末題記

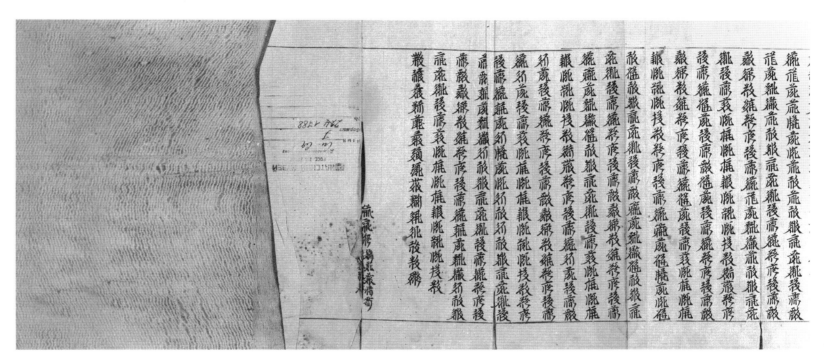

俄Инв.No.1788 　大般若波羅蜜多經卷第百九十三卷末題記

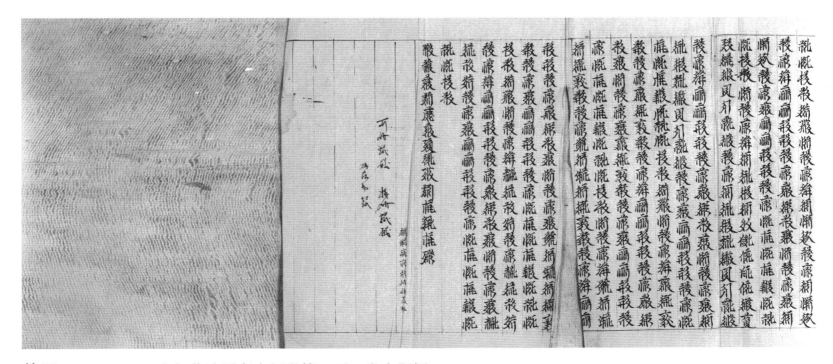

俄Инв.No.1534 　大般若波羅蜜多經卷第二百二卷末題記

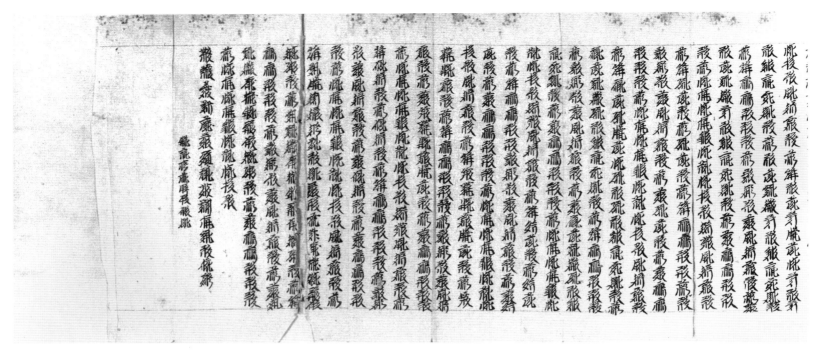

俄 **И**нв.No.1870　大般若波羅蜜多經卷第二百十五卷末題記

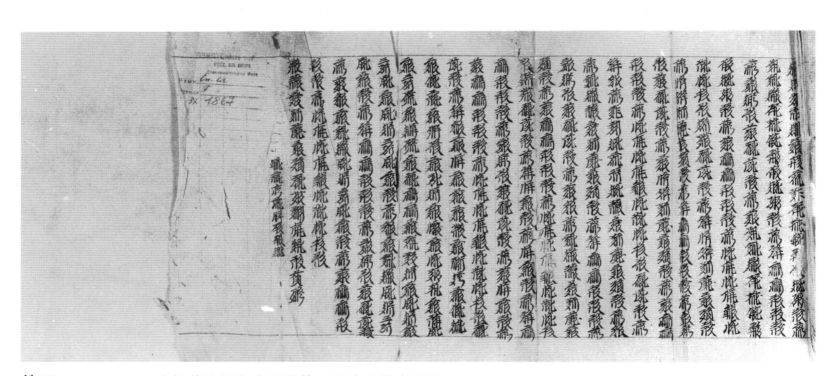

俄 **И**нв.No.1867　大般若波羅蜜多經卷第二百十七卷末題記

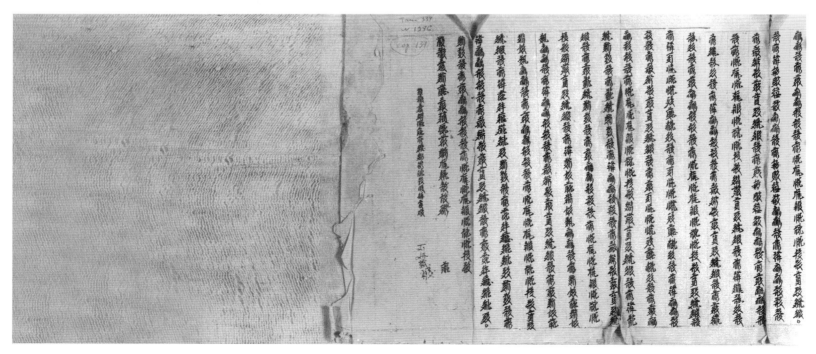

俄 **И**нв.No.1976　大般若波羅蜜多經卷第二百三十卷末題記

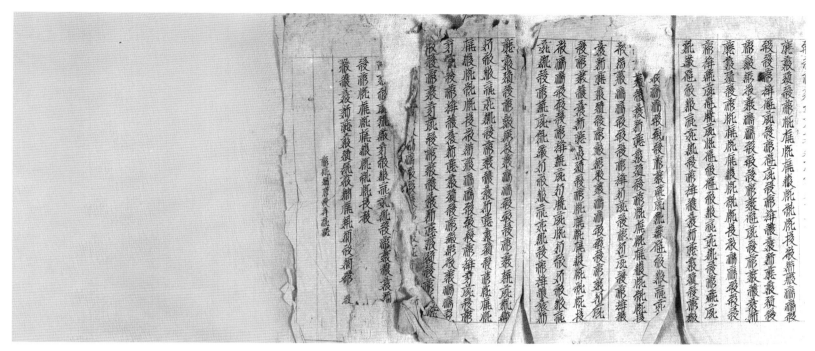

俄 **И**нв.No.2788　　大般若波羅蜜多經卷第二百四十四卷末題記

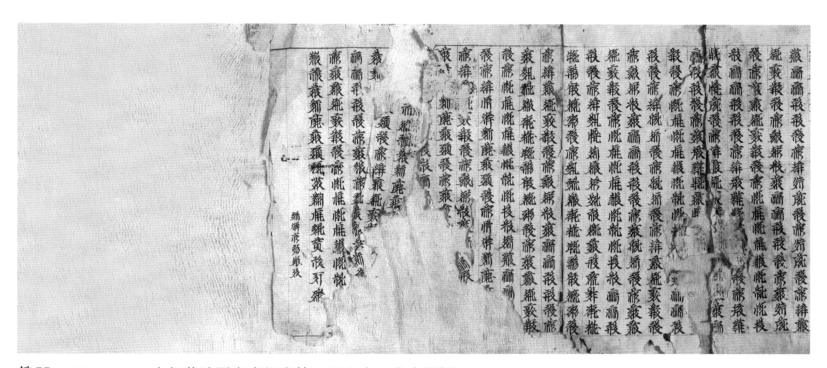

俄 **И**нв.No.1149　　大般若波羅蜜多經卷第二百七十一卷末題記

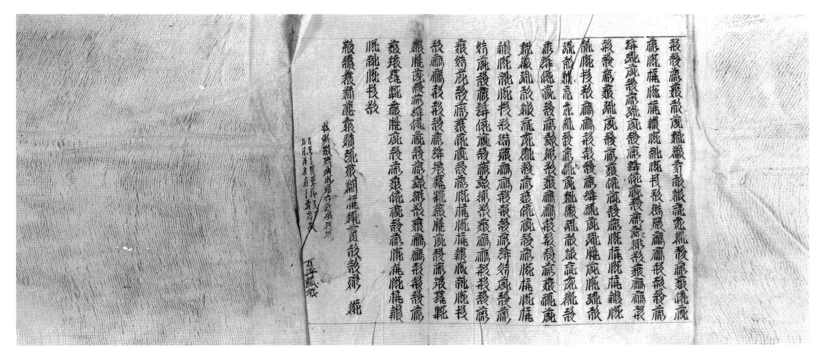

俄 **И**нв.No.1153　　大般若波羅蜜多經卷第二百七十三卷末題記

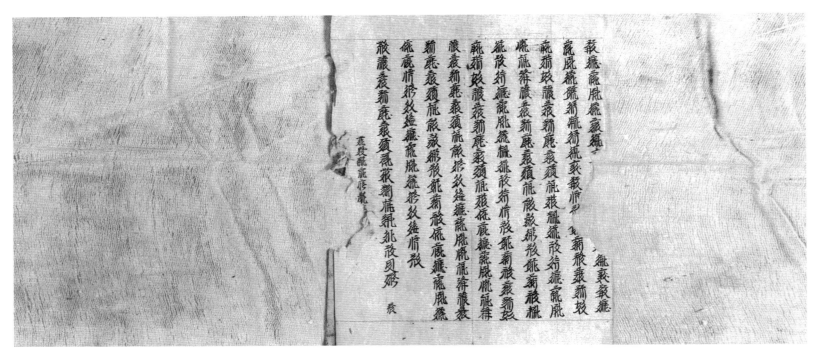

俄 Инв.No.1316　大般若波羅蜜多經卷第二百九十八卷末題記

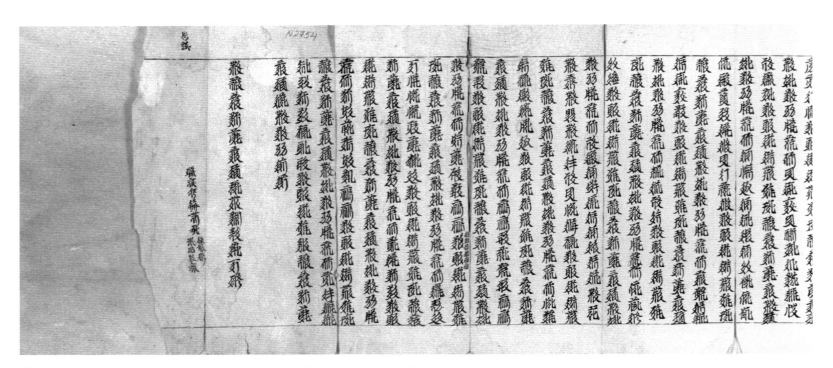

俄 Инв.No.2754　大般若波羅蜜多經卷第三百一卷末題記

俄 Инв.No.1850　大般若波羅蜜多經卷第三百九卷末題記

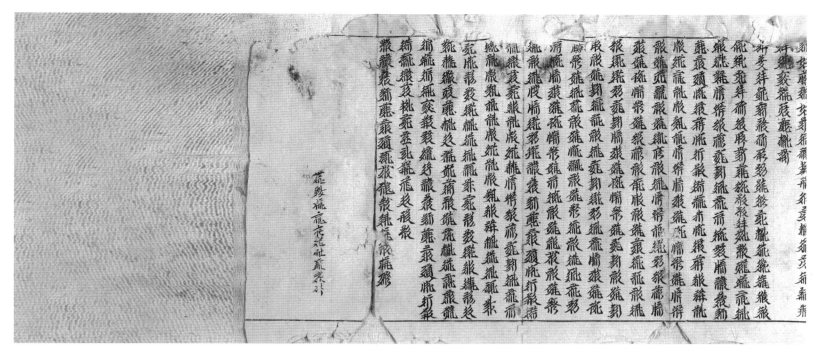

俄 **Инв**.No.1945　大般若波羅蜜多經卷第三百二十二卷末題記

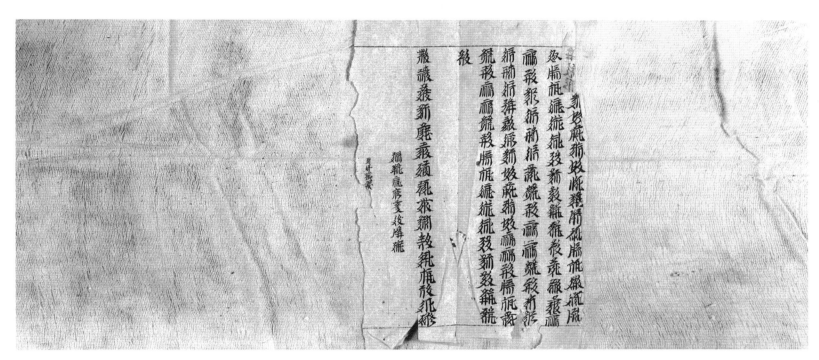

俄 **Инв**.No.4647　大般若波羅蜜多經卷第三百二十九卷末題記

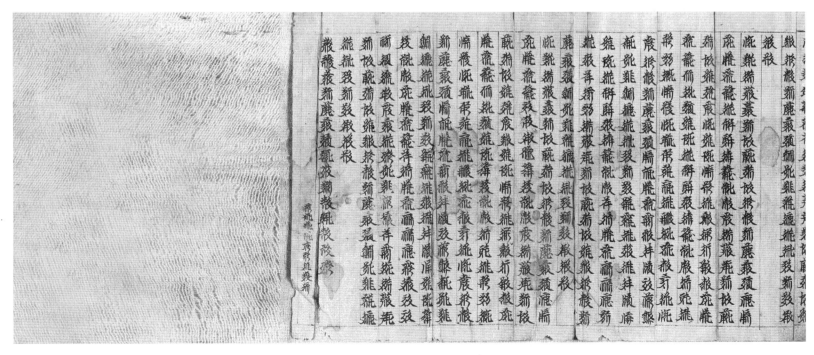

俄 **Инв**.No.1937　大般若波羅蜜多經卷第三百三十卷末題記

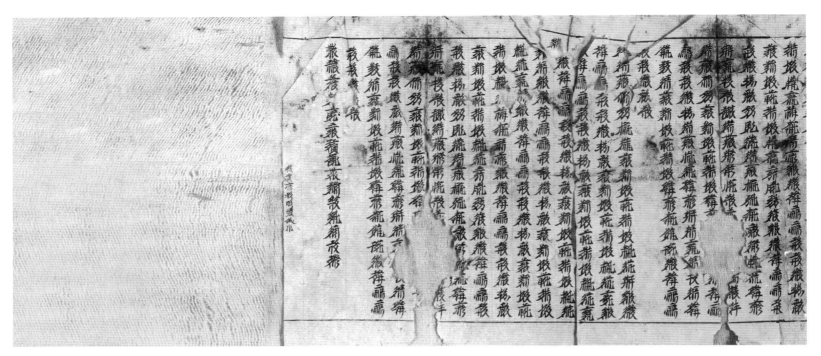

俄 **Инв**.No.1956　　大般若波羅蜜多經卷第三百四十卷末題記

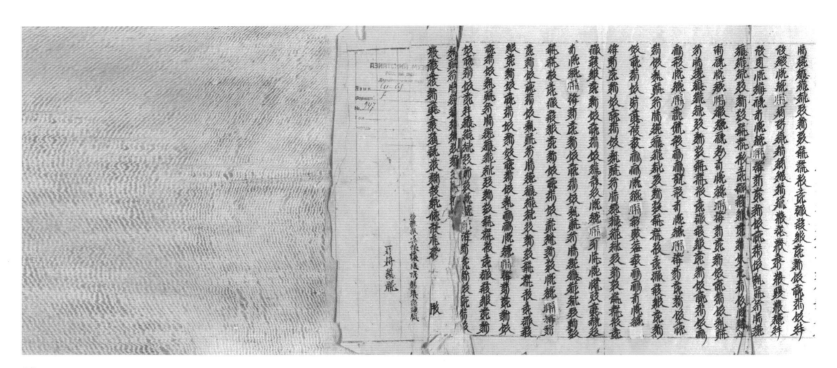

俄 **Инв**.No.1911　　大般若波羅蜜多經卷第三百五十二卷末題記

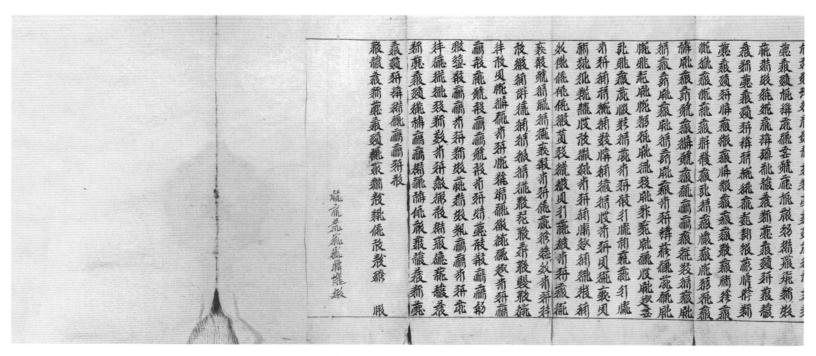

俄 **Инв**.No.1903　　大般若波羅蜜多經卷第三百五十三卷末題記

俄Инв.No.1641　大般若波羅蜜多經卷第三百六十卷末題記

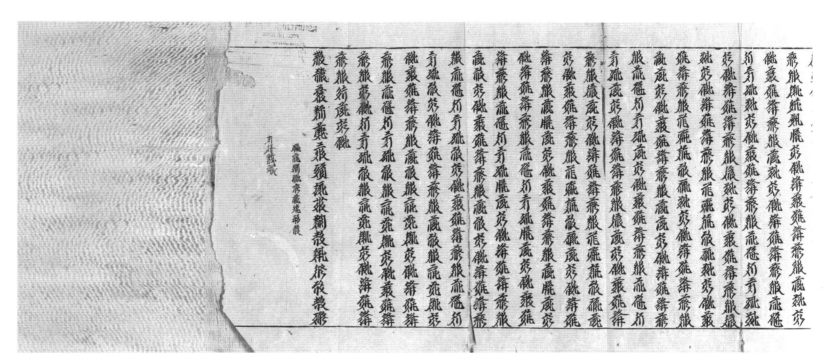

俄Инв.No.1600　大般若波羅蜜多經卷第三百六十三卷末題記

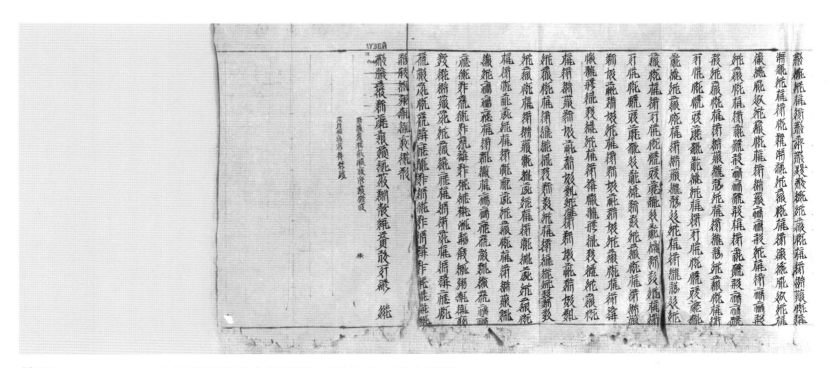

俄Инв.No.1555　大般若波羅蜜多經卷第三百七十一卷末題記

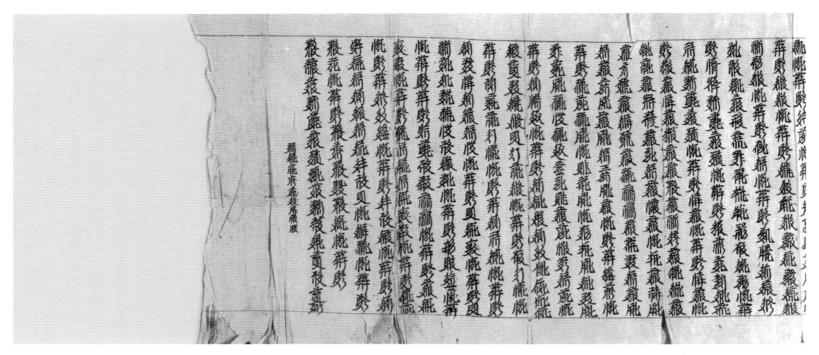

俄 **И**нв.No.1564　大般若波羅蜜多經卷第三百七十七卷末題記

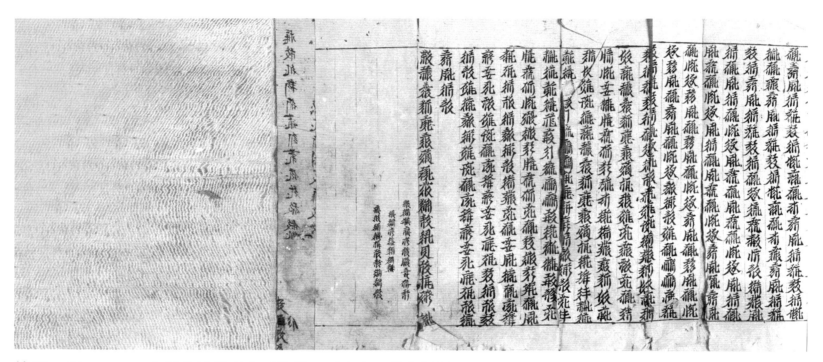

俄 **И**нв.No.1513　大般若波羅蜜多經卷第三百八十二卷末題記

俄 **И**нв.No.1504　大般若波羅蜜多經卷第三百八十四卷末題記

俄Инв.No.1493　大般若波羅蜜多經卷第三百八十九卷末題記

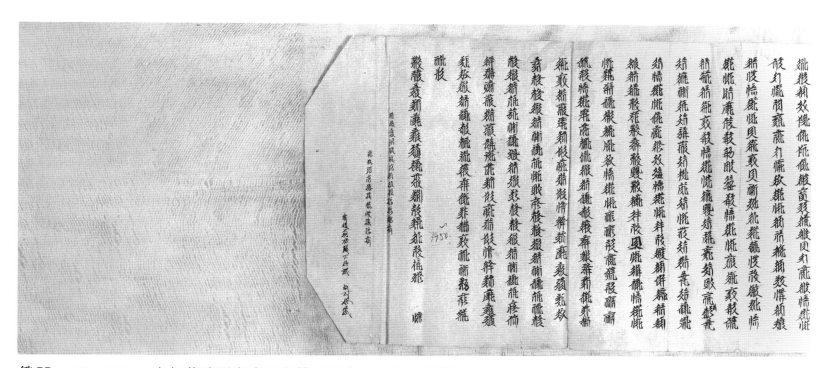

俄Инв.No.7950　大般若波羅蜜多經卷第三百九十二卷末題記

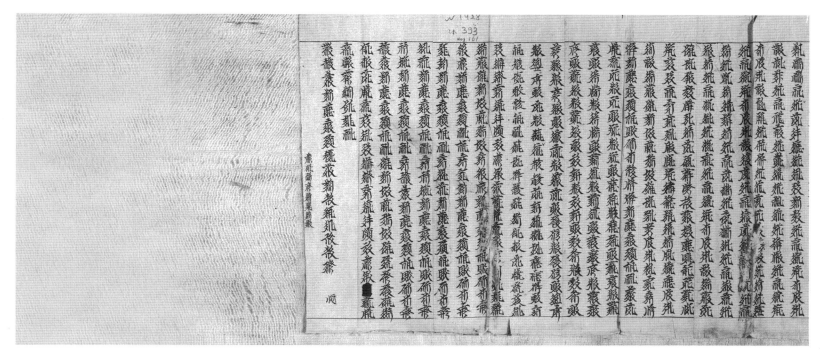

俄Инв.No.1428　大般若波羅蜜多經卷第三百九十三卷末題記

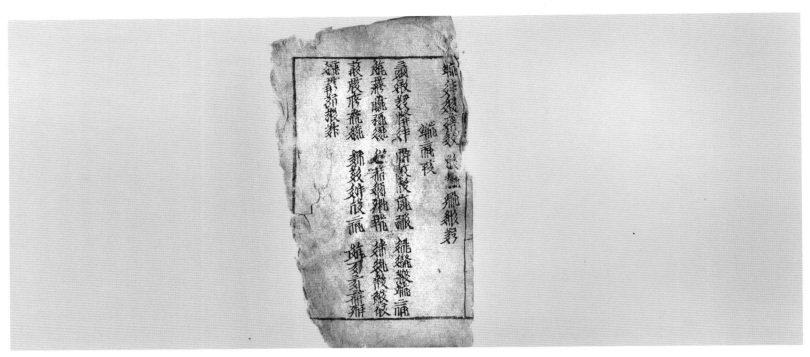

俄 **И**нв.No.726　　金剛般若波羅蜜多經　　　（33-1）

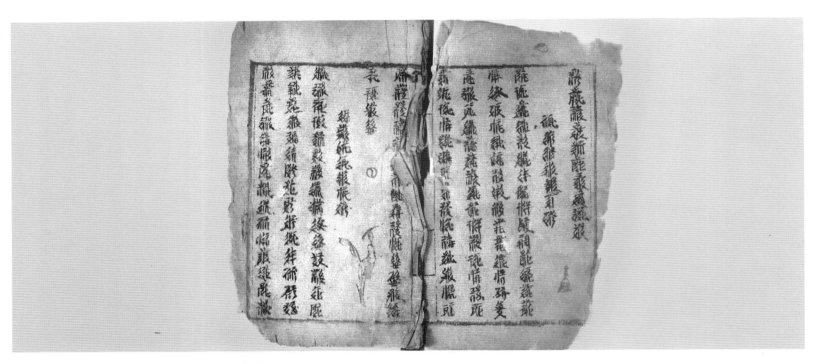

俄 **И**нв.No.726　　金剛般若波羅蜜多經　　　（33-2）

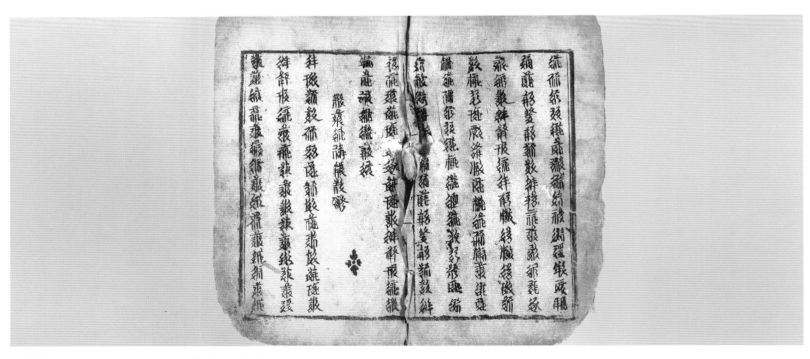

俄 **И**нв.No.726　　金剛般若波羅蜜多經　　　（33-3）

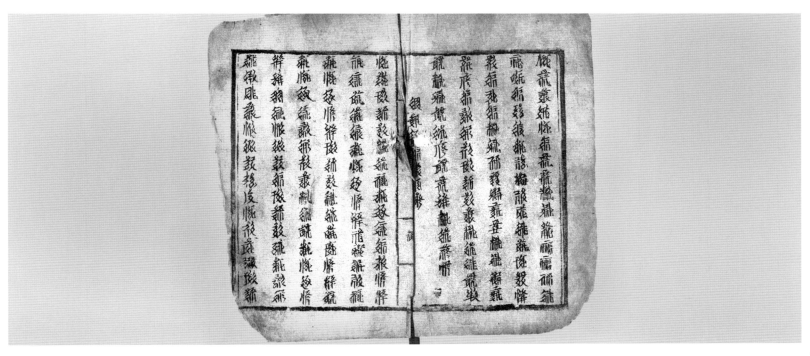

俄 **И**нв.No.726　金剛般若波羅蜜多經　　　(33-4)

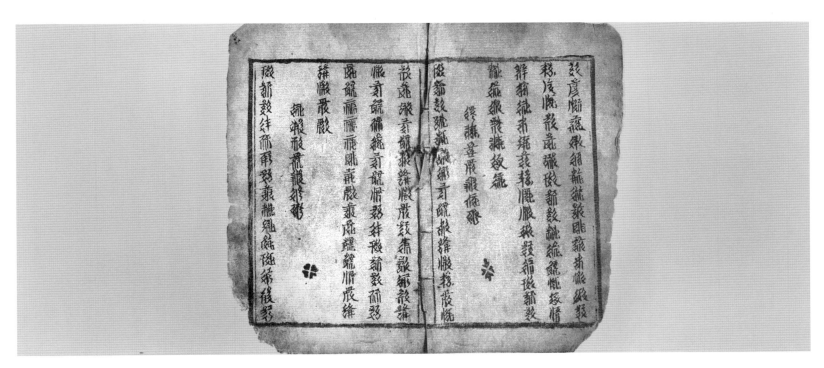

俄 **И**нв.No.726　金剛般若波羅蜜多經　　　(33-5)

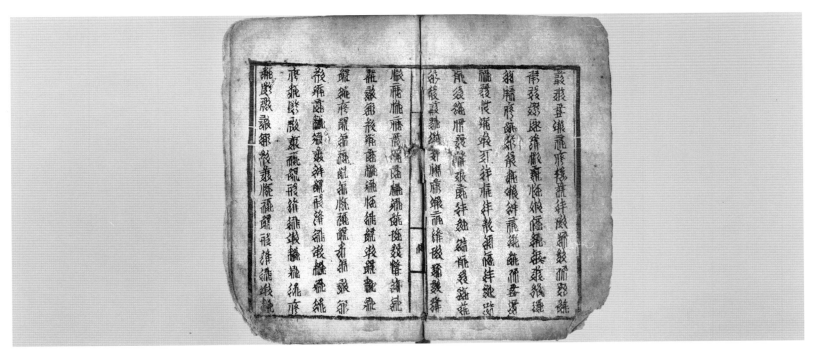

俄 **И**нв.No.726　金剛般若波羅蜜多經　　　(33-6)

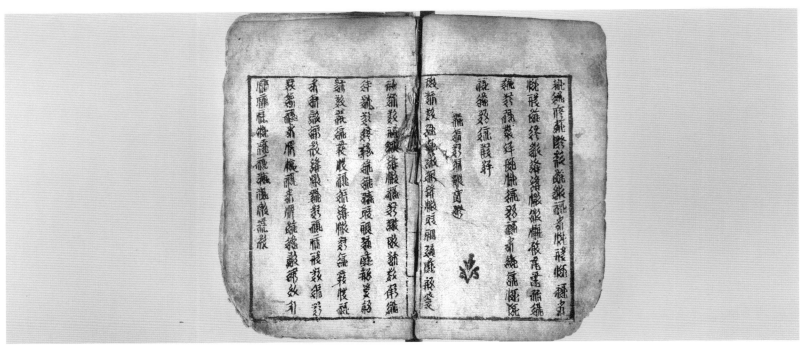

俄 **И**нв.No.726　金剛般若波羅蜜多經　　（33-7）

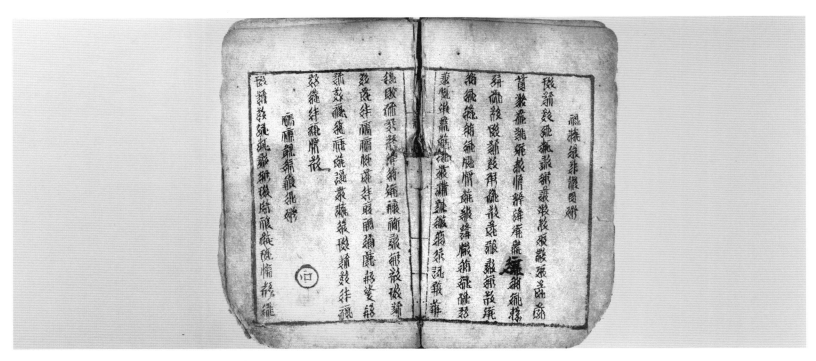

俄 **И**нв.No.726　金剛般若波羅蜜多經　　（33-8）

俄 **И**нв.No.726　金剛般若波羅蜜多經　　（33-9）

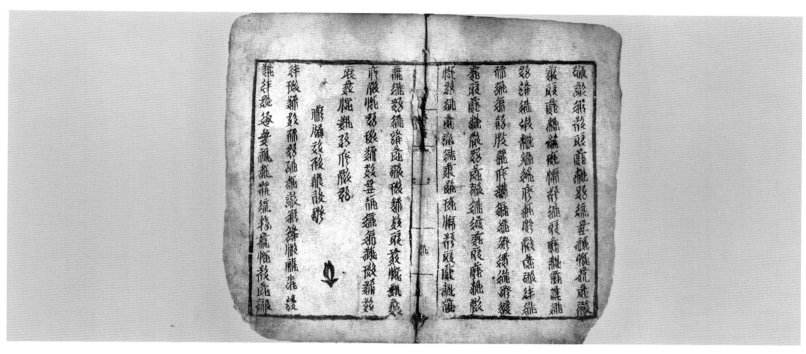

俄 **И**нв.No.726　金剛般若波羅蜜多經　　　(33-10)

俄 **И**нв.No.726　金剛般若波羅蜜多經　　　(33-11)

俄 **И**нв.No.726　金剛般若波羅蜜多經　　　(33-12)

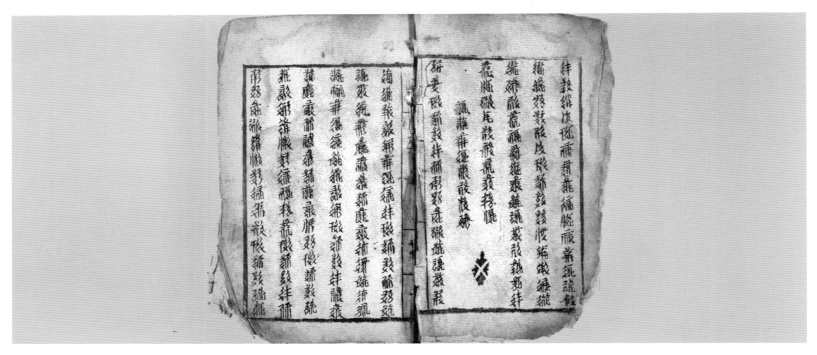

俄 ИHB.No.726　金剛般若波羅蜜多經　　　(33-13)

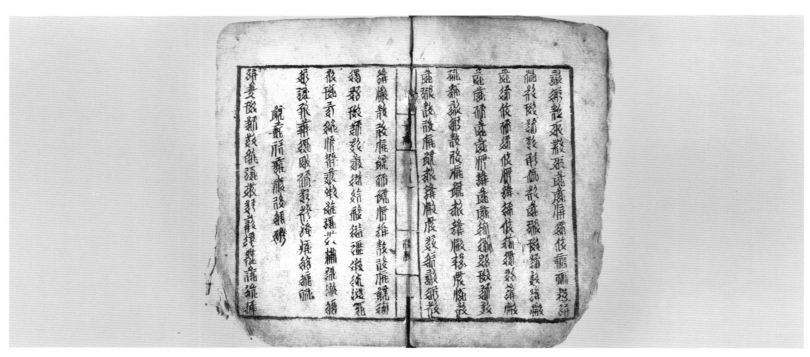

俄 ИHB.No.726　金剛般若波羅蜜多經　　　(33-14)

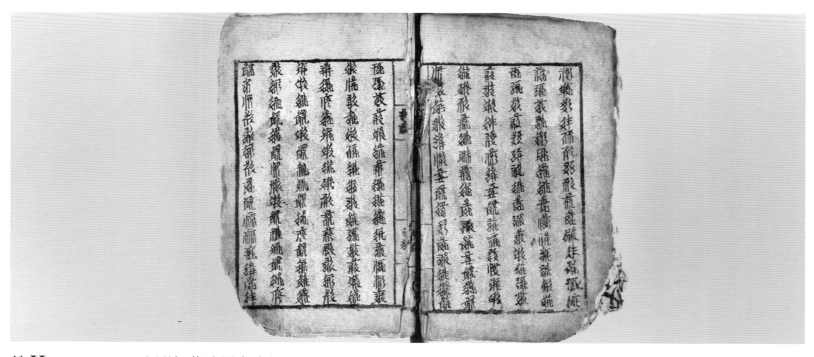

俄 ИHB.No.726　金剛般若波羅蜜多經　　　(33-15)

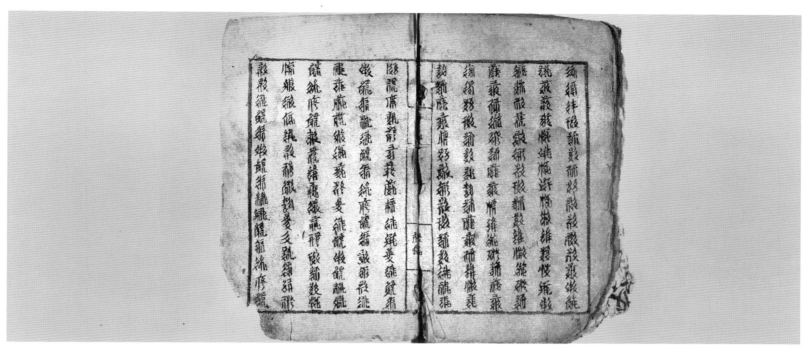

俄 Инв.No.726　金剛般若波羅蜜多經　　　(33-16)

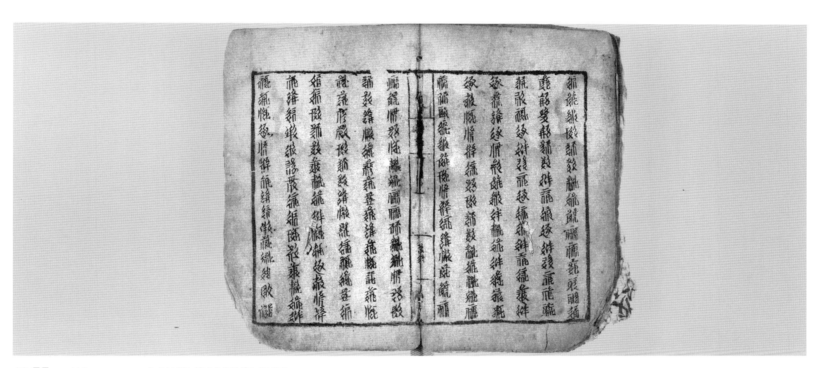

俄 Инв.No.726　金剛般若波羅蜜多經　　　(33-17)

俄 Инв.No.726　金剛般若波羅蜜多經　　　(33-18)

25

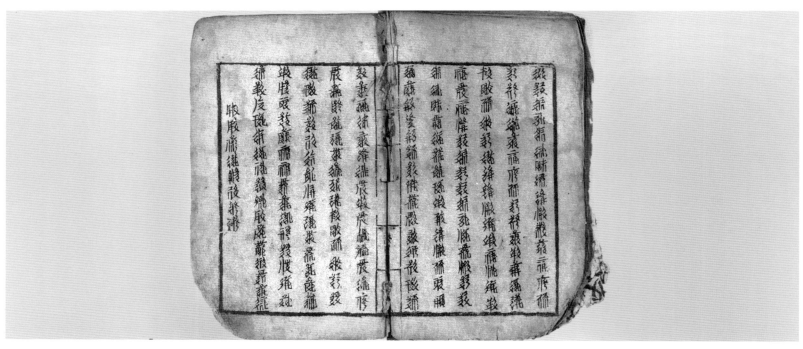

俄 **И**нв.No.726　金剛般若波羅蜜多經　　　(33-19)

俄 **И**нв.No.726　金剛般若波羅蜜多經　　　(33-20)

俄 **И**нв.No.726　金剛般若波羅蜜多經　　　(33-21)

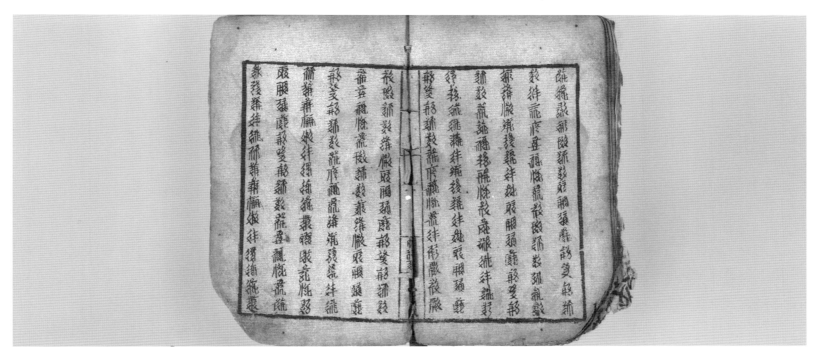

俄 **И**нв.No.726　金剛般若波羅蜜多經　　　(33-22)

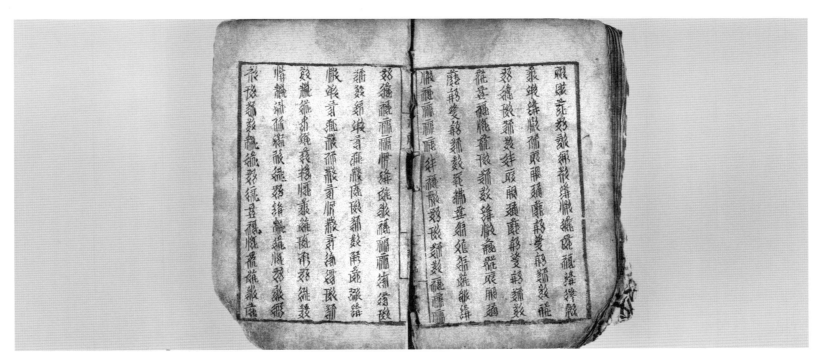

俄 **И**нв.No.726　金剛般若波羅蜜多經　　　(33-23)

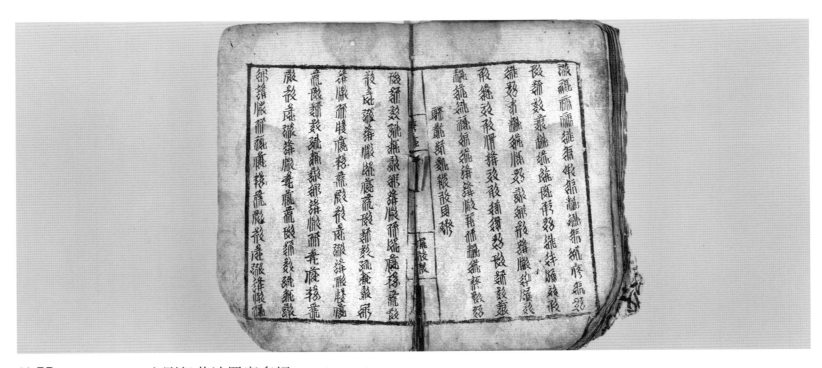

俄 **И**нв.No.726　金剛般若波羅蜜多經　　　(33-24)

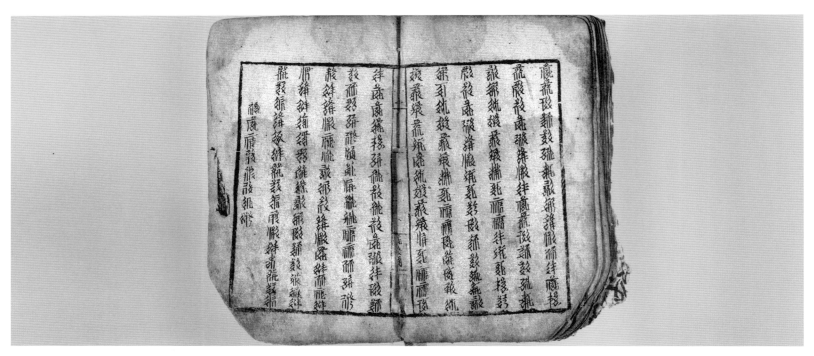

俄 **И**нв.No.726　金剛般若波羅蜜多經　　　(33-25)

俄 **И**нв.No.726　金剛般若波羅蜜多經　　　(33-26)

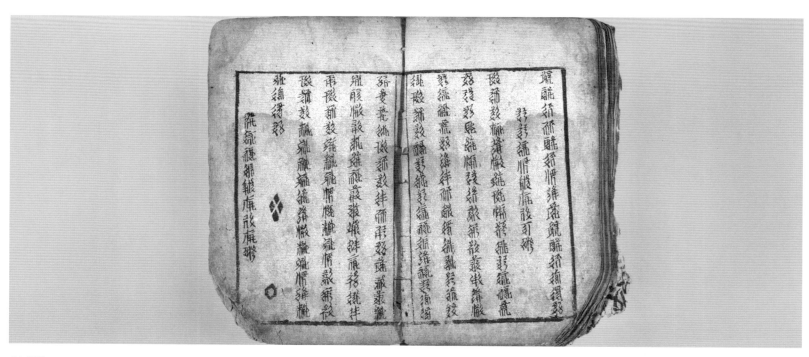

俄 **И**нв.No.726　金剛般若波羅蜜多經　　　(33-27)

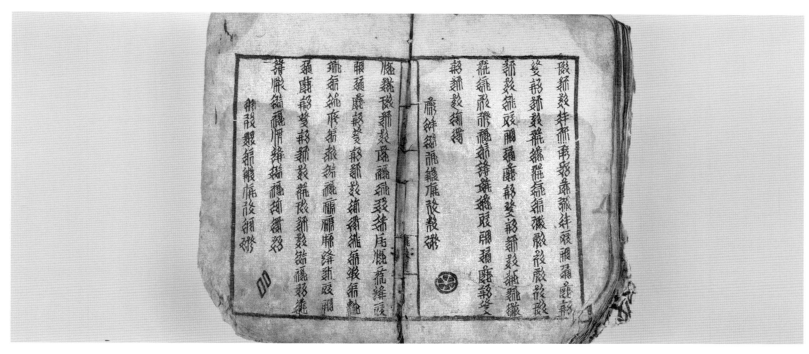

俄 Инв.No.726　金剛般若波羅蜜多經　　　(33-28)

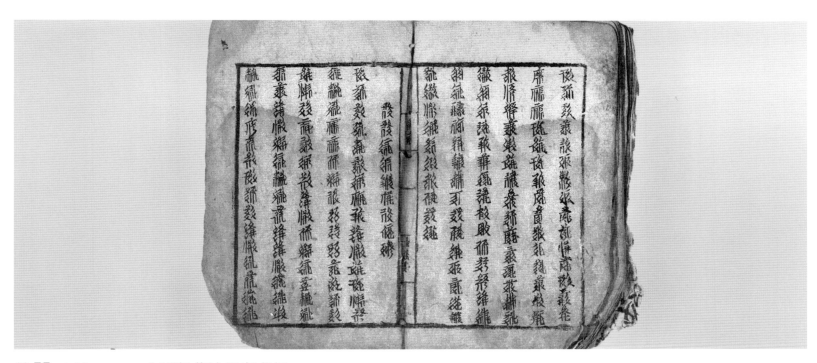

俄 Инв.No.726　金剛般若波羅蜜多經　　　(33-29)

俄 Инв.No.726　金剛般若波羅蜜多經　　　(33-30)

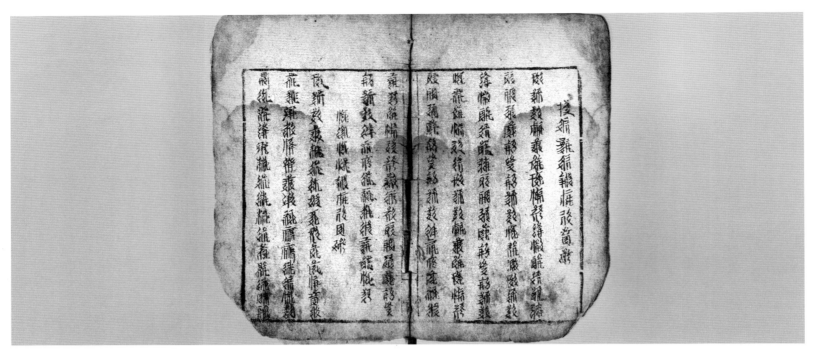

俄 Инв.No.726　金剛般若波羅蜜多經　　(33-31)

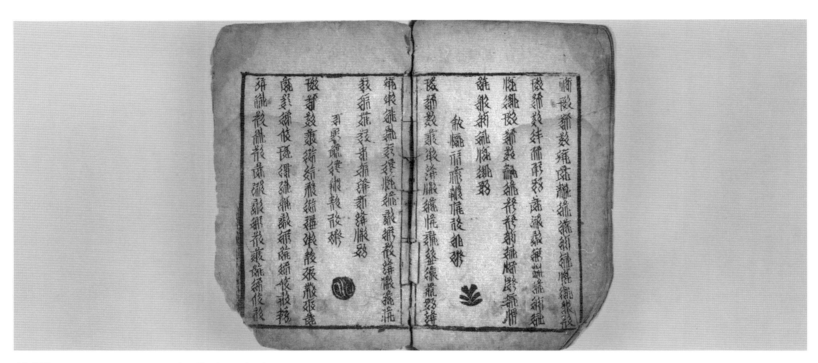

俄 Инв.No.726　金剛般若波羅蜜多經　　(33-32)

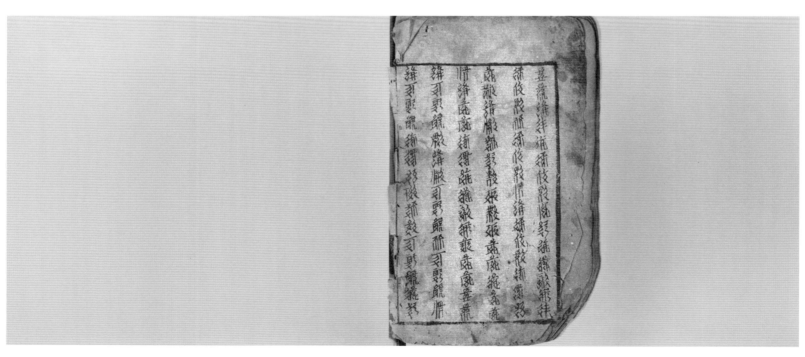

俄 Инв.No.726　金剛般若波羅蜜多經　　(33-33)

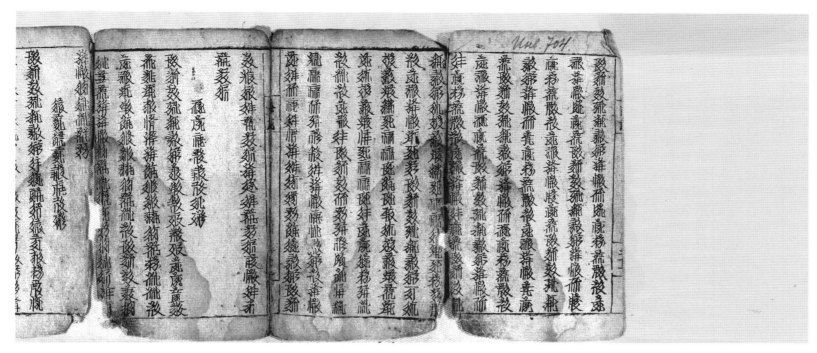

俄 **И**нв.No.704　金剛般若波羅蜜多經　　　(5-1)

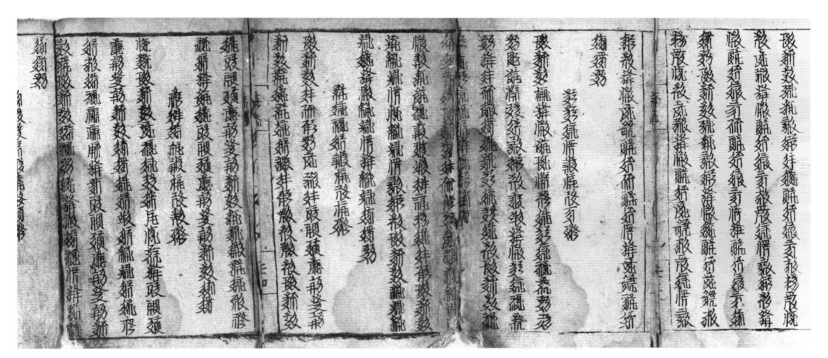

俄 **И**нв.No.704　金剛般若波羅蜜多經　　　(5-2)

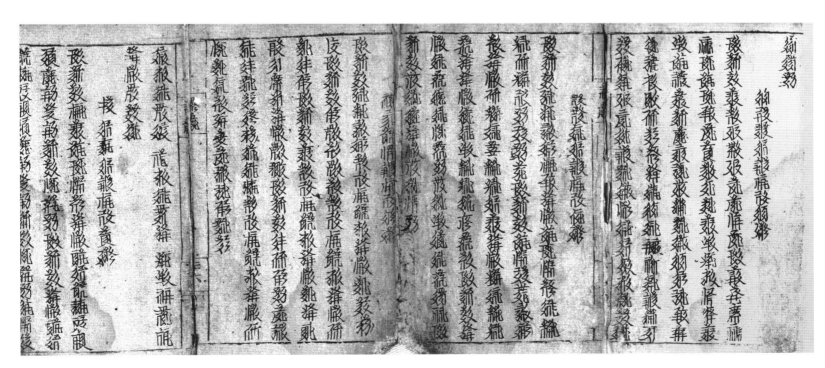

俄 **И**нв.No.704　金剛般若波羅蜜多經　　　(5-3)

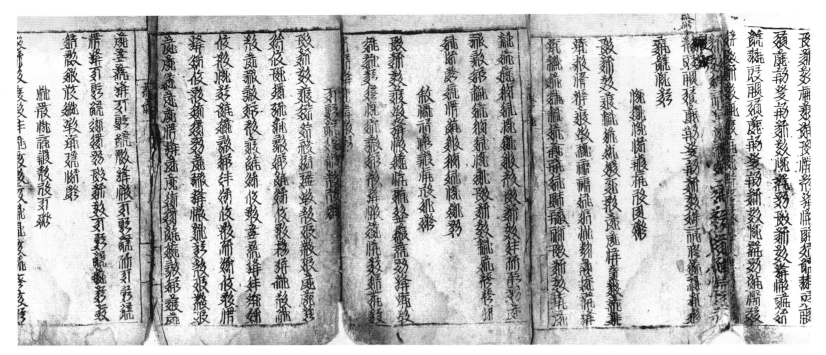

俄 Инв.No.704　金剛般若波羅蜜多經　　　(5-4)

俄 Инв.No.704　金剛般若波羅蜜多經　　　(5-5)

俄 Инв.No.727　金剛般若波羅蜜多經　　　(4-1)

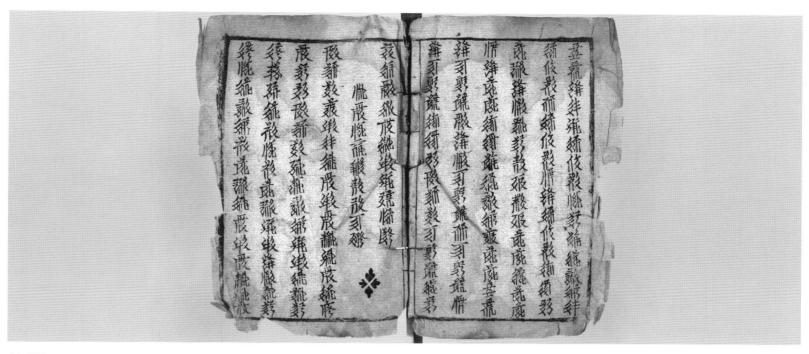

俄 **ИНВ**.No.727　金剛般若波羅蜜多經　　　(4-2)

俄 **ИНВ**.No.727　金剛般若波羅蜜多經　　　(4-3)

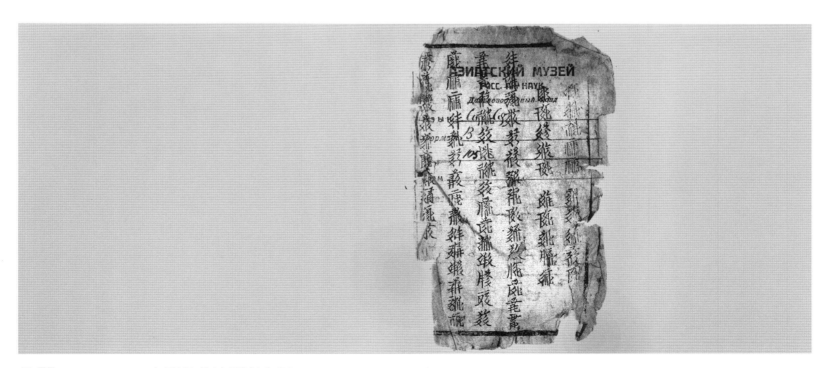

俄 **ИНВ**.No.727　金剛般若波羅蜜多經　　　(4-4)

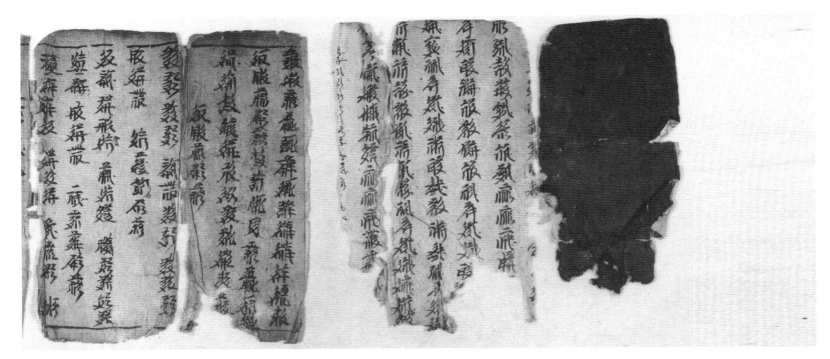

俄 **И**нв.No.101　金剛般若波羅蜜多經　　　(19-1)

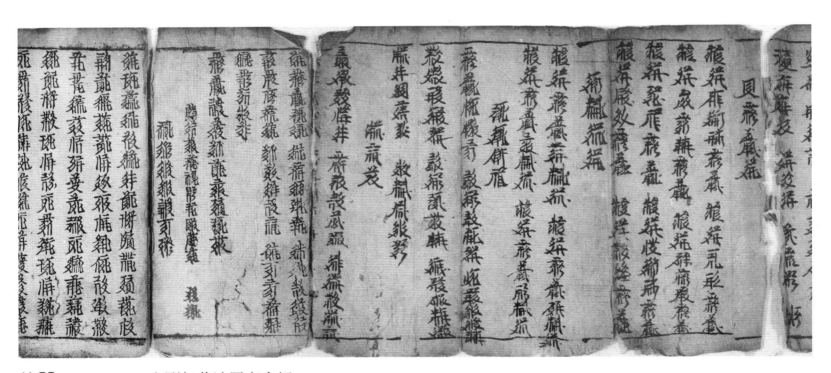

俄 **И**нв.No.101　金剛般若波羅蜜多經　　　(19-2)

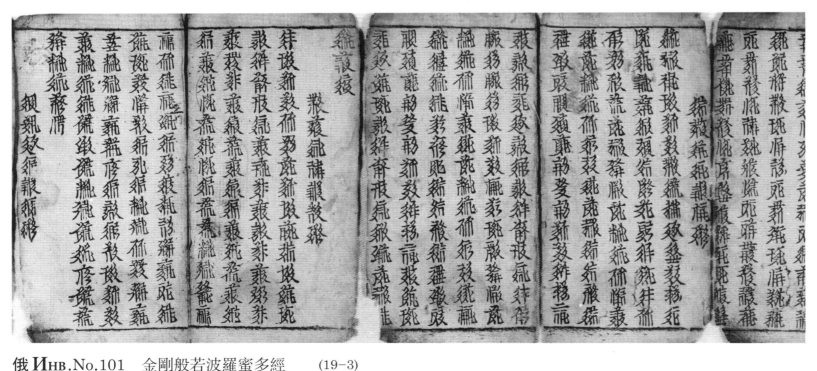

俄 **И**нв.No.101　金剛般若波羅蜜多經　　　(19-3)

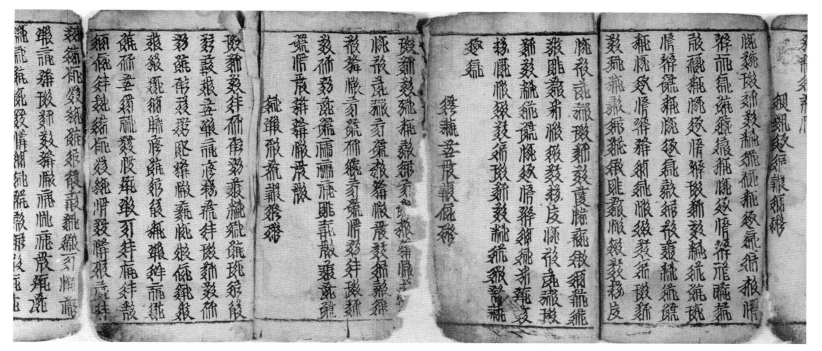

俄 Инв.No.101　金剛般若波羅蜜多經　　　　(19-4)

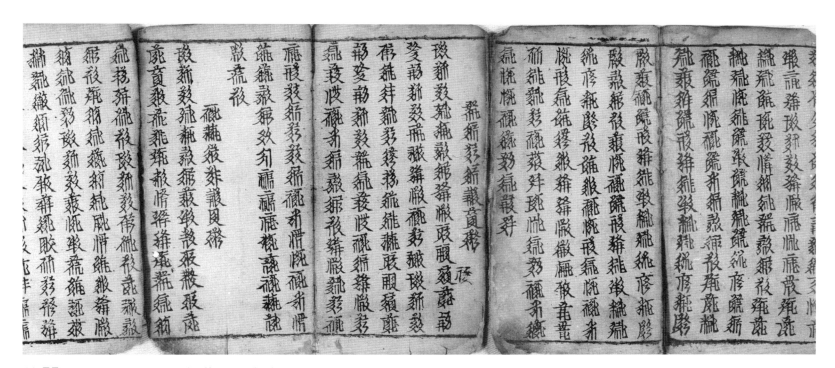

俄 Инв.No.101　金剛般若波羅蜜多經　　　　(19-5)

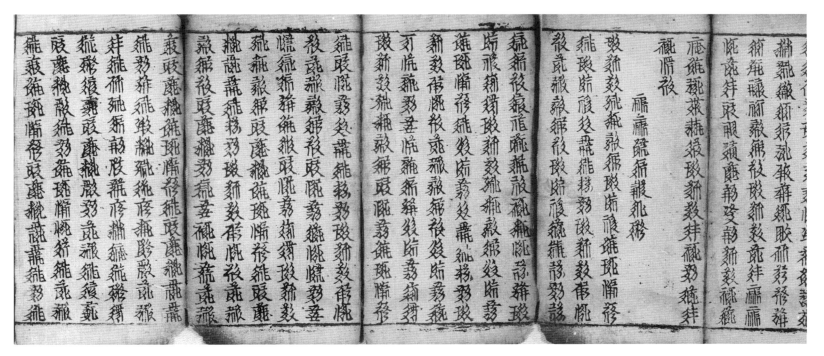

俄 Инв.No.101　金剛般若波羅蜜多經　　　　(19-6)

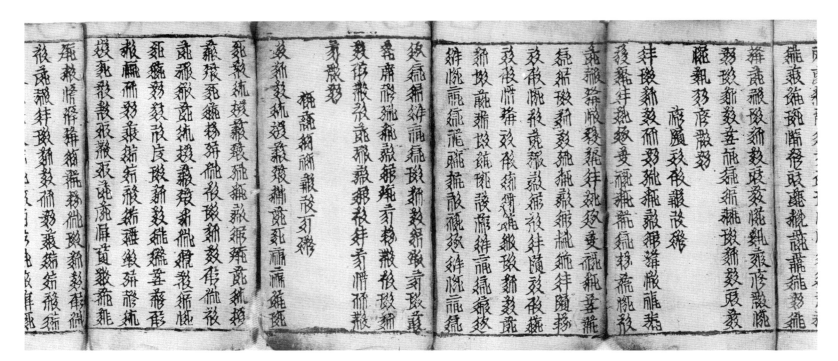

俄 Инв.No.101　金剛般若波羅蜜多經　　　(19-7)

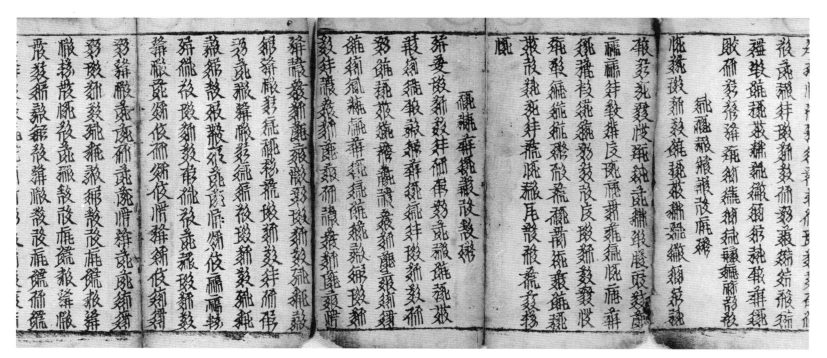

俄 Инв.No.101　金剛般若波羅蜜多經　　　(19-8)

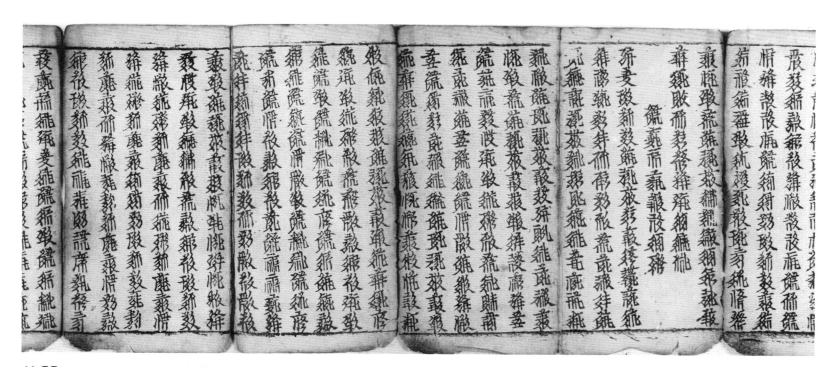

俄 Инв.No.101　金剛般若波羅蜜多經　　　(19-9)

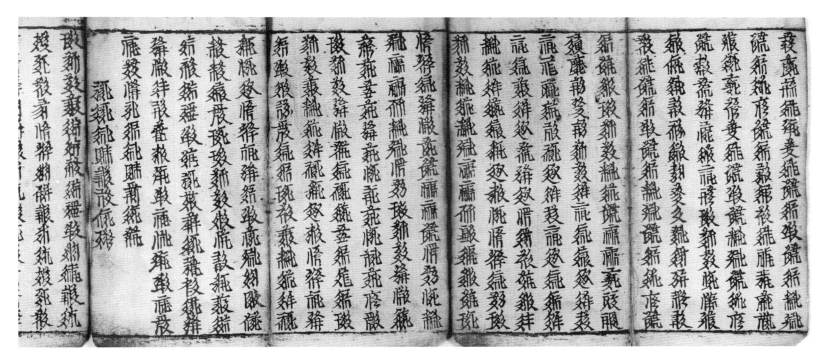

俄 Инв.No.101　金剛般若波羅蜜多經　　　(19–10)

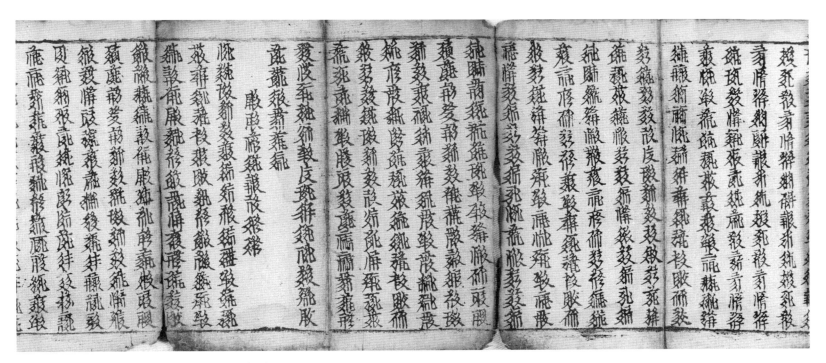

俄 Инв.No.101　金剛般若波羅蜜多經　　　(19–11)

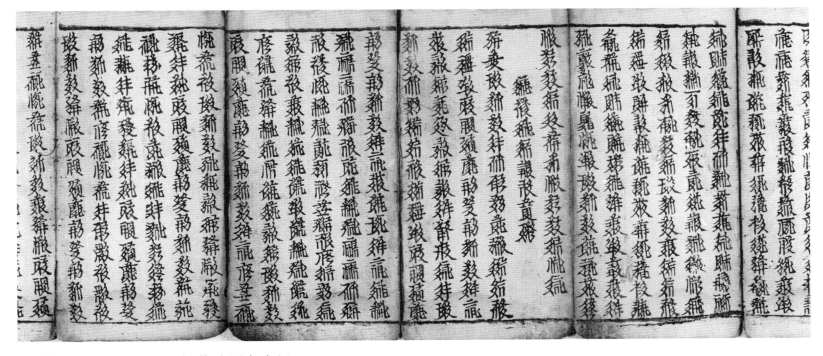

俄 Инв.No.101　金剛般若波羅蜜多經　　　(19–12)

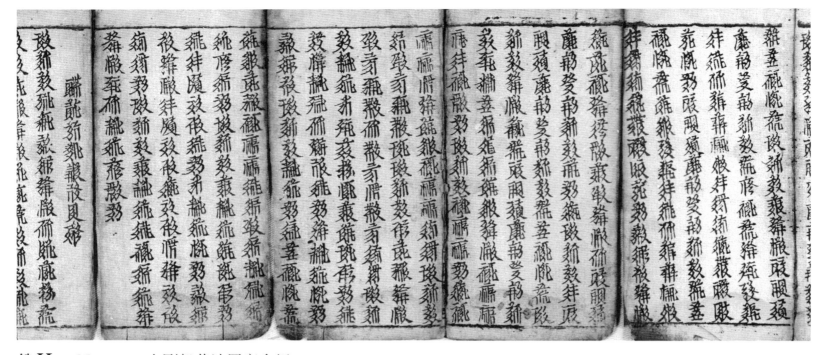

俄 **И**нв.No.101　金剛般若波羅蜜多經　　　(19-13)

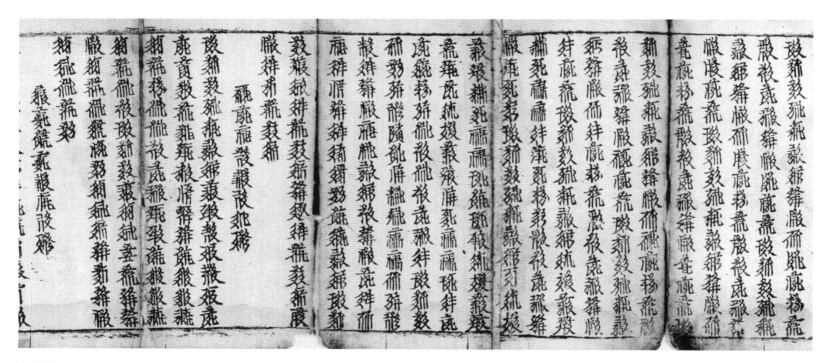

俄 **И**нв.No.101　金剛般若波羅蜜多經　　　(19-14)

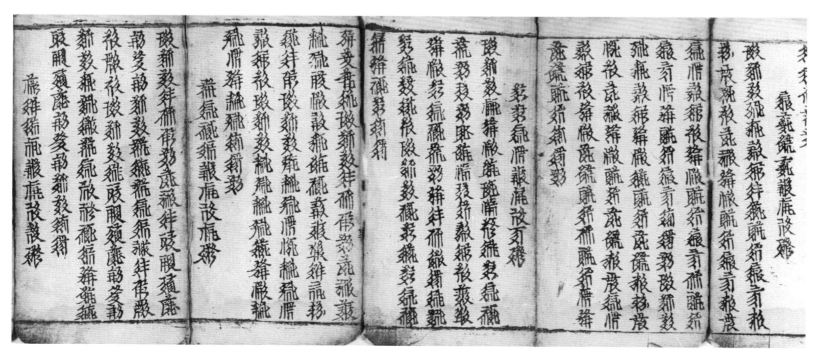

俄 **И**нв.No.101　金剛般若波羅蜜多經　　　(19-15)

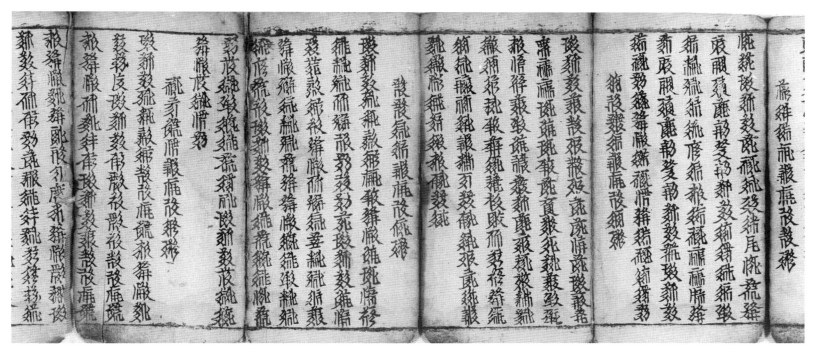

俄Инв.No.101　金剛般若波羅蜜多經　　　（19-16）

俄Инв.No.101　金剛般若波羅蜜多經　　　（19-17）

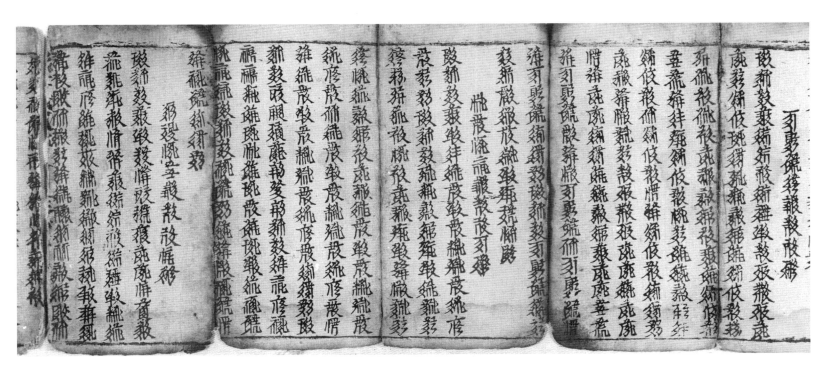

俄Инв.No.101　金剛般若波羅蜜多經　　　（19-18）

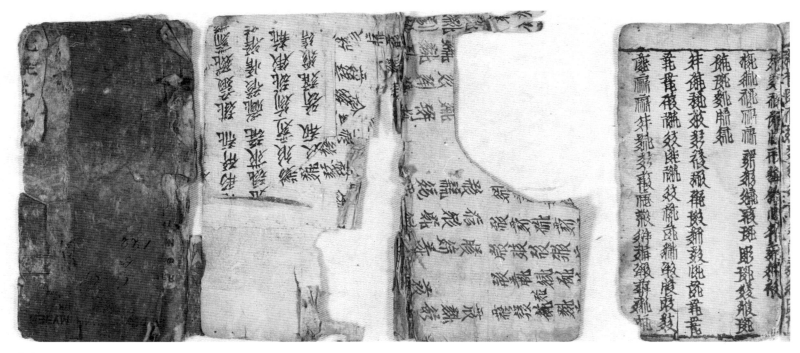

俄 **И**нв.No.101　金剛般若波羅蜜多經　　　(19-19)

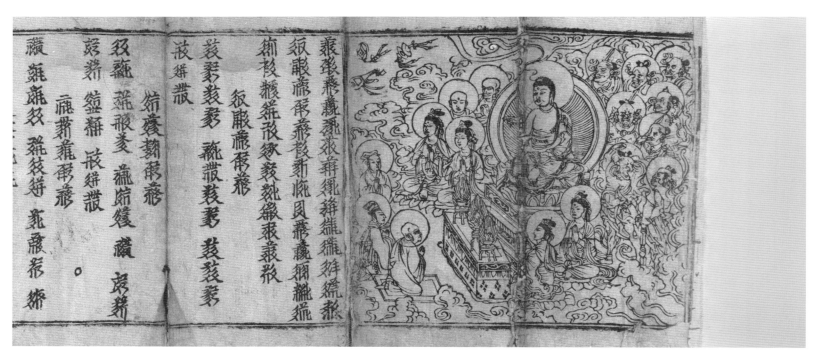

俄 **И**нв.No.686　金剛般若波羅蜜多經　　　(3-1)

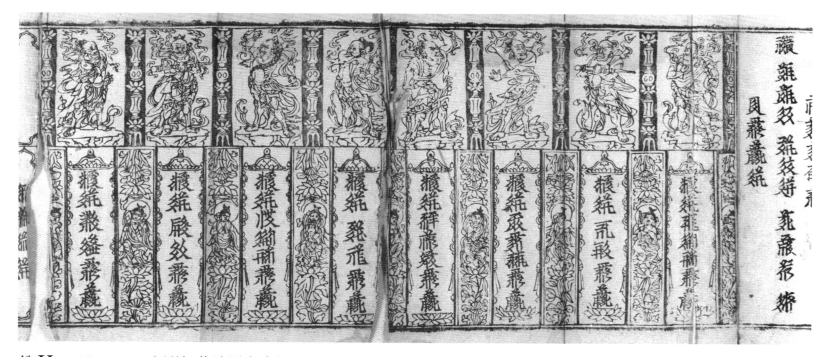

俄 **И**нв.No.686　金剛般若波羅蜜多經　　　(3-2)

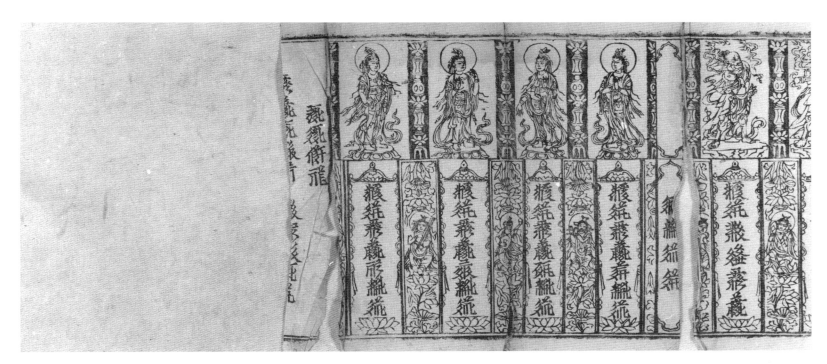

俄 **И**нв.No.686 金剛般若波羅蜜多經 (3-3)

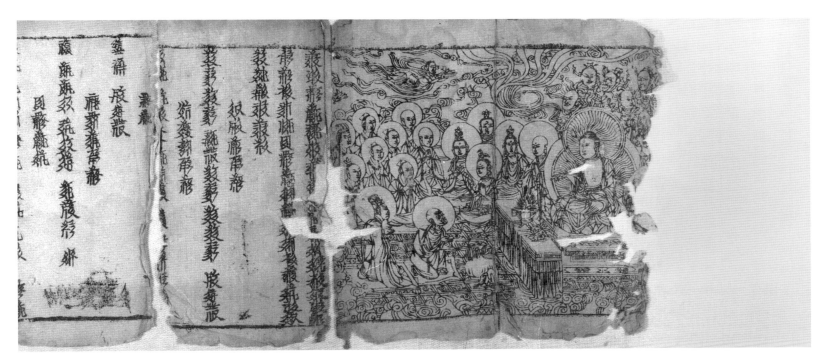

俄 **И**нв.No.689 金剛般若波羅蜜多經 (2-1)

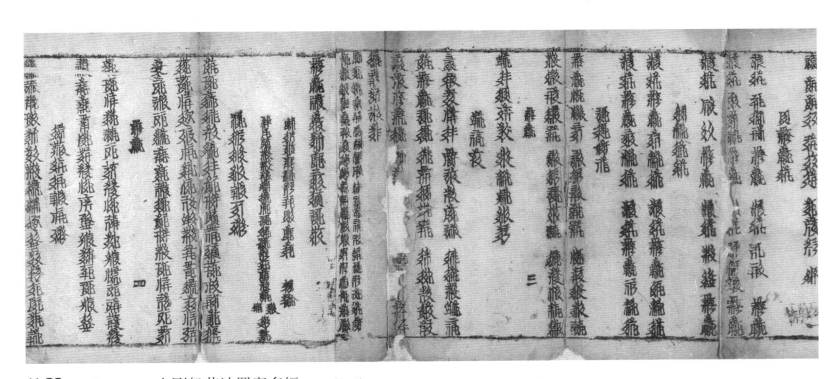

俄 **И**нв.No.689 金剛般若波羅蜜多經 (2-2)

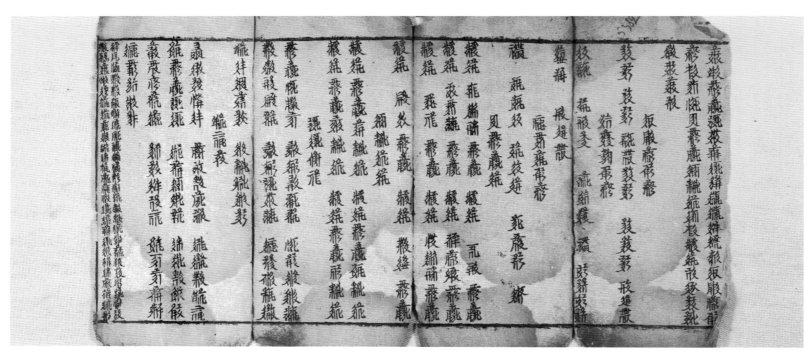

俄 **И**нв.No.5382　金剛般若波羅蜜多經

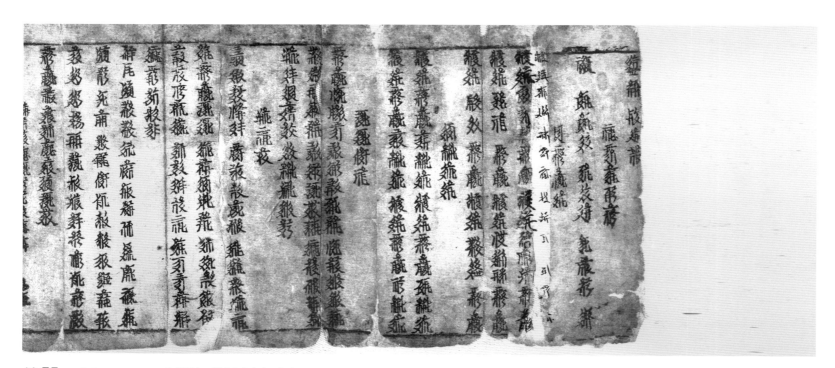

俄 **И**нв.No.3834　金剛般若波羅蜜多經　　　(2-1)

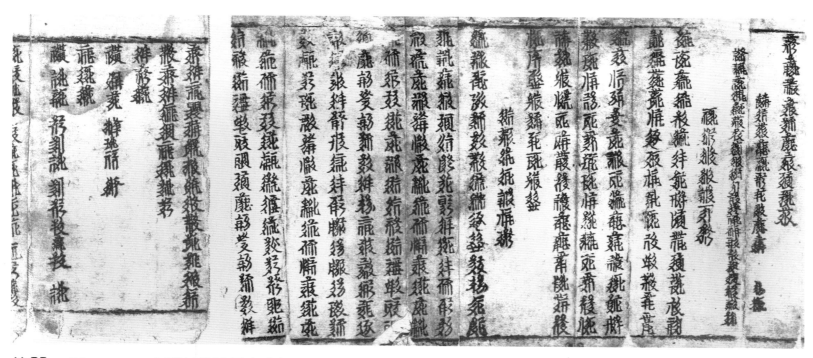

俄 **И**нв.No.3834　金剛般若波羅蜜多經　　　(2-2)

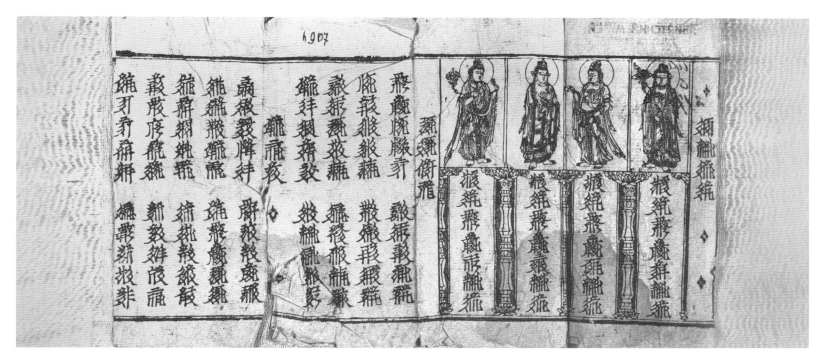

俄 **И**нв.No.6907　金剛般若波羅蜜多經

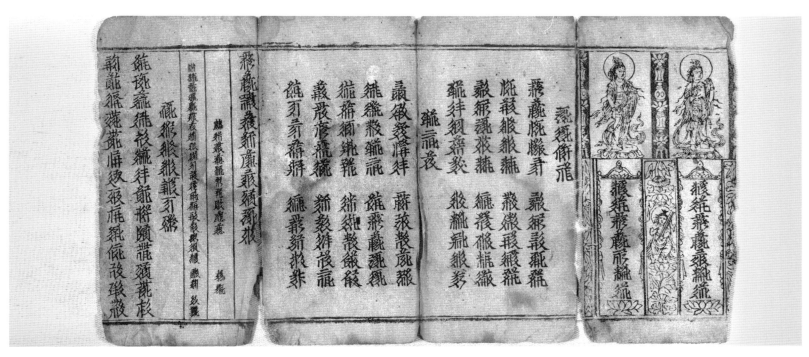

俄 **И**нв.No.600　金剛般若波羅蜜多經

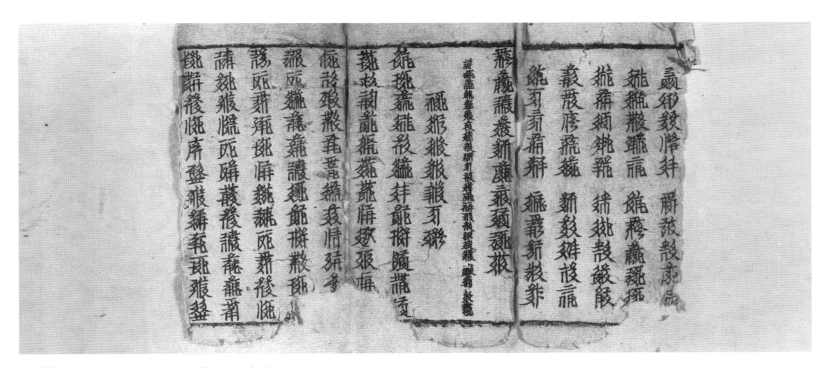

俄 **И**нв.No.691　金剛般若波羅蜜多經

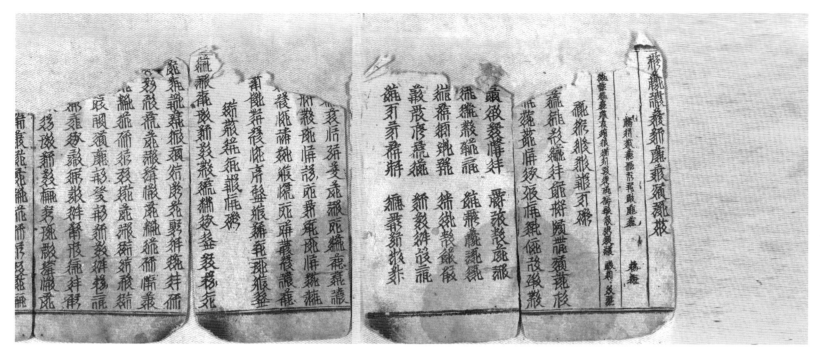

俄 Инв.No.7707　金剛般若波羅蜜多經　　(2-1)

俄 Инв.No.7707　金剛般若波羅蜜多經　　(2-2)

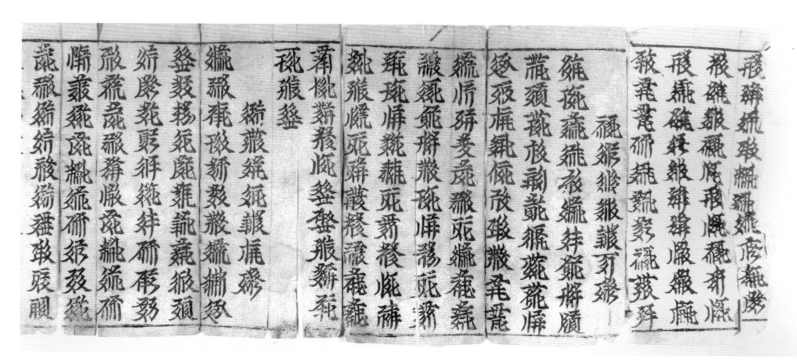

俄 Инв.No.3867　金剛般若波羅蜜多經

俄 ИHB.No.750　金剛般若波羅蜜多經　　　(4-1)

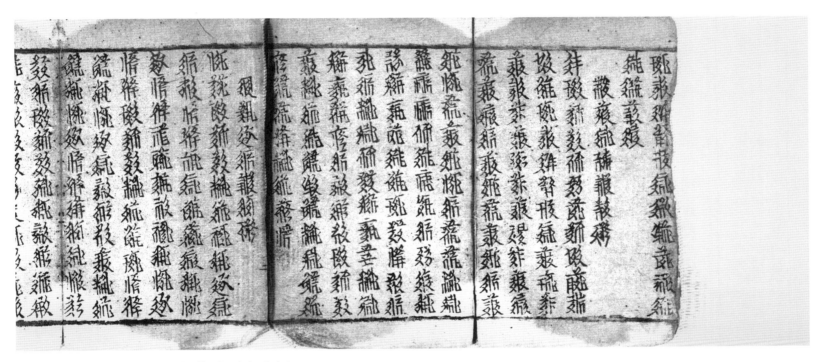

俄 ИHB.No.750　金剛般若波羅蜜多經　　　(4-2)

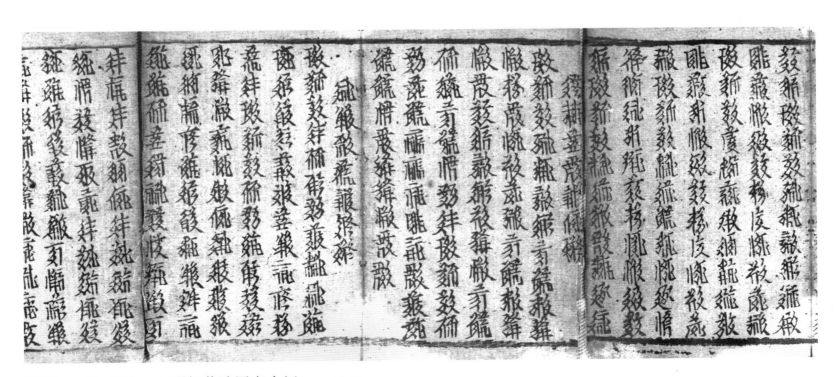

俄 ИHB.No.750　金剛般若波羅蜜多經　　　(4-3)

俄 **И**нв.No.750　金剛般若波羅蜜多經　　　(4-4)

俄 **И**нв.No.752　金剛般若波羅蜜多經　　　(3-1)

俄 **И**нв.No.752　金剛般若波羅蜜多經　　　(3-2)

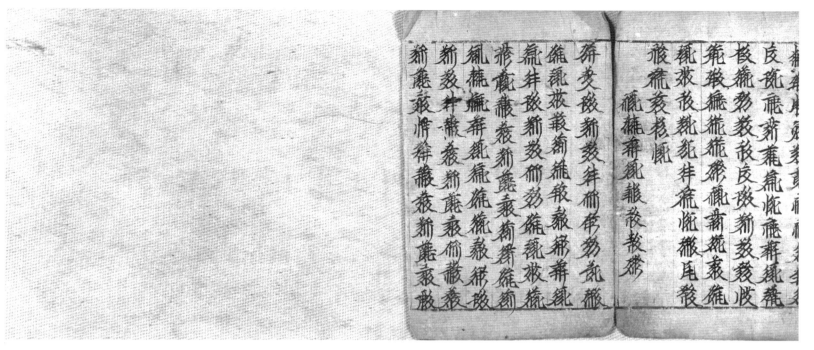

俄 Инв.No.752　金剛般若波羅蜜多經　　　(3–3)

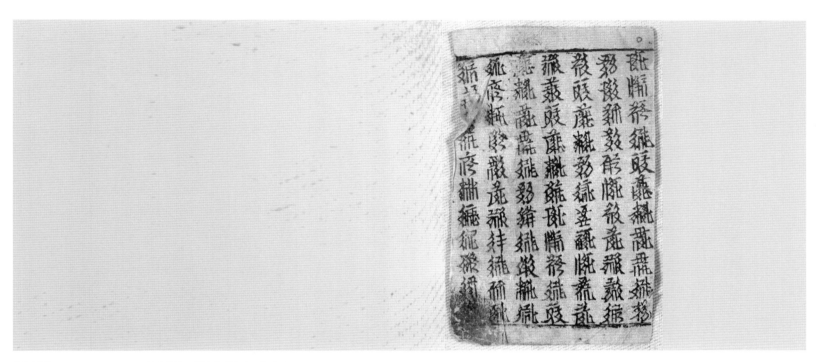

俄 Инв.No.751　金剛般若波羅蜜多經　　　(9–1)

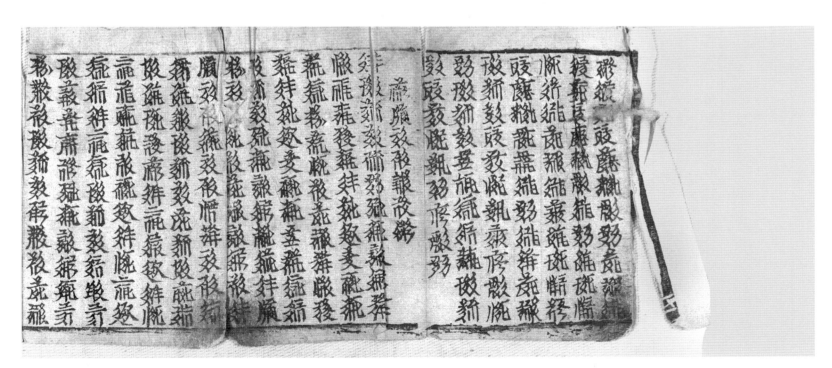

俄 Инв.No.751　金剛般若波羅蜜多經　　　(9–2)

俄 ИнB.No.751　　金剛般若波羅蜜多經　　　(9-3)

俄 ИнB.No.751　　金剛般若波羅蜜多經　　　(9-4)

俄 ИнB.No.751　　金剛般若波羅蜜多經　　　(9-5)

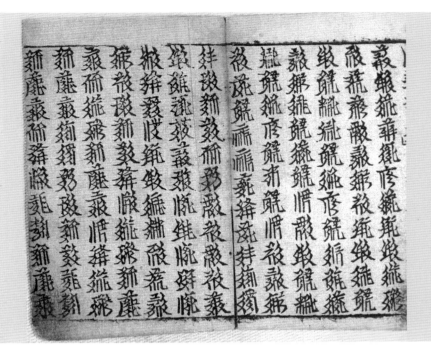

俄 **Инв**.No.751　金剛般若波羅蜜多經　　(9-6)

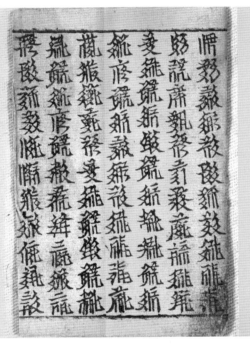

俄 **Инв**.No.751　金剛般若波羅蜜多經　　(9-7)

俄 **Инв**.No.751　金剛般若波羅蜜多經　　(9-8)

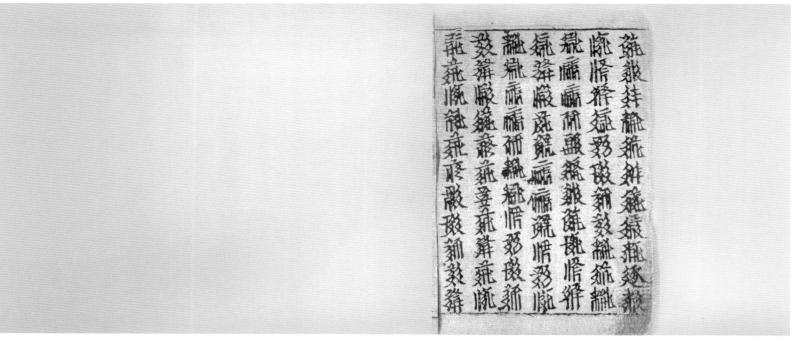

俄 **И**нв.No.751　　金剛般若波羅蜜多經　　　(9-9)

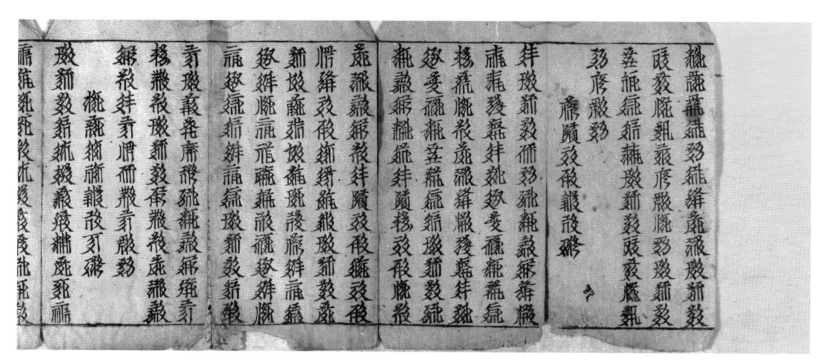

俄 **И**нв.No.703　　金剛般若波羅蜜多經

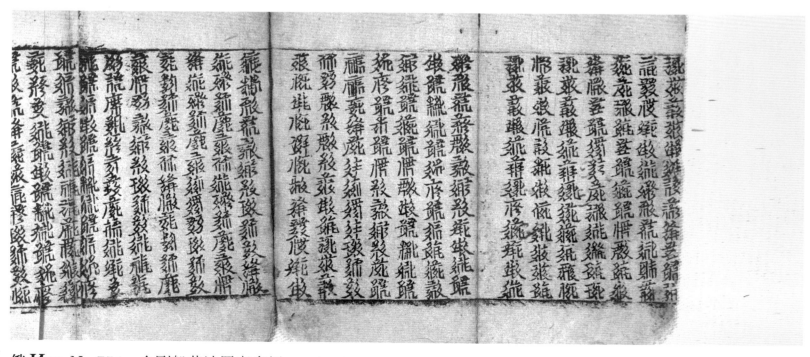

俄 **И**нв.No.754　　金剛般若波羅蜜多經　　　(3-1)

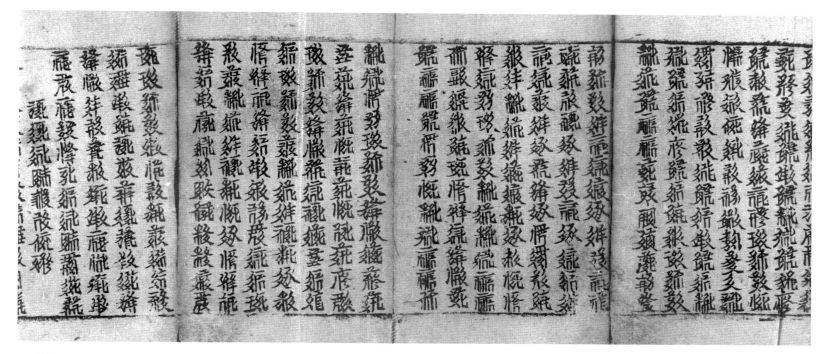

俄ИнВ.No.754　金剛般若波羅蜜多經　　(3-2)

俄ИнВ.No.754　金剛般若波羅蜜多經　　(3-3)

俄ИнВ.No.8048　金剛般若波羅蜜多經

俄 Инв.No.4095　金剛般若波羅蜜多經

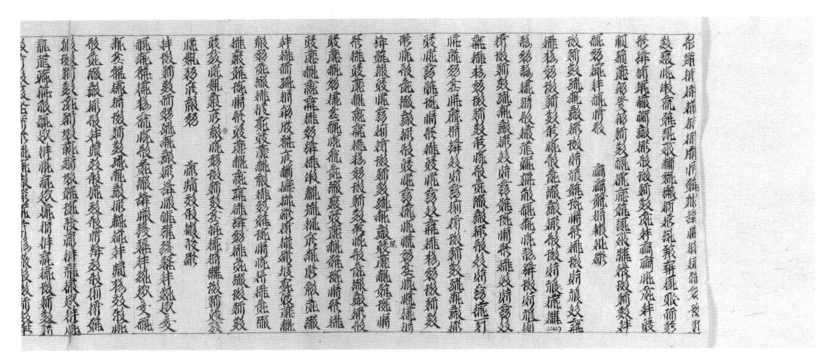

俄 Инв.No.4336　金剛般若波羅蜜多經　　　(11-1)

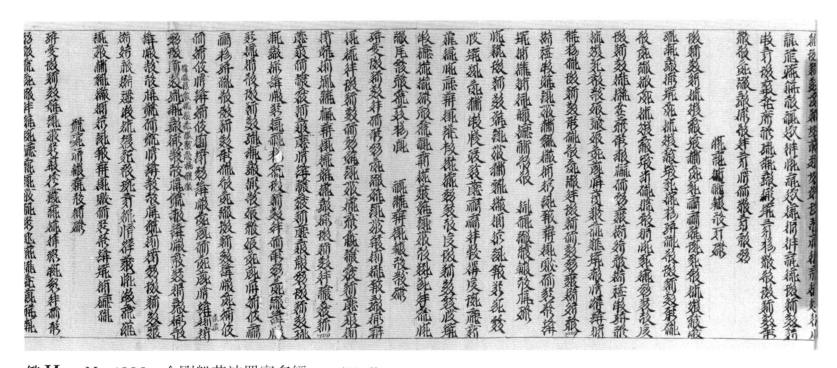

俄 Инв.No.4336　金剛般若波羅蜜多經　　　(11-2)

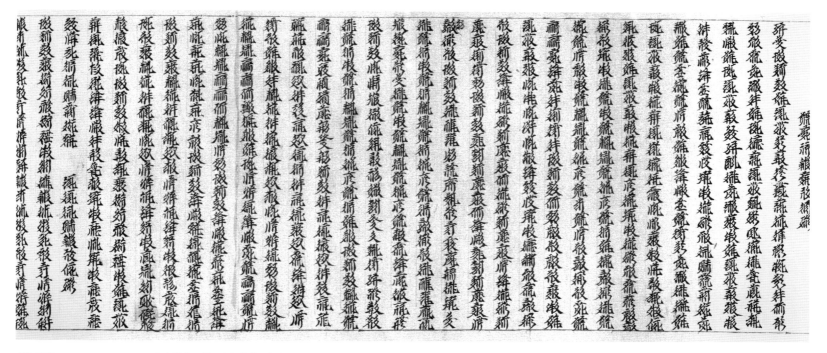

俄 **ИНВ**.No.4336　金剛般若波羅蜜多經　　　(11-3)

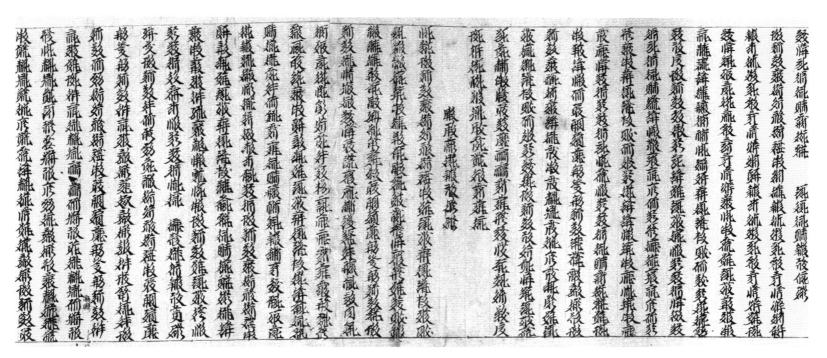

俄 **ИНВ**.No.4336　金剛般若波羅蜜多經　　　(11-4)

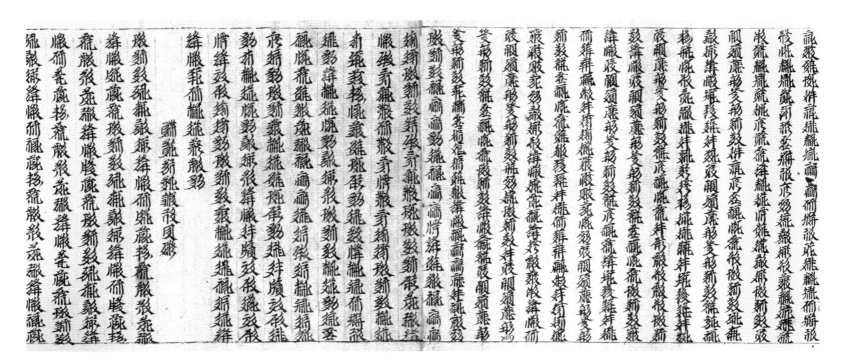

俄 **ИНВ**.No.4336　金剛般若波羅蜜多經　　　(11-5)

俄 ИНВ.No.4336　金剛般若波羅蜜多經　　　(11-6)

俄 ИНВ.No.4336　金剛般若波羅蜜多經　　　(11-7)

俄 ИНВ.No.4336　金剛般若波羅蜜多經　　　(11-8)

俄 Инв.No.4336　金剛般若波羅蜜多經　　　(11-9)

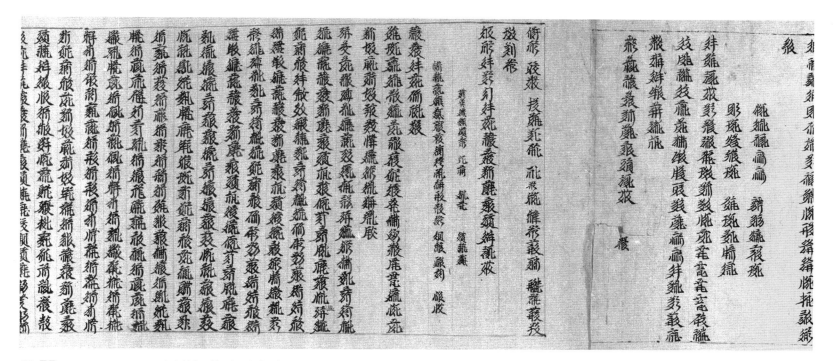

俄 Инв.No.4336　金剛般若波羅蜜多經　　　(11-10)

俄 Инв.No.4336　金剛般若波羅蜜多經　　　(11-11)

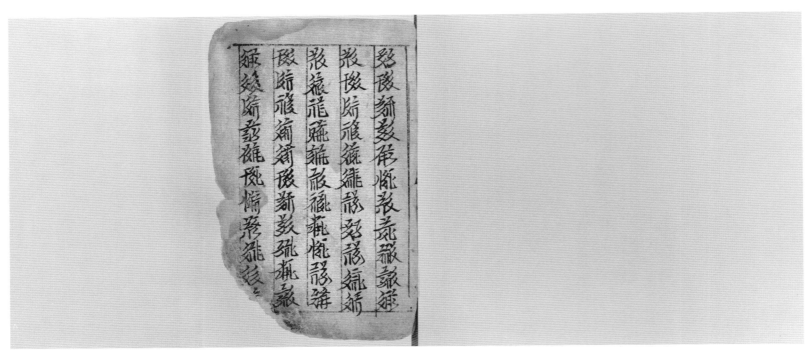

俄 **И**нв.No.731　金剛般若波羅蜜多經　　(32-1)

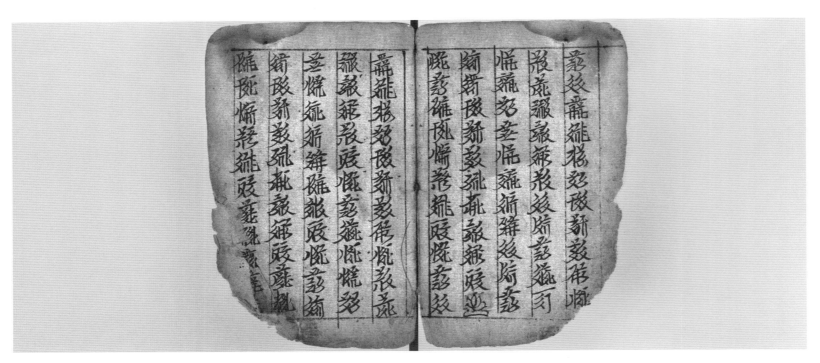

俄 **И**нв.No.731　金剛般若波羅蜜多經　　(32-2)

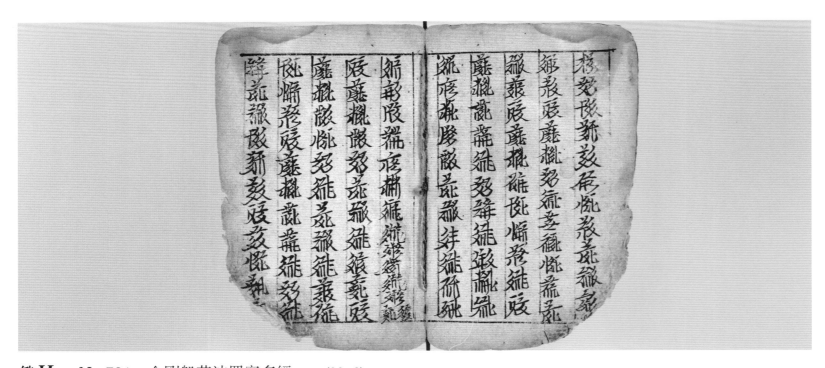

俄 **И**нв.No.731　金剛般若波羅蜜多經　　(32-3)

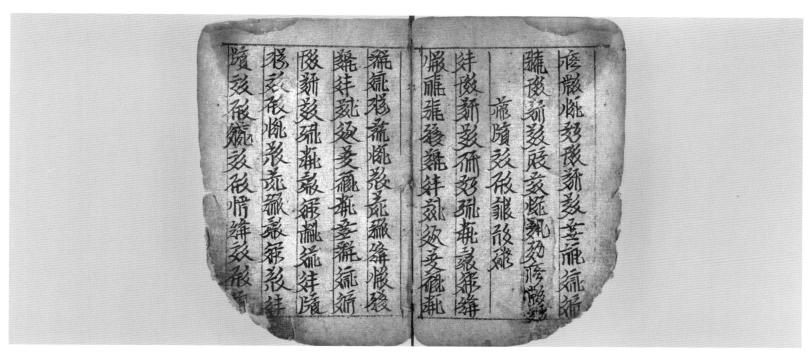

俄ИнB.No.731　金剛般若波羅蜜多經　　　(32-4)

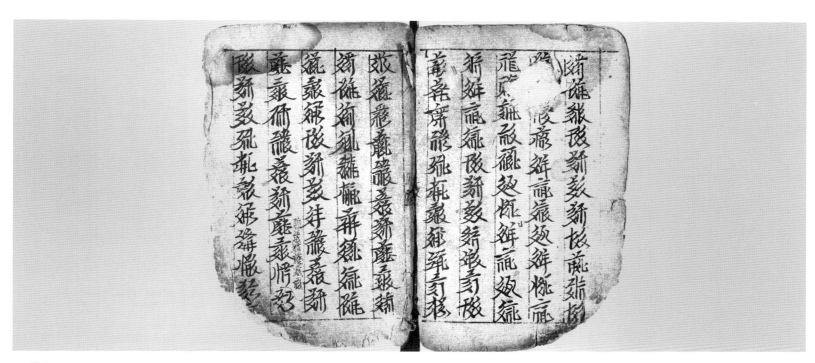

俄ИнB.No.731　金剛般若波羅蜜多經　　　(32-5)

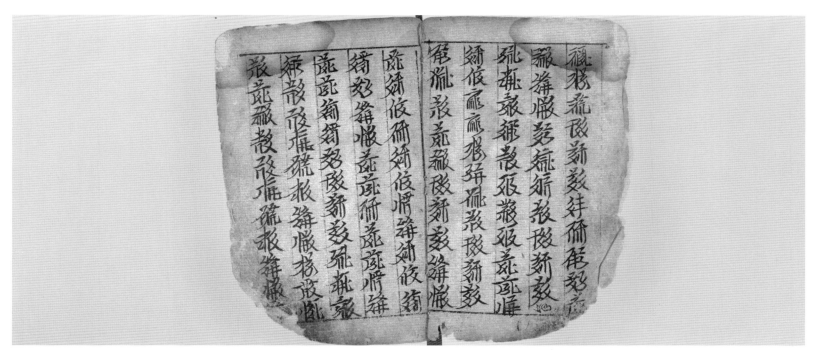

俄ИнB.No.731　金剛般若波羅蜜多經　　　(32-6)

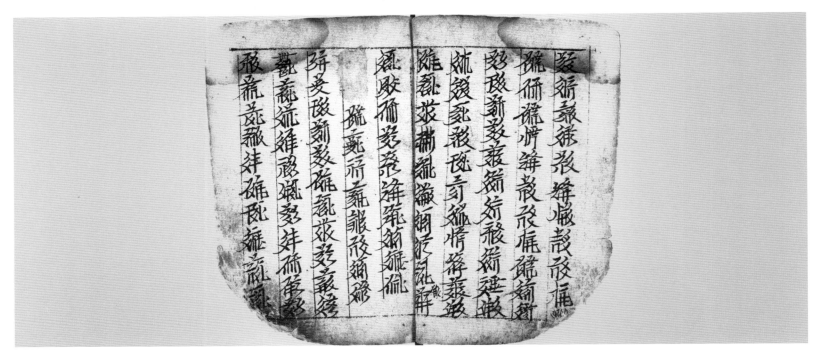

俄**И**нв.No.731　　金剛般若波羅蜜多經　　　(32-7)

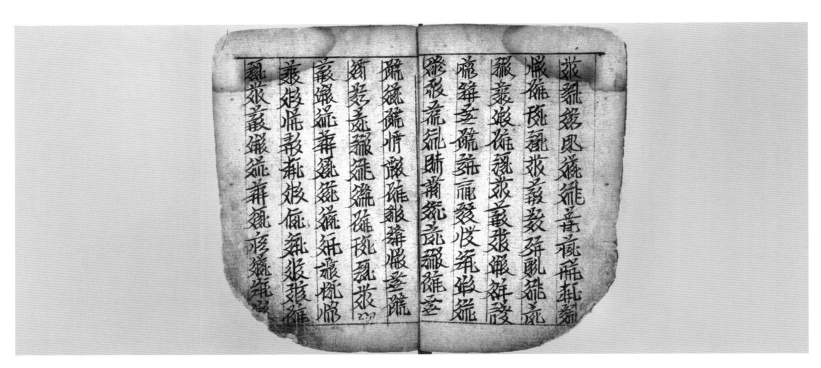

俄**И**нв.No.731　　金剛般若波羅蜜多經　　　(32-8)

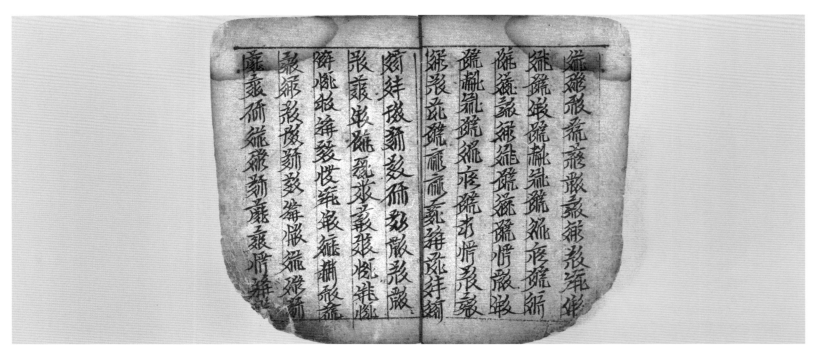

俄**И**нв.No.731　　金剛般若波羅蜜多經　　　(32-9)

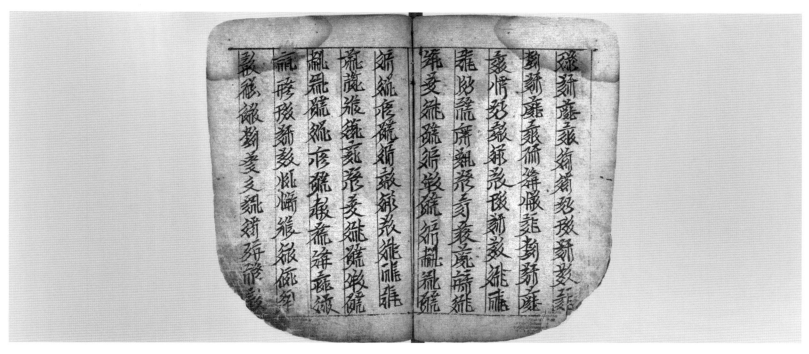

俄 **И**нв.No.731　金剛般若波羅蜜多經　　　(32-10)

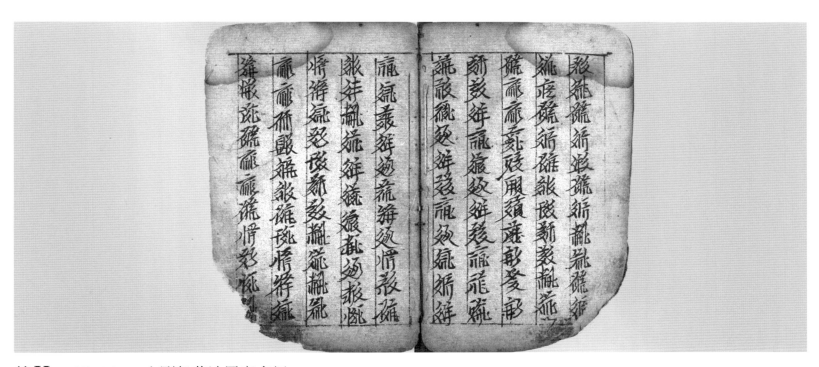

俄 **И**нв.No.731　金剛般若波羅蜜多經　　　(32-11)

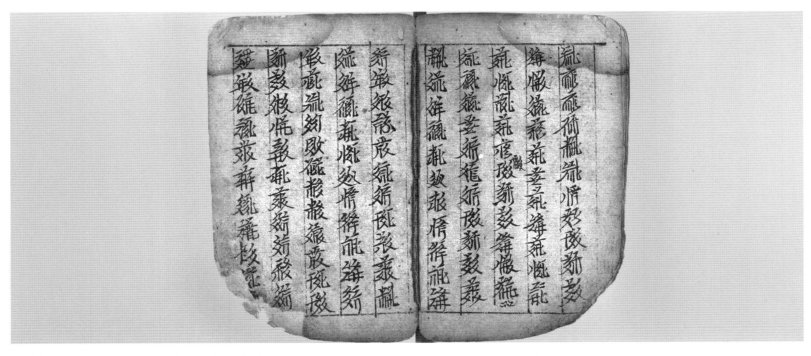

俄 **И**нв.No.731　金剛般若波羅蜜多經　　　(32-12)

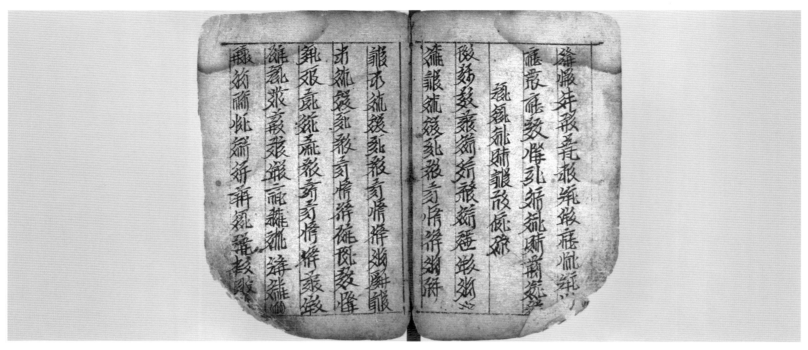

俄 **И**нв.No.731　　金剛般若波羅蜜多經　　　　(32-13)

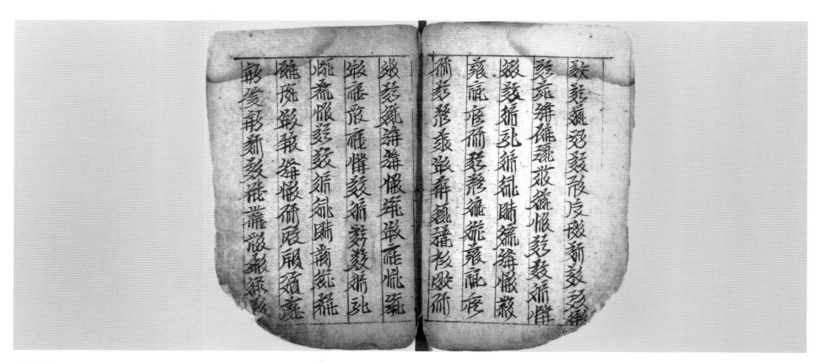

俄 **И**нв.No.731　　金剛般若波羅蜜多經　　　　(32-14)

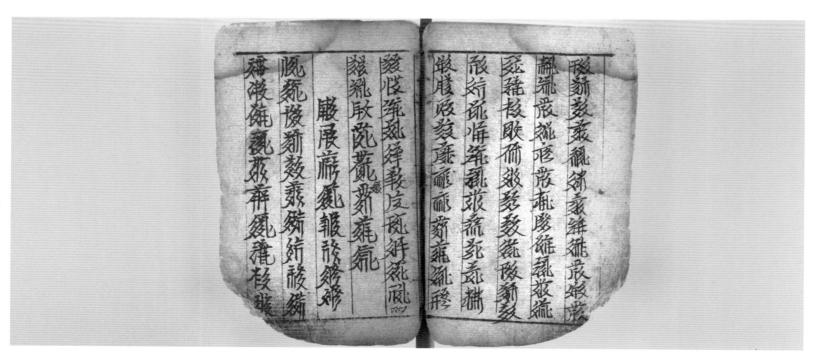

俄 **И**нв.No.731　　金剛般若波羅蜜多經　　　　(32-15)

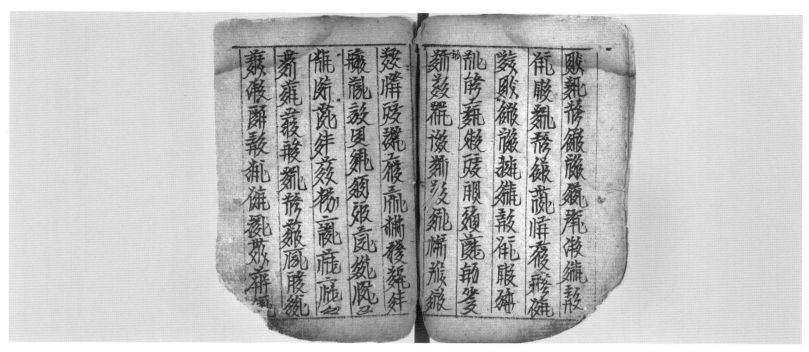

俄 **И**нв.No.731　金剛般若波羅蜜多經　　(32-16)

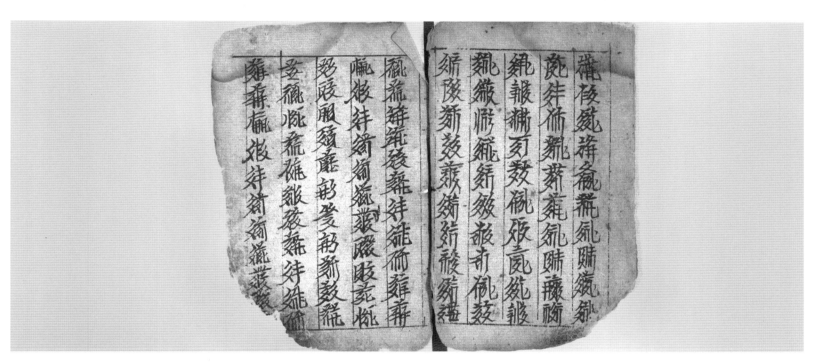

俄 **И**нв.No.731　金剛般若波羅蜜多經　　(32-17)

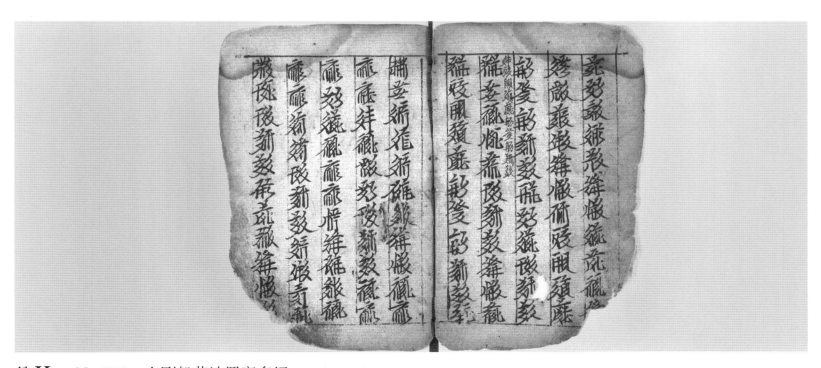

俄 **И**нв.No.731　金剛般若波羅蜜多經　　(32-18)

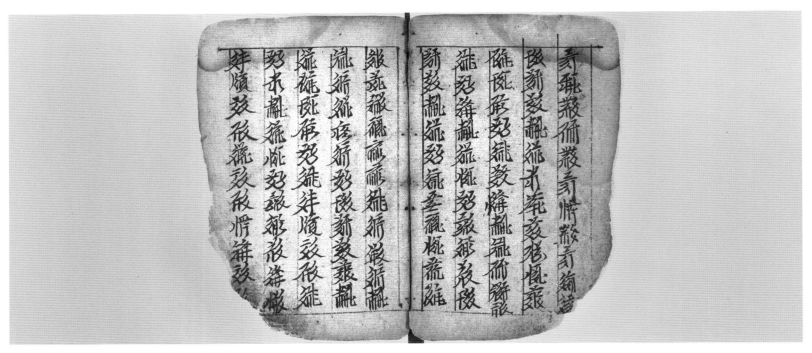

俄**Инв**.No.731　金剛般若波羅蜜多經　　　(32-19)

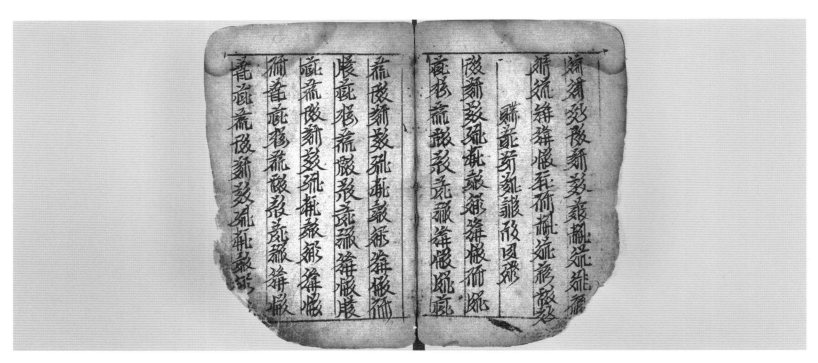

俄**Инв**.No.731　金剛般若波羅蜜多經　　　(32-20)

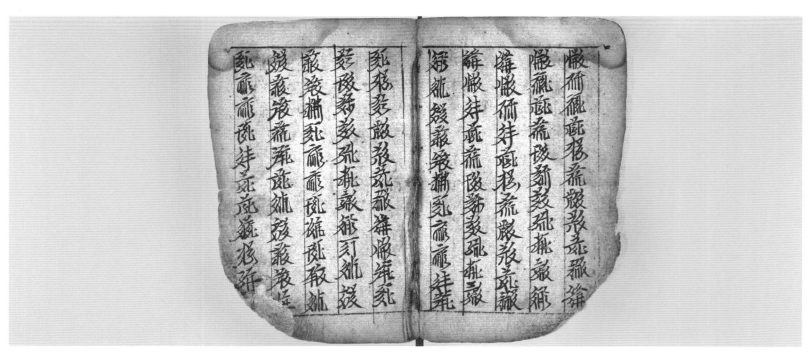

俄**Инв**.No.731　金剛般若波羅蜜多經　　　(32-21)

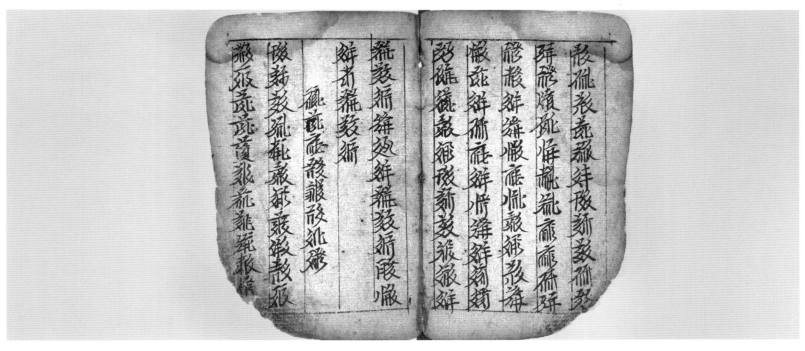

俄 **И**нв.No.731　金剛般若波羅蜜多經　　　(32-22)

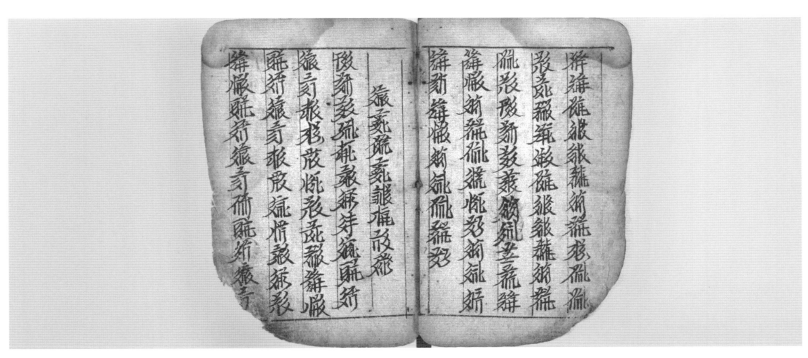

俄 **И**нв.No.731　金剛般若波羅蜜多經　　　(32-23)

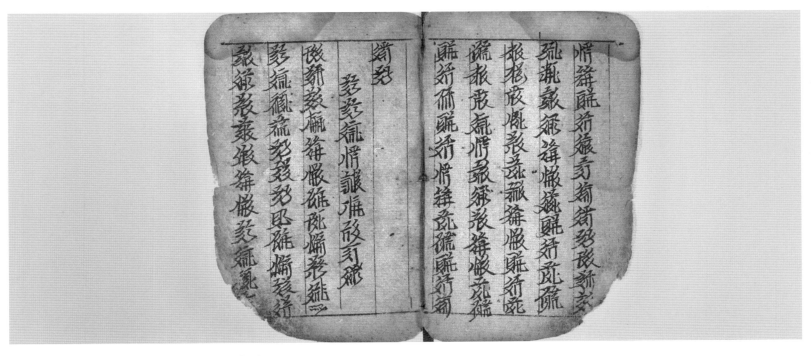

俄 **И**нв.No.731　金剛般若波羅蜜多經　　　(32-24)

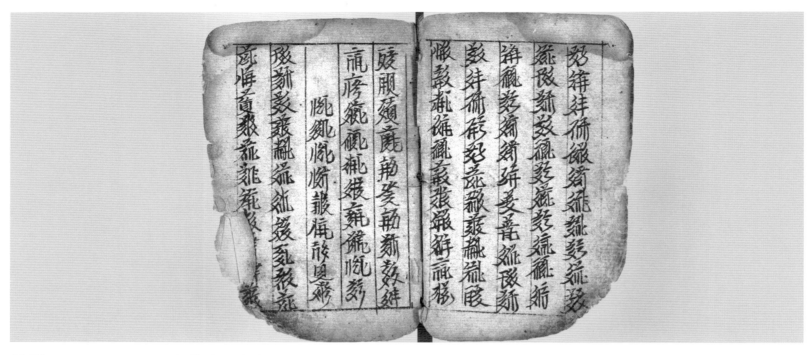

俄 **И**нв.No.731　金剛般若波羅蜜多經　　　(32-25)

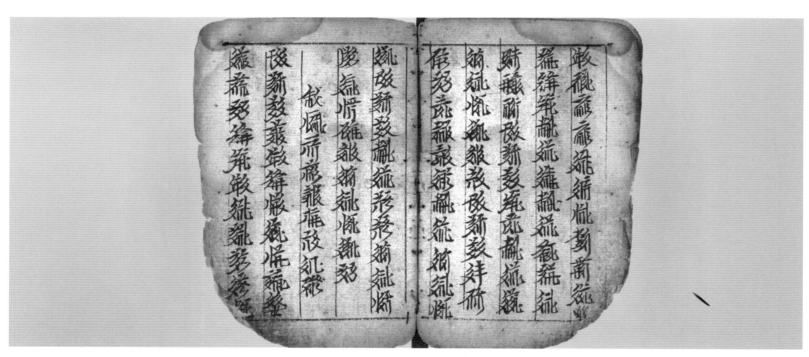

俄 **И**нв.No.731　金剛般若波羅蜜多經　　　(32-26)

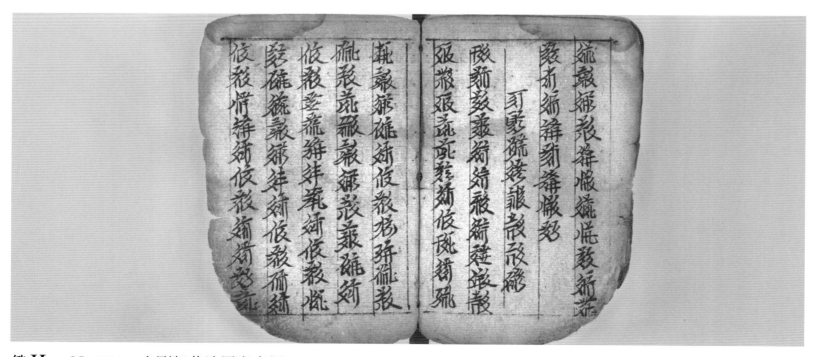

俄 **И**нв.No.731　金剛般若波羅蜜多經　　　(32-27)

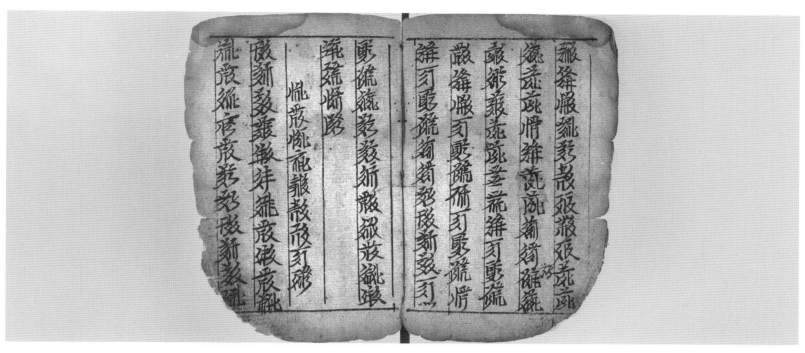

俄 **И**нв.No.731　金剛般若波羅蜜多經　　　(32-28)

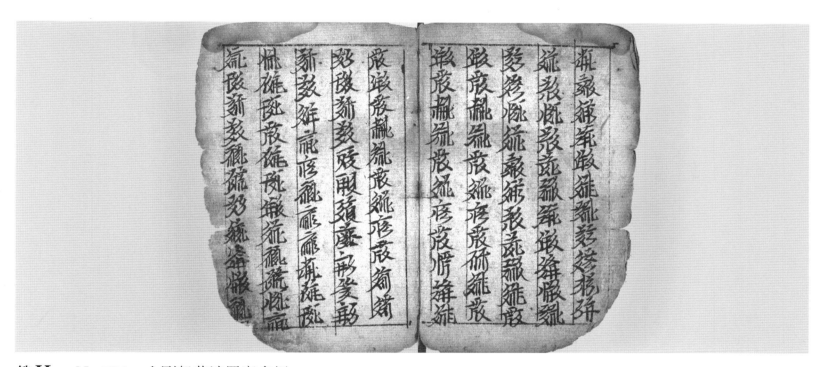

俄 **И**нв.No.731　金剛般若波羅蜜多經　　　(32-29)

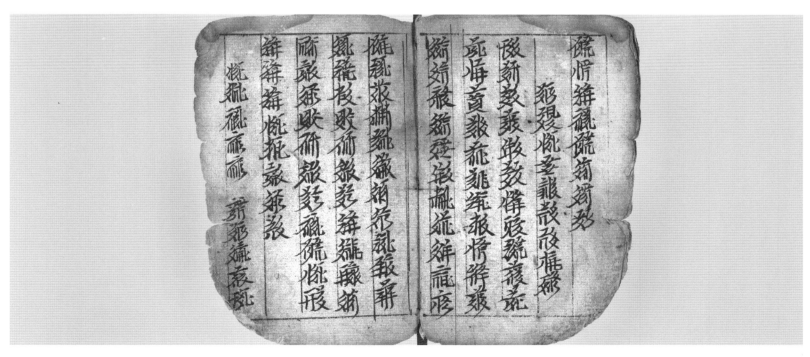

俄 **И**нв.No.731　金剛般若波羅蜜多經　　　(32-30)

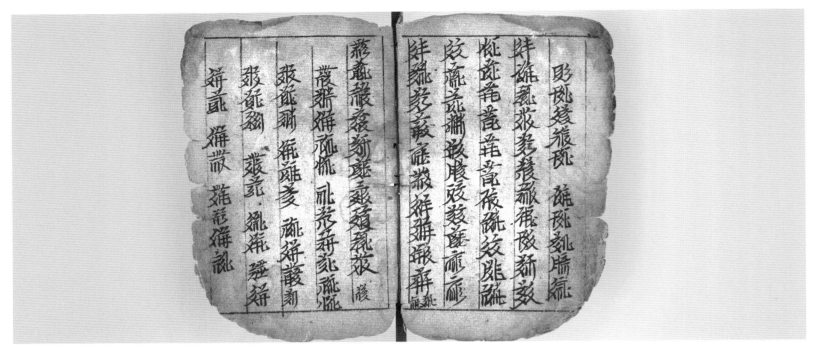

俄 Инв.No.731　金剛般若波羅蜜多經　　（32-31）

俄 Инв.No.731　金剛般若波羅蜜多經　　（32-32）

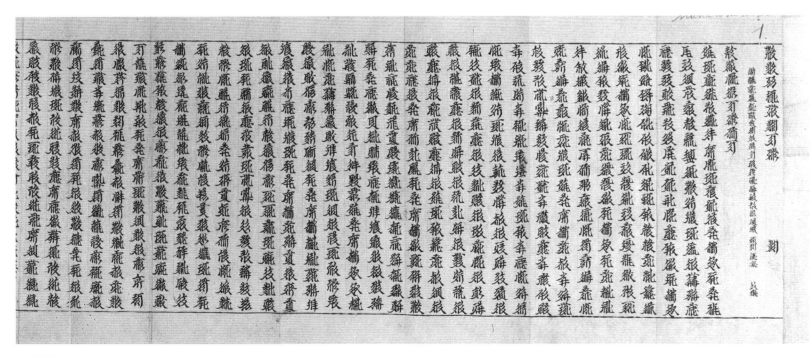

俄 Инв.No.364　大寶積經卷第一　　（9-1）

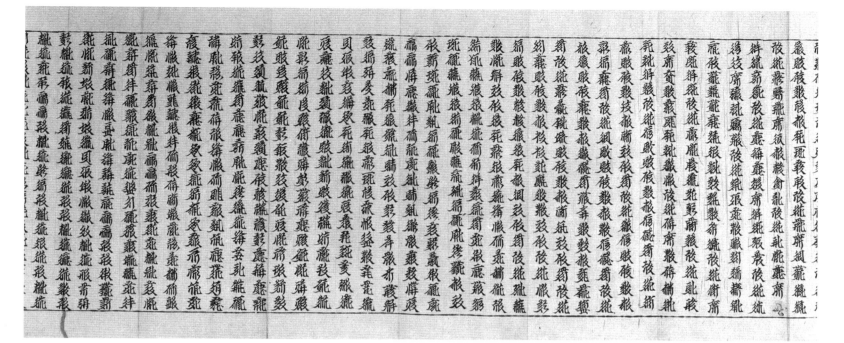

俄 ИнВ.No.364　大寶積經卷第一　　　(9-2)

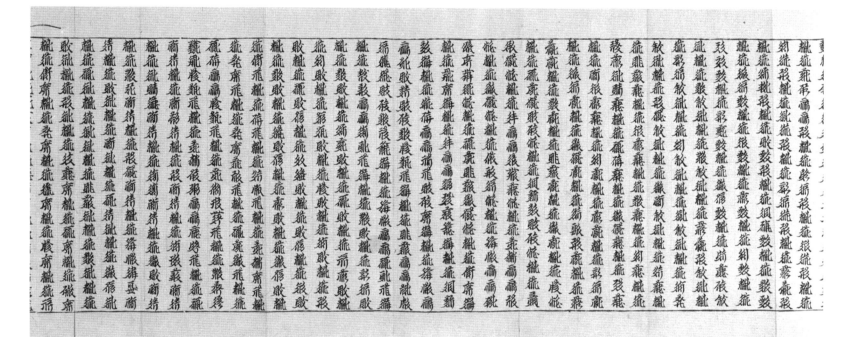

俄 ИнВ.No.364　大寶積經卷第一　　　(9-3)

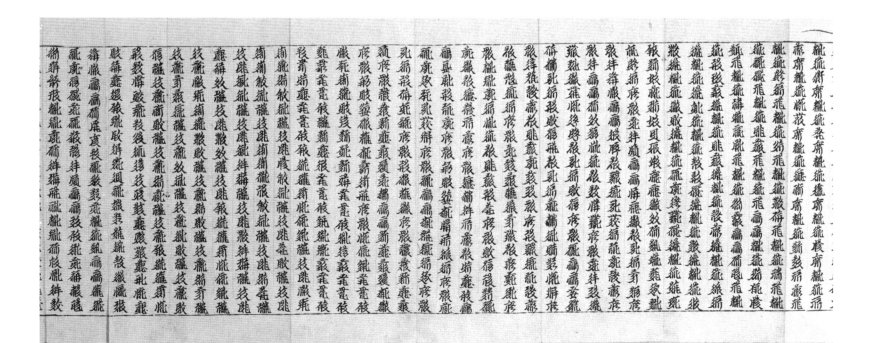

俄 ИнВ.No.364　大寶積經卷第一　　　(9-4)

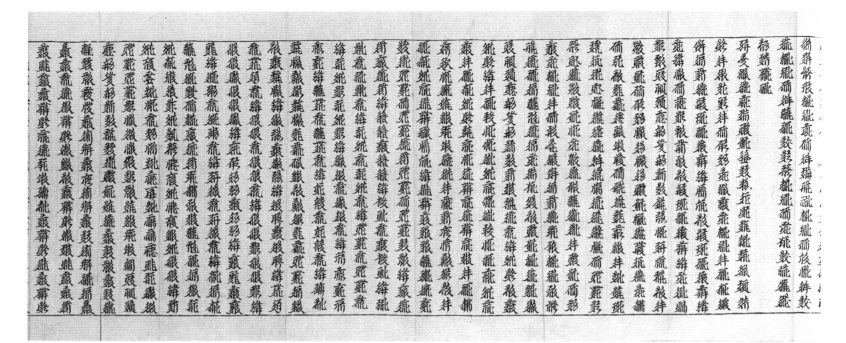

俄ИнВ.No.364　大寶積經卷第一　　　(9-5)

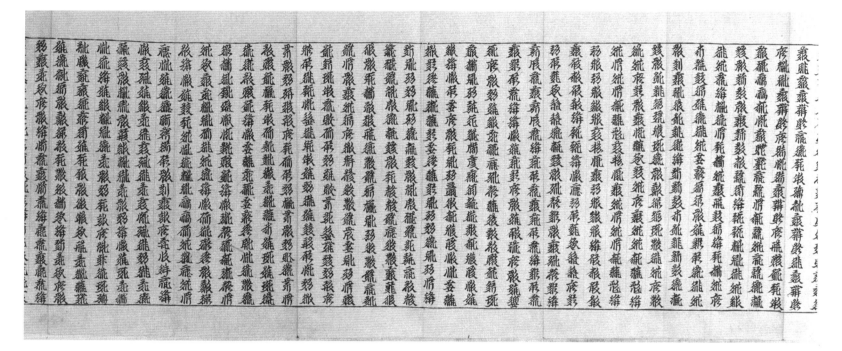

俄ИнВ.No.364　大寶積經卷第一　　　(9-6)

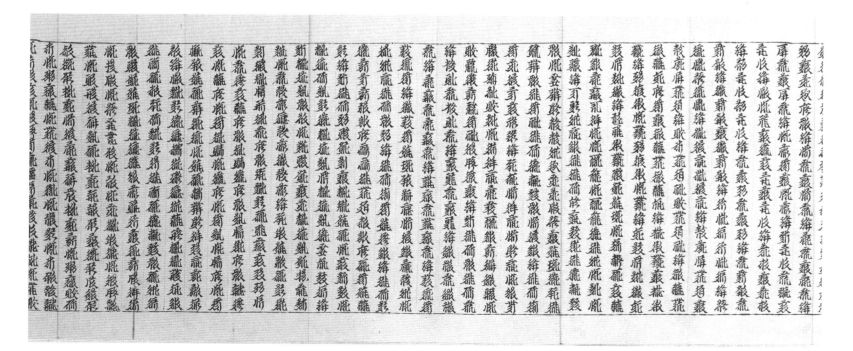

俄ИнВ.No.364　大寶積經卷第一　　　(9-7)

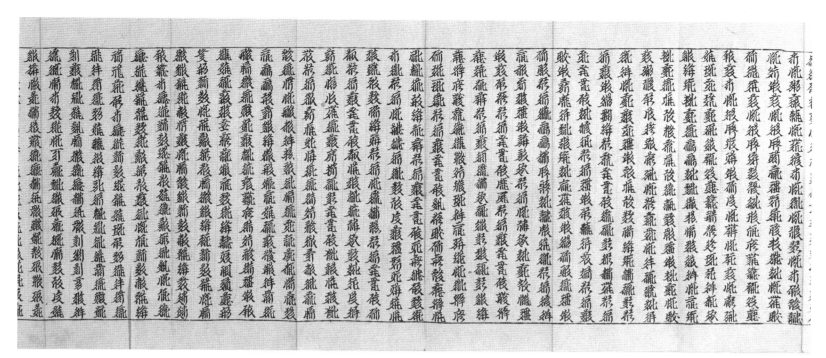

俄 **И**нв.No.364　大寶積經卷第一　　　(9-8)

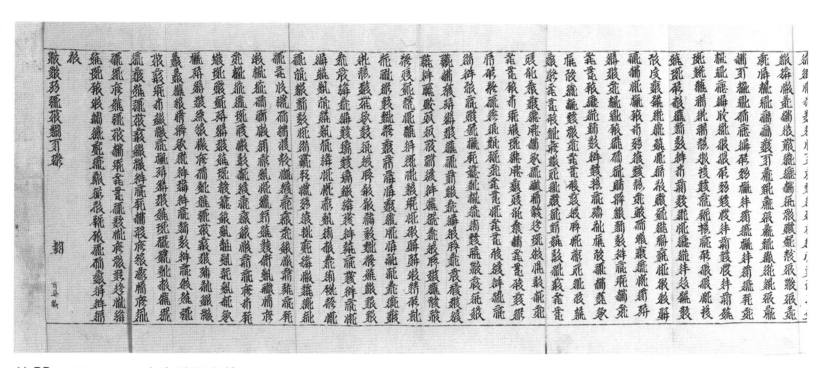

俄 **И**нв.No.364　大寶積經卷第一　　　(9-9)

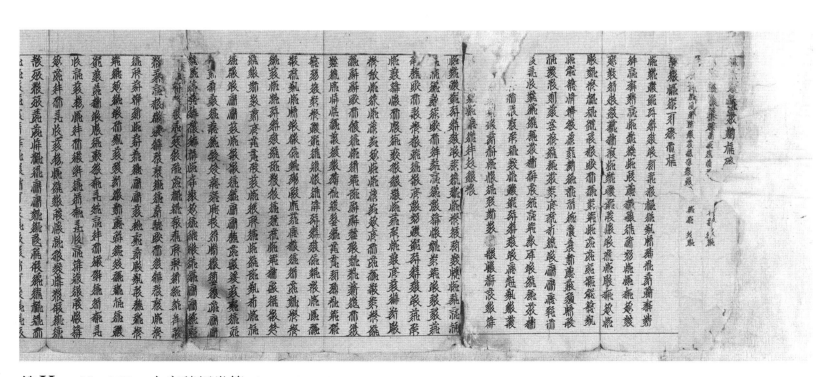

俄 **И**нв.No.365　大寶積經卷第二　　　(12-1)

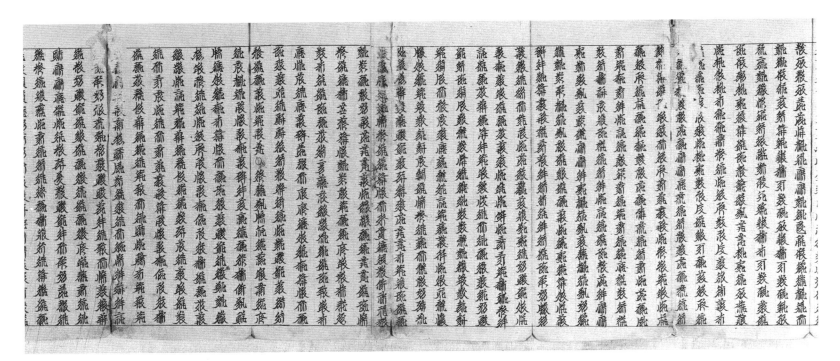

俄Инв.No.365　大寶積經卷第二　　　(12-2)

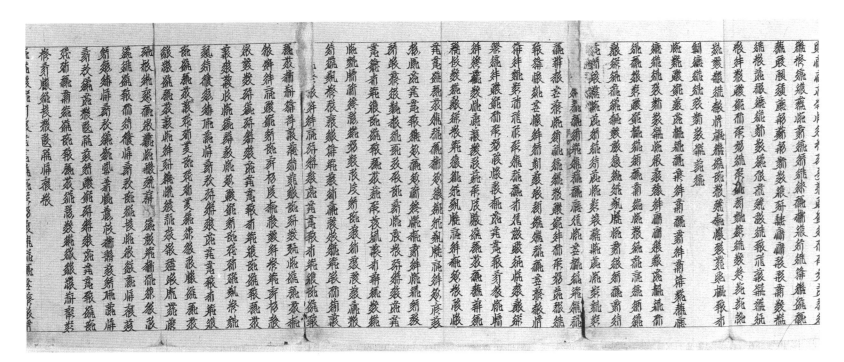

俄Инв.No.365　大寶積經卷第二　　　(12-3)

俄Инв.No.365　大寶積經卷第二　　　(12-4)

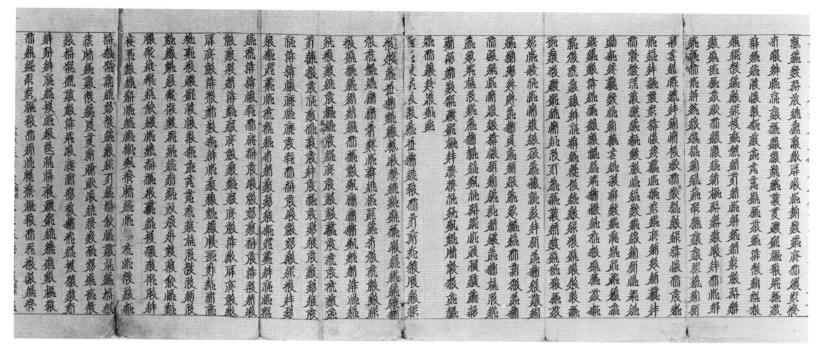

俄 ИНВ.No.365　大寶積經卷第二　　(12-5)

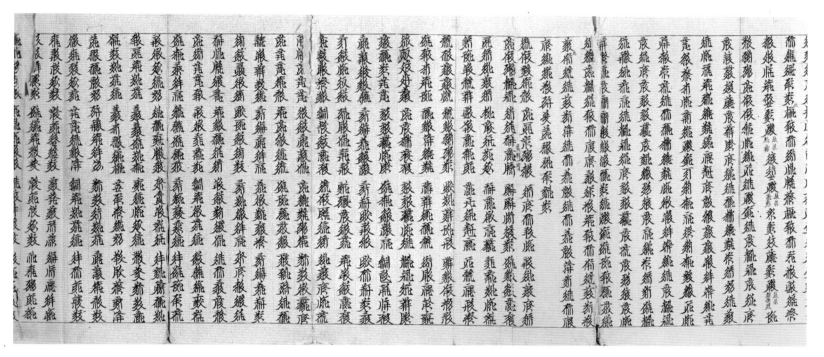

俄 ИНВ.No.365　大寶積經卷第二　　(12-6)

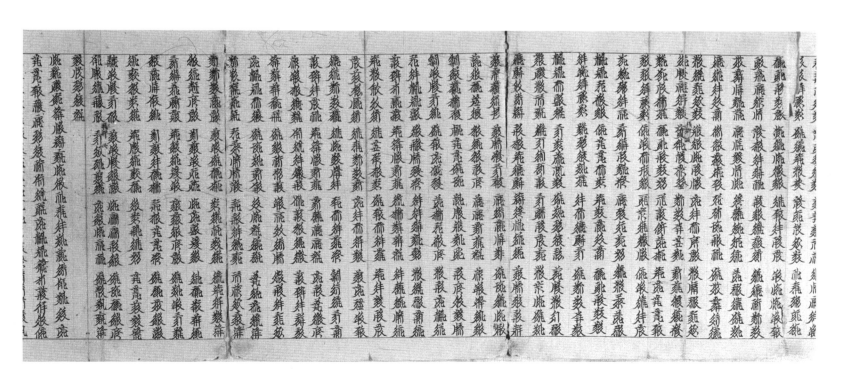

俄 ИНВ.No.365　大寶積經卷第二　　(12-7)

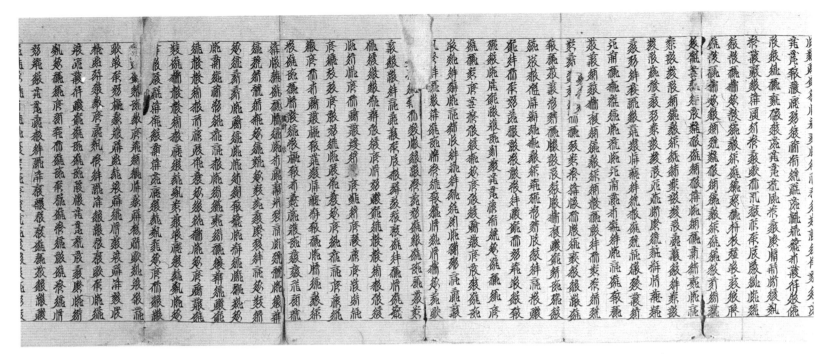

俄 **И**нв.No.365　大寶積經卷第二　　　(12-8)

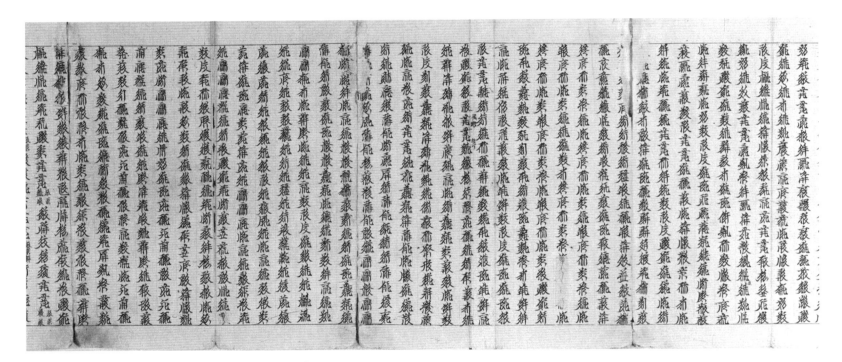

俄 **И**нв.No.365　大寶積經卷第二　　　(12-9)

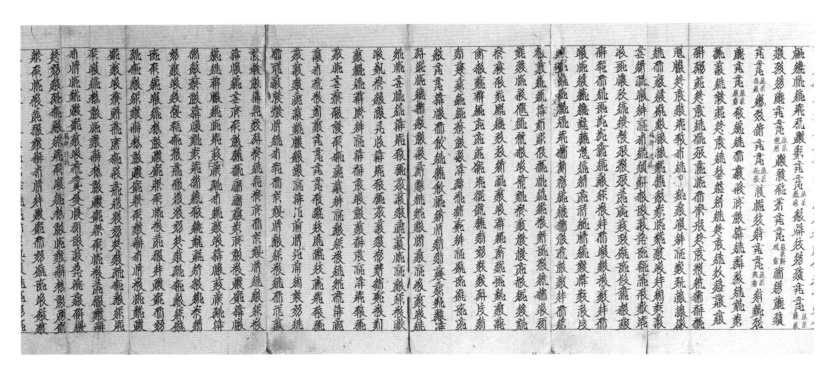

俄 **И**нв.No.365　大寶積經卷第二　　　(12-10)

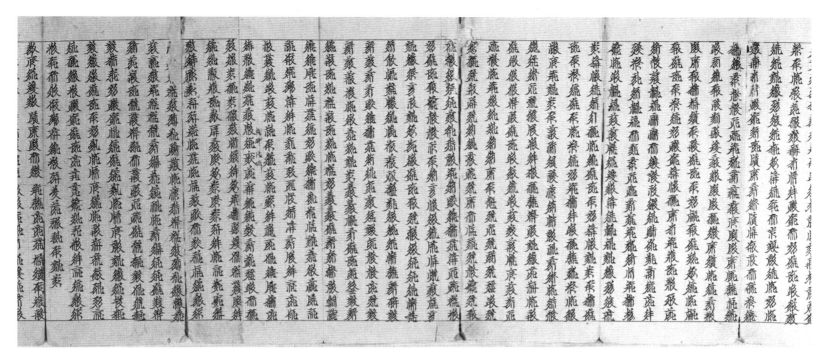

俄 **И**нв.No.365　大寶積經卷第二　　(12-11)

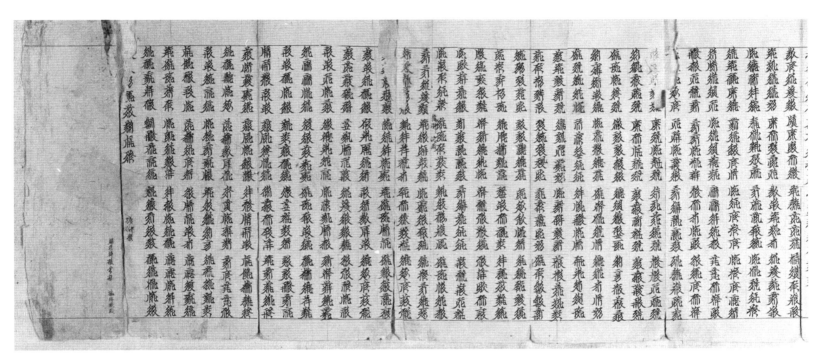

俄 **И**нв.No.365　大寶積經卷第二　　(12-12)

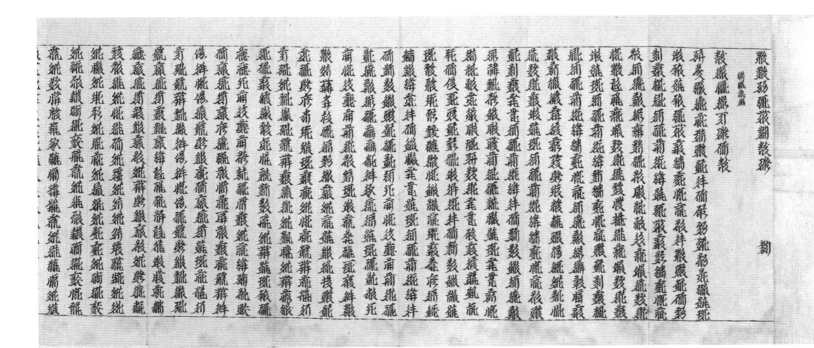

俄 **И**нв.No.367　大寶積經卷第三　　(14-1)

俄Инв.No.367　大寶積經卷第三　　　（14-2）

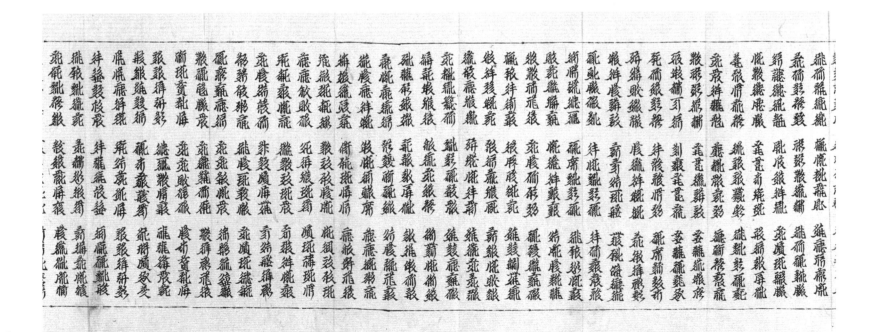

俄Инв.No.367　大寶積經卷第三　　　（14-3）

俄Инв.No.367　大寶積經卷第三　　　（14-4）

俄 Инв.No.367　大寶積經卷第三　　(14-5)

俄 Инв.No.367　大寶積經卷第三　　(14-6)

俄 Инв.No.367　大寶積經卷第三　　(14-7)

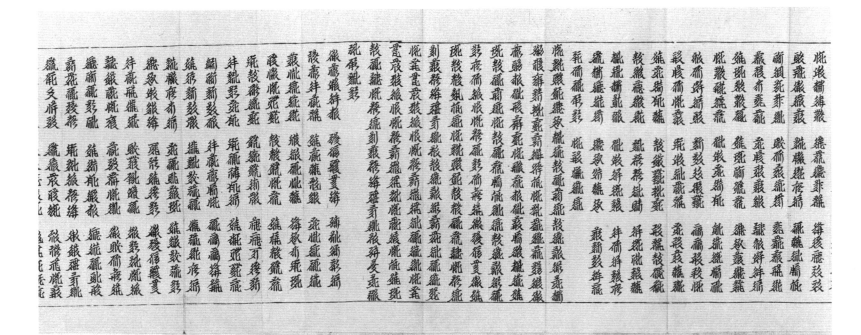

俄 Инв.No.367　大寶積經卷第三　　　(14-8)

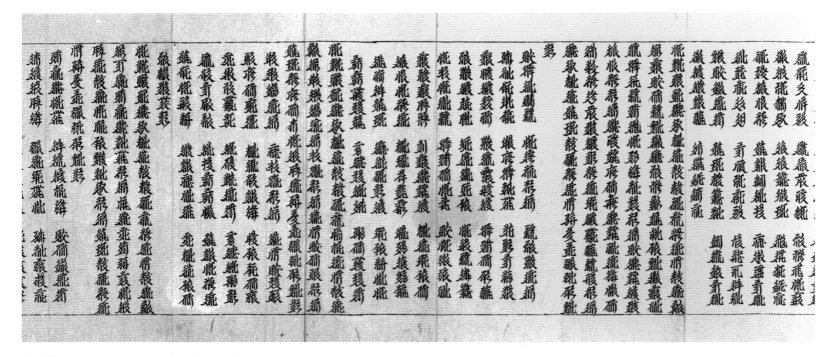

俄 Инв.No.367　大寶積經卷第三　　　(14-9)

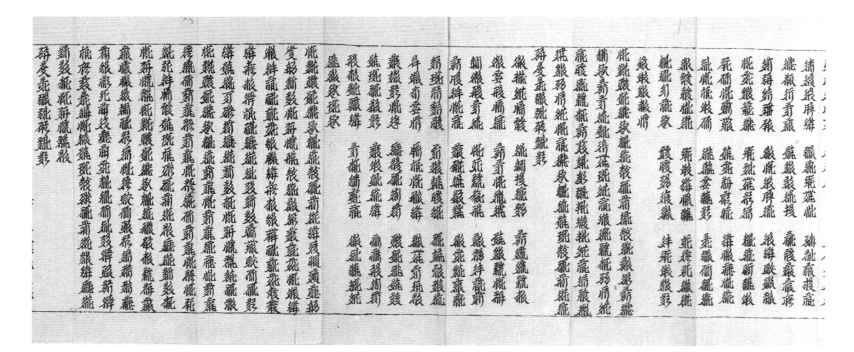

俄 Инв.No.367　大寶積經卷第三　　　(14-10)

俄 **И**нв.No.367　大寶積經卷第三　　(14-11)

俄 **И**нв.No.367　大寶積經卷第三　　(14-12)

俄 **И**нв.No.367　大寶積經卷第三　　(14-13)

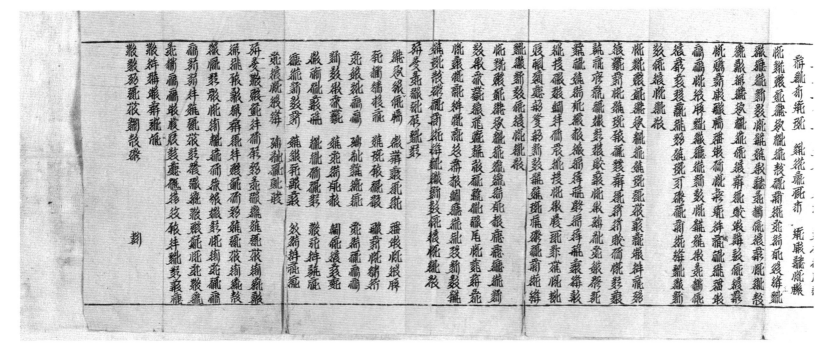

俄 **И**нв.No.367　　大寶積經卷第三　　　　（14-14）

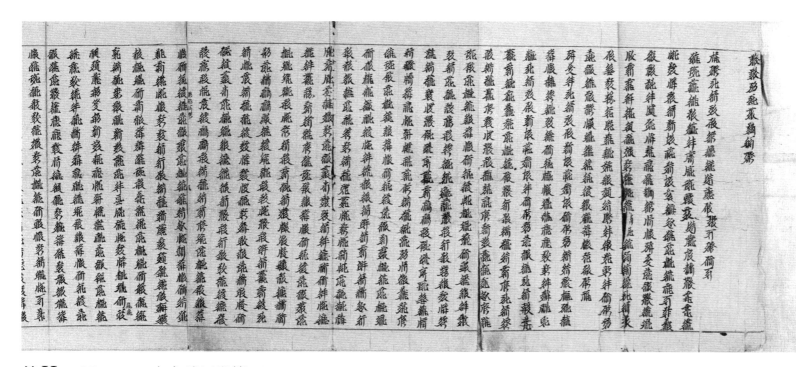

俄 **И**нв.No.369　　大寶積經卷第四　　　　（5-1）

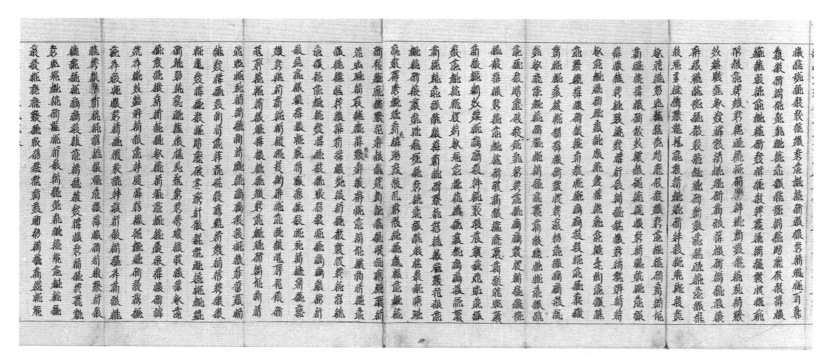

俄 **И**нв.No.369　　大寶積經卷第四　　　　（5-2）

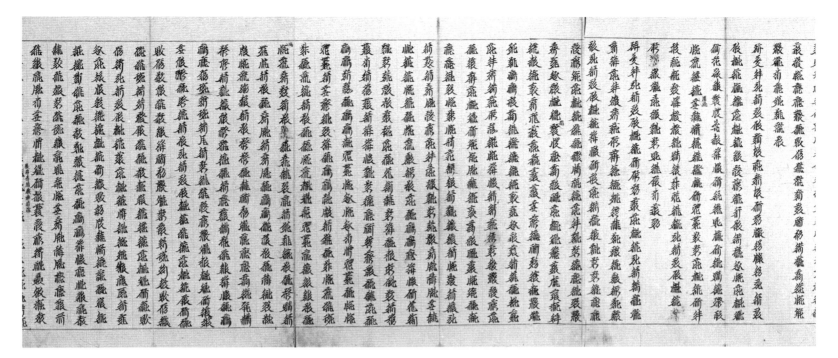

俄 **И**нв.No.369　大寶積經卷第四　　(5-3)

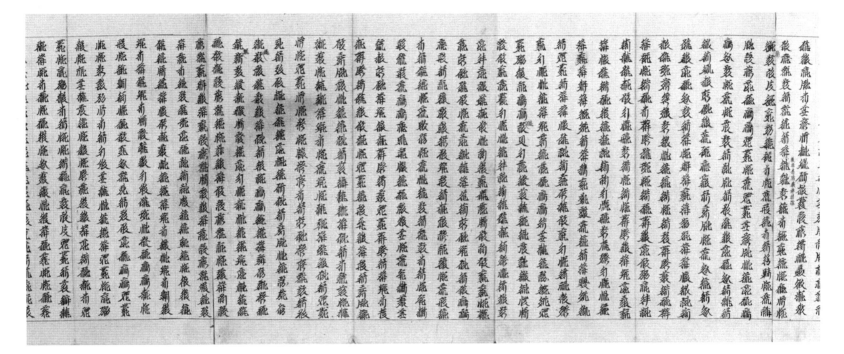

俄 **И**нв.No.369　大寶積經卷第四　　(5-4)

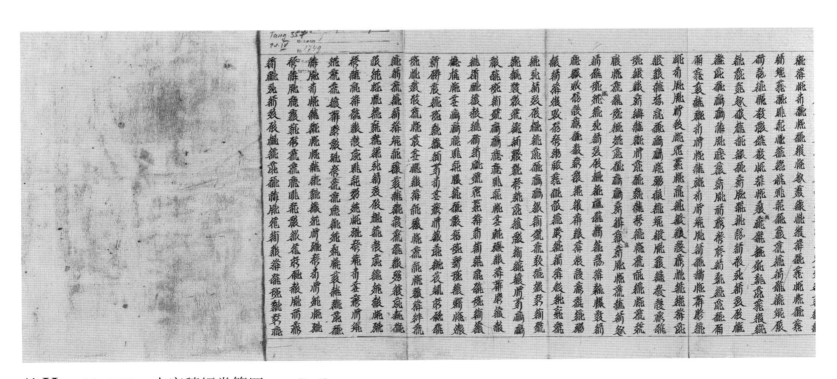

俄 **И**нв.No.369　大寶積經卷第四　　(5-5)

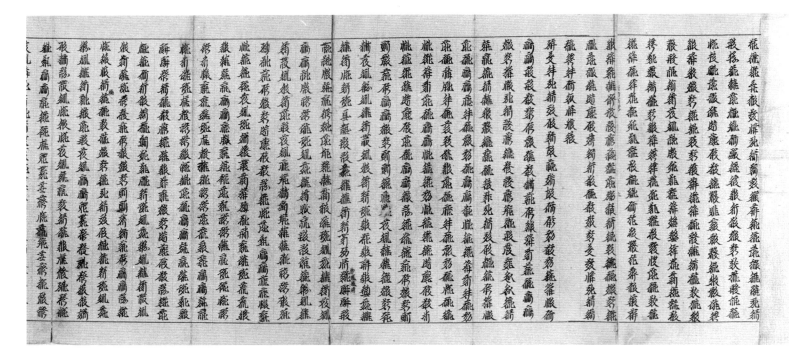

俄 Инв.No.371　大寶積經卷第四　　　(5-1)

俄 Инв.No.371　大寶積經卷第四　　　(5-2)

俄 Инв.No.371　大寶積經卷第四　　　(5-3)

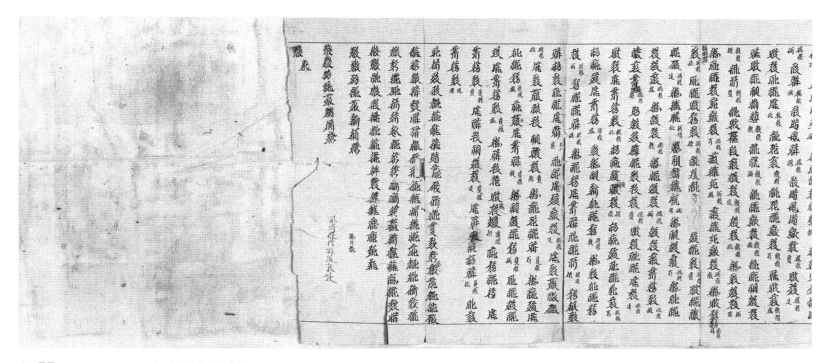

俄Инв.No.371　大寶積經卷第四　　　(5-4)

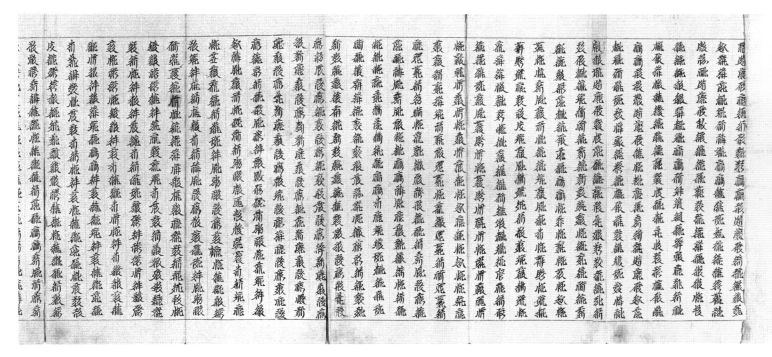

俄Инв.No.371　大寶積經卷第四　　　(5-5)

俄Инв.No.3106　大寶積經卷第五　　　(10-1)

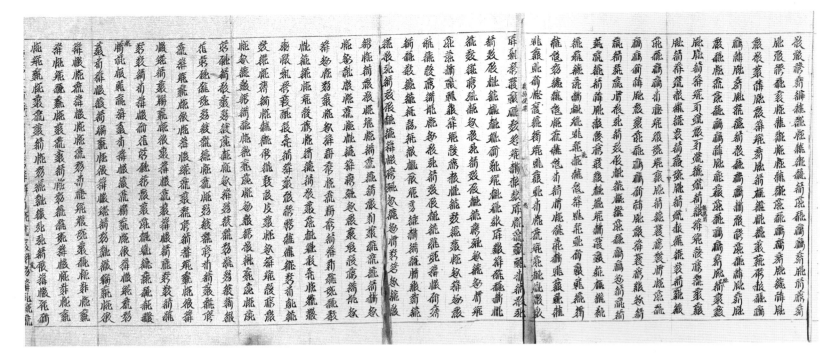

俄Инв.No.3106　大寶積經卷第五　　　(10-2)

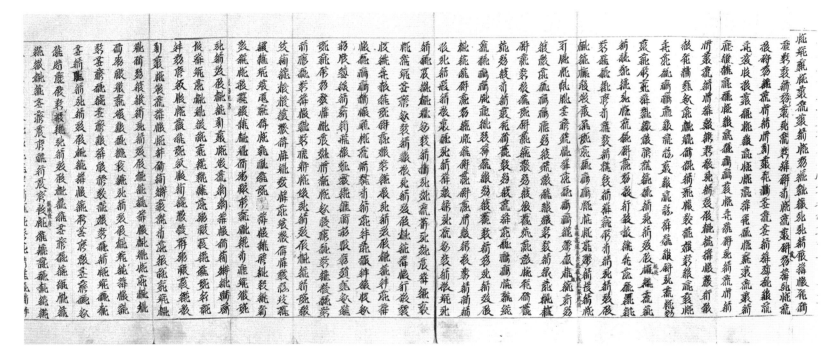

俄Инв.No.3106　大寶積經卷第五　　　(10-3)

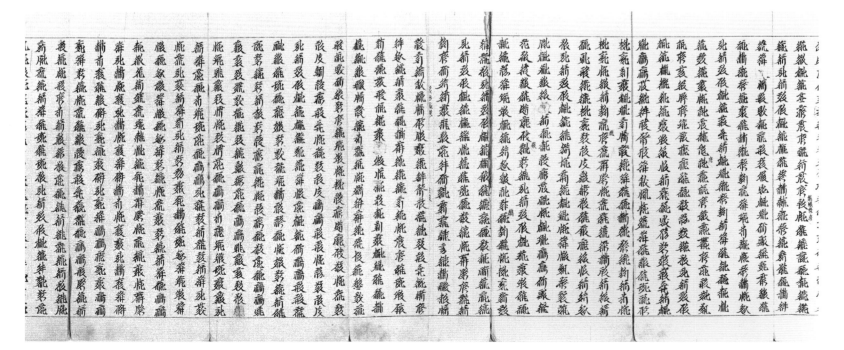

俄Инв.No.3106　大寶積經卷第五　　　(10-4)

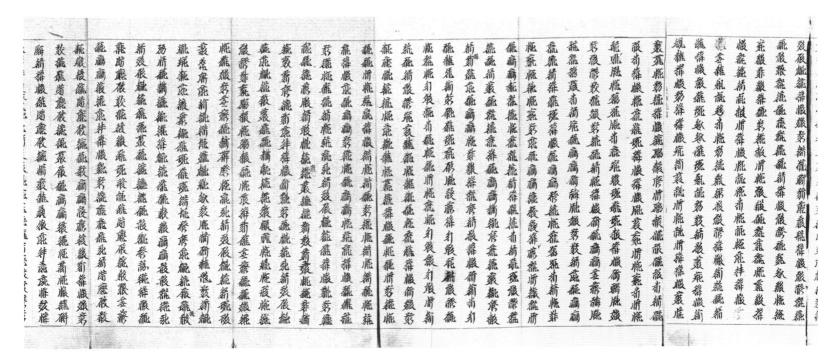

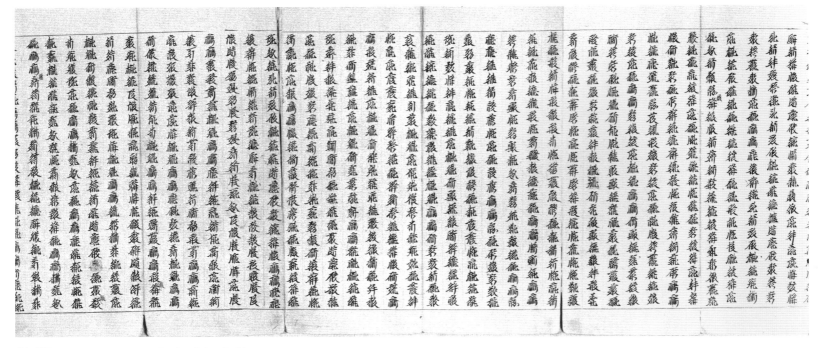

俄 **И**нв.No.3106　大寶積經卷第五　　　　（10-8）

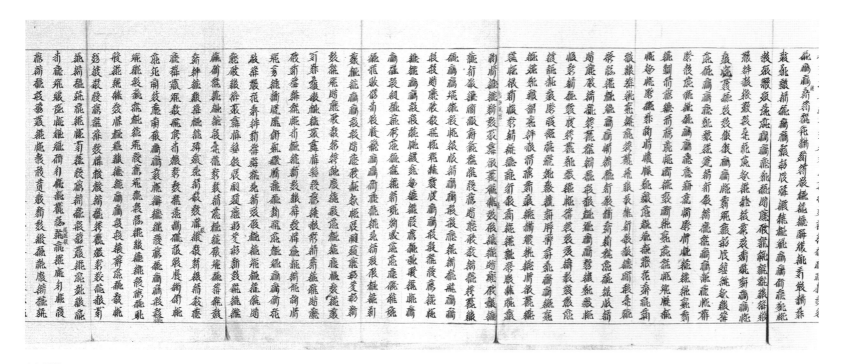

俄 **И**нв.No.3106　大寶積經卷第五　　　　（10-9）

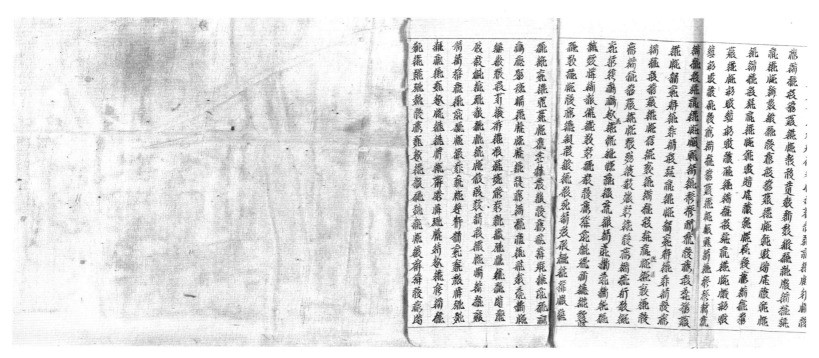

俄 **И**нв.No.3106　大寶積經卷第五　　　　（10-10）

84

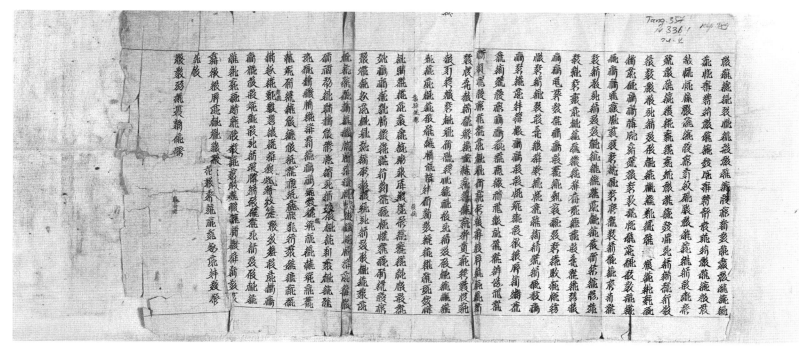

俄Инв.No.3364　大寶積經卷第五

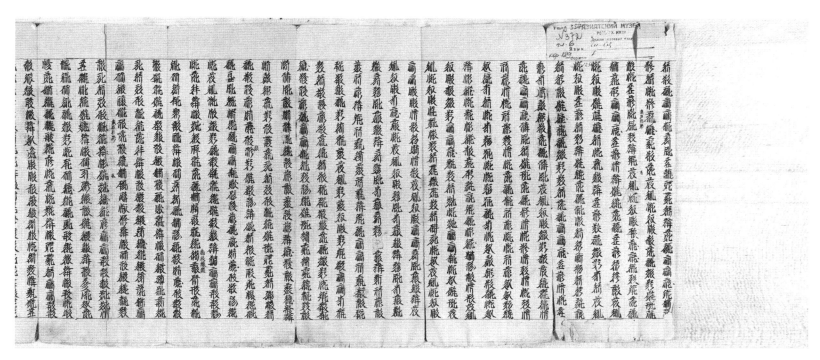

俄Инв.No.372　大寶積經卷第六　　　(10-1)

俄Инв.No.372　大寶積經卷第六　　　(10-2)

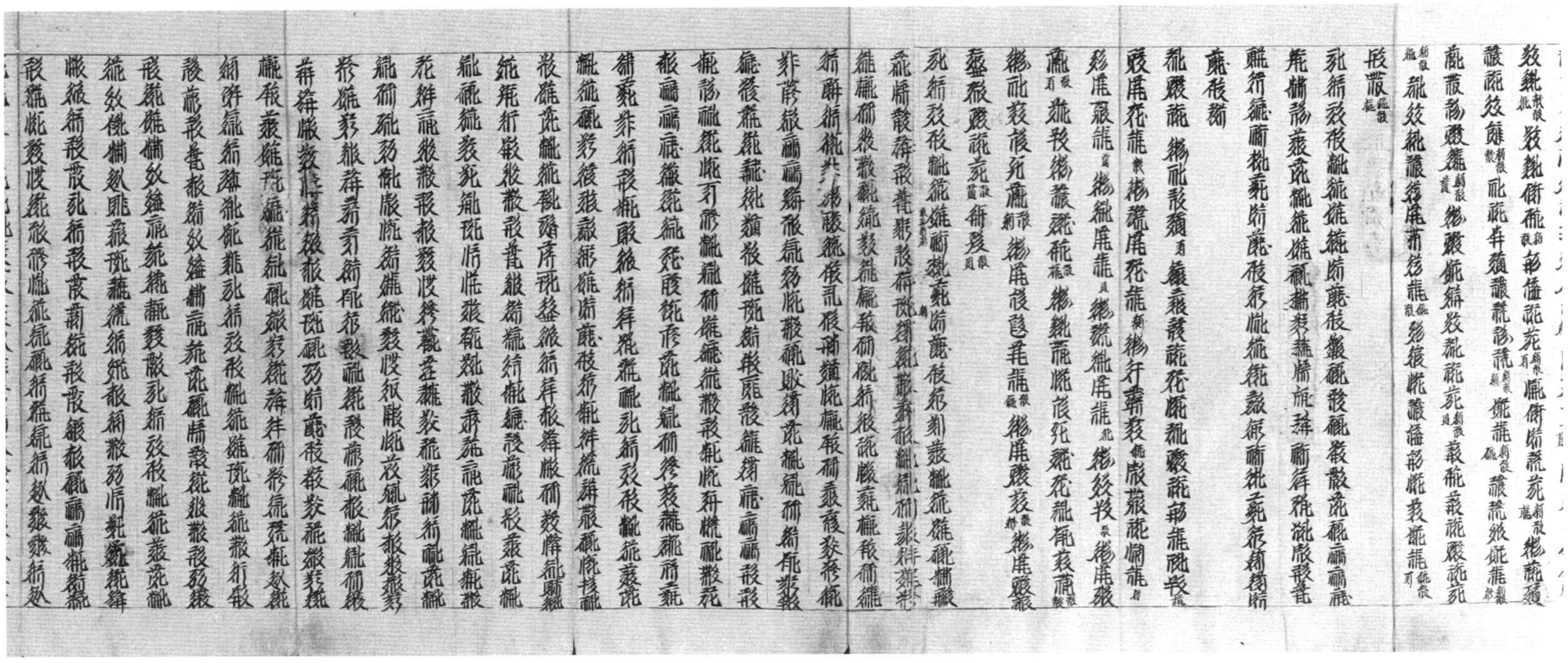

俄Инв.No.372　大寶積經卷第六　　（10-3）

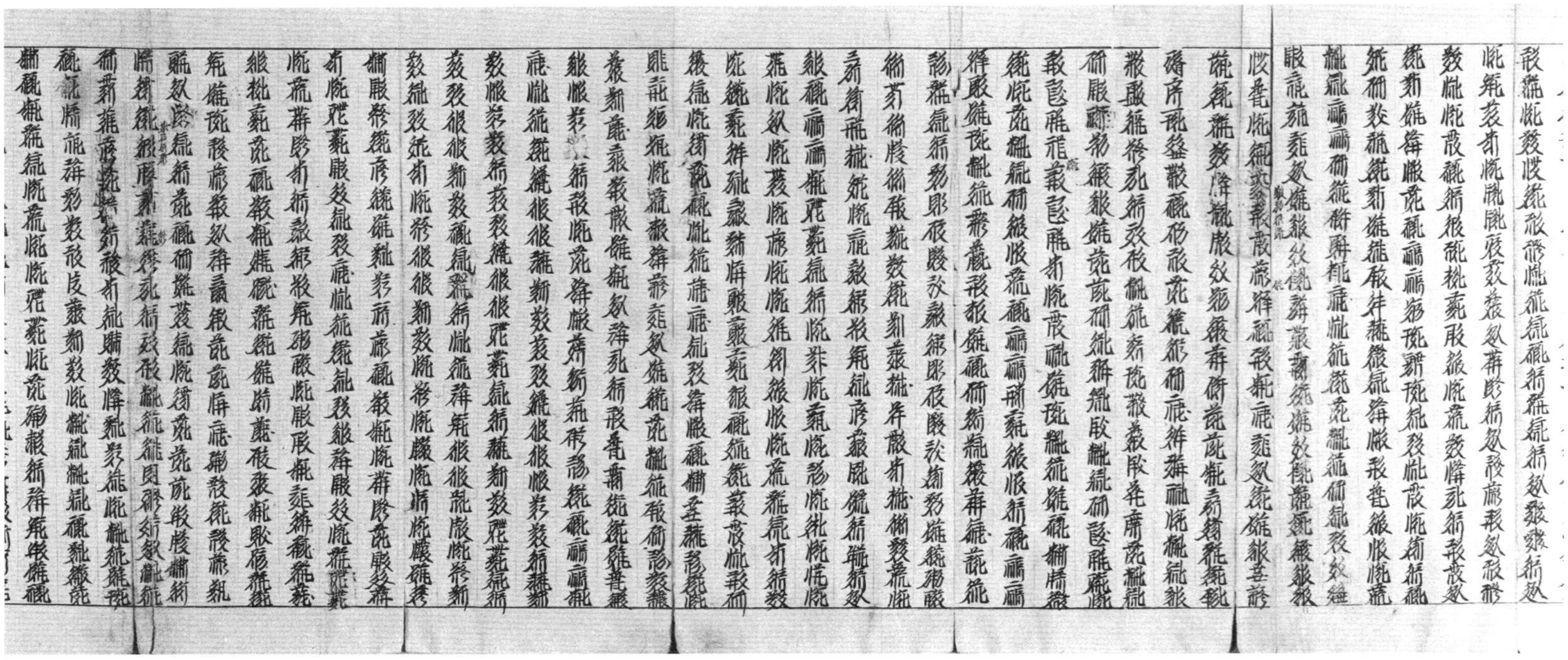

俄Инв.No.372　大寶積經卷第六　　（10-4）

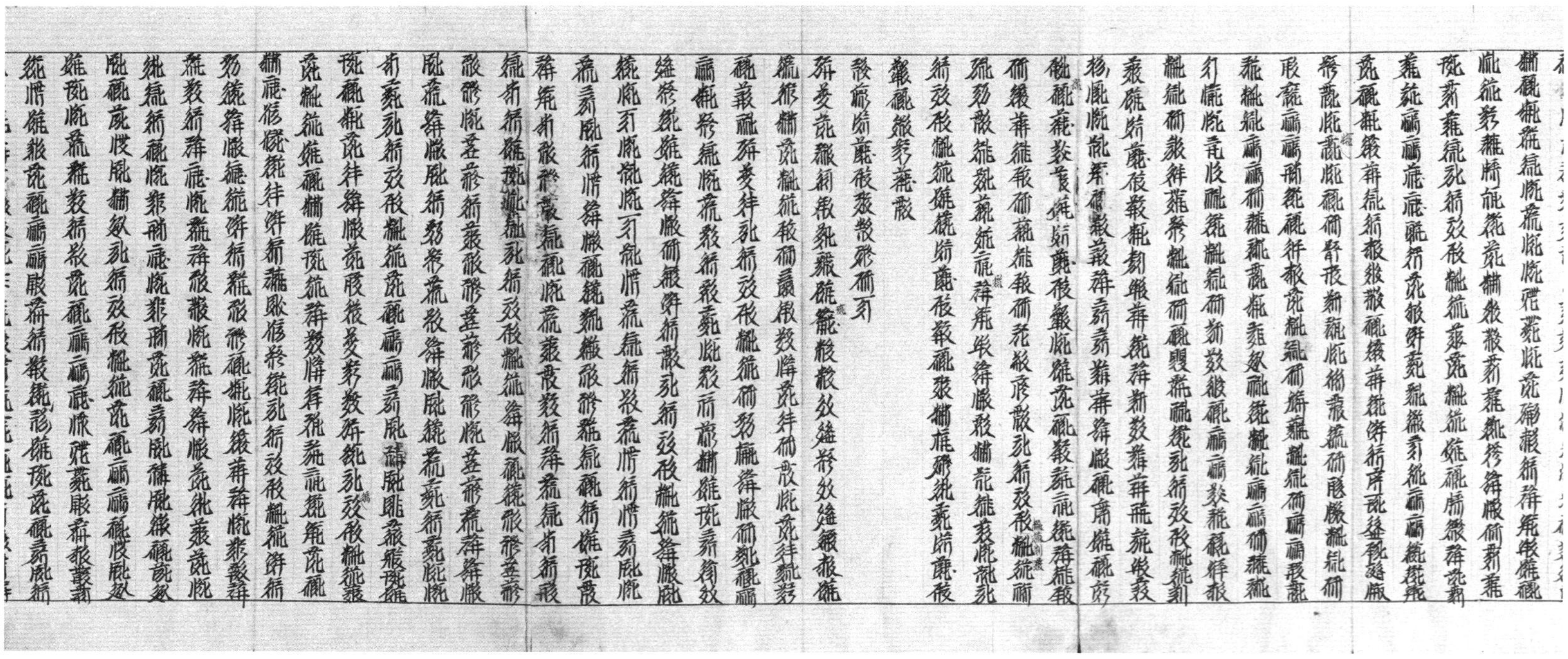

俄Инв.No.372　大寶積經卷第六　　（10-5）

俄 Инв.No.372　大寶積經卷第六　　　(10-6)

俄 Инв.No.372　大寶積經卷第六　　　(10-7)

俄 Инв.No.372　大寶積經卷第六　　　(10-8)

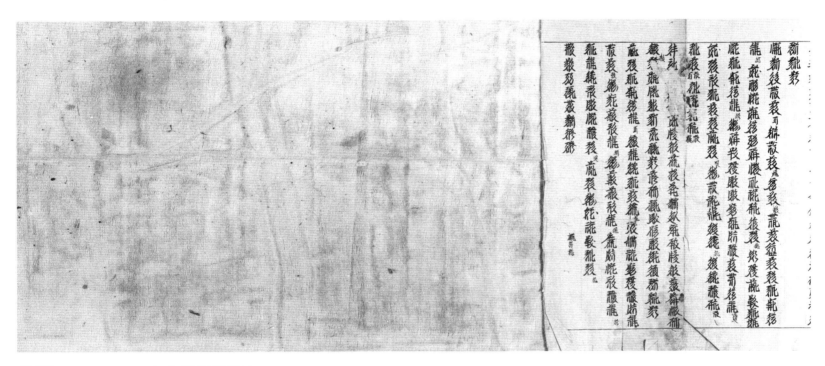

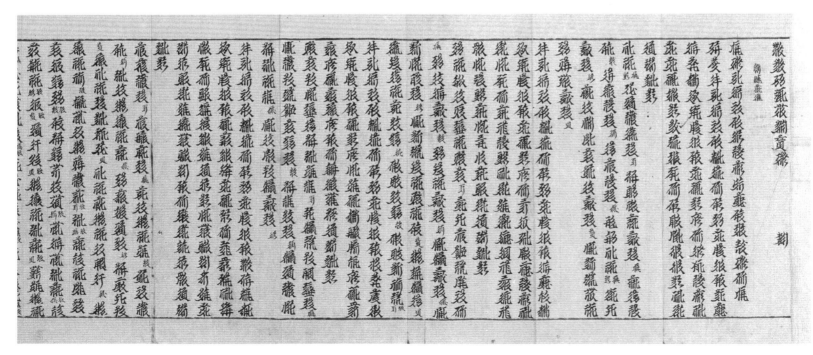

俄Инв.No.373　大寶積經卷第七　　　(12-2)

俄Инв.No.373　大寶積經卷第七　　　(12-3)

俄Инв.No.373　大寶積經卷第七　　　(12-4)

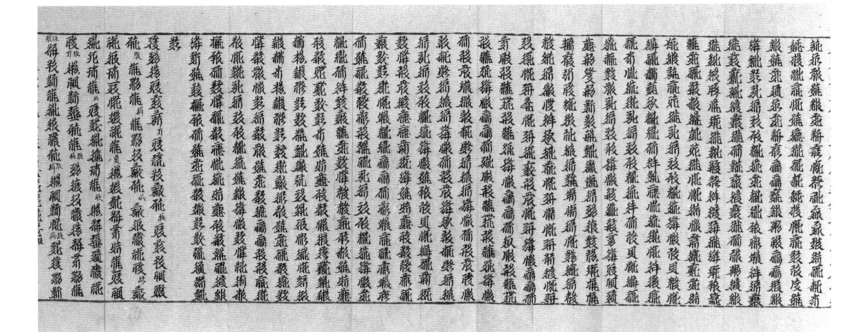

俄 **И**нв.No.373　大寶積經卷第七　　　(12-5)

俄 **И**нв.No.373　大寶積經卷第七　　　(12-6)

俄 **И**нв.No.373　大寶積經卷第七　　　(12-7)

俄 **И**нв.№.373　大寶積經卷第七　　　(12-8)

俄 **И**нв.№.373　大寶積經卷第七　　　(12-9)

俄 **И**нв.№.373　大寶積經卷第七　　　(12-10)

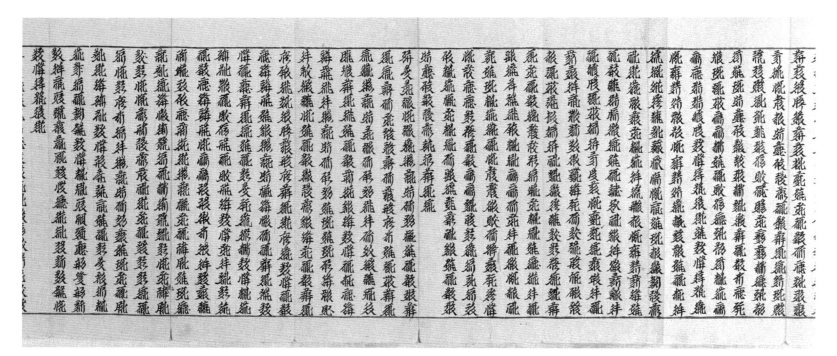

俄**И**нв.No.373　大寶積經卷第七　　　(12-11)

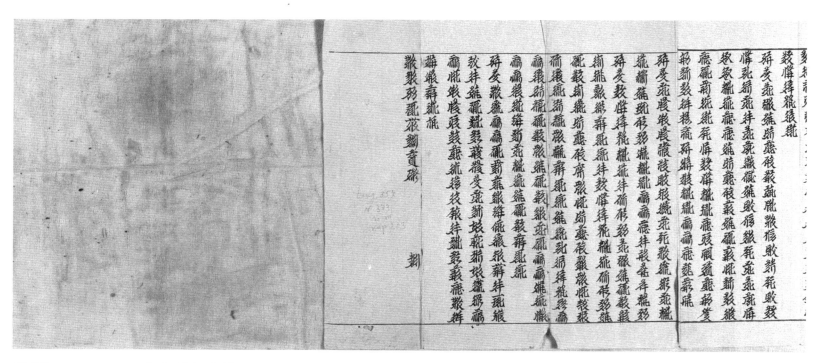

俄**И**нв.No.373　大寶積經卷第七　　　(12-12)

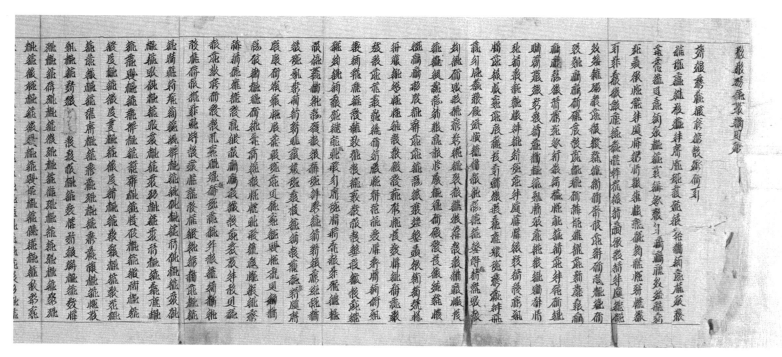

俄**И**нв.No.374　大寶積經卷第八　　　(5-1)

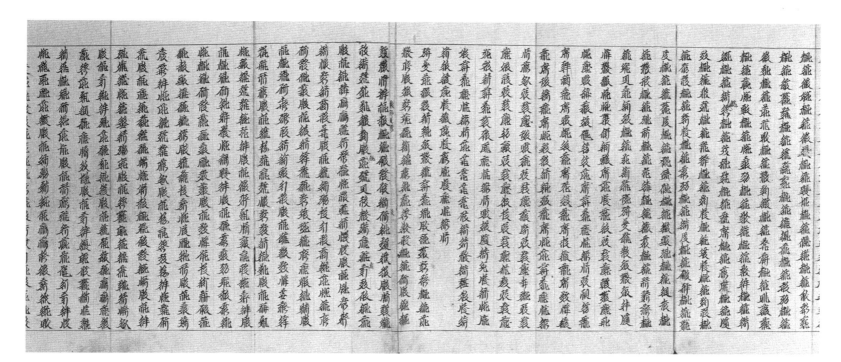

俄Инв.No.374　大寶積經卷第八　　　(5-2)

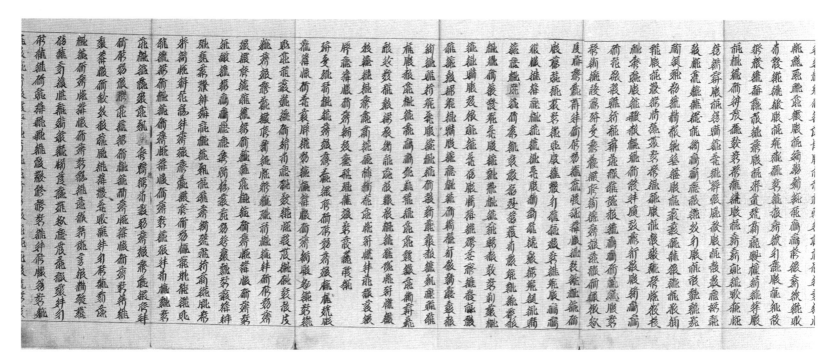

俄Инв.No.374　大寶積經卷第八　　　(5-3)

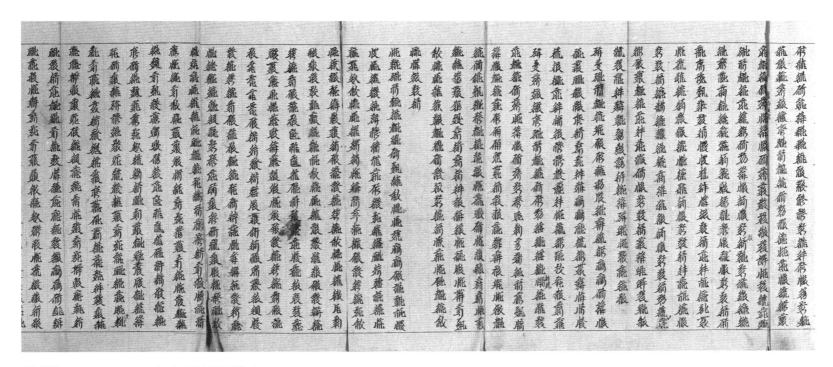

俄Инв.No.374　大寶積經卷第八　　　(5-4)

俄 Инв.No.374　　大寶積經卷第八　　　（5-5）

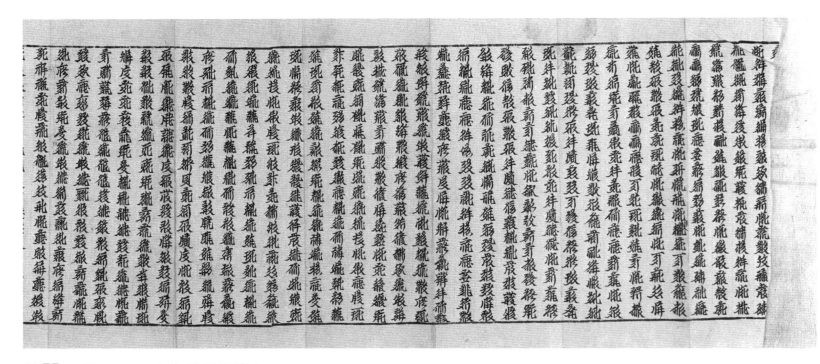

俄 Инв.No.375　　大寶積經卷第八　　　（7-1）

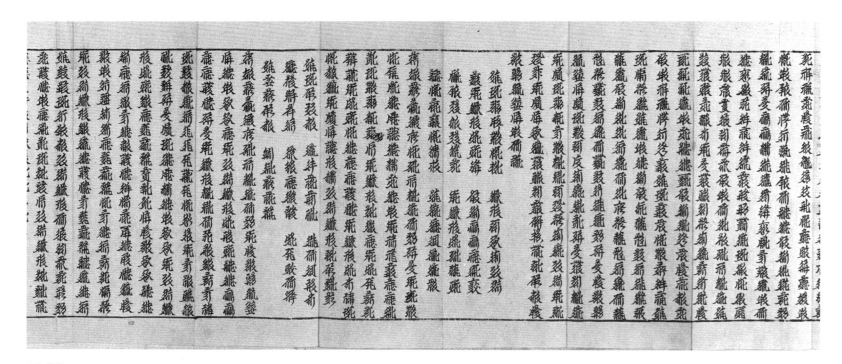

俄 Инв.No.375　　大寶積經卷第八　　　（7-2）

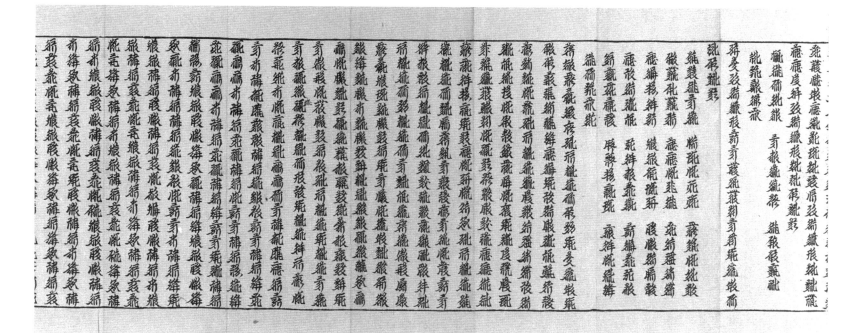

俄 ИНВ.No.375　大寶積經卷第八　　　(7-3)

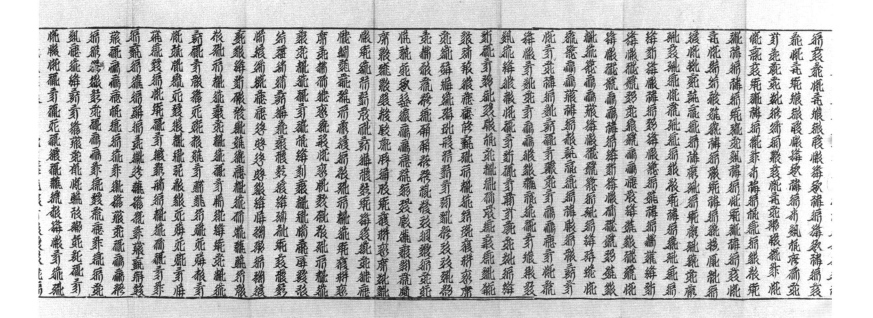

俄 ИНВ.No.375　大寶積經卷第八　　　(7-4)

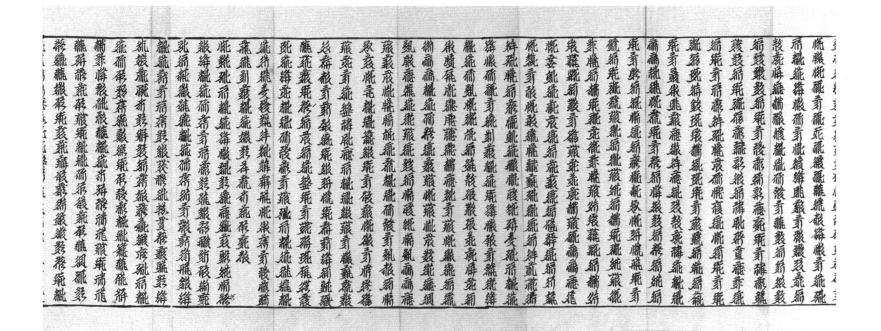

俄 ИНВ.No.375　大寶積經卷第八　　　(7-5)

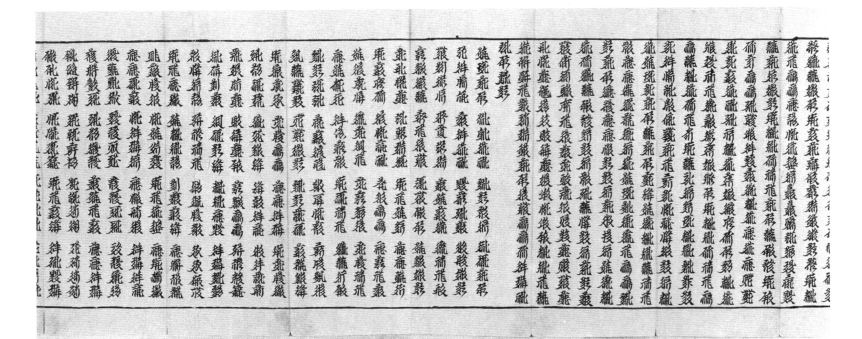

俄 Инв.No.375　大寶積經卷第八　　　(7-6)

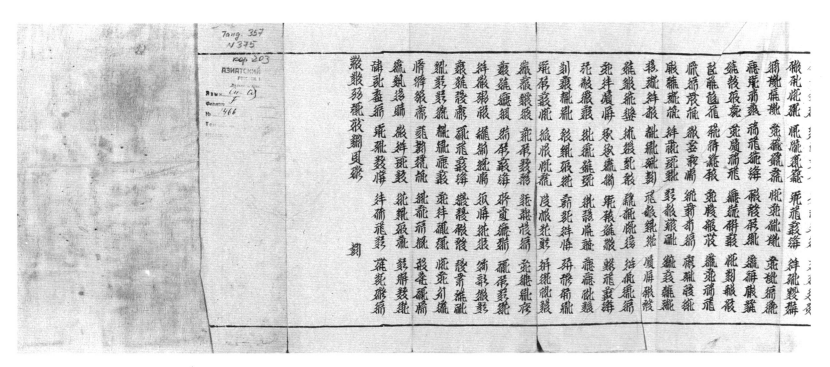

俄 Инв.No.375　大寶積經卷第八　　　(7-7)

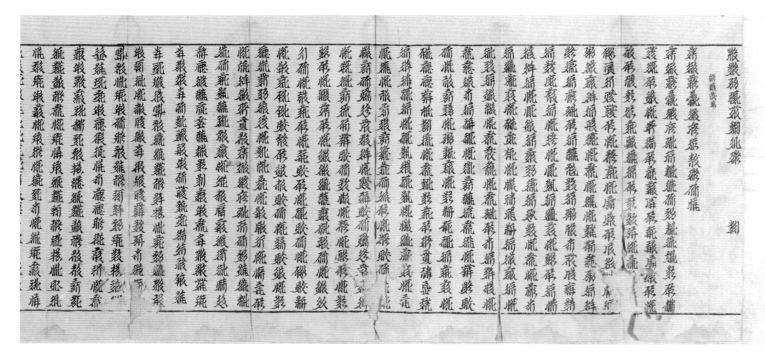

俄 Инв.No.377　大寶積經卷第九　　　(14-1)

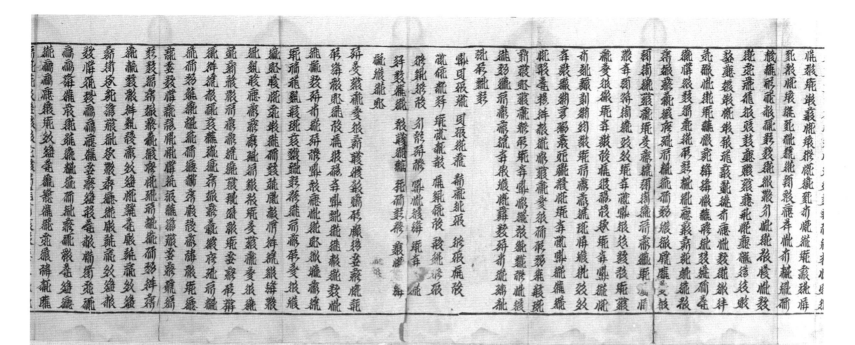

俄ИнB.No.377　大寶積經卷第九　　　（14-2）

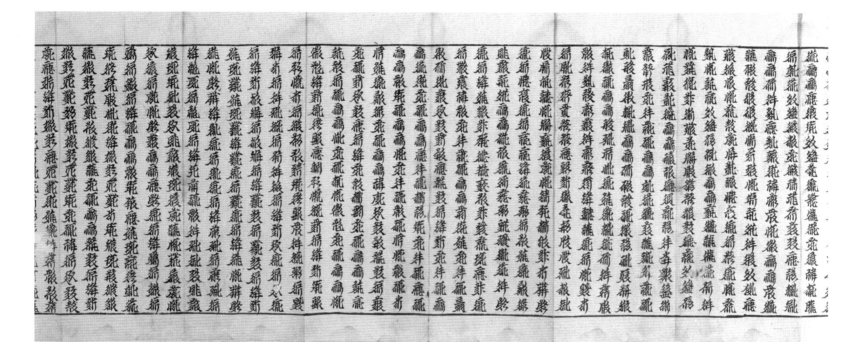

俄ИнB.No.377　大寶積經卷第九　　　（14-3）

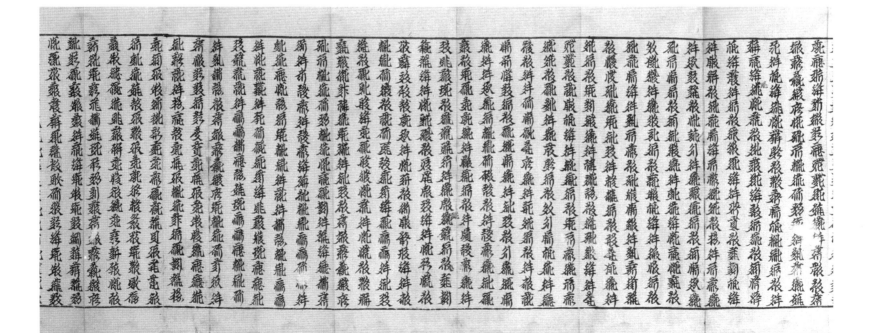

俄ИнB.No.377　大寶積經卷第九　　　（14-4）

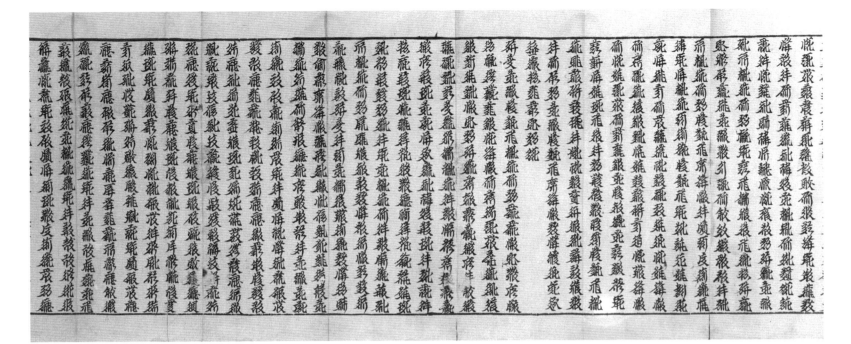

俄 Инв.No.377　大寶積經卷第九　　　(14-5)

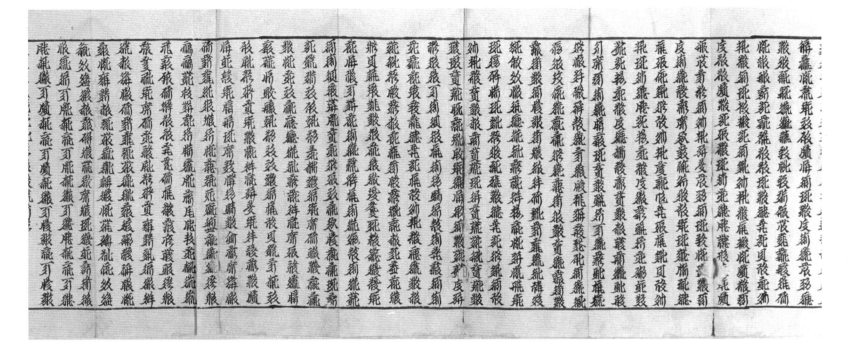

俄 Инв.No.377　大寶積經卷第九　　　(14-6)

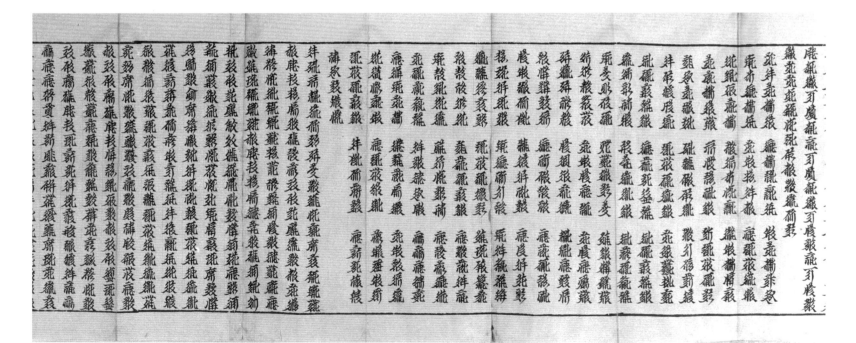

俄 Инв.No.377　大寶積經卷第九　　　(14-7)

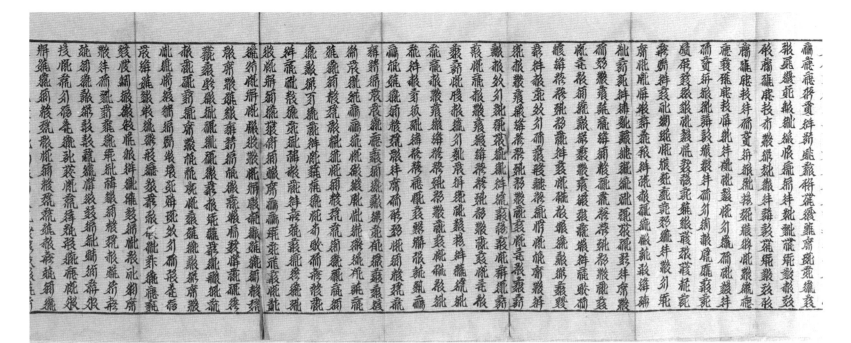

俄Инв.No.377　大寶積經卷第九　　(14-8)

俄Инв.No.377　大寶積經卷第九　　(14-9)

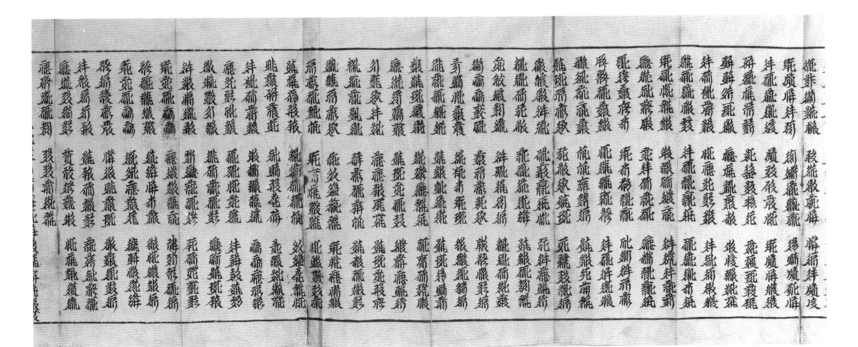

俄Инв.No.377　大寶積經卷第九　　(14-10)

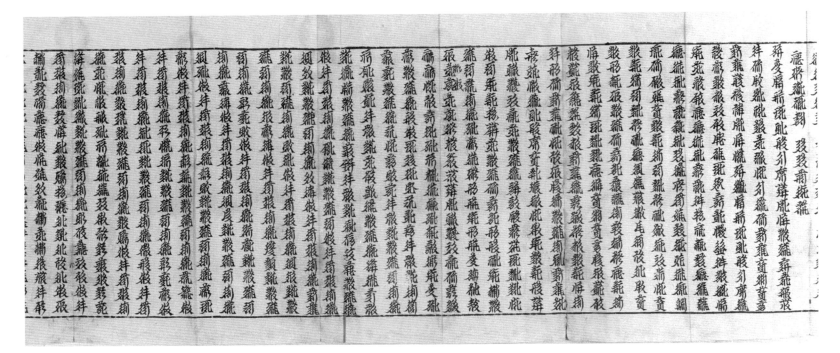

俄 Инв.No.377　大寶積經卷第九　　　(14-11)

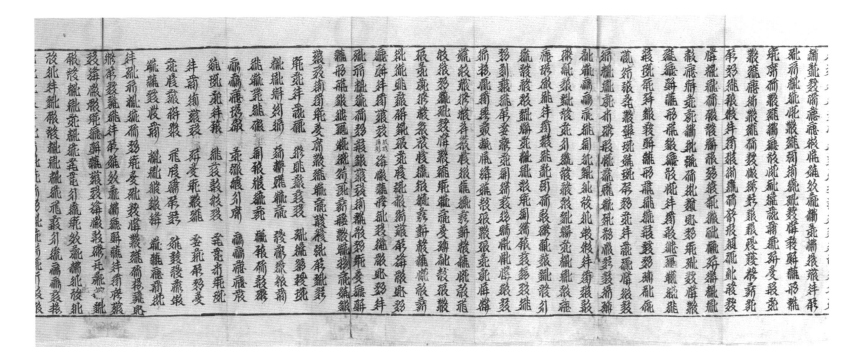

俄 Инв.No.377　大寶積經卷第九　　　(14-12)

俄 Инв.No.377　大寶積經卷第九　　　(14-13)

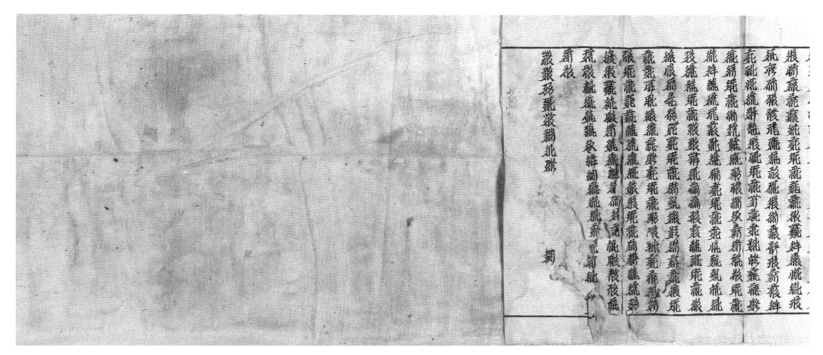

俄 Инв.No.377　大寶積經卷第九　　(14-14)

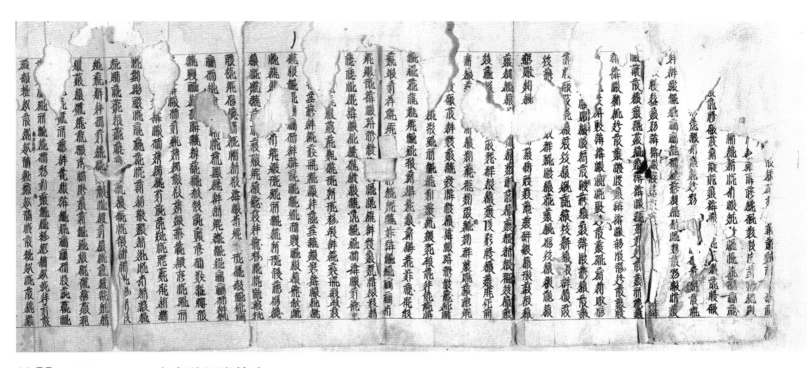

俄 Инв.No.2386　大寶積經卷第十　　(2-1)

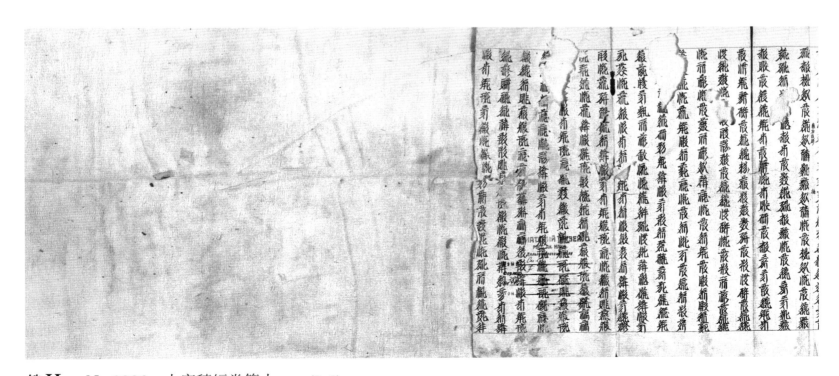

俄 Инв.No.2386　大寶積經卷第十　　(2-2)

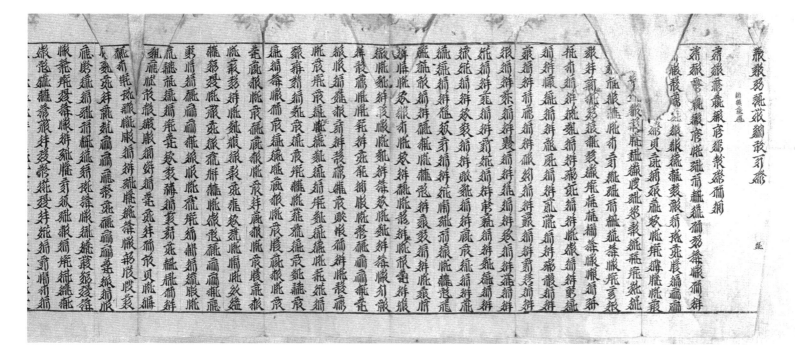

俄 ИHB.No.399　大寶積經卷第十一　　　(12-1)

俄 ИHB.No.399　大寶積經卷第十一　　　(12-2)

俄 ИHB.No.399　大寶積經卷第十一　　　(12-3)

俄Инв.No.399　大寶積經卷第十一　　　(12-4)

俄Инв.No.399　大寶積經卷第十一　　　(12-5)

俄Инв.No.399　大寶積經卷第十一　　　(12-6)

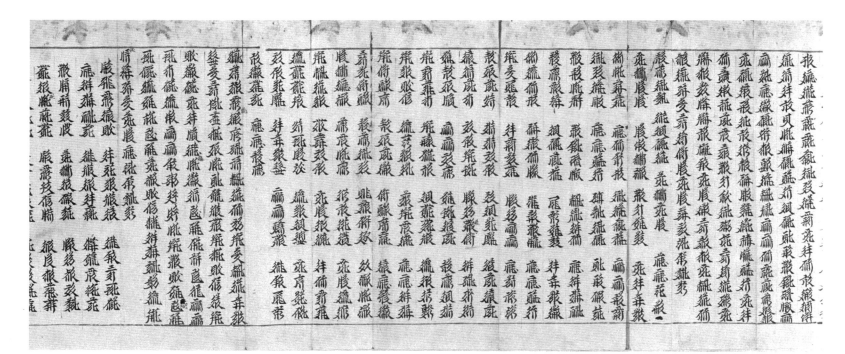

俄 Инв.No.399　大寶積經卷第十一　　　(12-7)

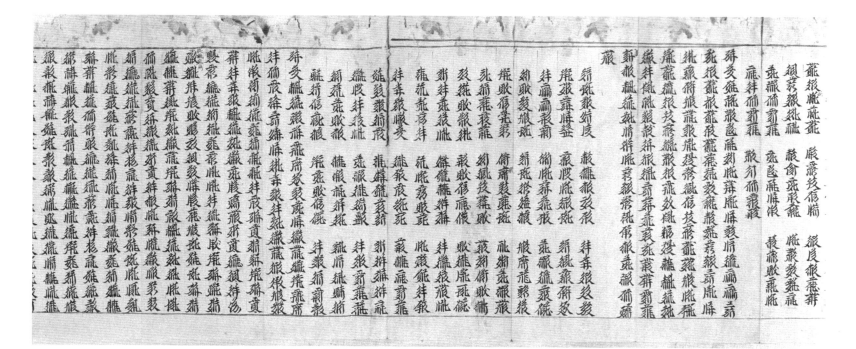

俄 Инв.No.399　大寶積經卷第十一　　　(12-8)

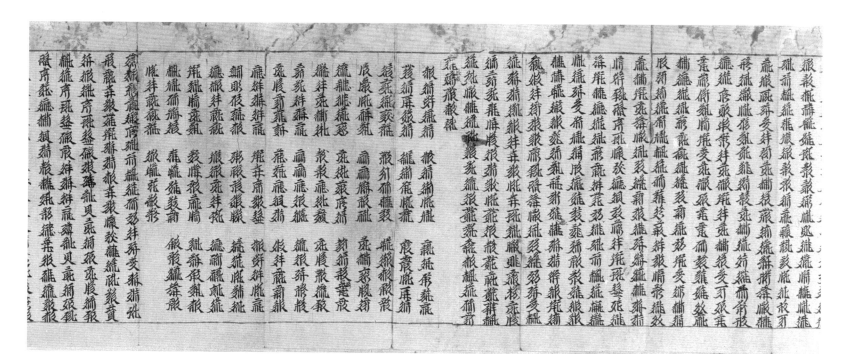

俄 Инв.No.399　大寶積經卷第十一　　　(12-9)

俄 **И**нв.No.399　大寶積經卷第十一　　　(12-10)

俄 **И**нв.No.399　大寶積經卷第十一　　　(12-11)

俄 **И**нв.No.399　大寶積經卷第十一　　　(12-12)

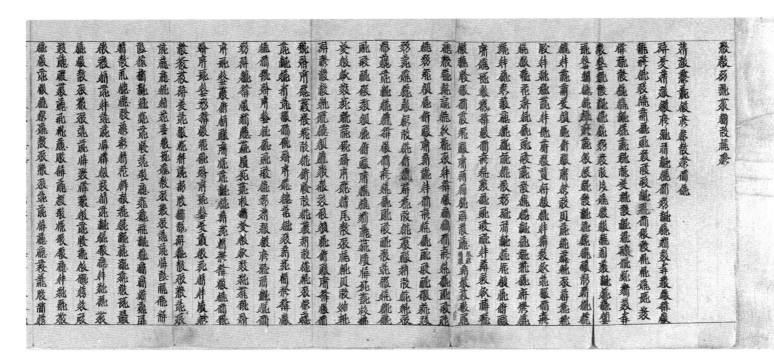

俄 Инв.No.401　大寶積經卷第十二　　　(9-1)

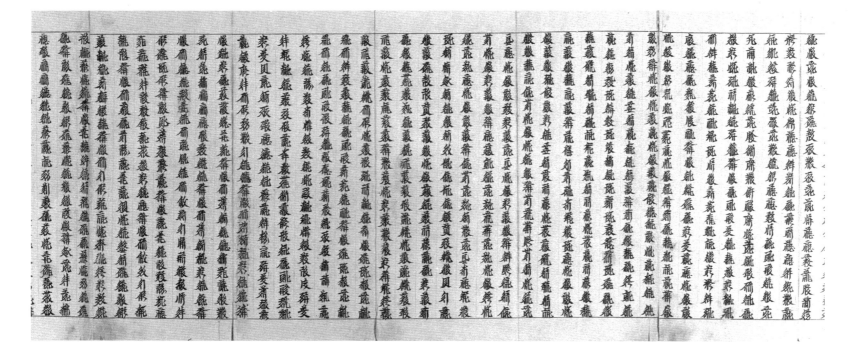

俄 Инв.No.401　大寶積經卷第十二　　　(9-2)

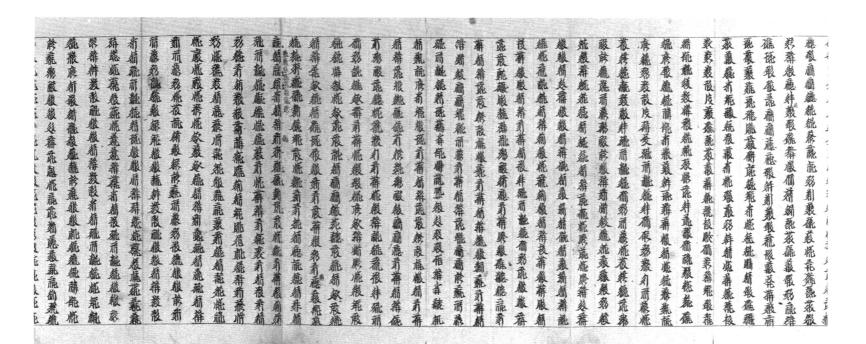

俄 Инв.No.401　大寶積經卷第十二　　　(9-3)

俄 **И**нв.No.401 大寶積經卷第十二 (9-4)

俄 **И**нв.No.401 大寶積經卷第十二 (9-5)

俄 **И**нв.No.401 大寶積經卷第十二 (9-6)

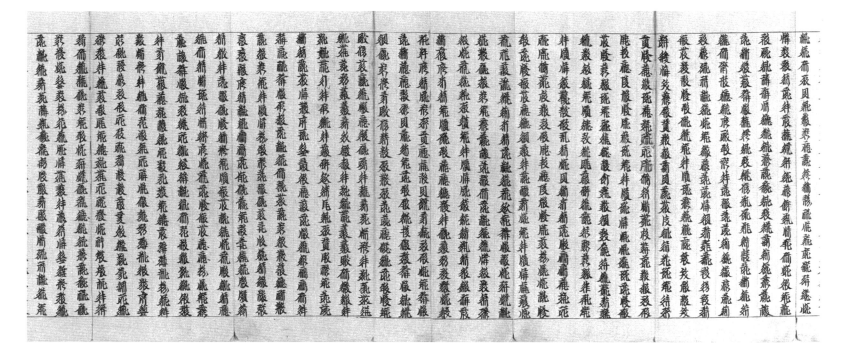

俄ИнВ.No.401　大寶積經卷第十二　　(9-7)

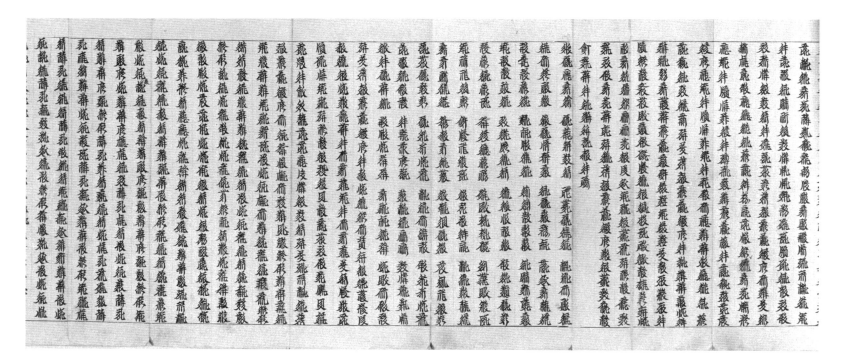

俄ИнВ.No.401　大寶積經卷第十二　　(9-8)

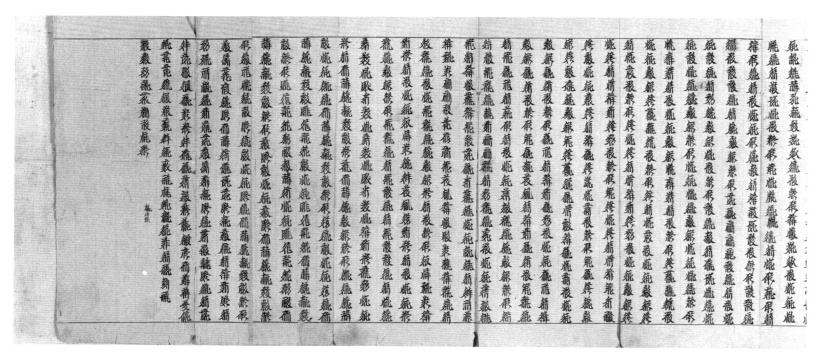

俄ИнВ.No.401　大寶積經卷第十二　　(9-9)

俄 Инв.No.404　大寶積經卷第十三　　　(6-1)

俄 Инв.No.404　大寶積經卷第十三　　　(6-2)

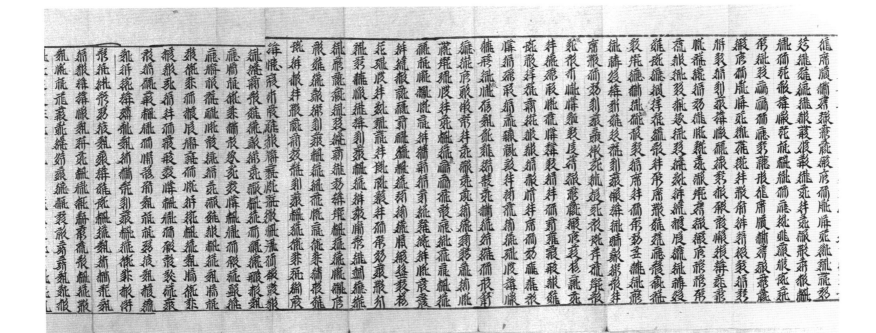

俄 Инв.No.404　大寶積經卷第十三　　　(6-3)

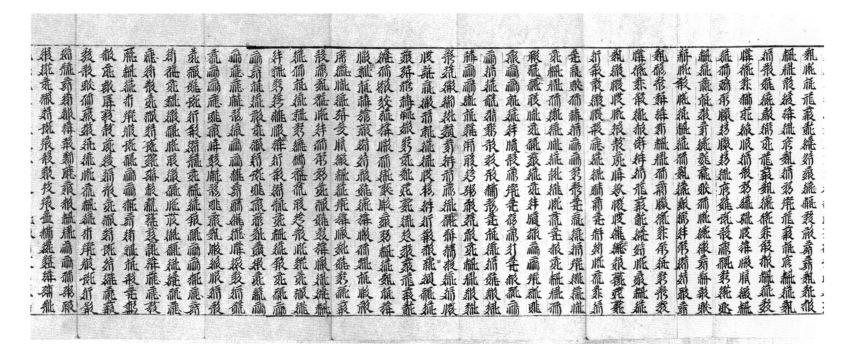

俄ИHB.No.404　大寶積經卷第十三　　　（6-4）

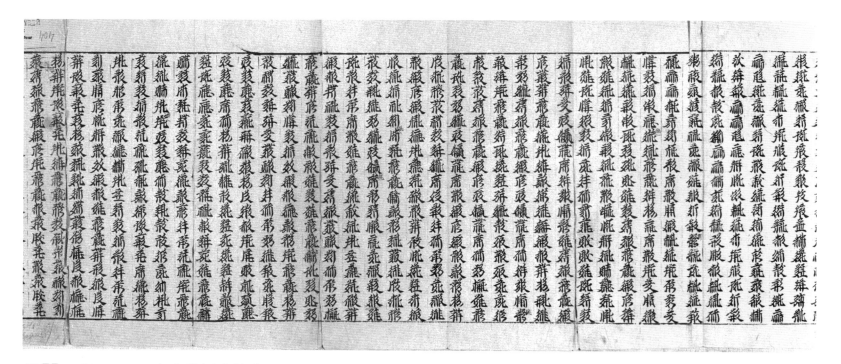

俄ИHB.No.404　大寶積經卷第十三　　　（6-5）

俄ИHB.No.404　大寶積經卷第十三　　　（6-6）

俄 **И**нв.No.406　大寶積經卷第十四　　(12-1)

俄 **И**нв.No.406　大寶積經卷第十四　　(12-2)

俄 **И**нв.No.406　大寶積經卷第十四　　(12-3)

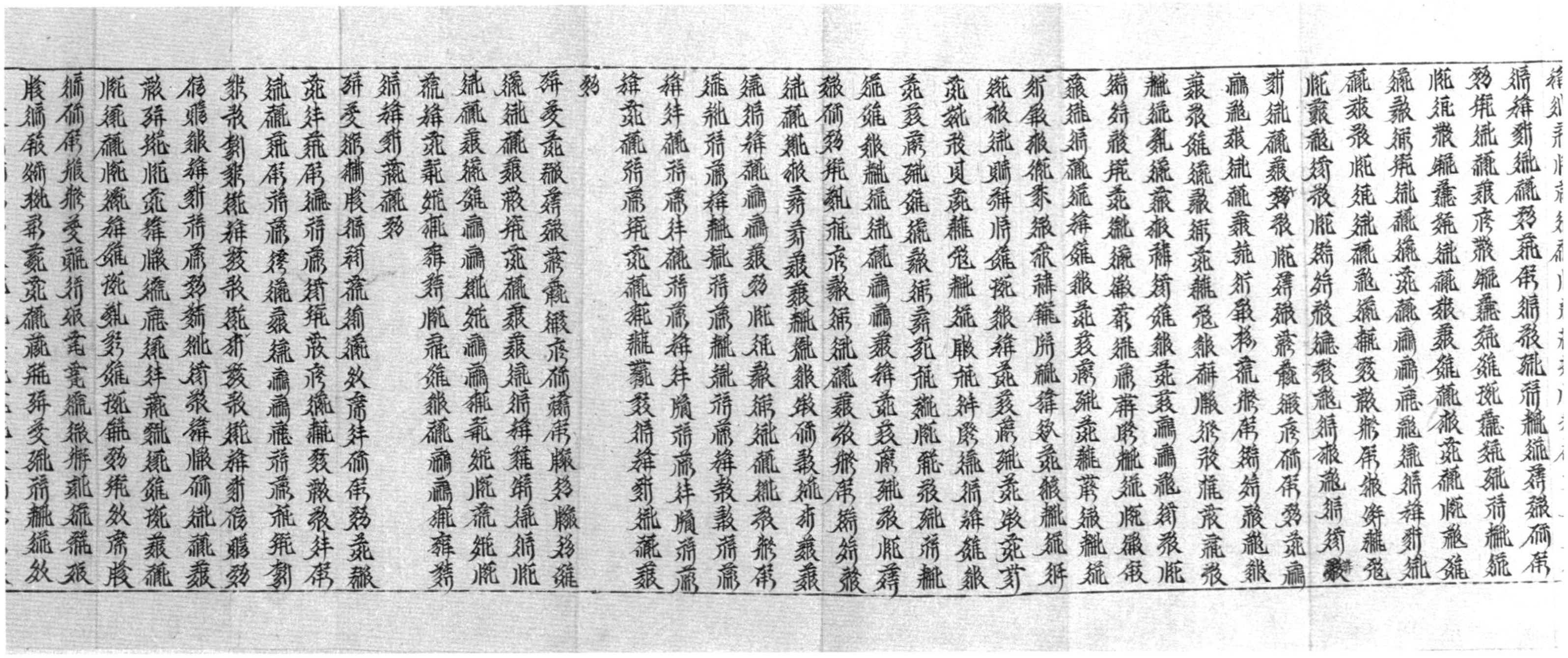

俄 Инв.No.406　大寶積經卷第十四　(12-4)

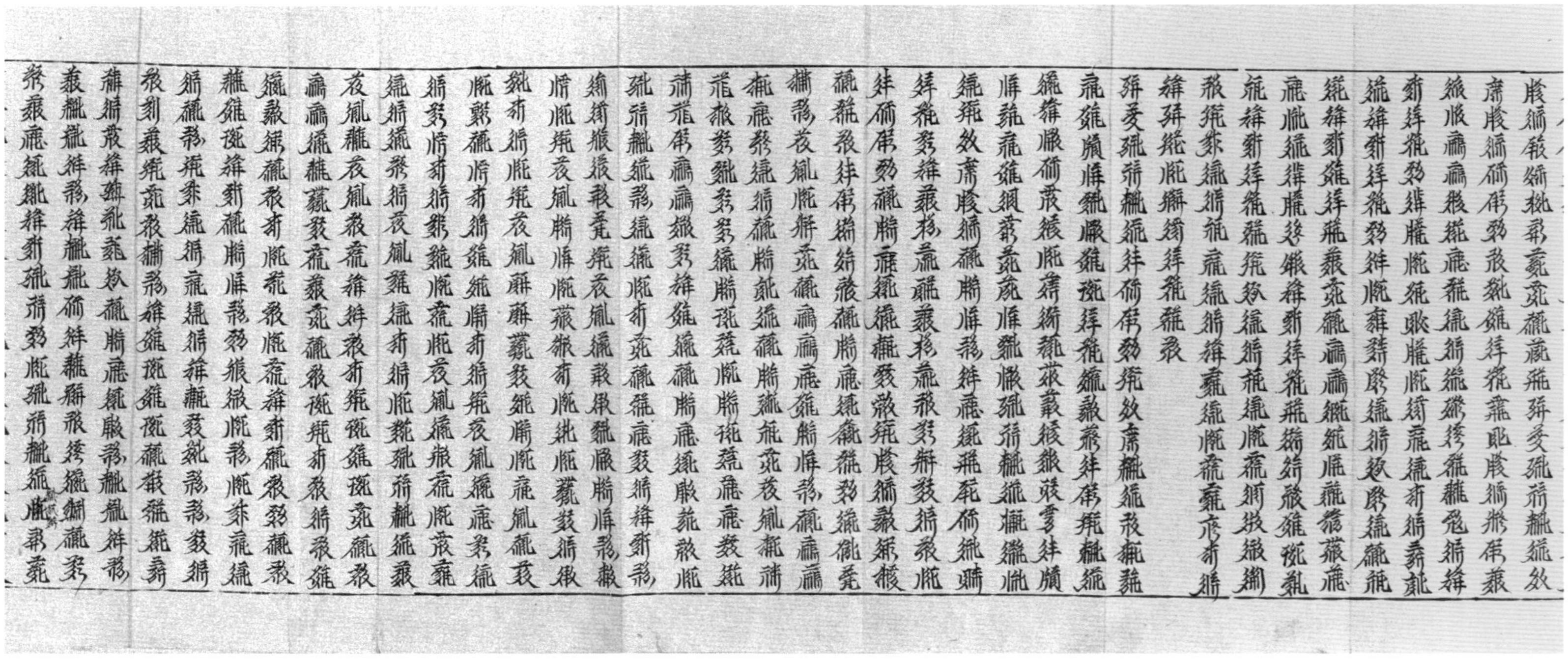

俄 Инв.No.406　大寶積經卷第十四　(12-5)

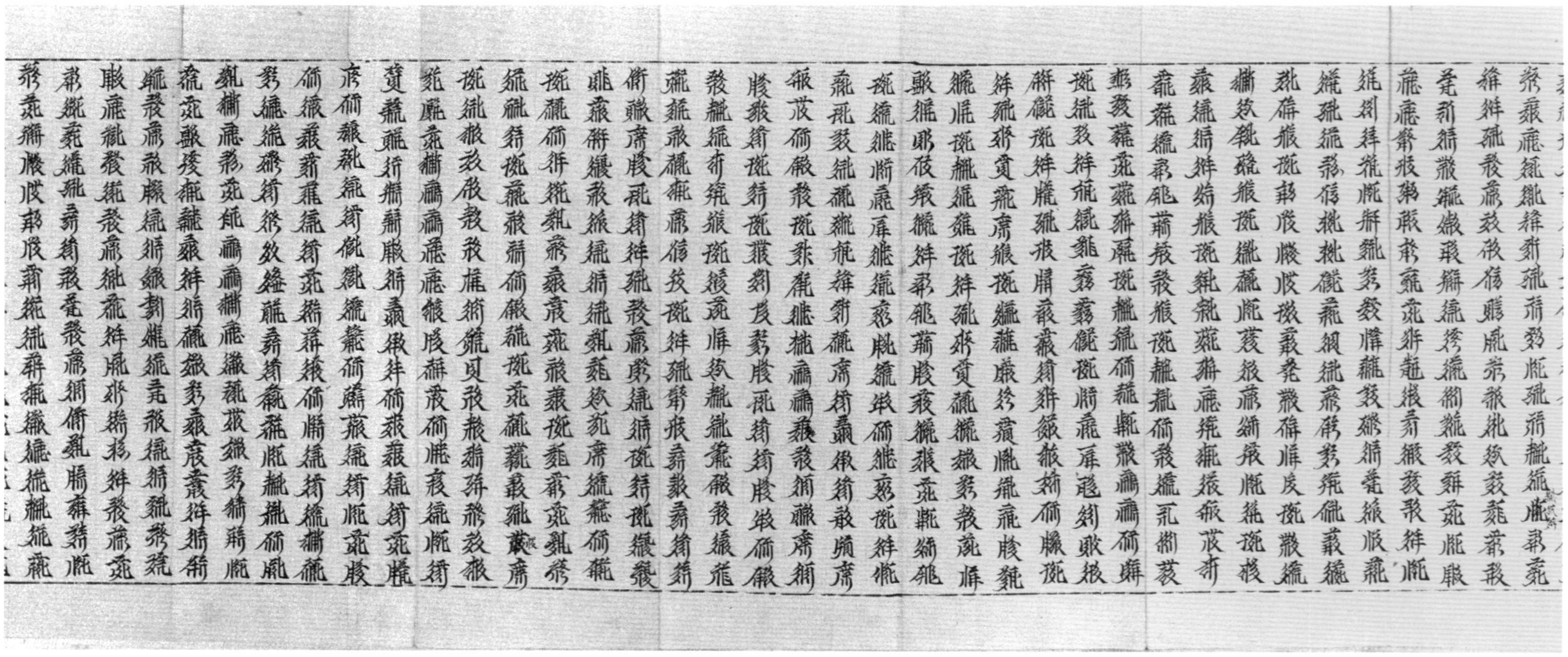

俄 Инв.No.406　大寶積經卷第十四　(12-6)

俄 **И**нв.No.406　大寶積經卷第十四　　(12-7)

俄 **И**нв.No.406　大寶積經卷第十四　　(12-8)

俄 **И**нв.No.406　大寶積經卷第十四　　(12-9)

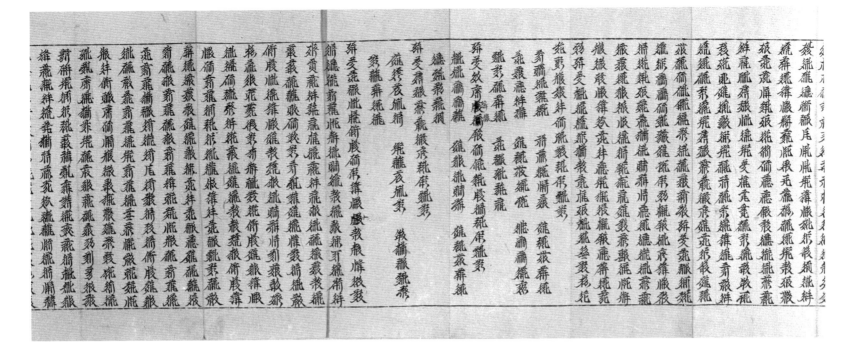

俄 Инв.No.406 　大寶積經卷第十四 　　　(12-10)

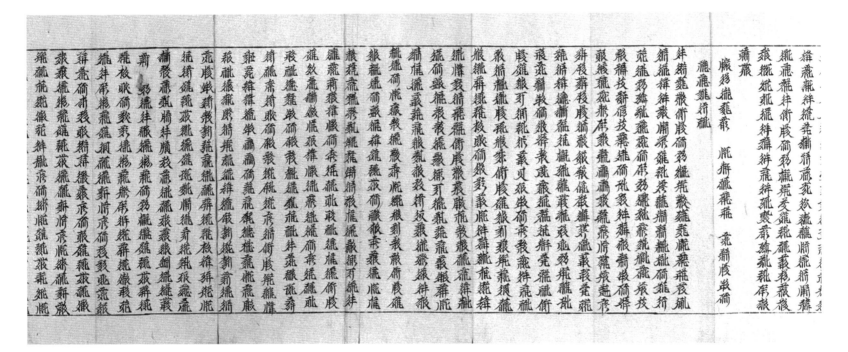

俄 Инв.No.406 　大寶積經卷第十四 　　　(12-11)

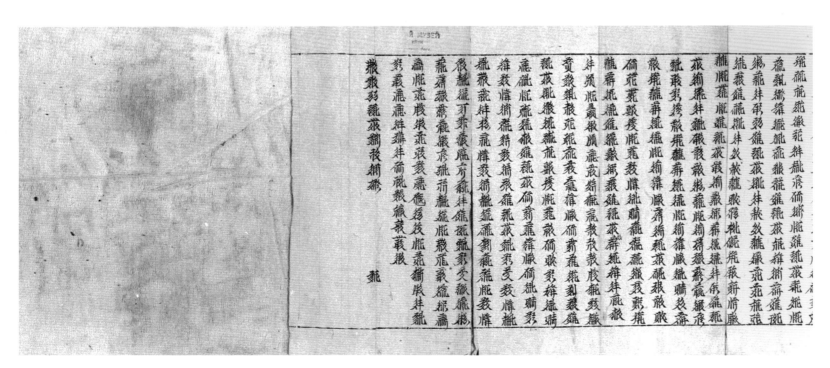

俄 Инв.No.406 　大寶積經卷第十四 　　　(12-12)

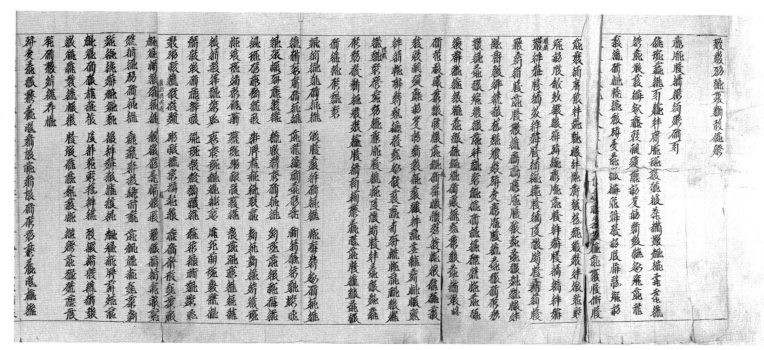

俄 **Инв**.No.407　大寶積經卷第十五　　　(11-1)

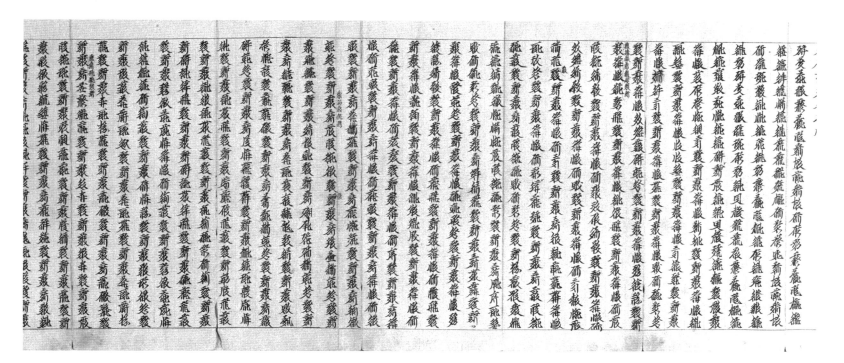

俄 **Инв**.No.407　大寶積經卷第十五　　　(11-2)

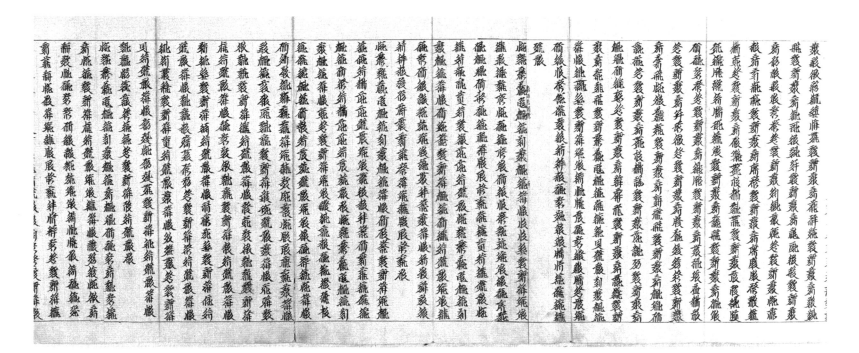

俄 **Инв**.No.407　大寶積經卷第十五　　　(11-3)

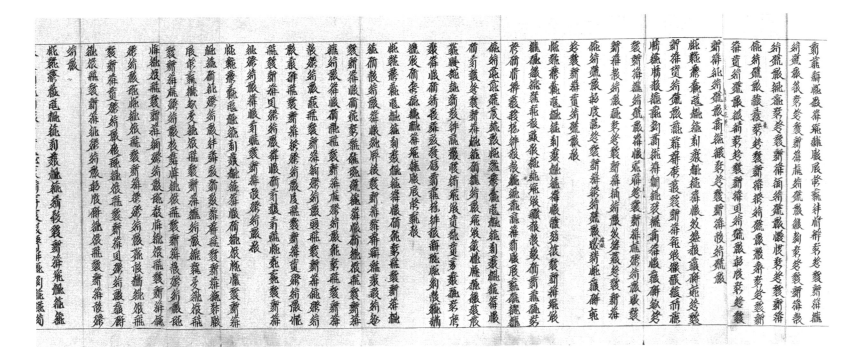

俄 Инв.No.407　大寶積經卷第十五　　　(11-4)

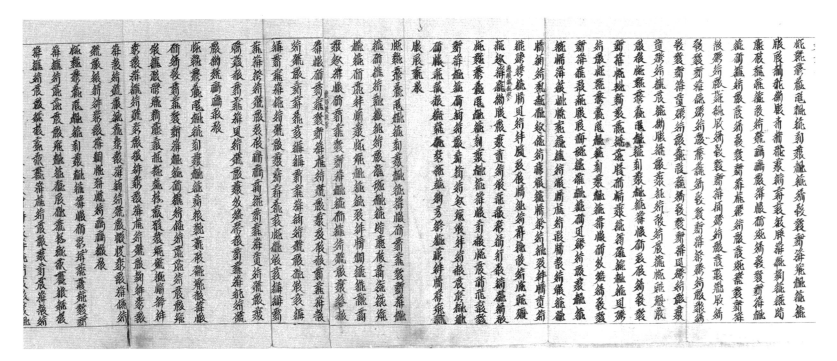

俄 Инв.No.407　大寶積經卷第十五　　　(11-5)

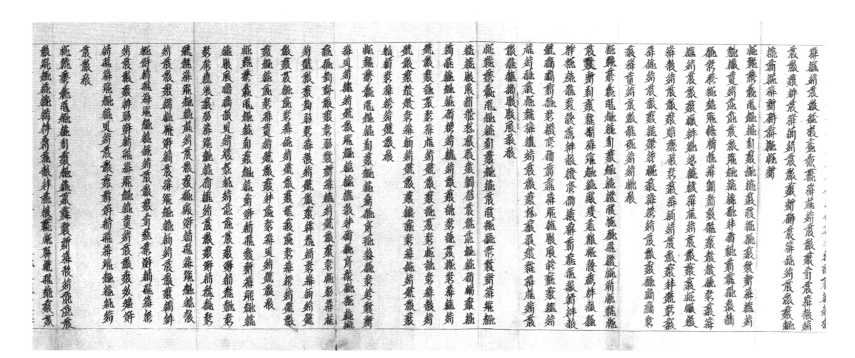

俄 Инв.No.407　大寶積經卷第十五　　　(11-6)

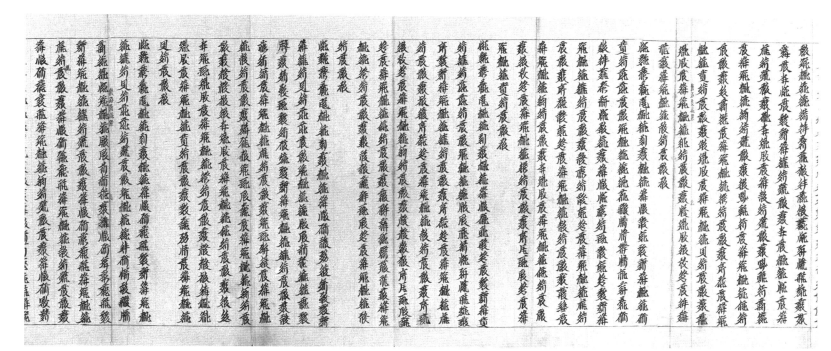

俄 Инв.No.407　大寶積經卷第十五　　　(11-7)

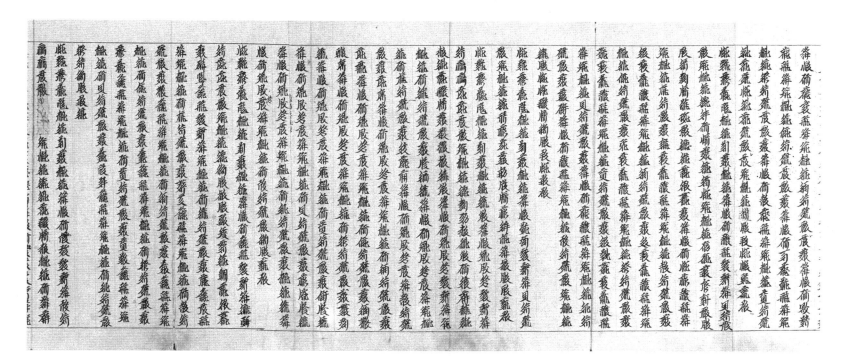

俄 Инв.No.407　大寶積經卷第十五　　　(11-8)

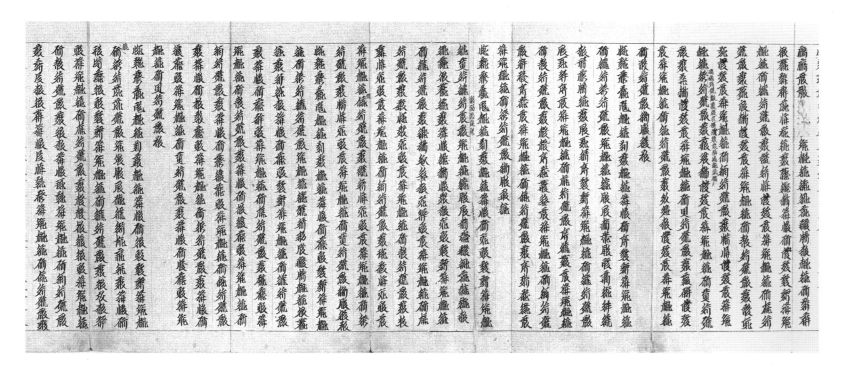

俄 Инв.No.407　大寶積經卷第十五　　　(11-9)

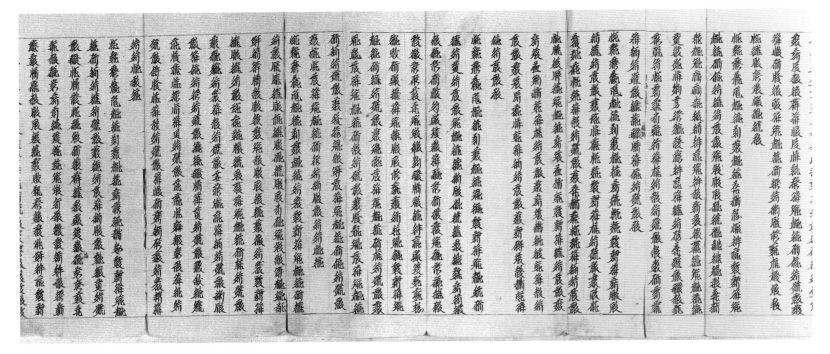

俄Инв.No.407　大寶積經卷第十五　　　(11-10)

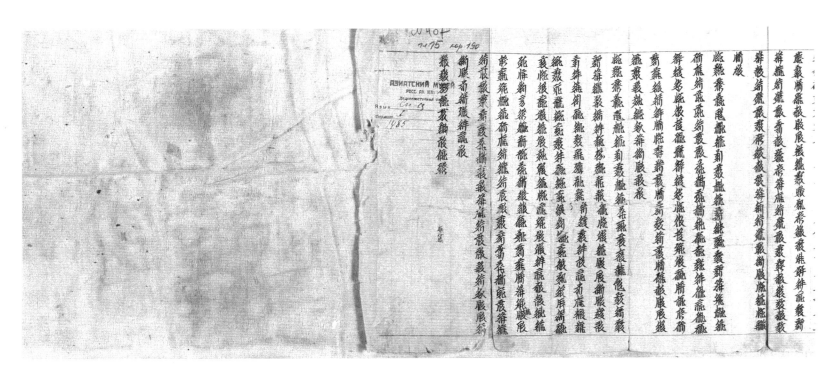

俄Инв.No.407　大寶積經卷第十五　　　(11-11)

俄Инв.No.409　大寶積經卷第十六　　　(12-1)

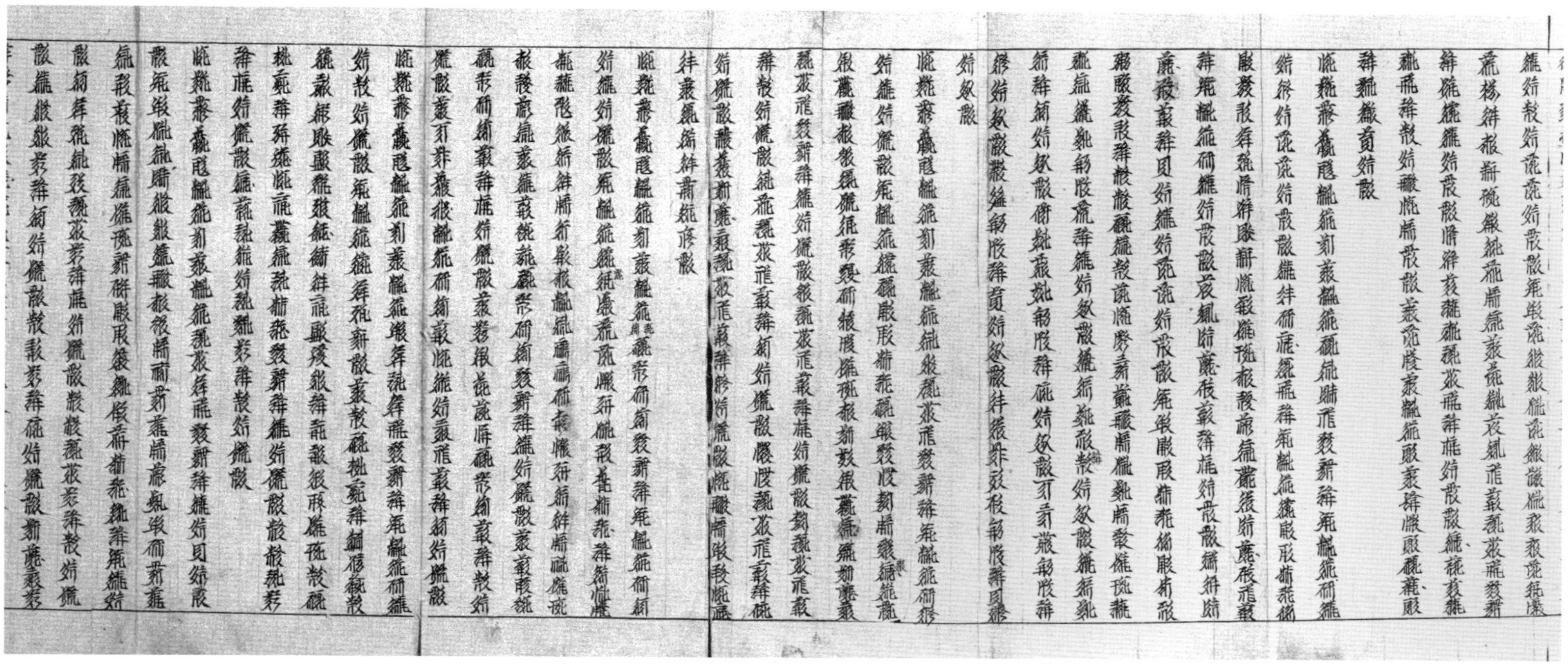

俄 Инв.No.409　大寶積經卷第十六　(12–2)

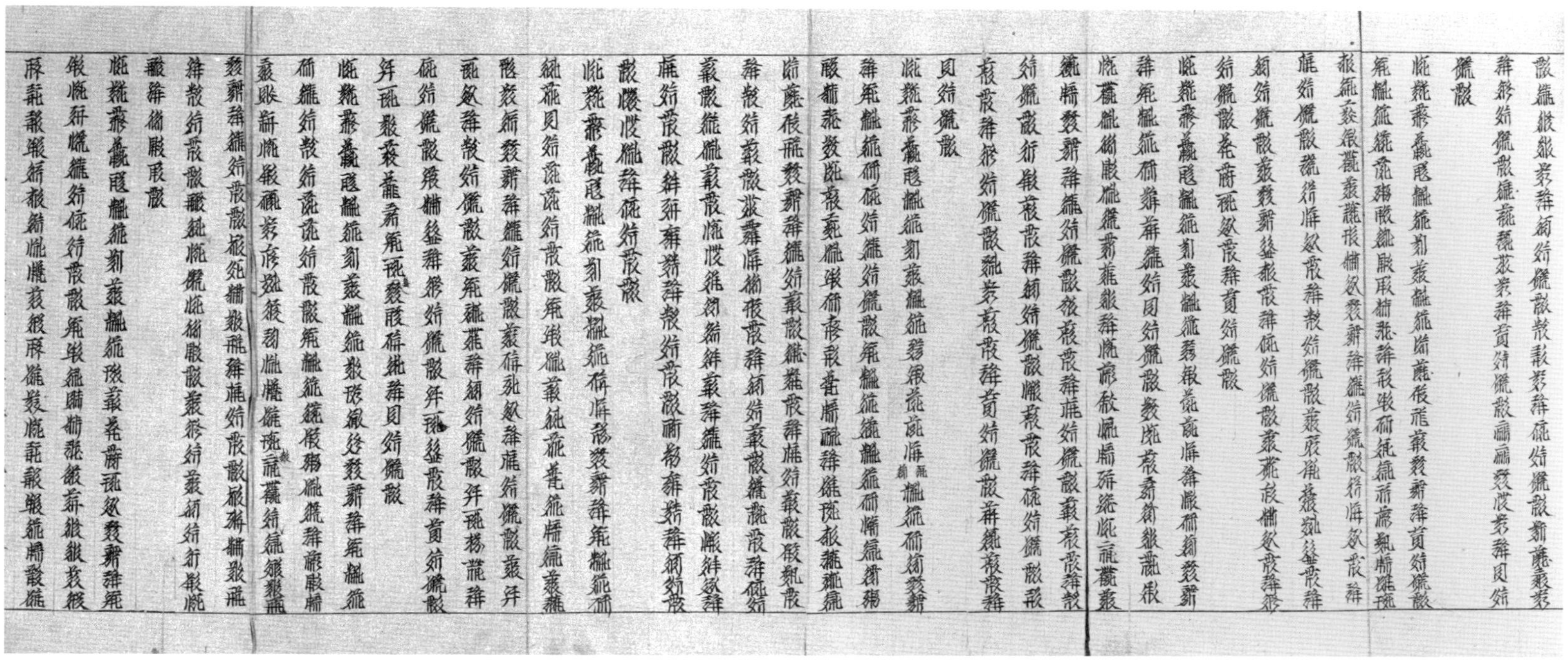

俄 Инв.No.409　大寶積經卷第十六　(12–3)

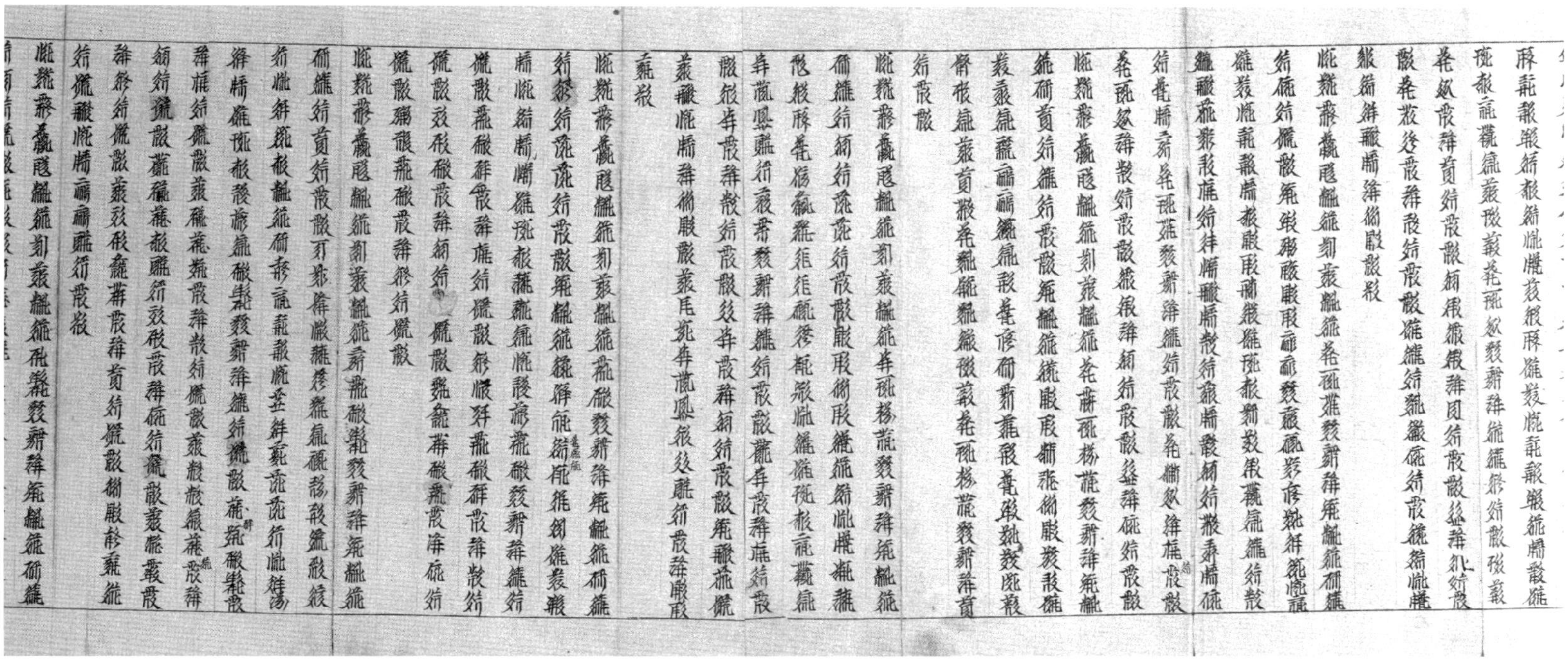

俄 Инв.No.409　大寶積經卷第十六　(12–4)

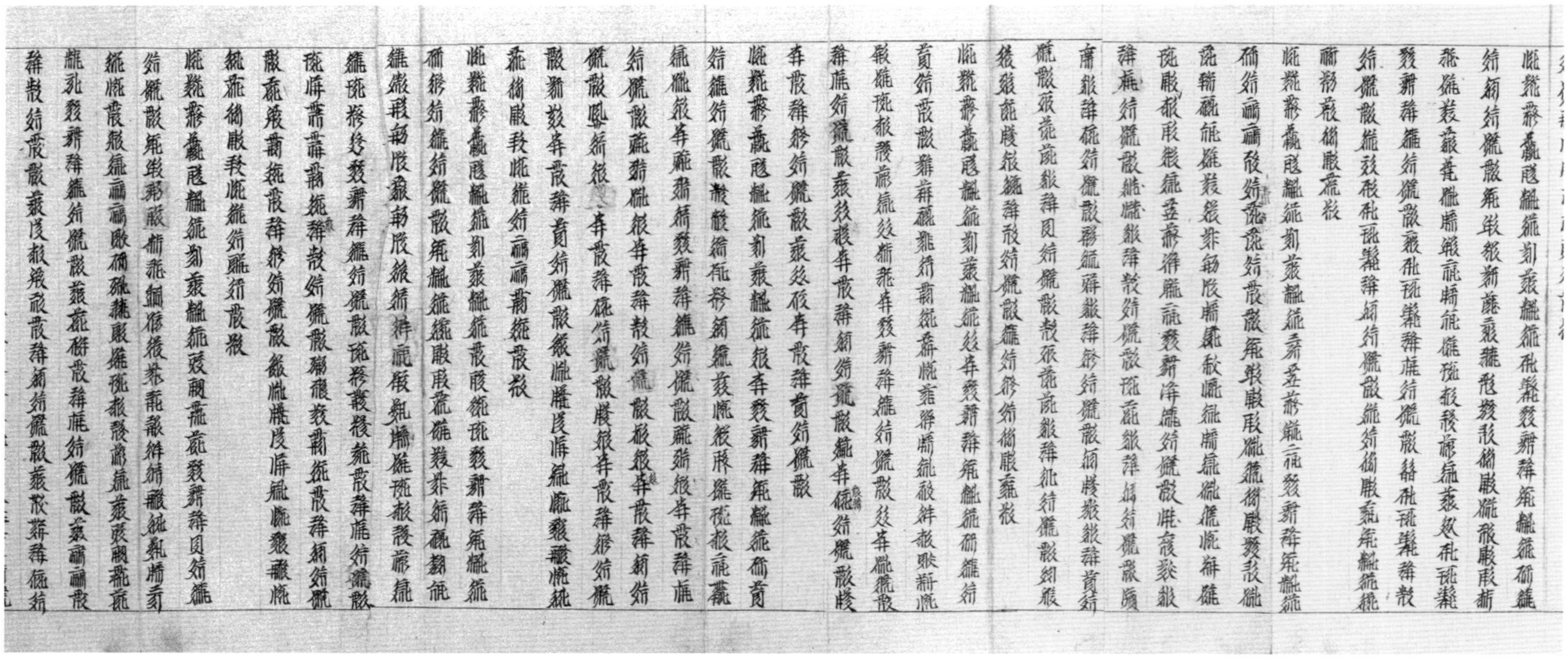

俄Инв.No.409　大寶積經卷第十六　　(12-5)

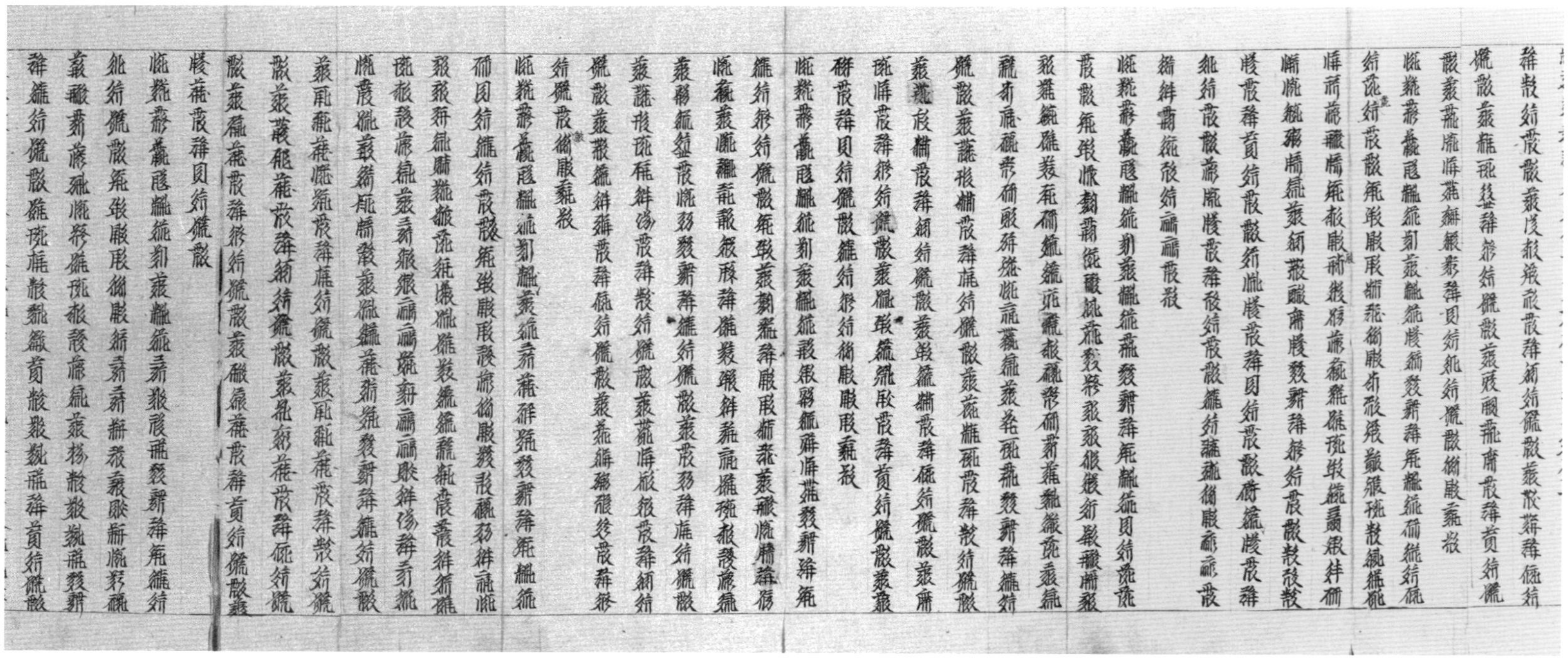

俄Инв.No.409　大寶積經卷第十六　　(12-6)

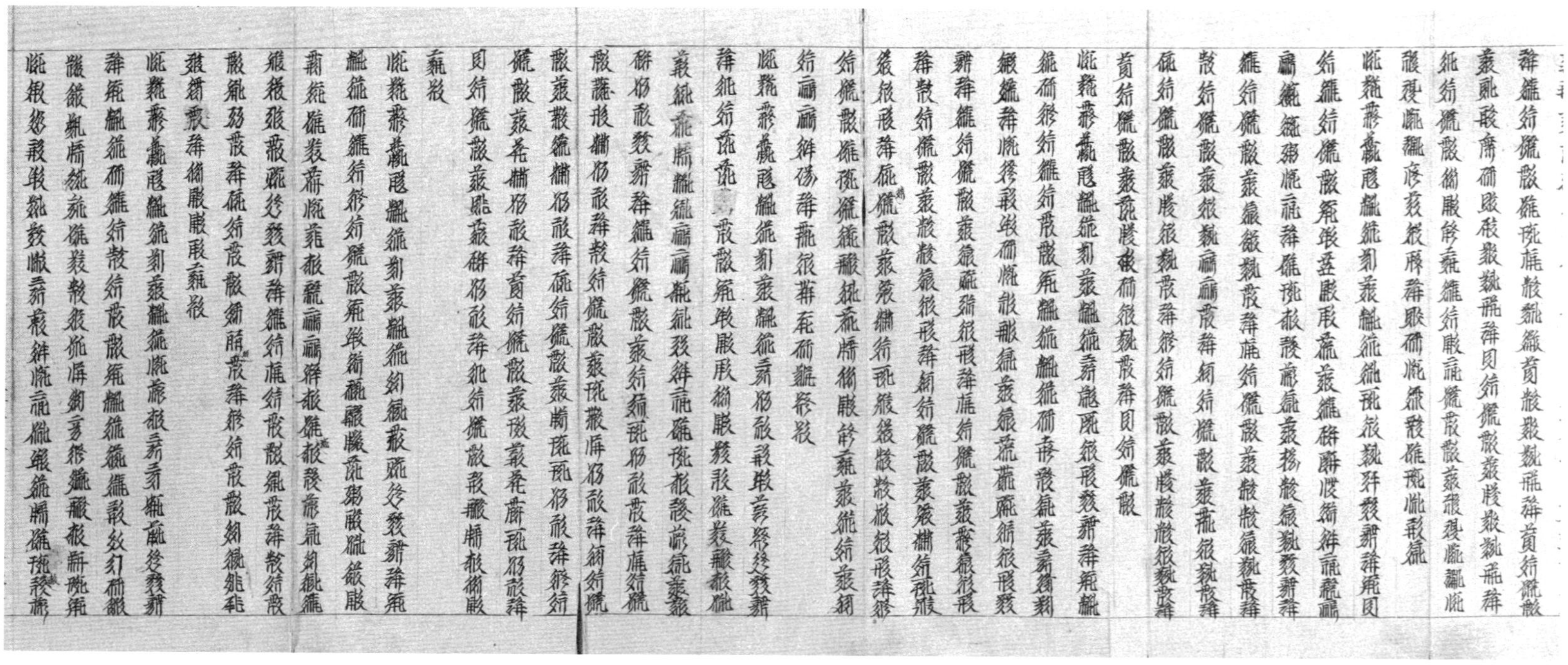

俄Инв.No.409　大寶積經卷第十六　　(12-7)

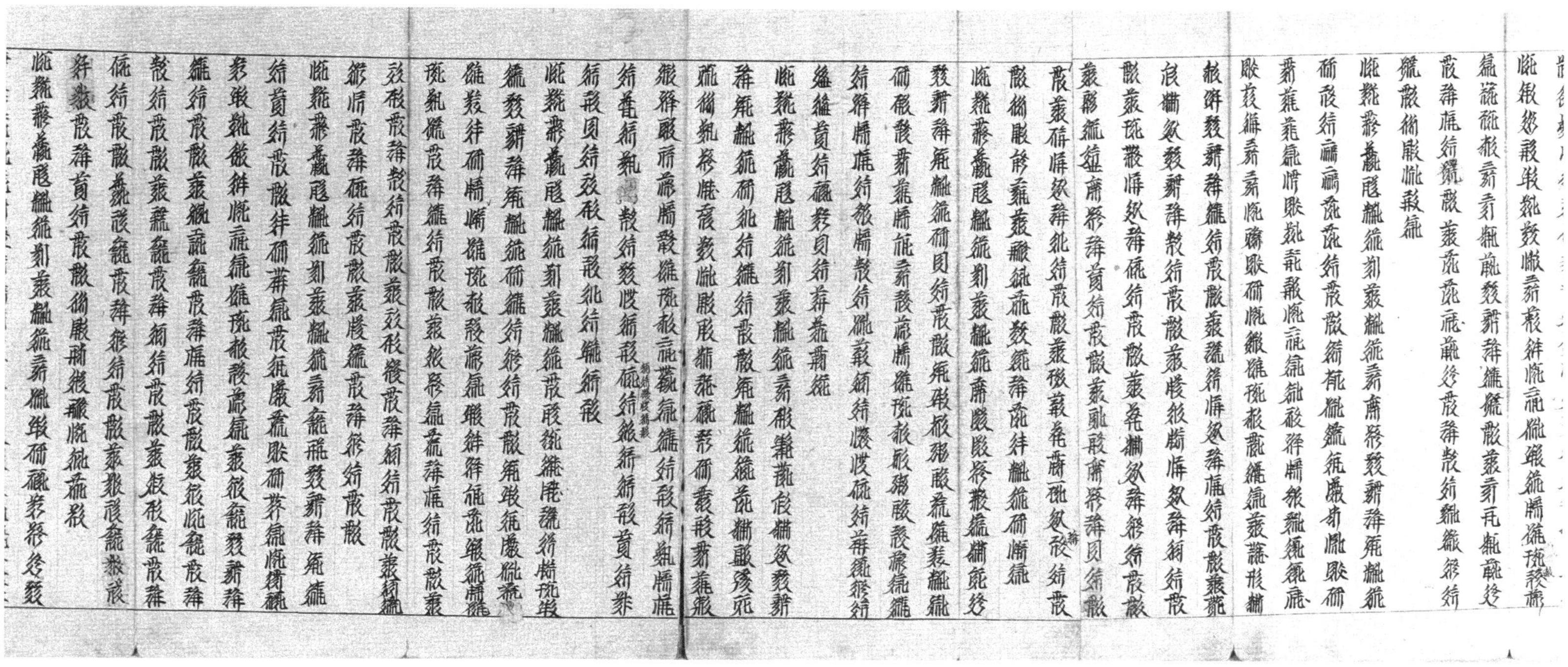

俄 Инв.No.409　大寶積經卷第十六　(12-8)

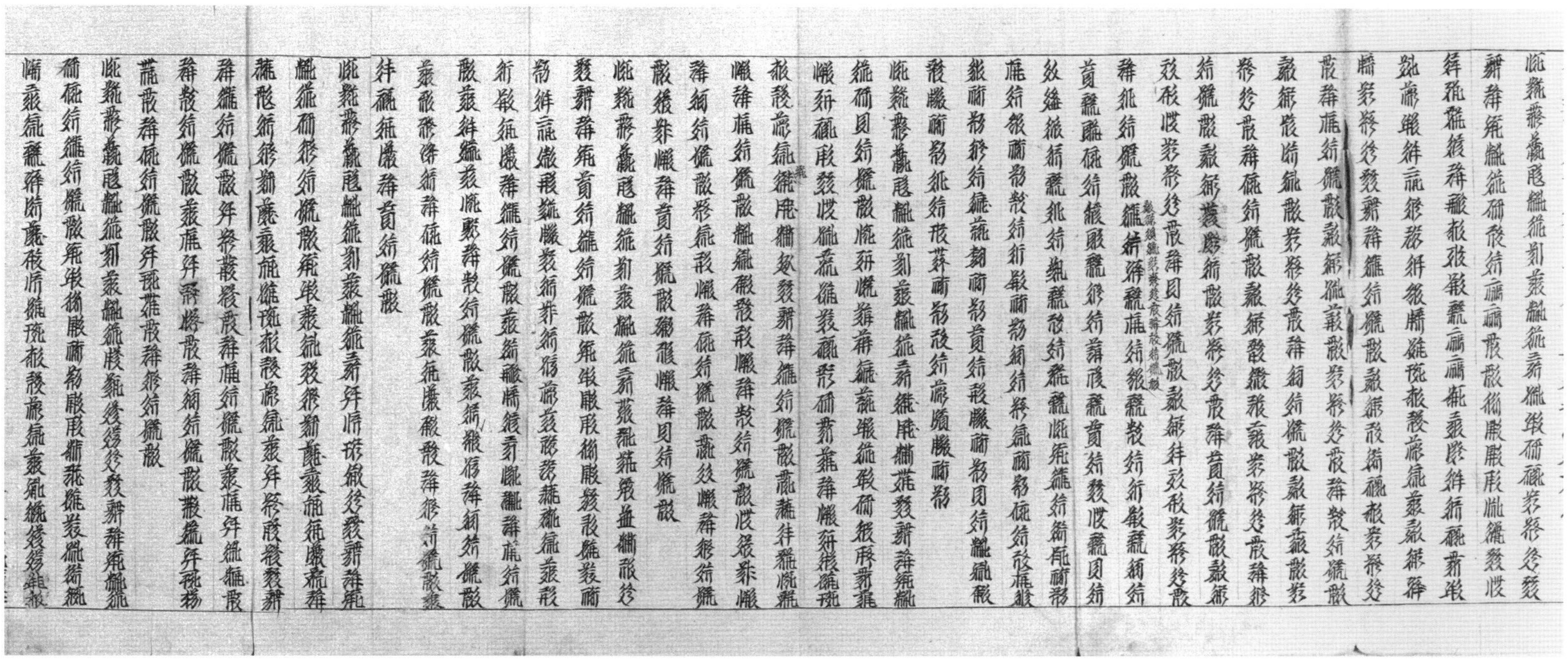

俄 Инв.No.409　大寶積經卷第十六　(12-9)

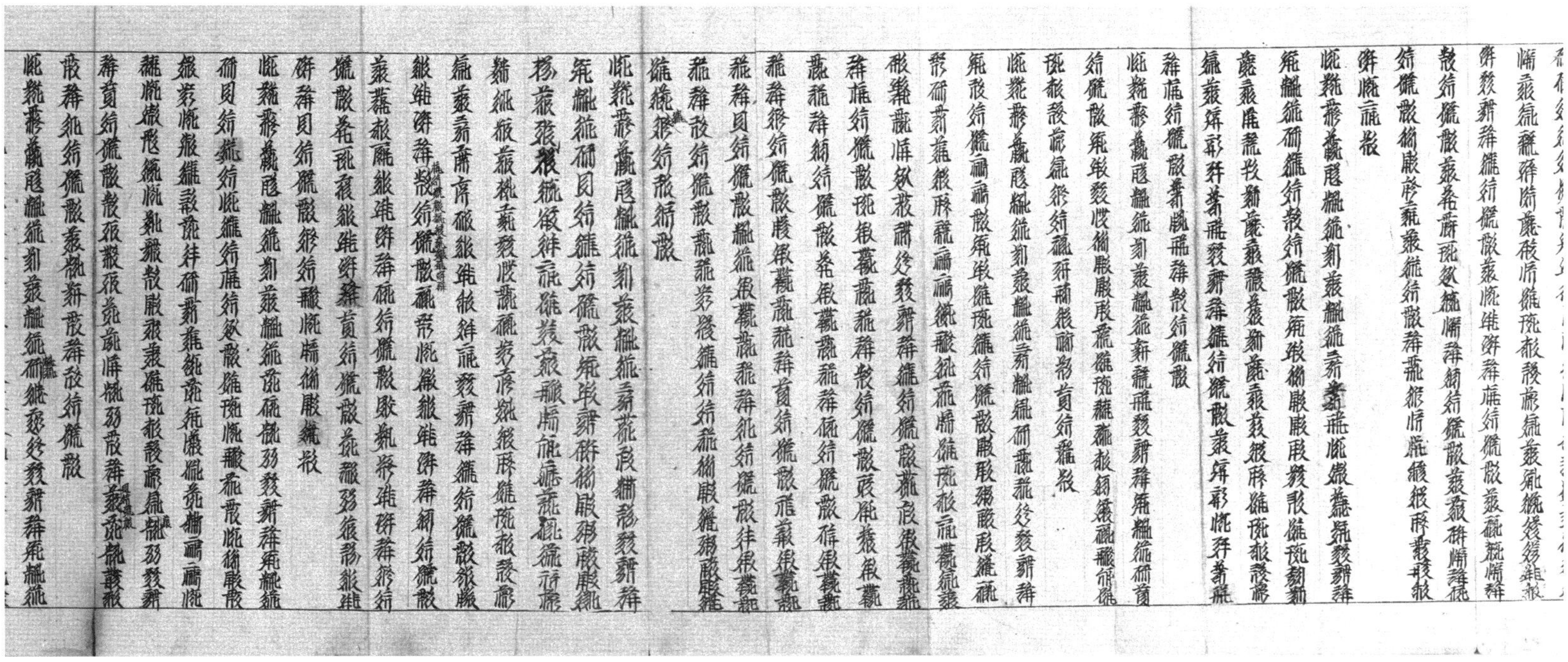

俄 Инв.No.409　大寶積經卷第十六　(12-10)

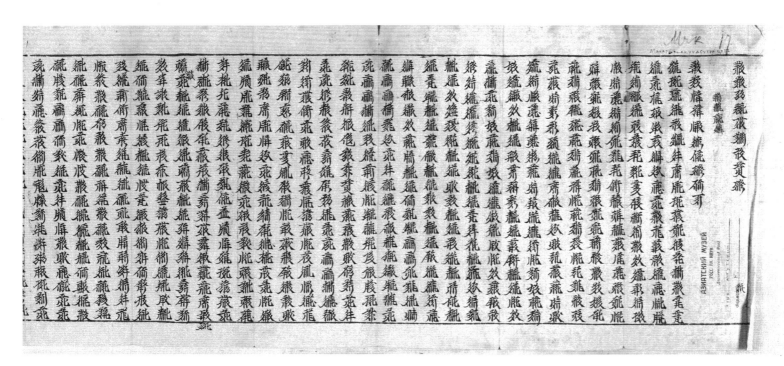

俄 Инв.No.409　大寶積經卷第十六　　　(12-11)

俄 Инв.No.409　大寶積經卷第十六　　　(12-12)

俄 Инв.No.411　大寶積經卷第十七　　　(13-1)

俄 **И**нв.No.411　大寶積經卷第十七　　　（13-2）

俄 **И**нв.No.411　大寶積經卷第十七　　　（13-3）

俄 **И**нв.No.411　大寶積經卷第十七　　　（13-4）

俄 Инв.No.411　大寶積經卷第十七　　　(13-5)

俄 Инв.No.411　大寶積經卷第十七　　　(13-6)

俄 Инв.No.411　大寶積經卷第十七　　　(13-7)

俄 Инв.No.411　大寶積經卷第十七　　(13-8)

俄 Инв.No.411　大寶積經卷第十七　　(13-9)

俄 Инв.No.411　大寶積經卷第十七　　(13-10)

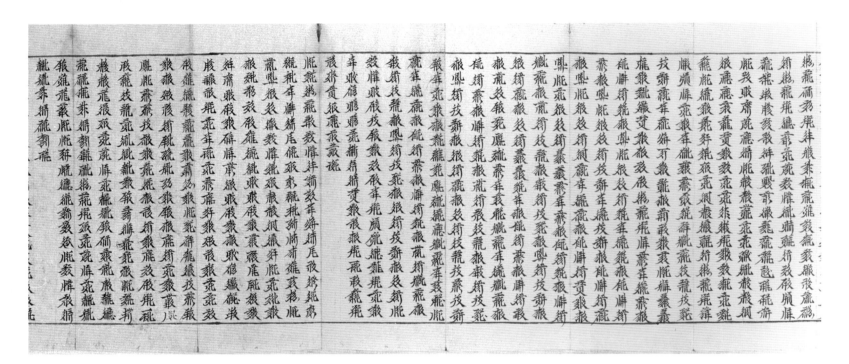

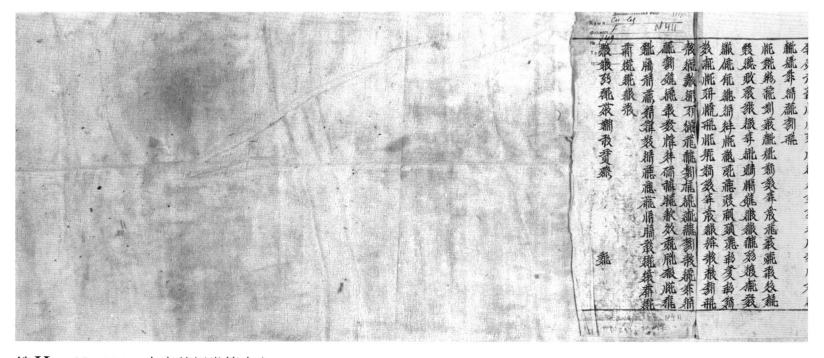

俄 Инв.No.414　大寶積經卷第十八　　　(9-1)

俄 Инв.No.414　大寶積經卷第十八　　　(9-2)

俄 Инв.No.414　大寶積經卷第十八　　　(9-3)

俄 **И**нв.No.414　大寶積經卷第十八　　　　(9-4)

俄 **И**нв.No.414　大寶積經卷第十八　　　　(9-5)

俄 **И**нв.No.414　大寶積經卷第一　　　　(9-6)

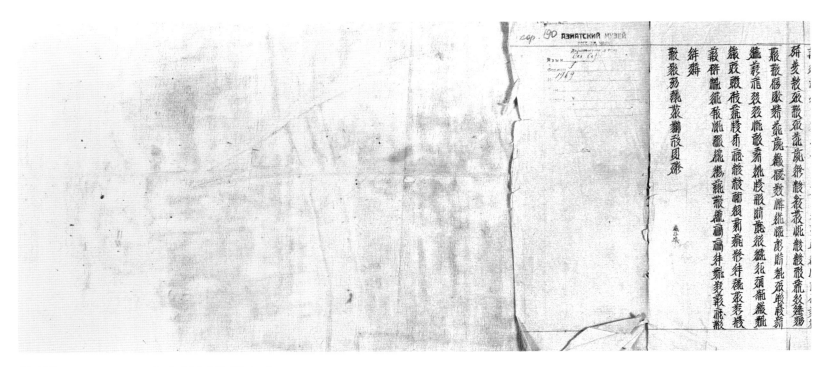

俄Инв.No.415　大寶積經卷第十九　　　(11-1)

俄Инв.No.415　大寶積經卷第十九　　　(11-2)

俄Инв.No.415　大寶積經卷第十九　　　(11-3)

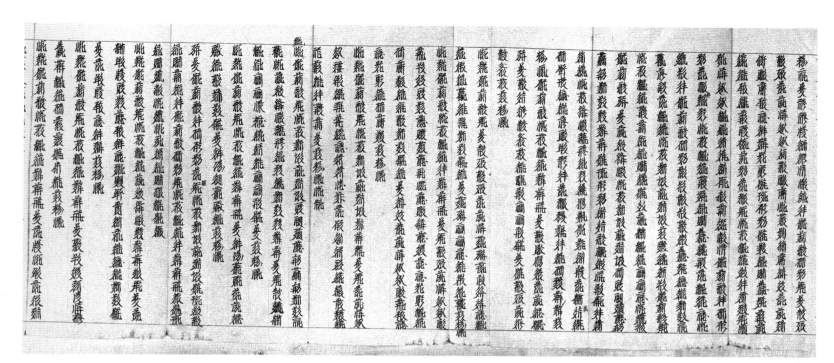

俄 Инв.No.415　大寶積經卷第十九　　　(11-4)

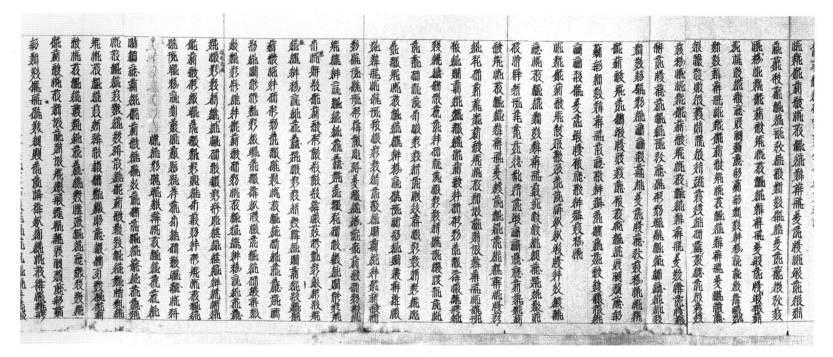

俄 Инв.No.415　大寶積經卷第十九　　　(11-5)

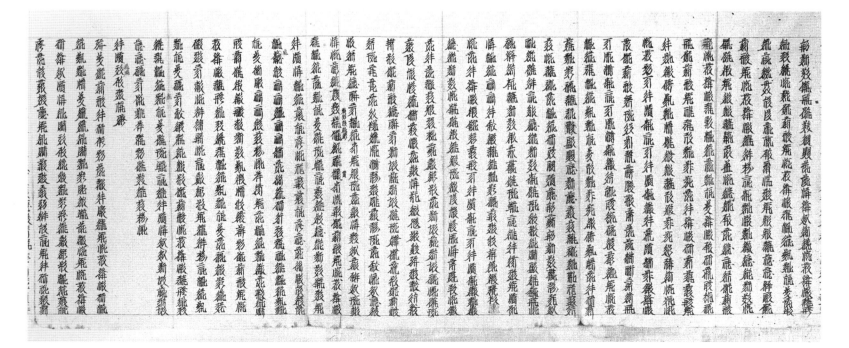

俄 Инв.No.415　大寶積經卷第十九　　　(11-6)

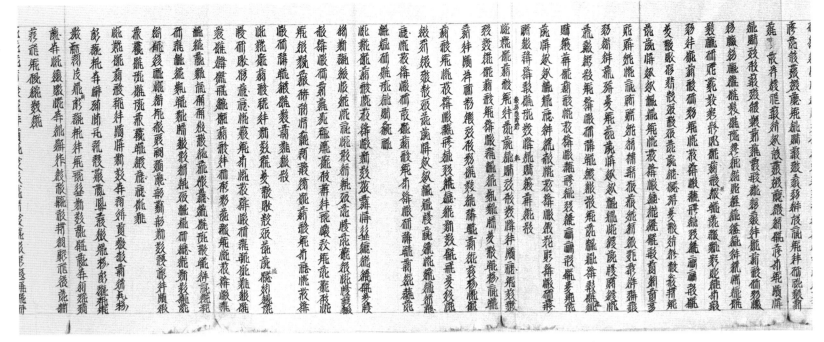

俄 Инв.No.415　大寶積經卷第十九　　　（11-7）

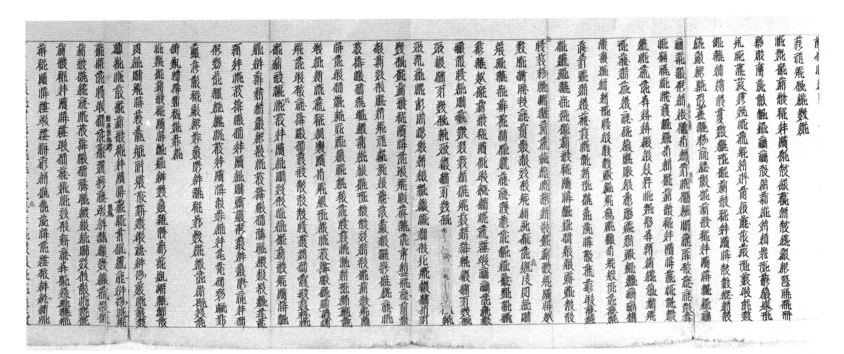

俄 Инв.No.415　大寶積經卷第十九　　　（11-8）

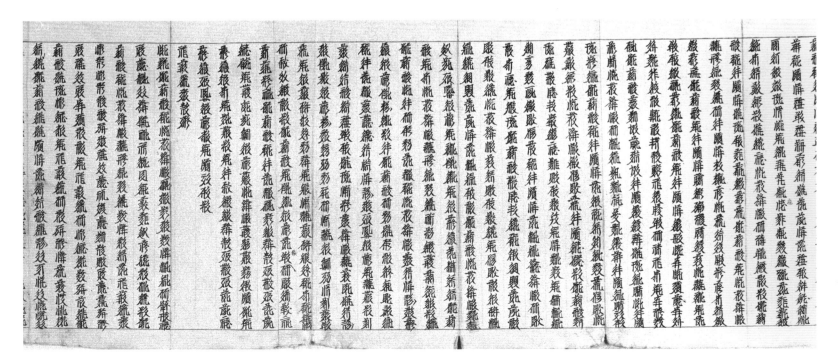

俄 Инв.No.415　大寶積經卷第十九　　　（11-9）

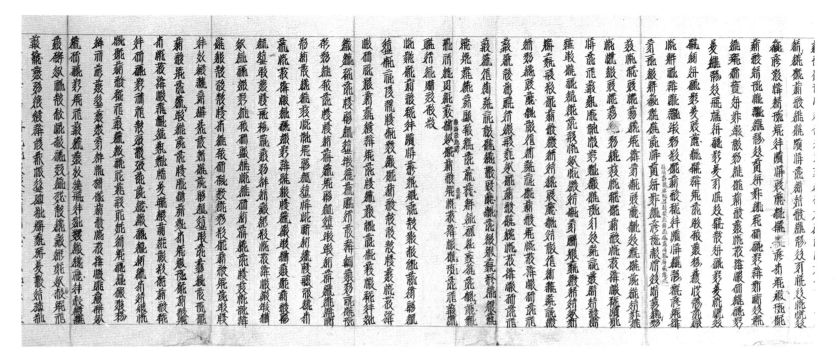

俄 **И**нв.№.415　大寶積經卷第十九　　　(11-10)

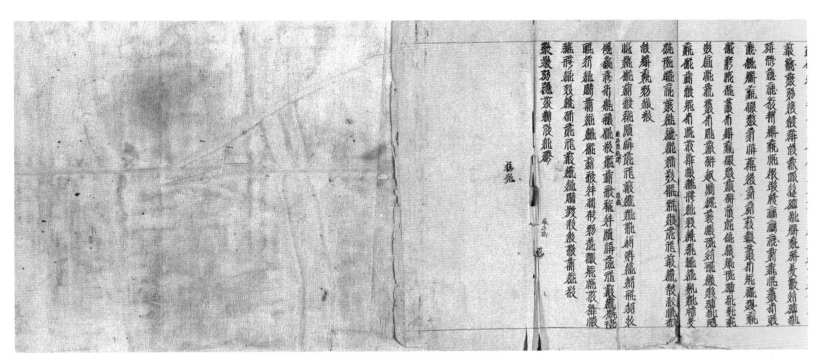

俄 **И**нв.№.415　大寶積經卷第十九　　　(11-11)

俄 **И**нв.№.416　大寶積經卷第二十　　　(14-1)

俄Инв.No.416　大寶積經卷第二十　　　　（14-2）

俄Инв.No.416　大寶積經卷第二十　　　　（14-3）

俄Инв.No.416　大寶積經卷第二十　　　　（14-4）

俄 Инв.No.416　大寶積經卷第二十　(14–5)

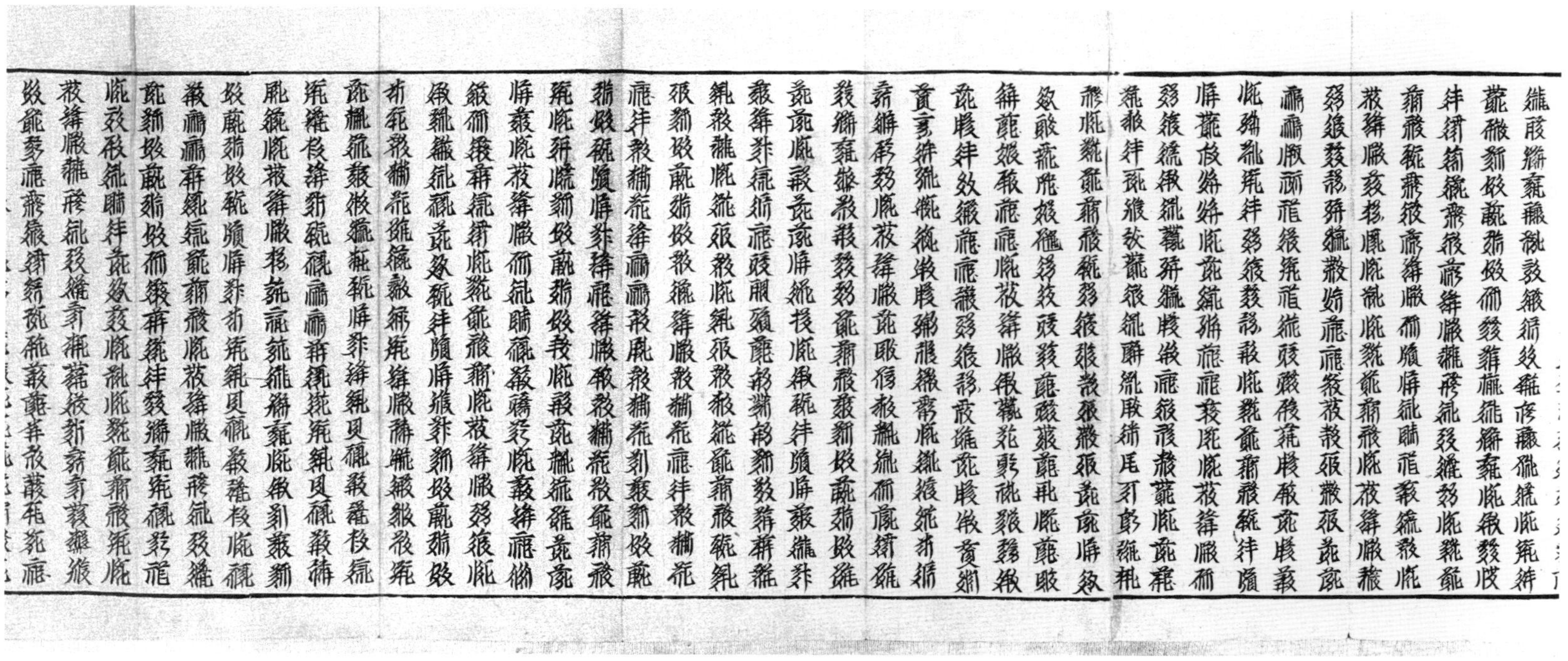

俄 Инв.No.416　大寶積經卷第二十　(14–6)

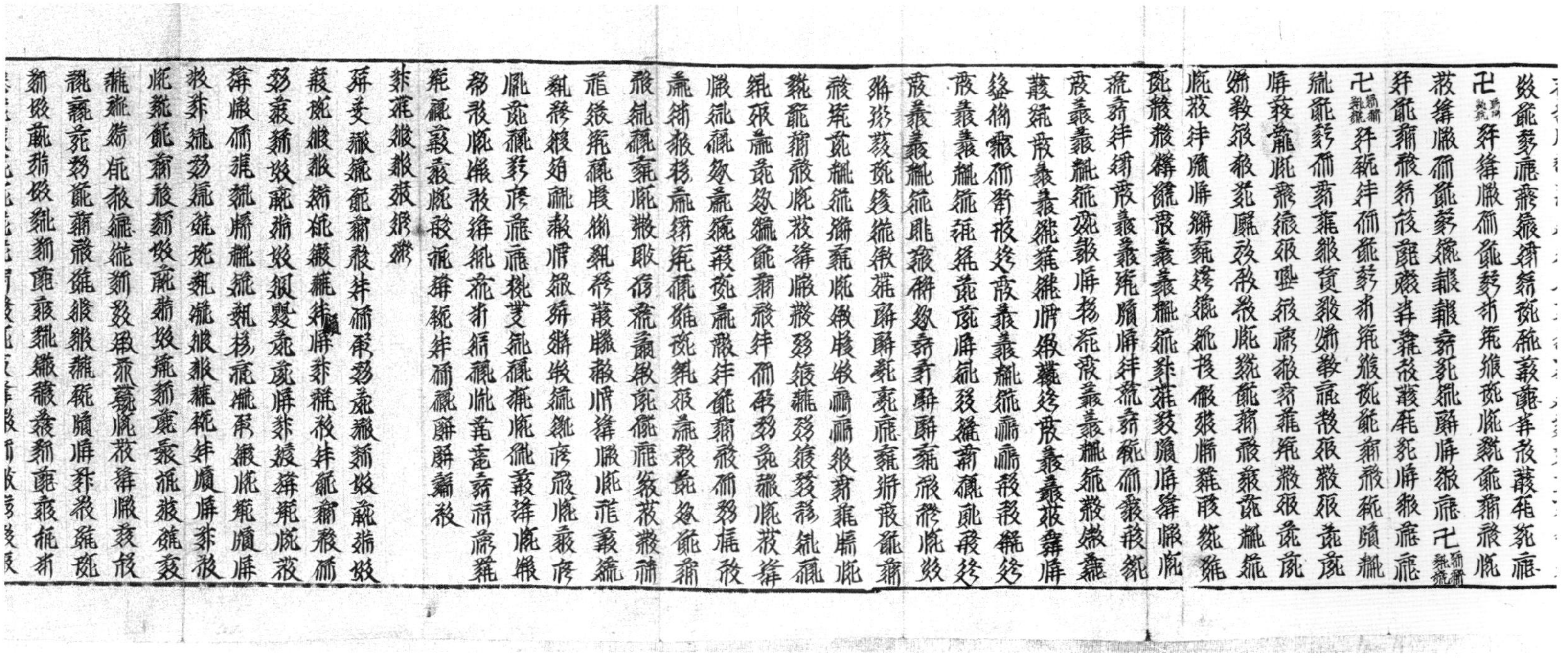

俄 Инв.No.416　大寶積經卷第二十　(14–7)

俄 Инв.No.416　大寶積經卷第二十　(14–8)

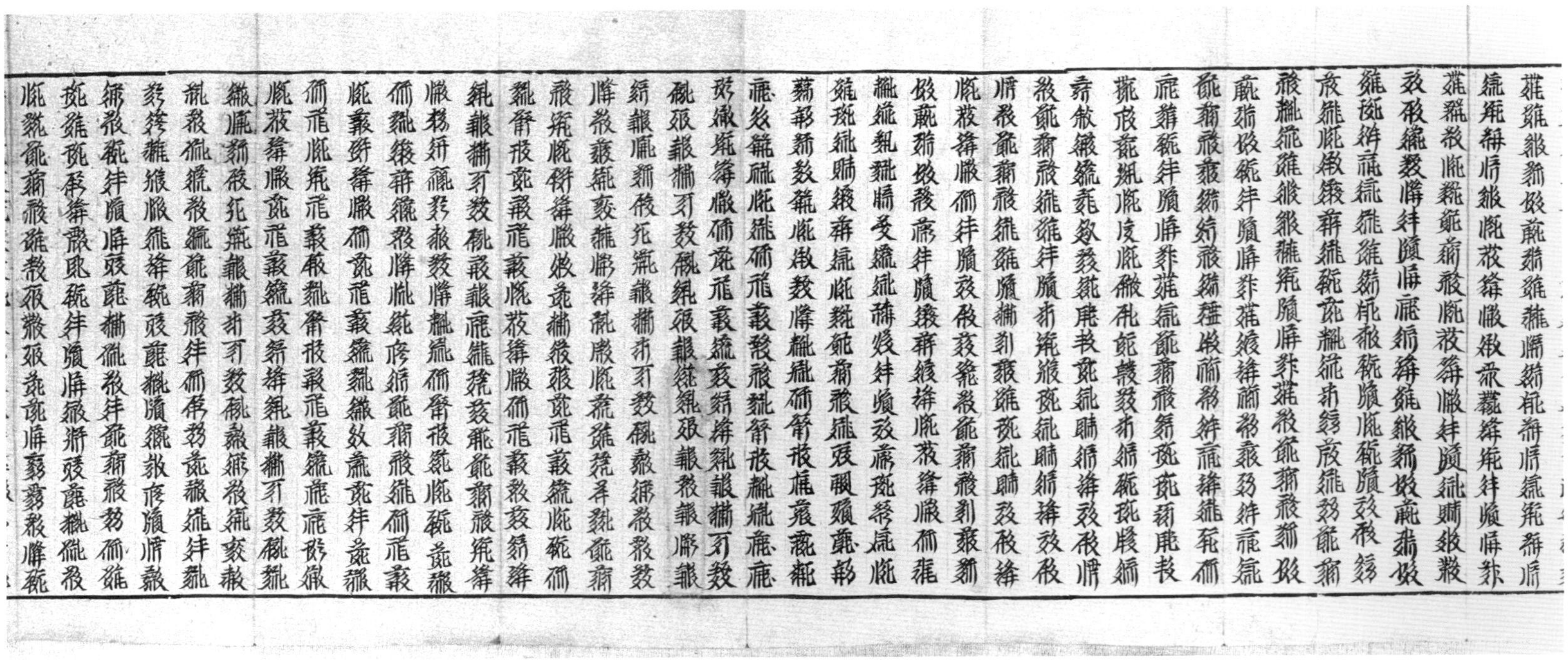

俄 Инв.No.416　大寶積經卷第二十　(14–9)

俄 Инв.No.416　大寶積經卷第二十　(14–10)

俄 ИHB.No.416　大寶積經卷第二十　　　(14-11)

俄 ИHB.No.416　大寶積經卷第二十　　　(14-12)

俄 ИHB.No.416　大寶積經卷第二十　　　(14-13)

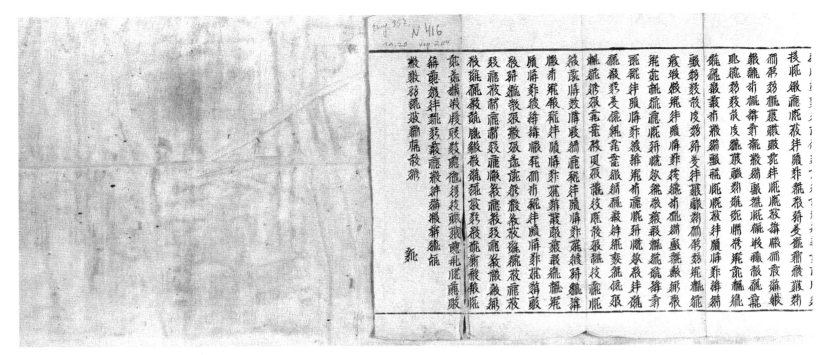

俄Инв.No.416　大寶積經卷第二十　　　(14-14)

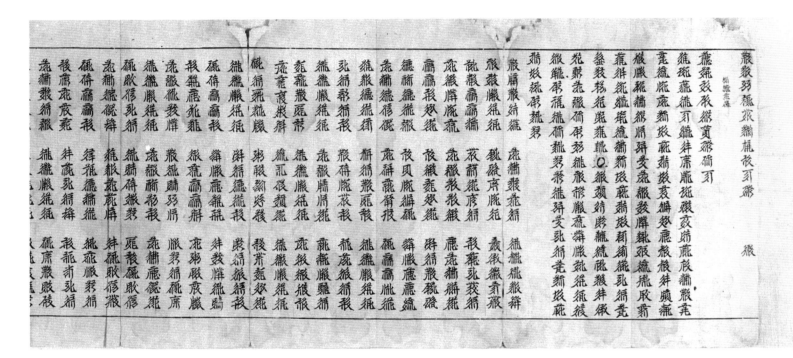

俄Инв.No.427　大寶積經卷第二十一　　(15-1)

俄Инв.No.427　大寶積經卷第二十一　　(15-2)

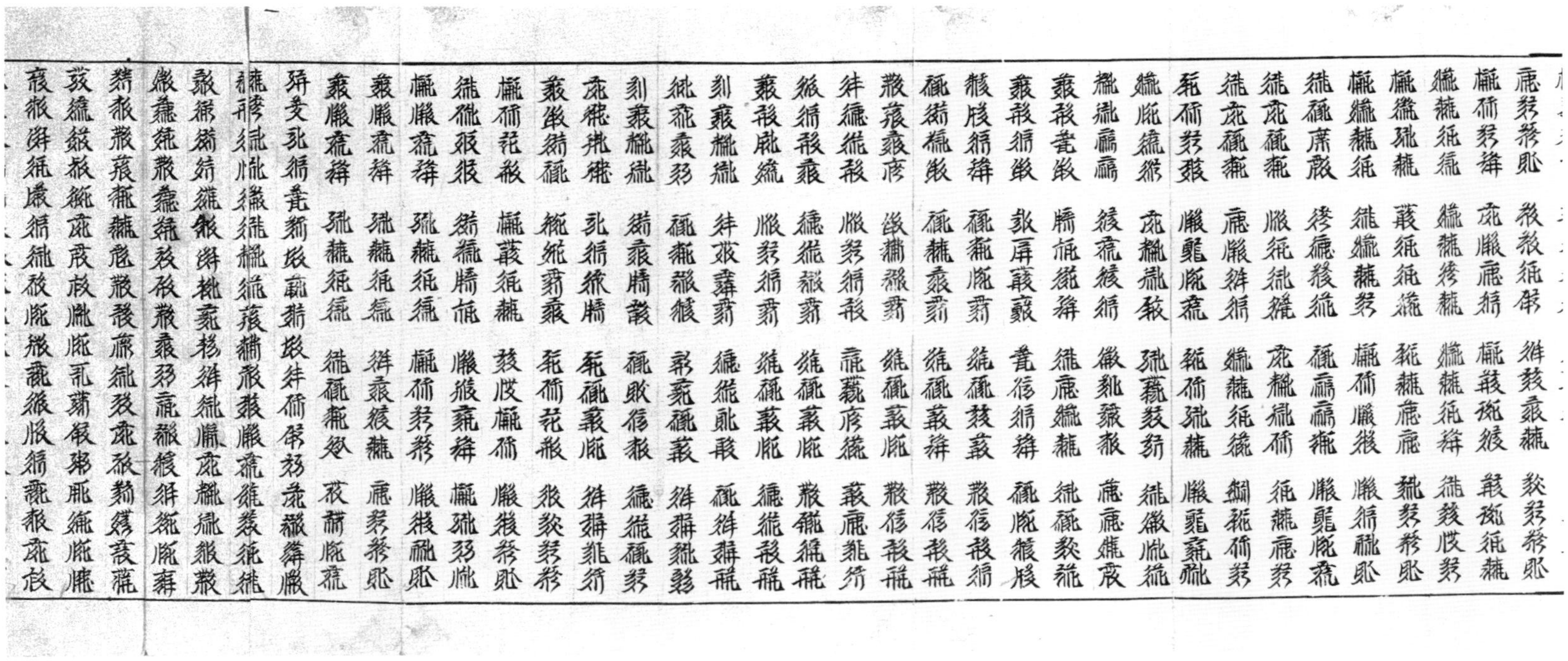

俄 Инв.No.427　大寶積經卷第二十一　(15-3)

俄 Инв.No.427　大寶積經卷第二十一　(15-4)

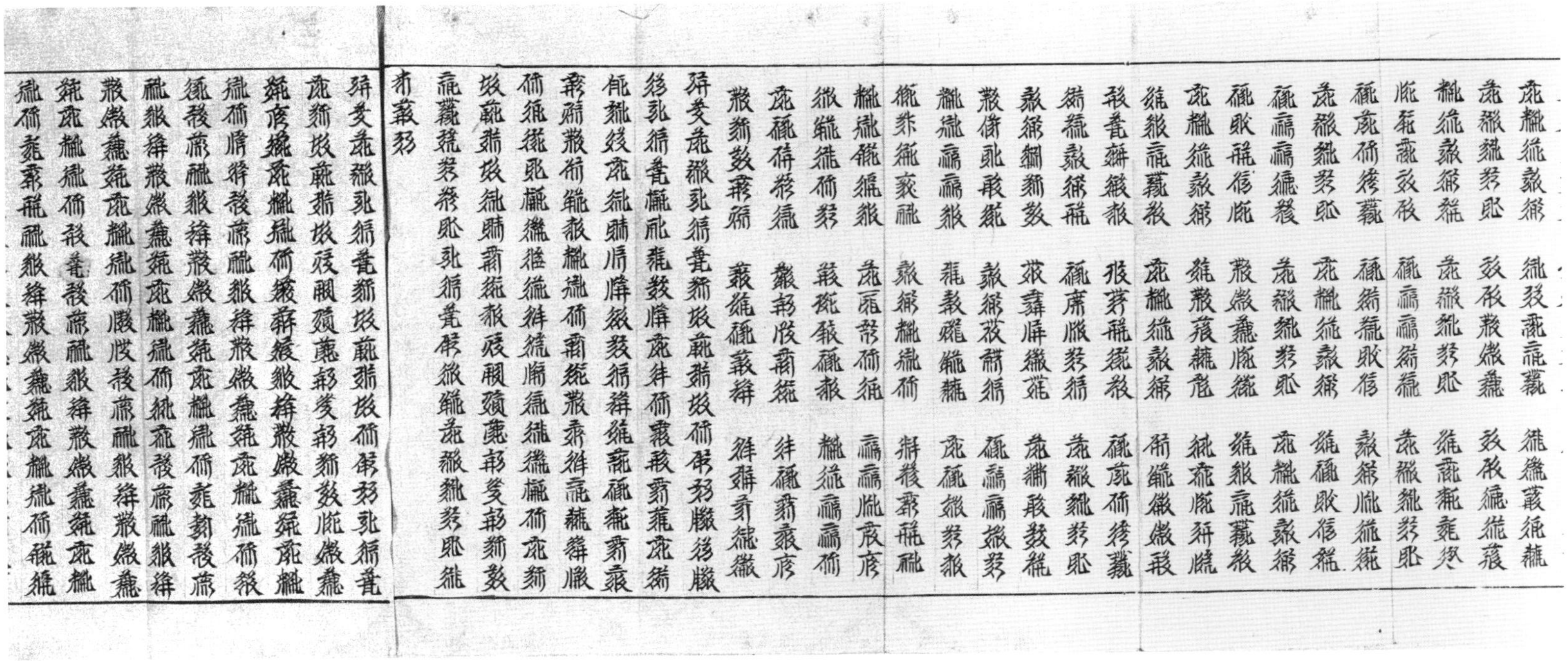

俄 Инв.No.427　大寶積經卷第二十一　(15-5)

俄 **И**нв.No.427　大寶積經卷第二十一　　　　(15-6)

俄 **И**нв.No.427　大寶積經卷第二十一　　　　(15-7)

俄 **И**нв.No.427　大寶積經卷第二十一　　　　(15-8)

俄 **И**нв.No.427　大寶積經卷第二十一　　　(15-9)

俄 **И**нв.No.427　大寶積經卷第二十一　　　(15-10)

俄 **И**нв.No.427　大寶積經卷第二十一　　　(15-11)

俄 **И**нв.No.427　大寶積經卷第二十一　　　（15-12）

俄 **И**нв.No.427　大寶積經卷第二十一　　　（15-13）

俄 **И**нв.No.427　大寶積經卷第二十一　　　（15-14）

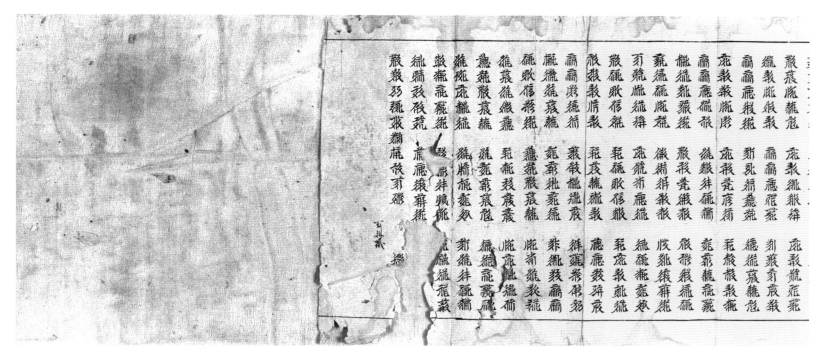

俄Инв.No.427　大寶積經卷第二十一　　　(15-15)

俄Инв.No.428　大寶積經卷第二十二　　　(11-1)

俄Инв.No.428　大寶積經卷第二十二　　　(11-2)

俄 **И**нв.No.428　大寶積經卷第二十二　　　(11-3)

俄 **И**нв.No.428　大寶積經卷第二十二　　　(11-4)

俄 **И**нв.No.428　大寶積經卷第二十二　　　(11-5)

俄 Инв.No.428 　大寶積經卷第二十二 　　(11-6)

俄 Инв.No.428 　大寶積經卷第二十二 　　(11-7)

俄 Инв.No.428 　大寶積經卷第二十二 　　(11-8)

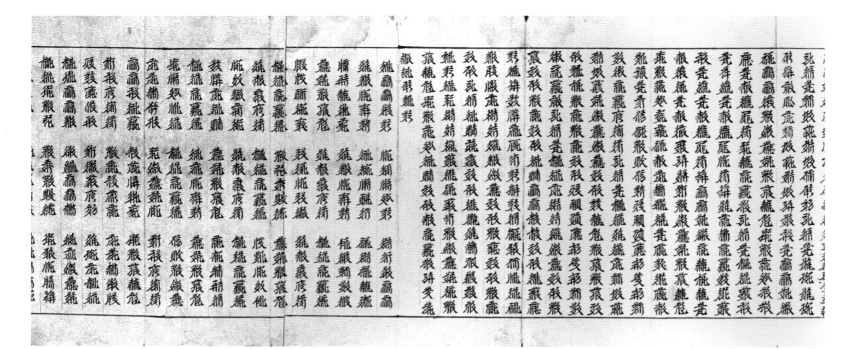

俄 **И**нв.No.428　大寶積經卷第二十二　　　(11-9)

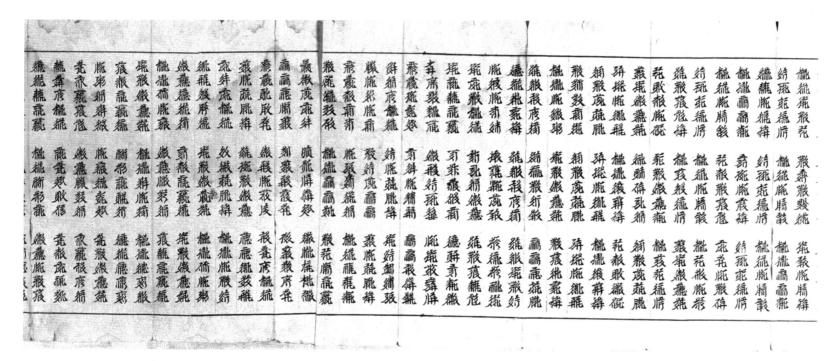

俄 **И**нв.No.428　大寶積經卷第二十二　　　(11-10)

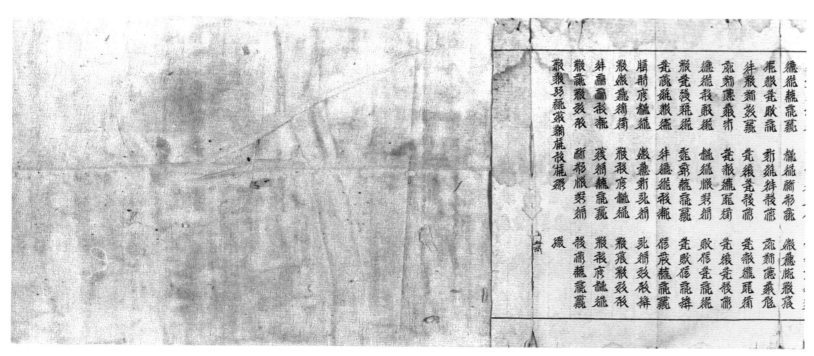

俄 **И**нв.No.428　大寶積經卷第二十二　　　(11-11)

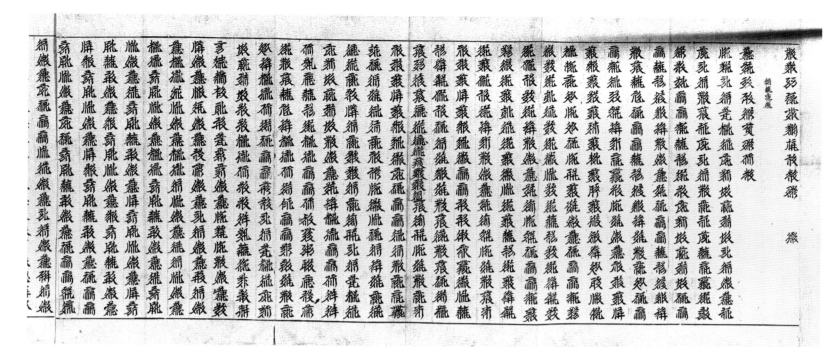

俄Инв.No.430　大寶積經卷第二十三　　　(10-1)

俄Инв.No.430　大寶積經卷第二十三　　　(10-2)

俄Инв.No.430　大寶積經卷第二十三　　　(10-3)

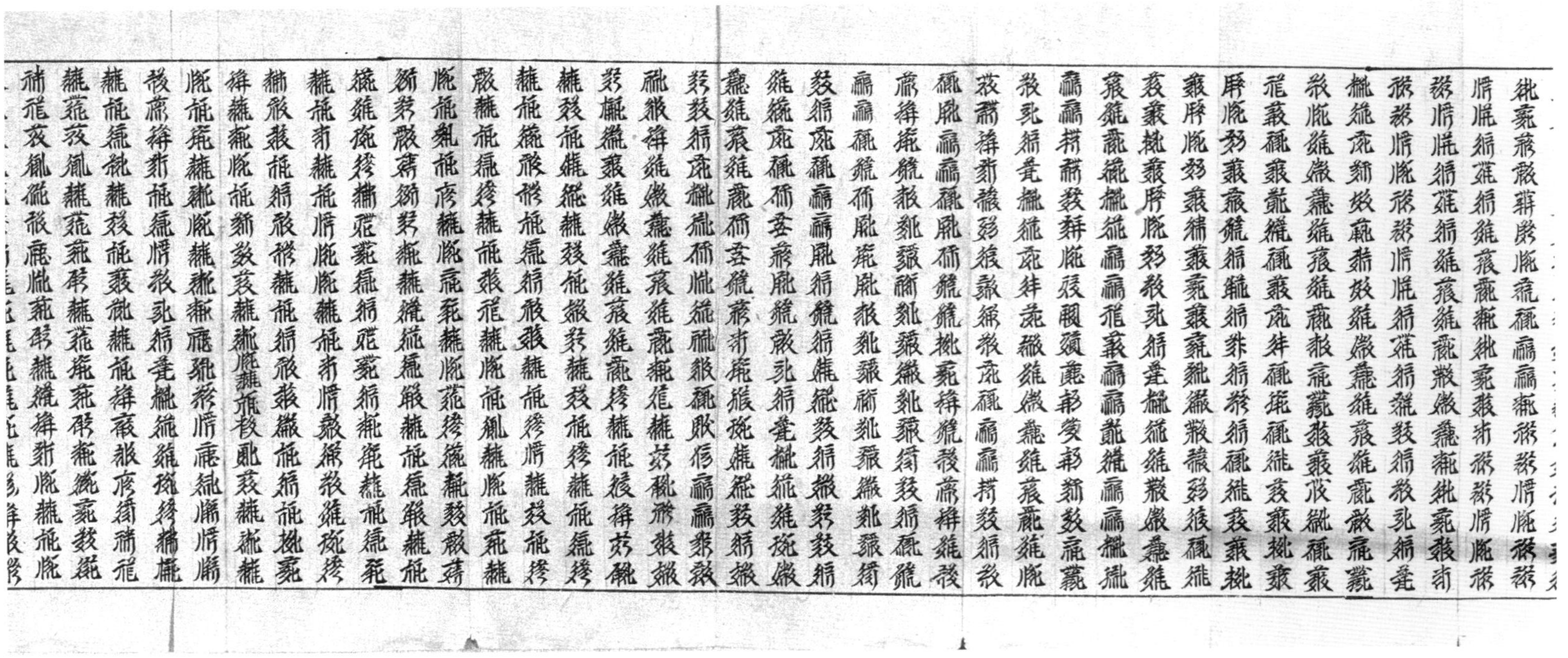

俄 Инв.No.430　大寶積經卷第二十三　(10–4)

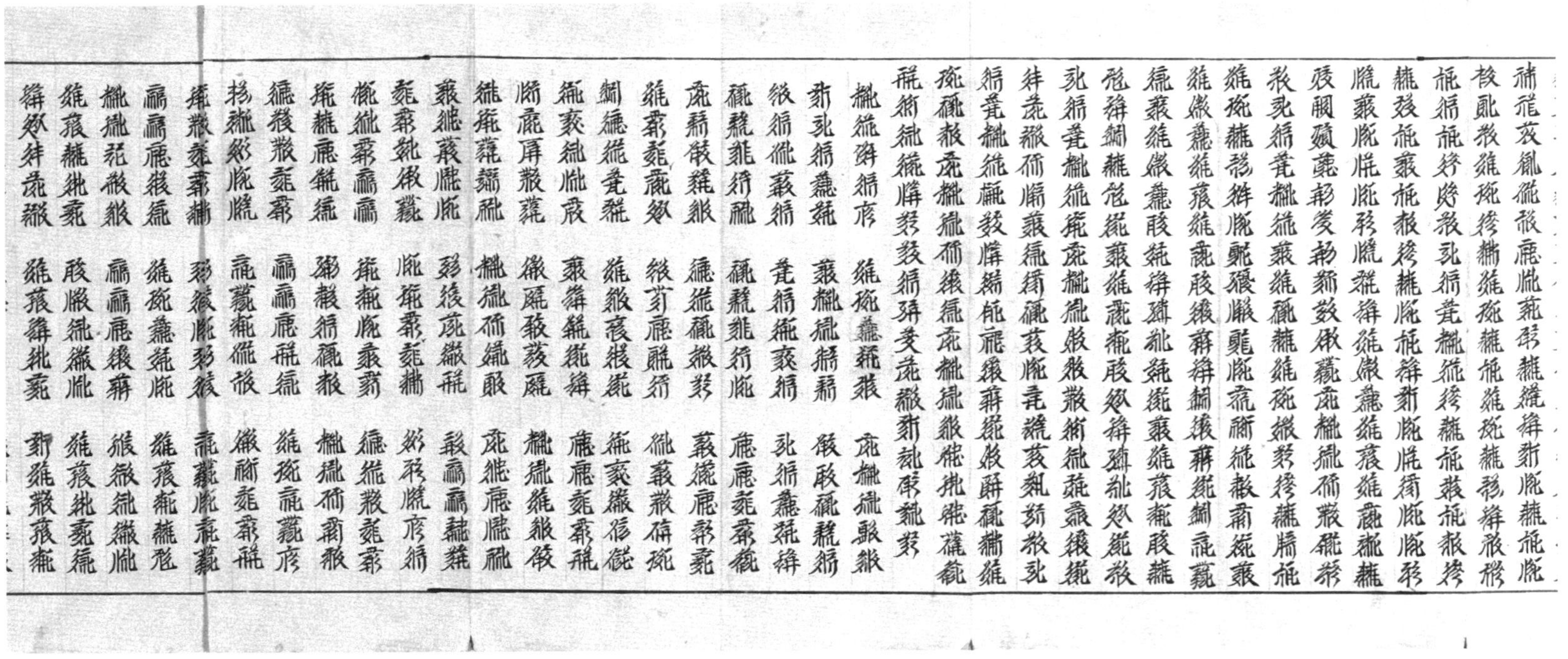

俄 Инв.No.430　大寶積經卷第二十三　(10–5)

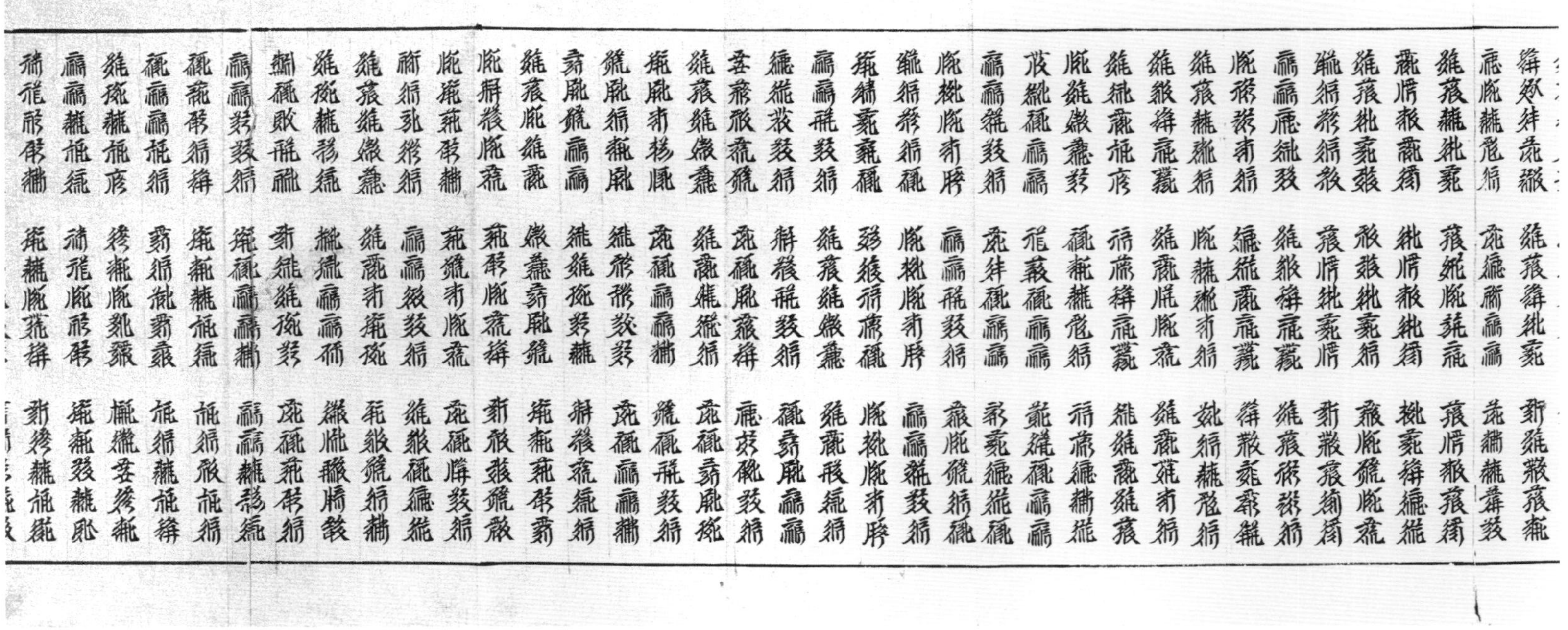

俄 Инв.No.430　大寶積經卷第二十三　(10–6)

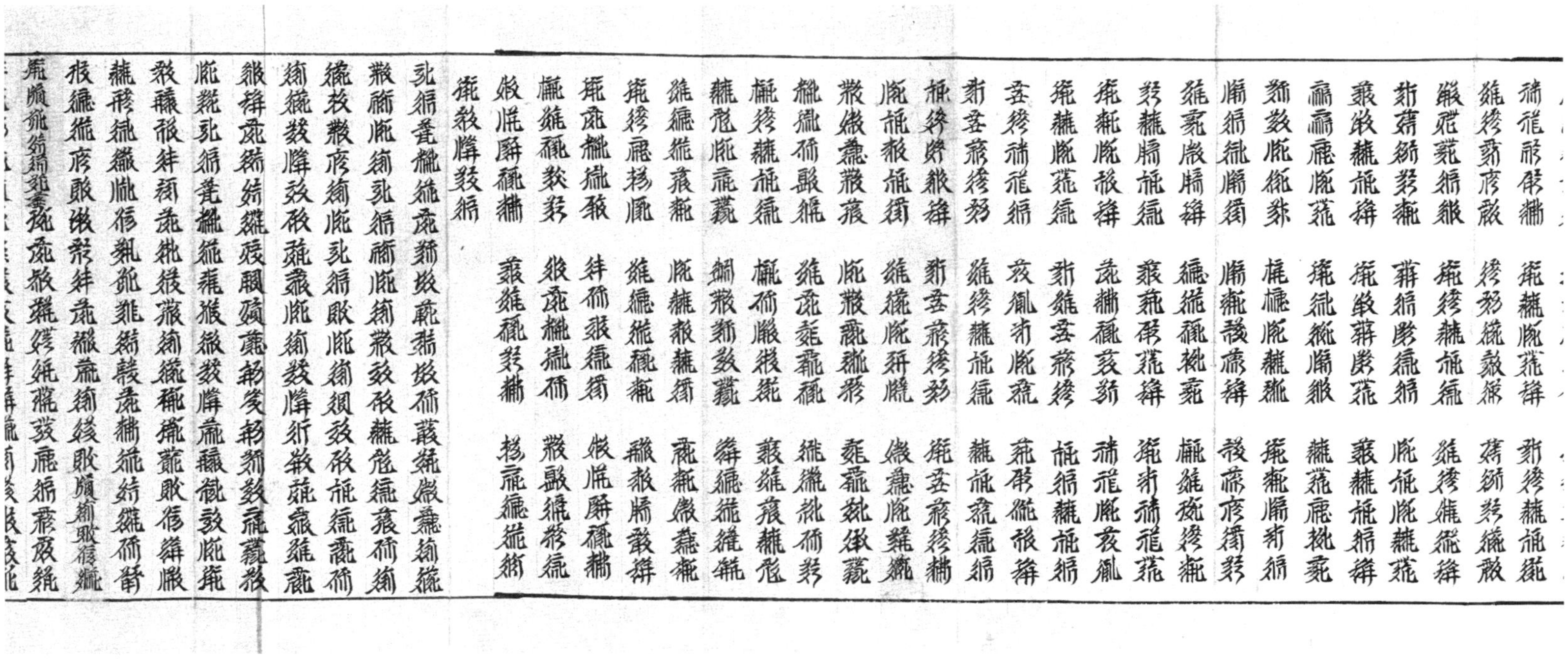

俄 Инв.No.430　大寶積經卷第二十三　(10-7)

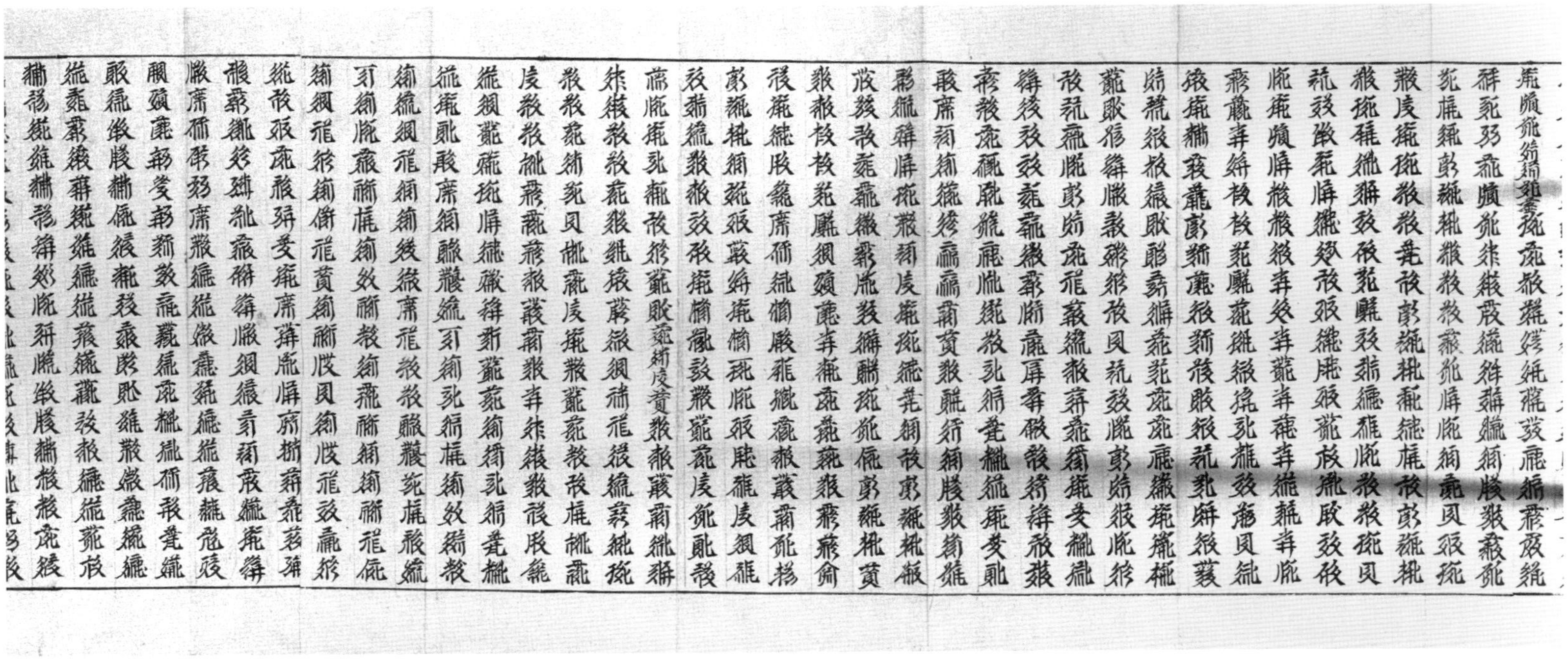

俄 Инв.No.430　大寶積經卷第二十三　(10-8)

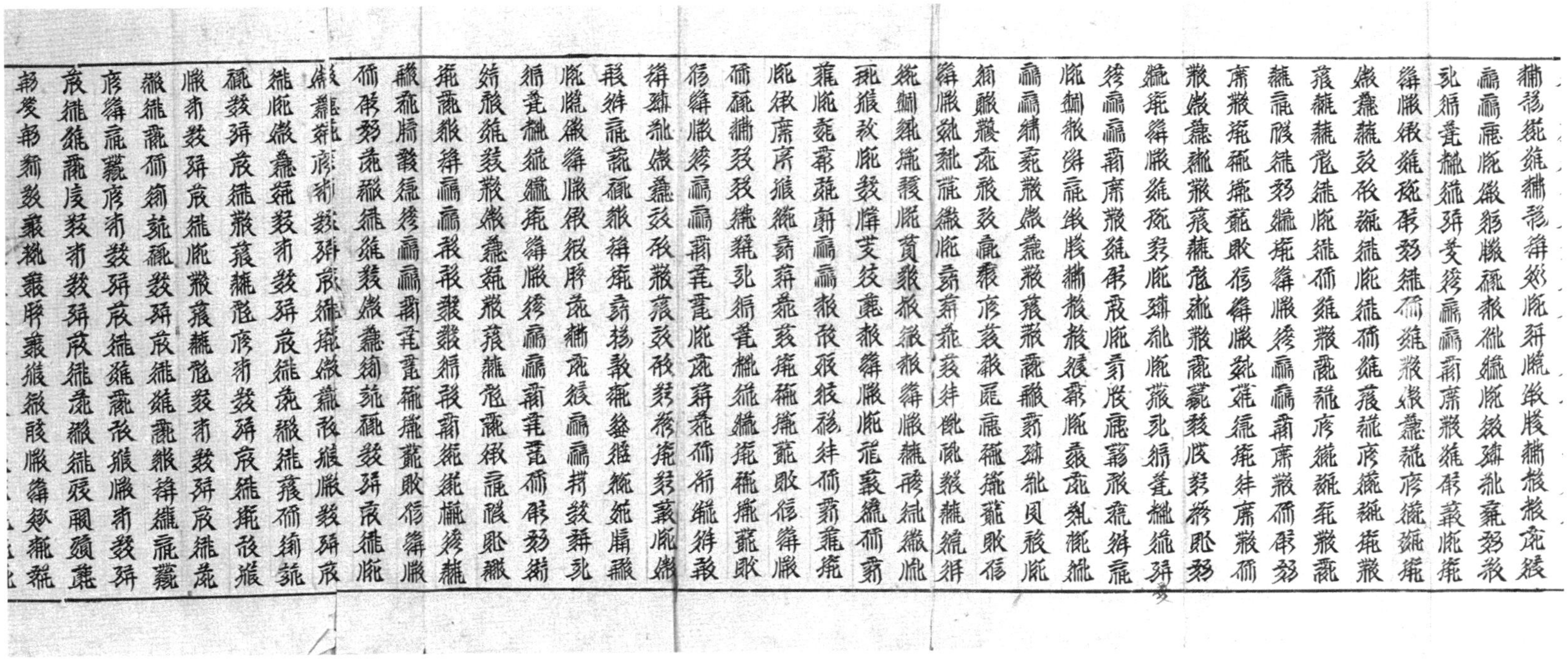

俄 Инв.No.430　大寶積經卷第二十三　(10-9)

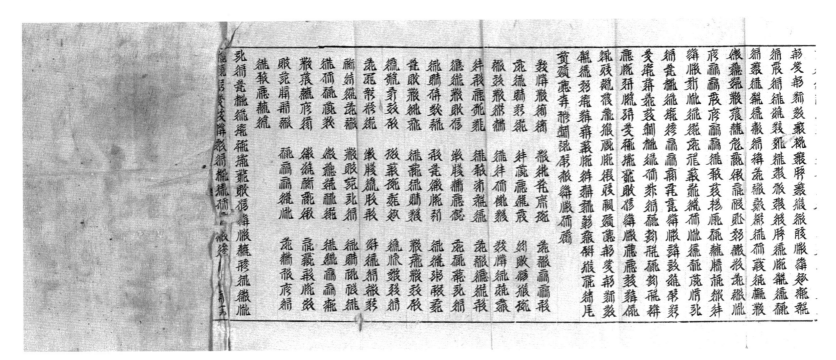

俄Инв.No.430　大寶積經卷第二十三　　　(10-10)

俄Инв.No.432　大寶積經卷第二十四　　　(11-1)

俄Инв.No.432　大寶積經卷第二十四　　　(11-2)

俄Инв.No.432　大寶積經卷第二十四　　　(11-3)

俄Инв.No.432　大寶積經卷第二十四　　　(11-4)

俄Инв.No.432　大寶積經卷第二十四　　　(11-5)

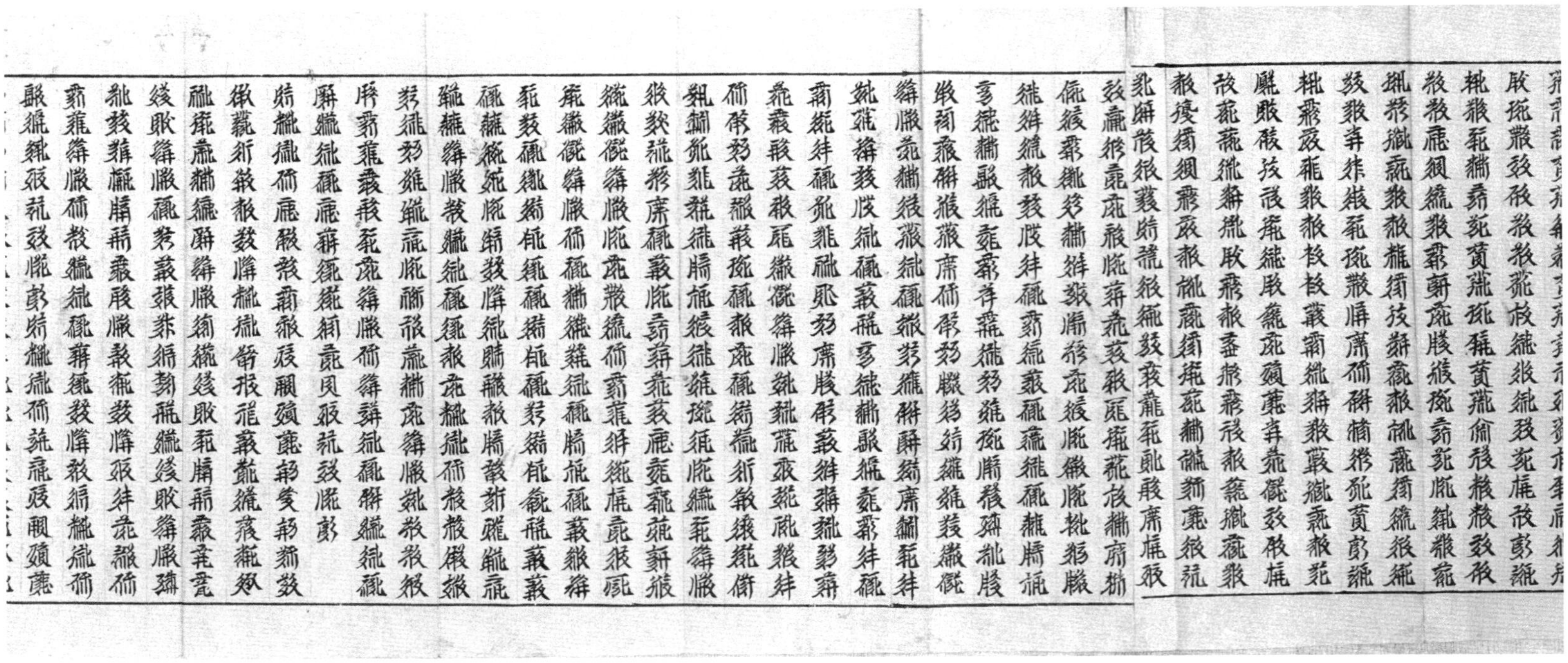

俄Инв.No.432　大寶積經卷第二十四　(11-6)

俄Инв.No.432　大寶積經卷第二十四　(11-7)

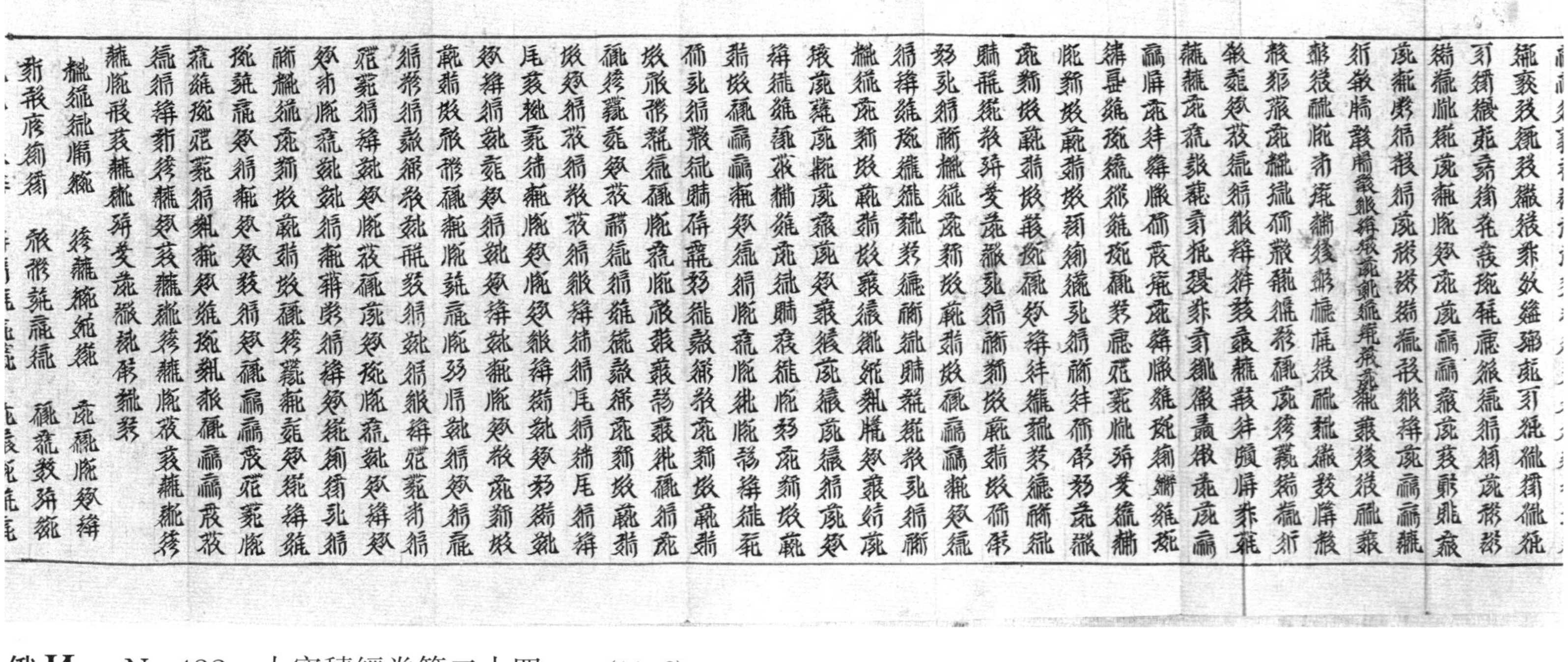

俄Инв.No.432　大寶積經卷第二十四　(11-8)

俄 **И**нв.No.432　大寶積經卷第二十四　　　(11-9)

俄 **И**нв.No.432　大寶積經卷第二十四　　　(11-10)

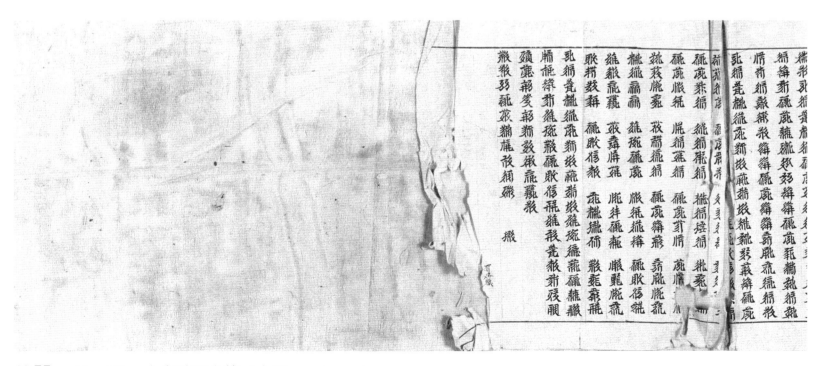

俄 **И**нв.No.432　大寶積經卷第二十四　　　(11-11)

俄 Инв.No.434　大寶積經卷第二十五　　　(12-1)

俄 Инв.No.434　大寶積經卷第二十五　　　(12-2)

俄 Инв.No.434　大寶積經卷第二十五　　　(12-3)

俄 Инв.No.434　大寶積經卷第二十五　　　(12-4)

俄 Инв.No.434　大寶積經卷第二十五　　　(12-5)

俄 Инв.No.434　大寶積經卷第二十五　　　(12-6)

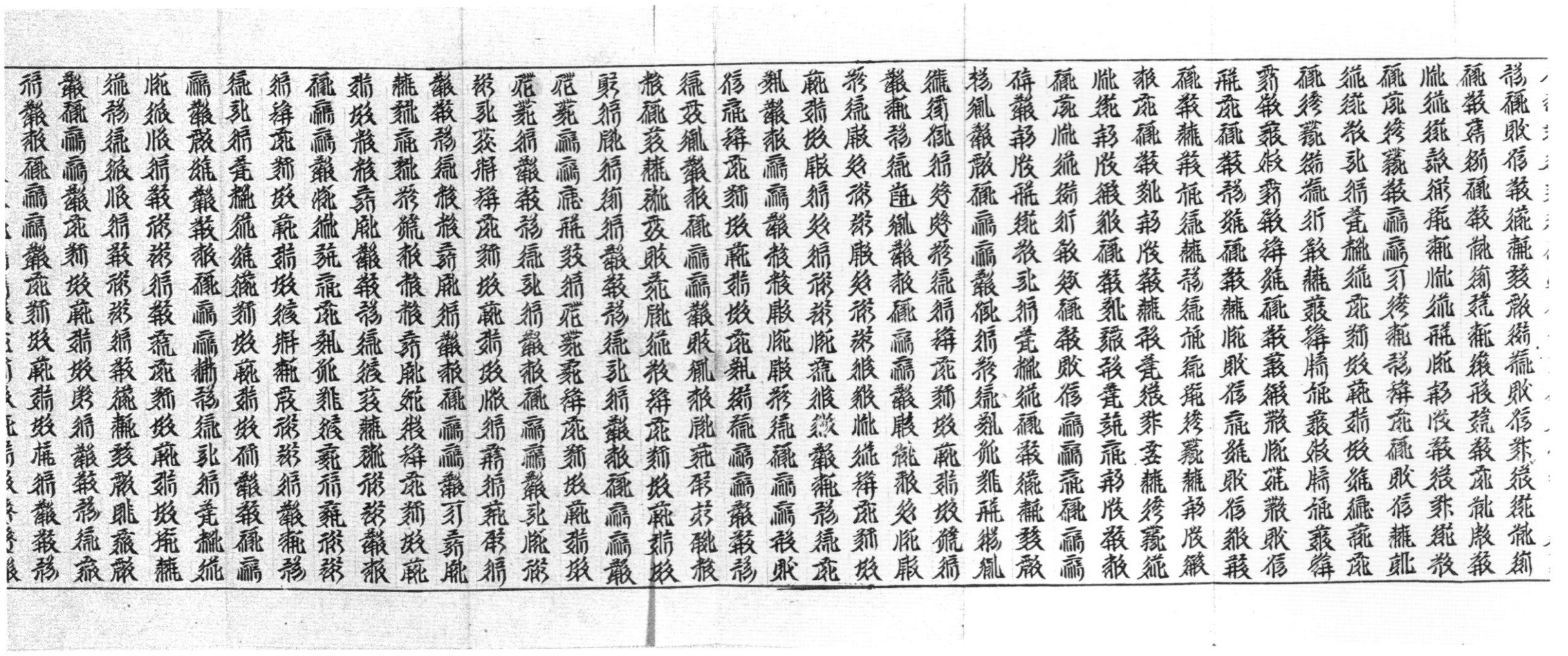

俄 Инв.No.434　大寶積經卷第二十五　(12–7)

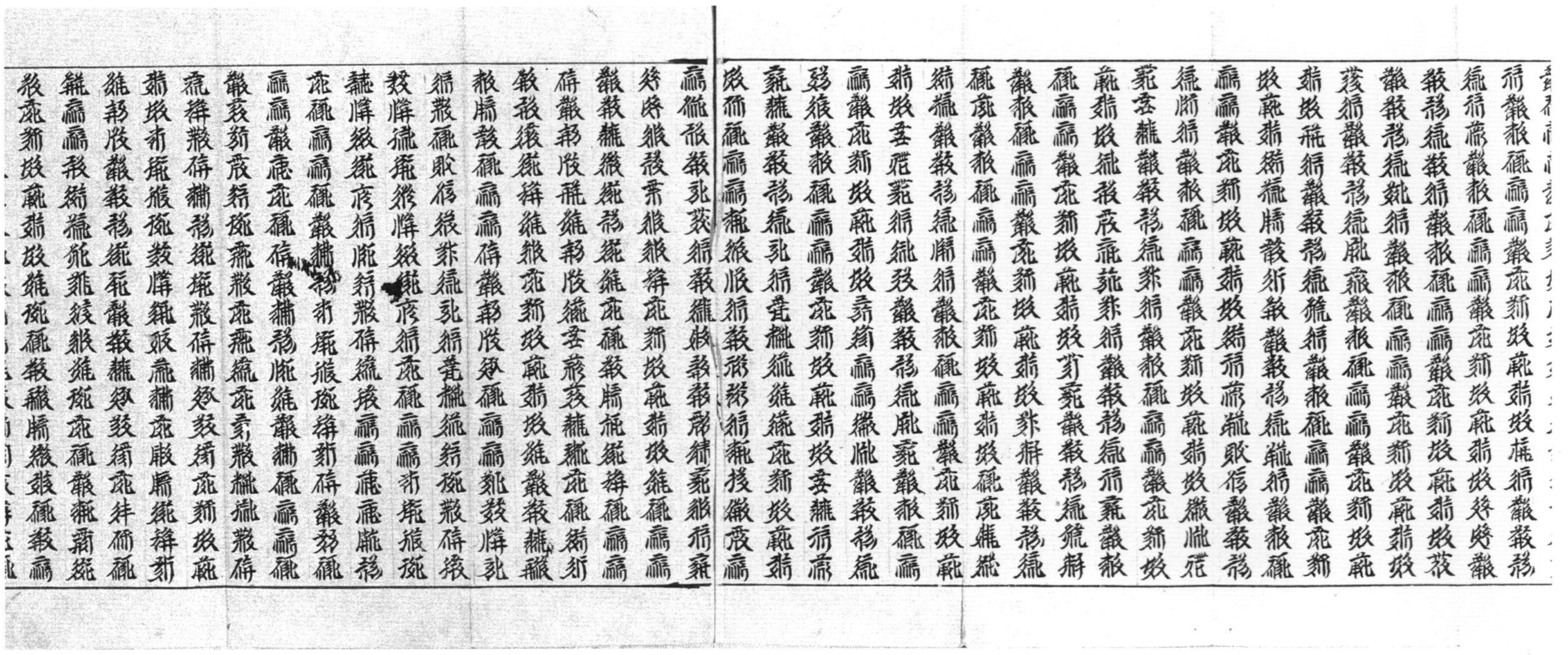

俄 Инв.No.434　大寶積經卷第二十五　(12–8)

俄 Инв.No.434　大寶積經卷第二十五　(12–9)

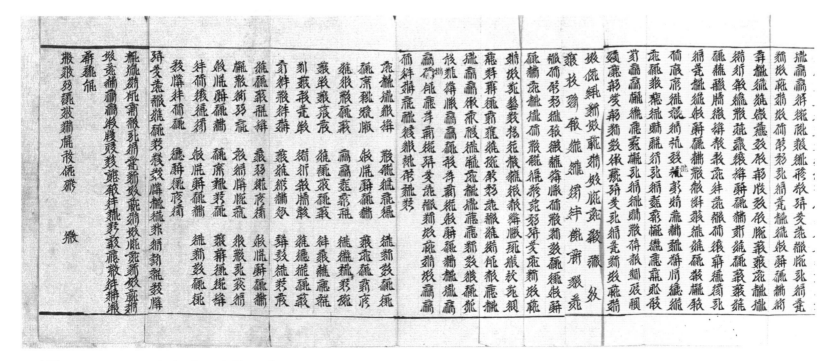

俄 Инв.No.434　大寶積經卷第二十五　　(12-10)

俄 Инв.No.434　大寶積經卷第二十五　　(12-11)

俄 Инв.No.434　大寶積經卷第二十五　　(12-12)

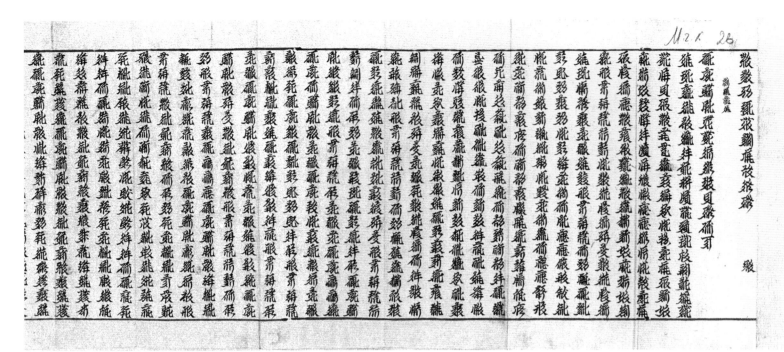

俄 **И**нв.No.435　大寶積經卷第二十六　　　(10-1)

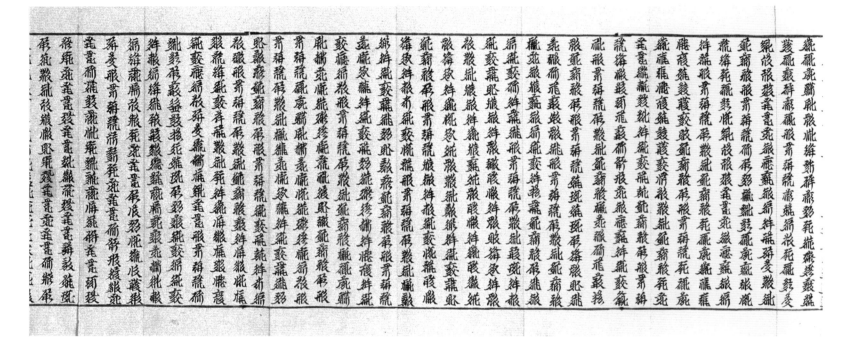

俄 **И**нв.No.435　大寶積經卷第二十六　　　(10-2)

俄 **И**нв.No.435　大寶積經卷第二十六　　　(10-3)

俄 **И**нв.No.435　大寶積經卷第二十六　　(10-4)

俄 **И**нв.No.435　大寶積經卷第二十六　　(10-5)

俄 **И**нв.No.435　大寶積經卷第二十六　　(10-6)

俄 Инв.No.435　大寶積經卷第二十六　　　(10-7)

俄 Инв.No.435　大寶積經卷第二十六　　　(10-8)

俄 Инв.No.435　大寶積經卷第二十六　　　(10-9)

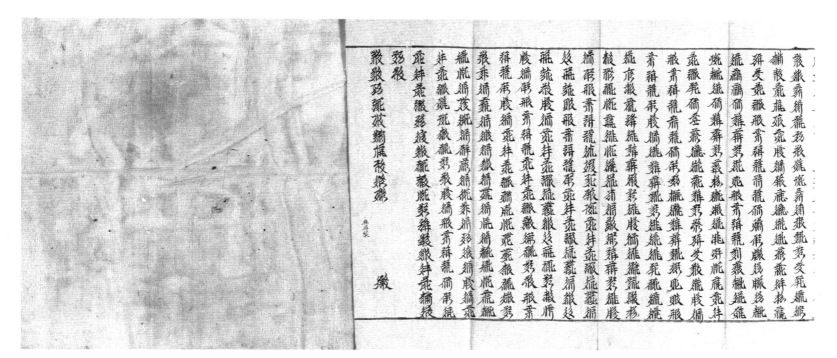

俄 Инв.No.435　大寶積經卷第二十六　　　(10-10)

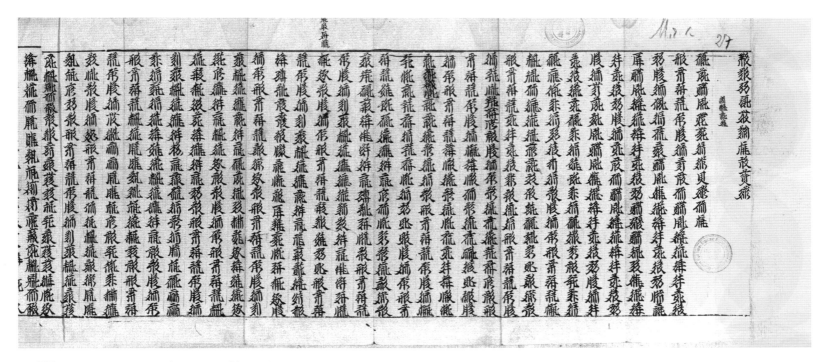

俄 Инв.No.723　大寶積經卷第二十七　　　(10-1)

俄 Инв.No.723　大寶積經卷第二十七　　　(10-2)

俄 Инв.No.723　大寶積經卷第二十七　　　(10-3)

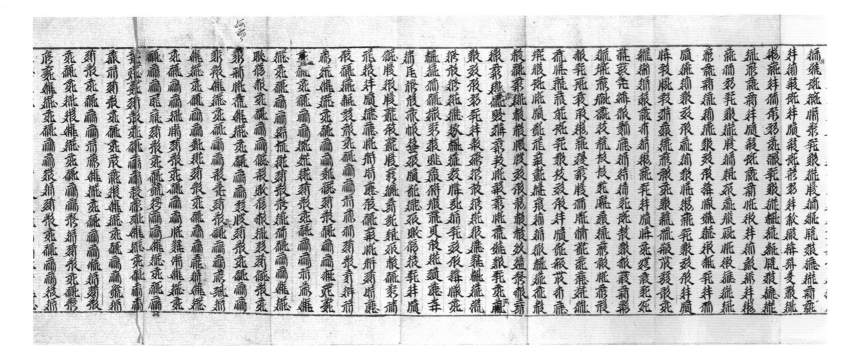

俄 Инв.No.723　大寶積經卷第二十七　　　(10-4)

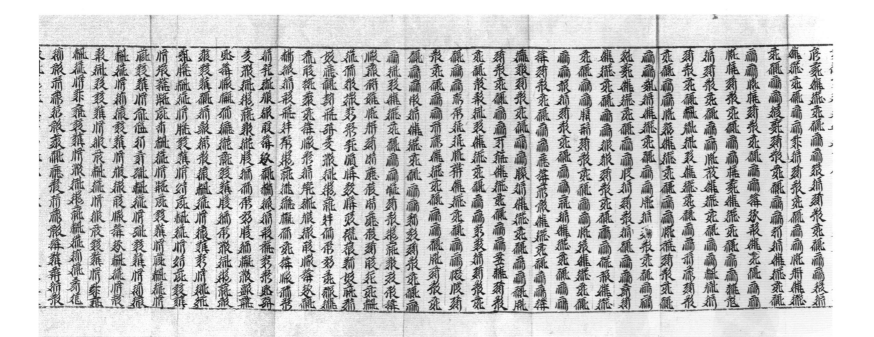

俄 Инв.No.723　大寶積經卷第二十七　　　(10-5)

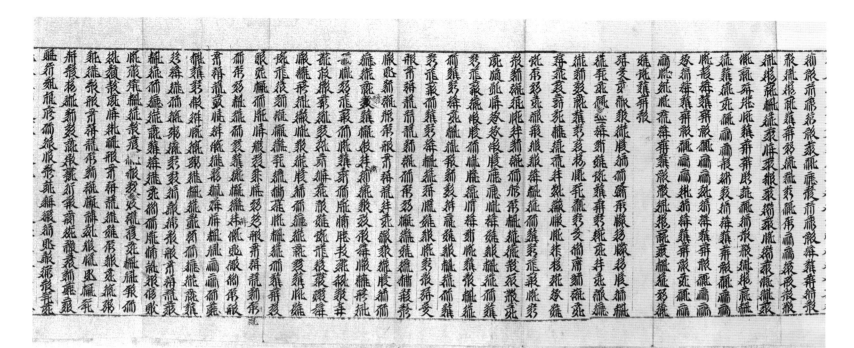

俄 **И**нв.No.723　大寶積經卷第二十七　　　(10-6)

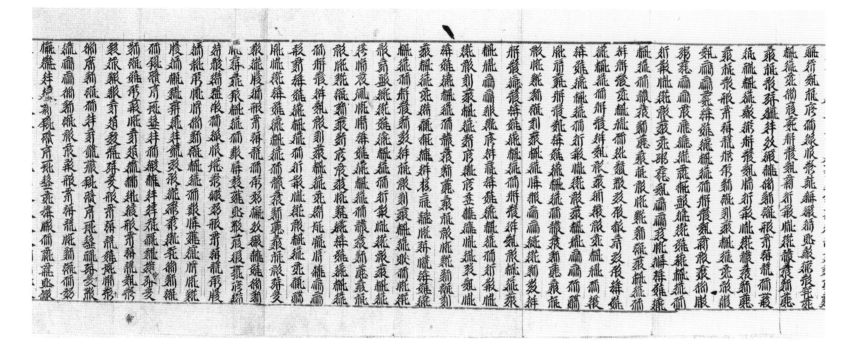

俄 **И**нв.No.723　大寶積經卷第二十七　　　(10-7)

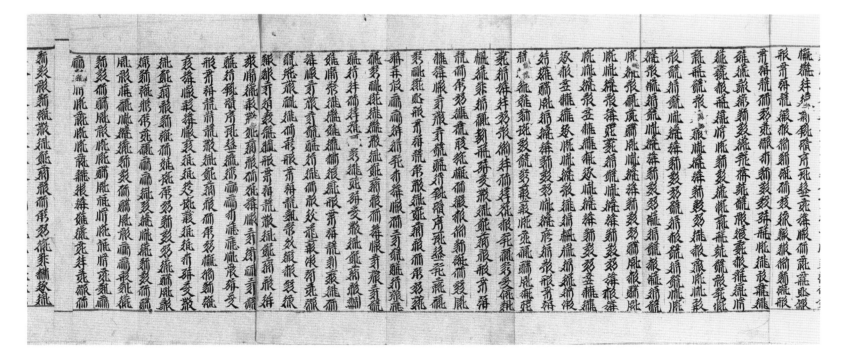

俄 **И**нв.No.723　大寶積經卷第二十七　　　(10-8)

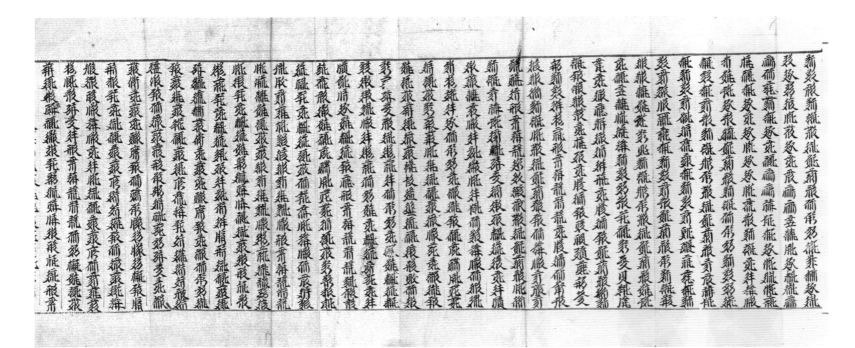

俄 **И**нв.No.723　大寶積經卷第二十七　　　　(10-9)

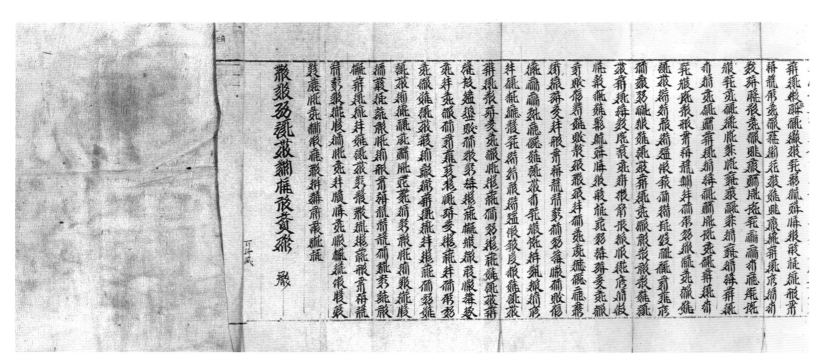

俄 **И**нв.No.723　大寶積經卷第二十七　　　　(10-10)

俄 **И**нв.No.438　大寶積經卷第二十八　　　　(18-1)

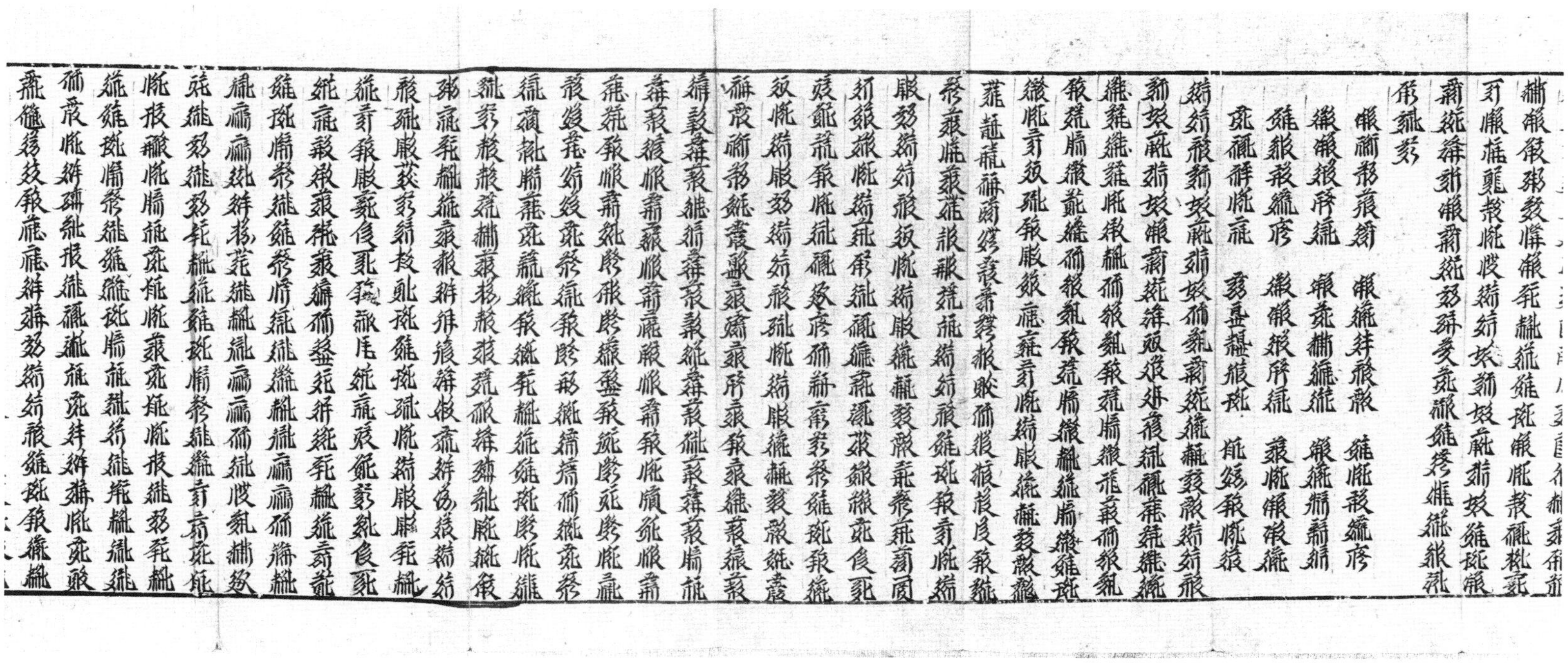

俄 Инв.No.438　大寶積經卷第二十八　(18-2)

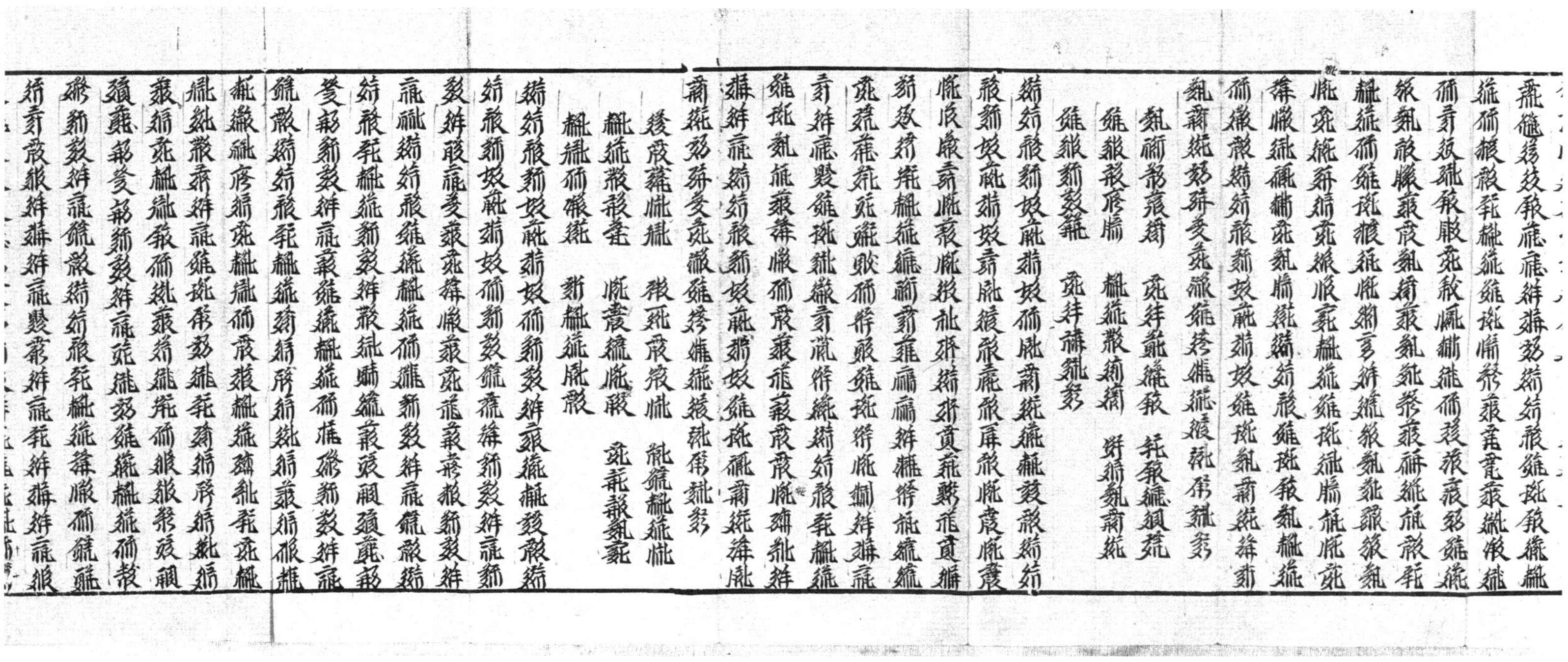

俄 Инв.No.438　大寶積經卷第二十八　(18-3)

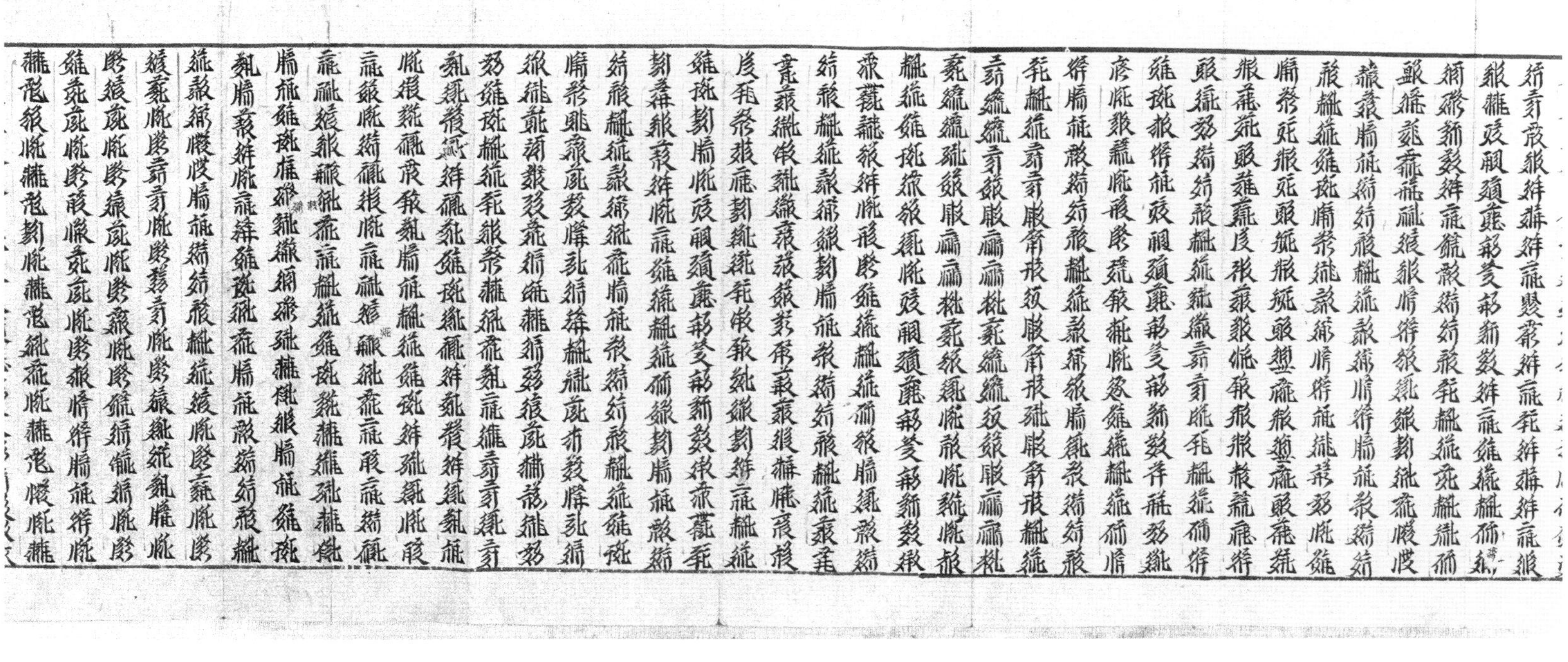

俄 Инв.No.438　大寶積經卷第二十八　(18-4)

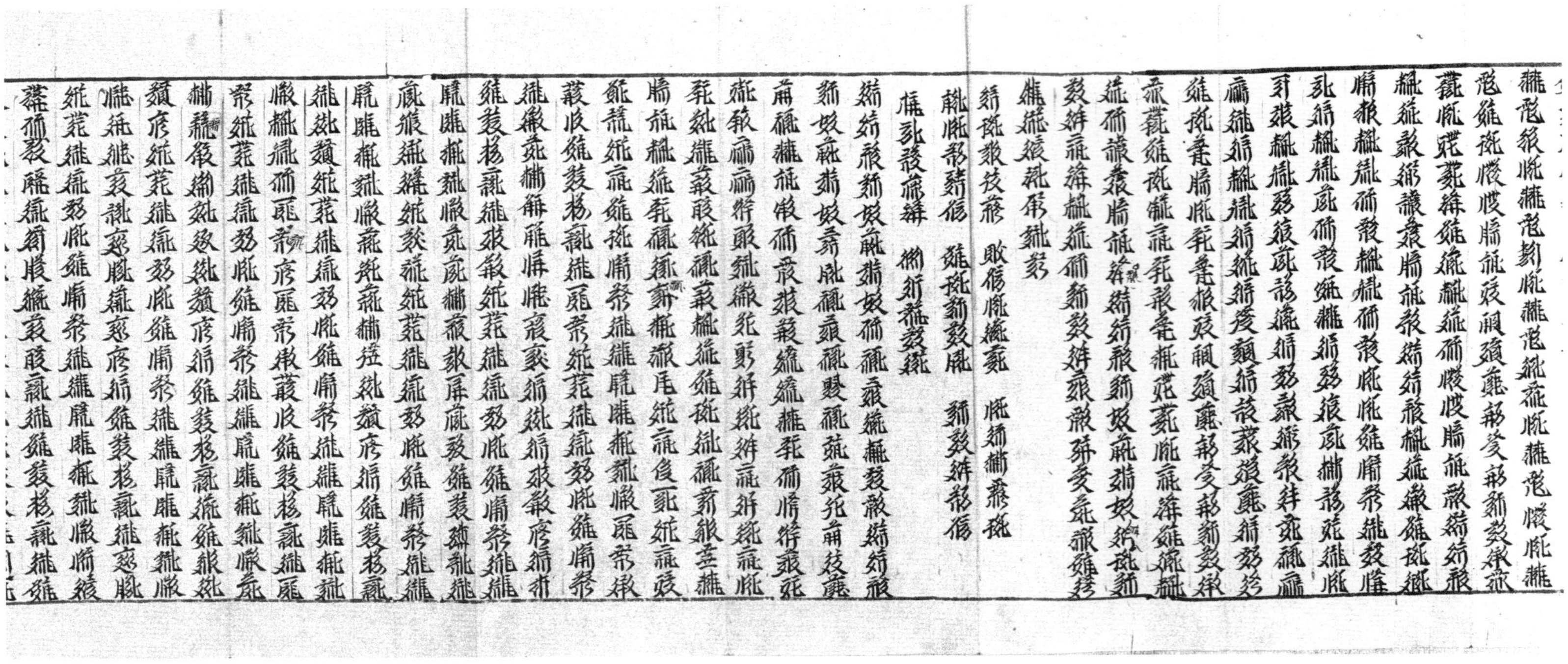

俄 Инв.No.438　大寶積經卷第二十八　(18–5)

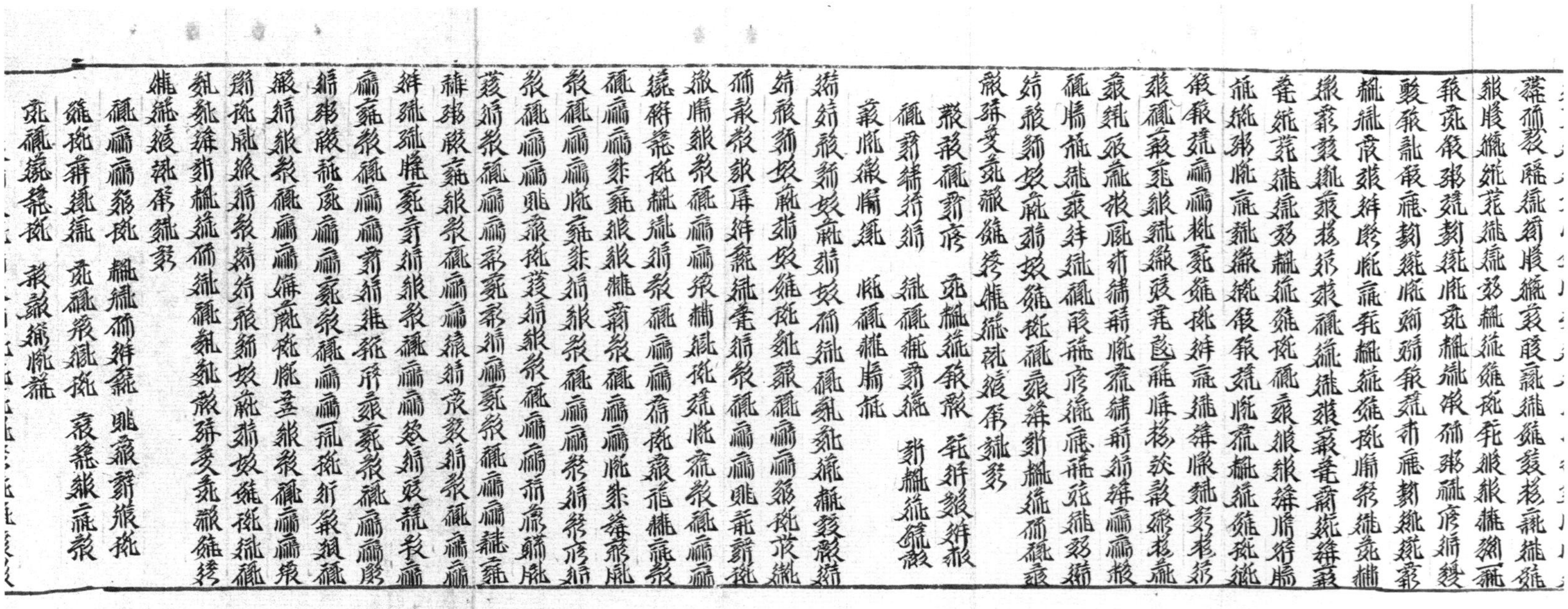

俄 Инв.No.438　大寶積經卷第二十八　(18–6)

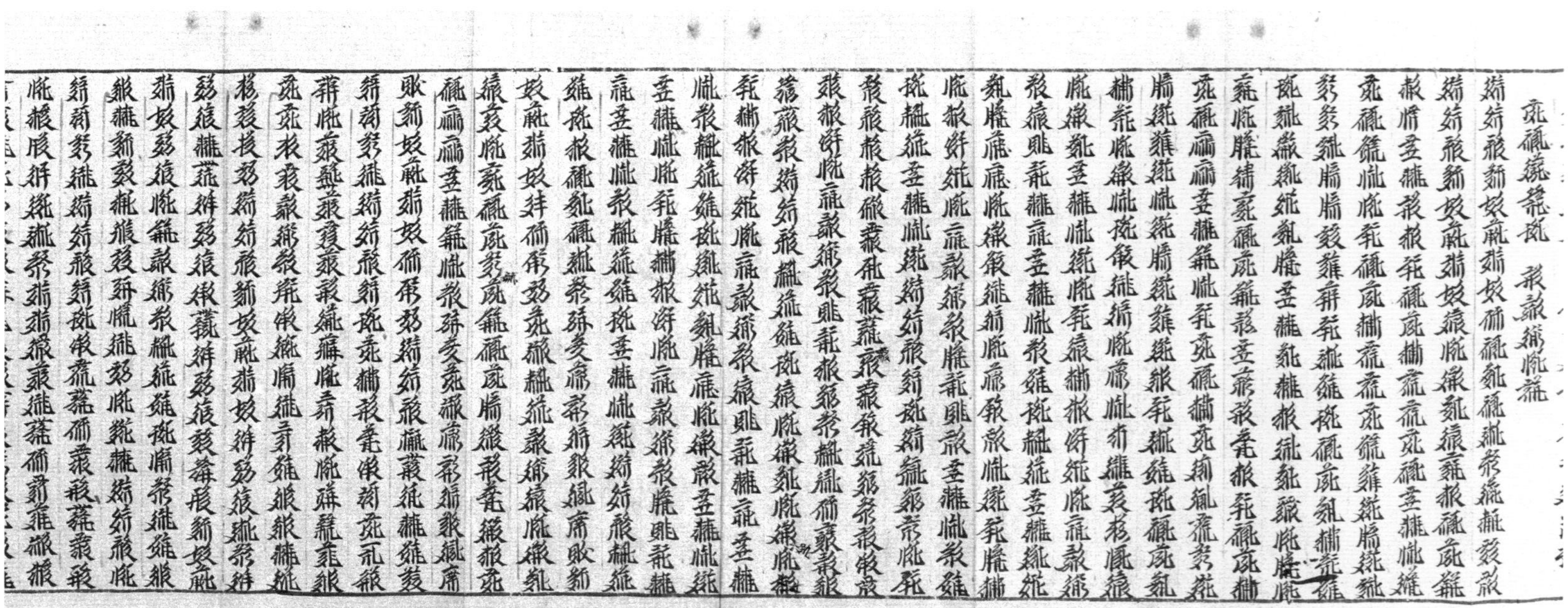

俄 Инв.No.438　大寶積經卷第二十八　(18–7)

俄 **Инв**.No.438　大寶積經卷第二十八　　　　(18-8)

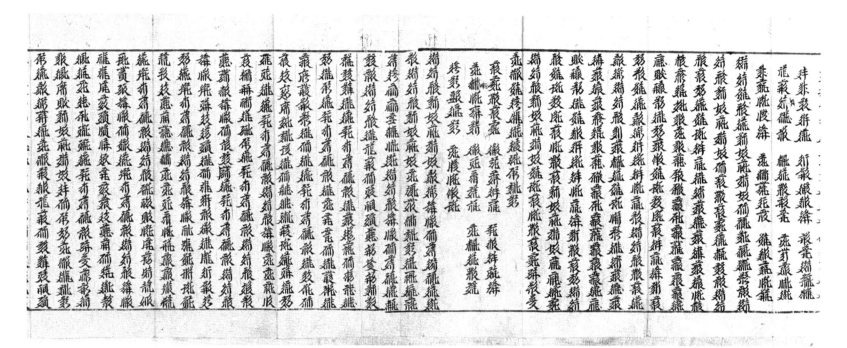

俄 **Инв**.No.438　大寶積經卷第二十八　　　　(18-9)

俄 **Инв**.No.438　大寶積經卷第二十八　　　　(18-10)

俄 **Инв**.No.438　大寶積經卷第二十八　　　　(18-11)

俄 **Инв**.No.438　大寶積經卷第二十八　　　　(18-12)

俄 **Инв**.No.438　大寶積經卷第二十八　　　　(18-13)

俄Инв.No.438　大寶積經卷第二十八　　　　(18-14)

俄Инв.No.438　大寶積經卷第二十八　　　　(18-15)

俄Инв.No.438　大寶積經卷第二十八　　　　(18-16)

俄Инв.No.438　大寶積經卷第二十八　　　(18-17)

俄Инв.No.438　大寶積經卷第二十八　　　(18-18)

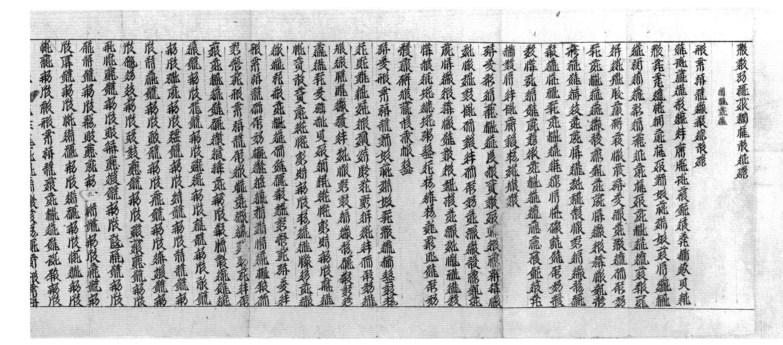

俄Инв.No.519　大寶積經卷第二十九　　　(9-1)

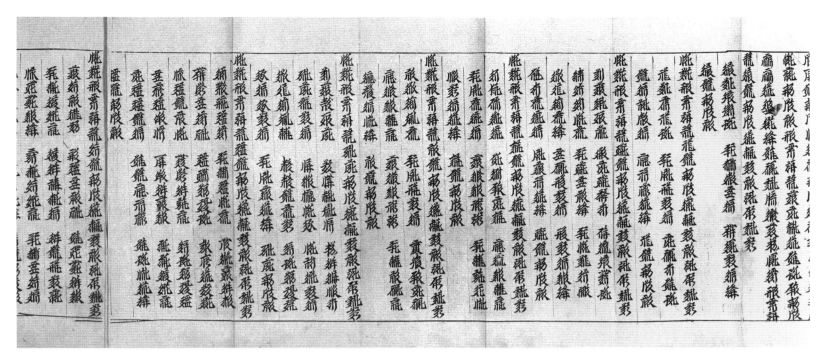

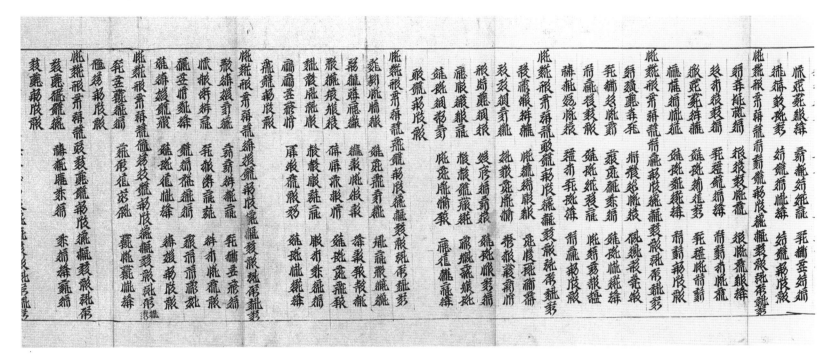

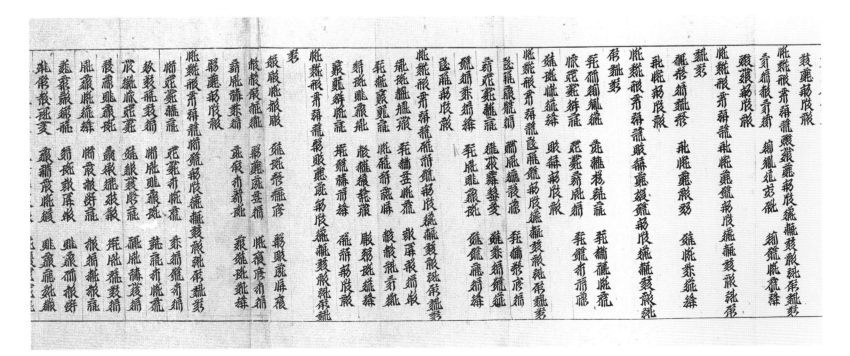

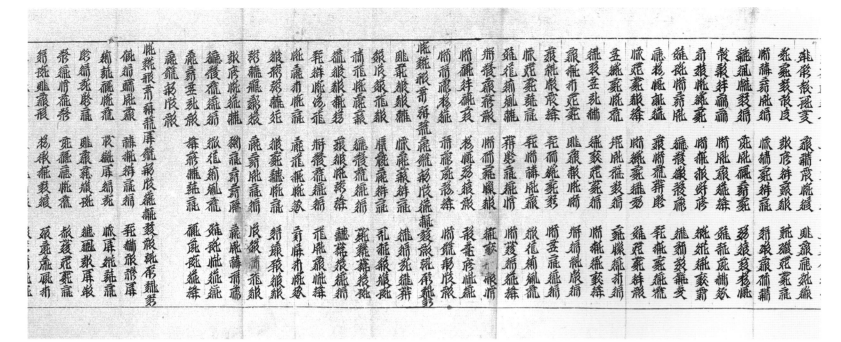

俄 Инв.No.519　　大寶積經卷第二十九　　　（9-5）

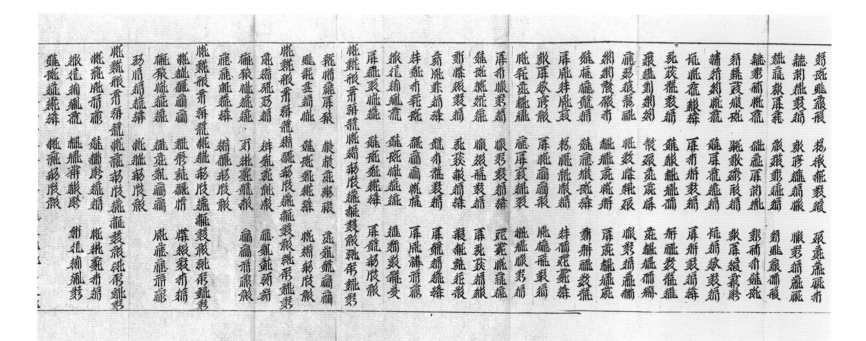

俄 Инв.No.519　　大寶積經卷第二十九　　　（9-6）

俄 Инв.No.519　　大寶積經卷第二十九　　　（9-7）

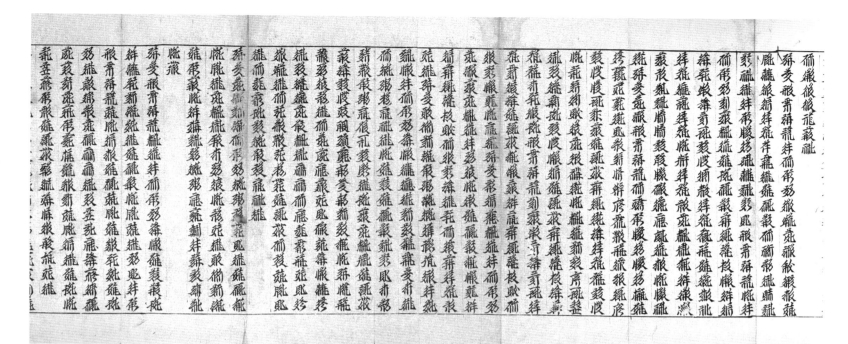

俄 Инв.No.519　大寶積經卷第二十九　　　(9-8)

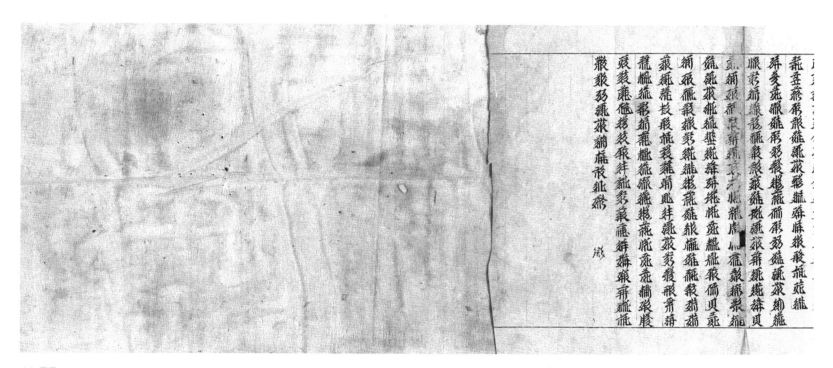

俄 Инв.No.519　大寶積經卷第二十九　　　(9-9)

俄 Инв.No.440　大寶積經卷第三十　　　(2-1)

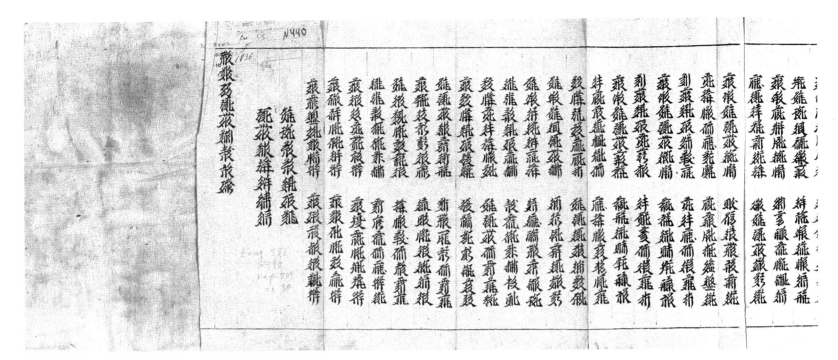

俄 Инв.No.440　大寶積經卷第三十　　　（2-2）

俄 Инв.No.441　大寶積經卷第三十一　　　（13-1）

俄 Инв.No.441　大寶積經卷第三十一　　　（13-2）

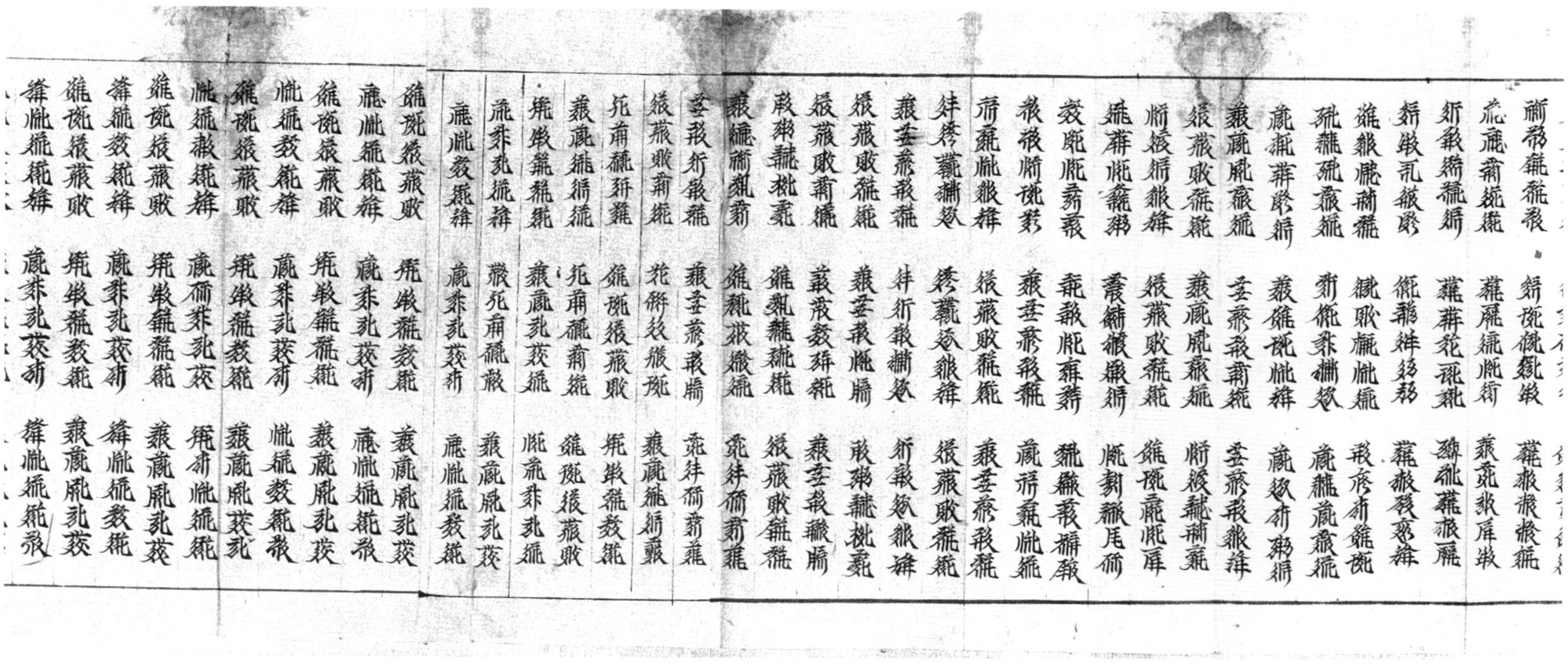

俄 Инв.No.441　大寶積經卷第三十一　(13-3)

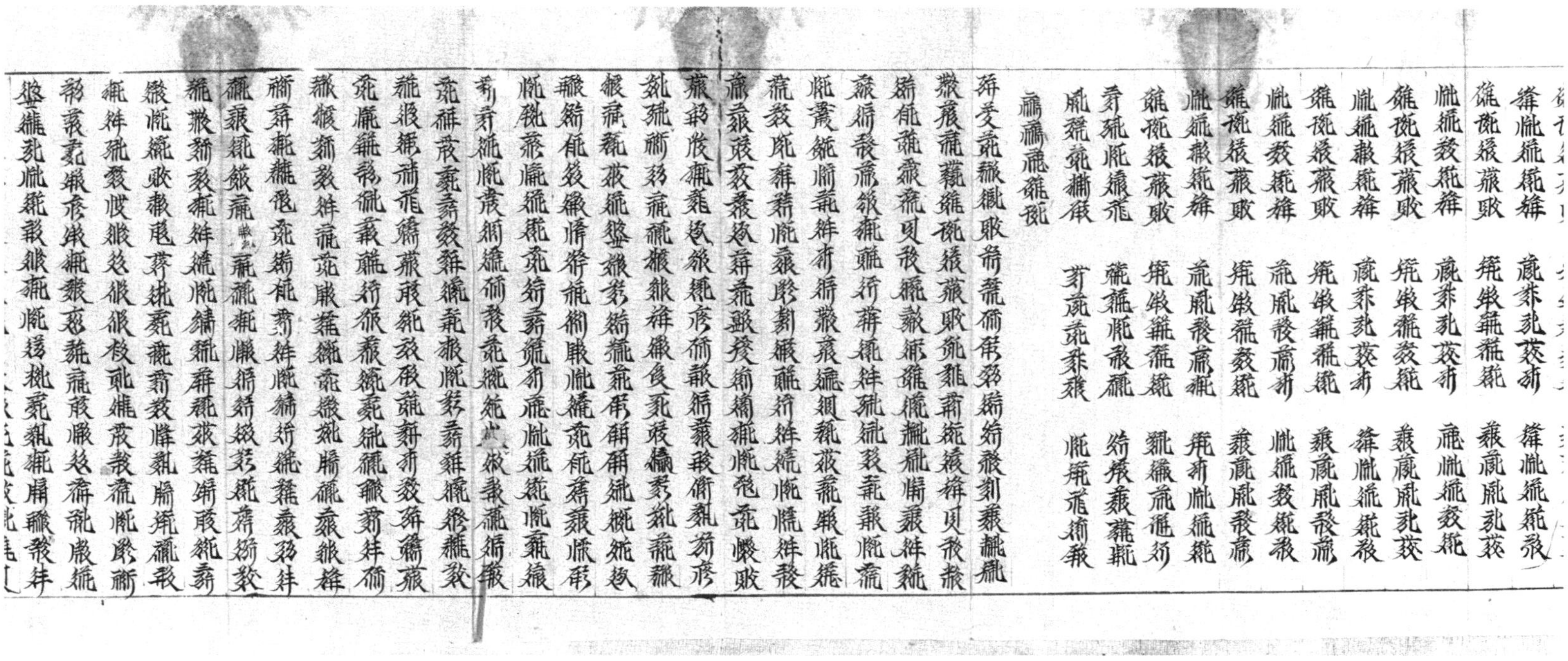

俄 Инв.No.441　大寶積經卷第三十一　(13-4)

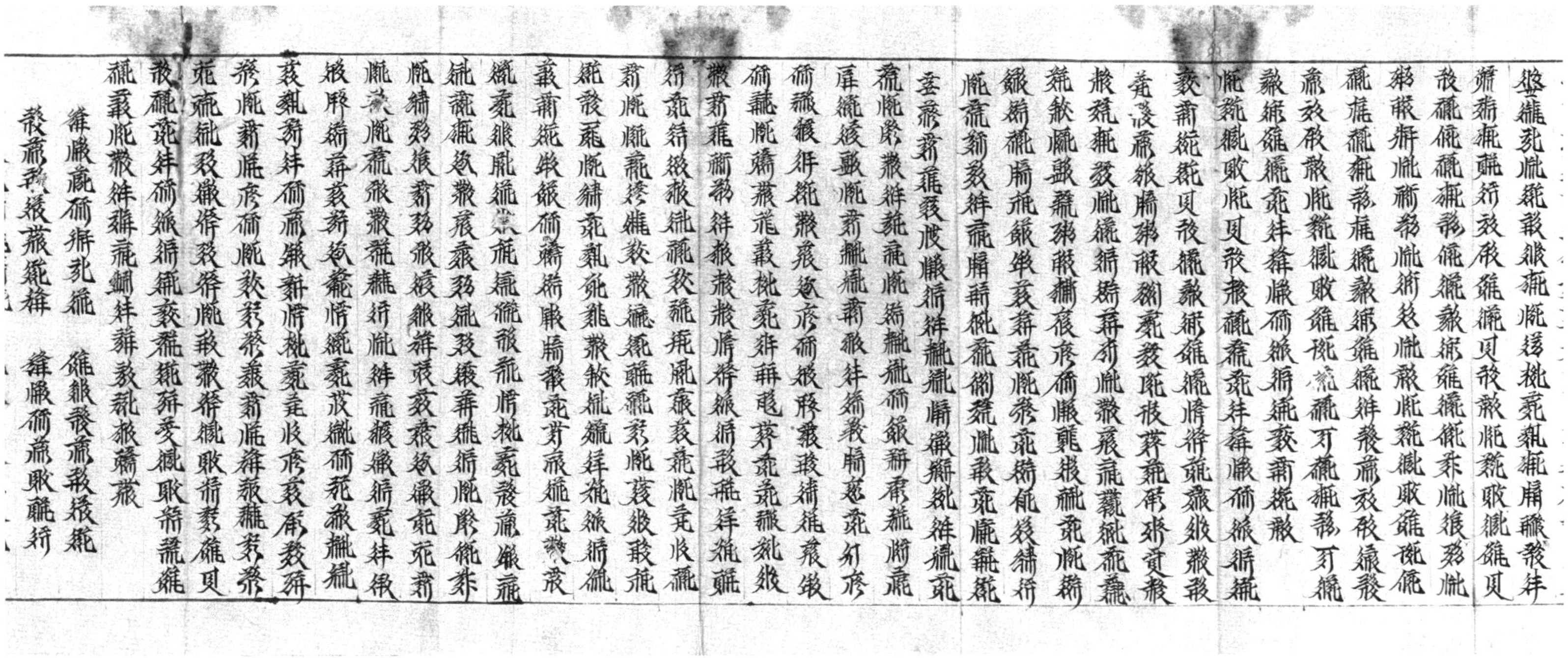

俄 Инв.No.441　大寶積經卷第三十一　(13-5)

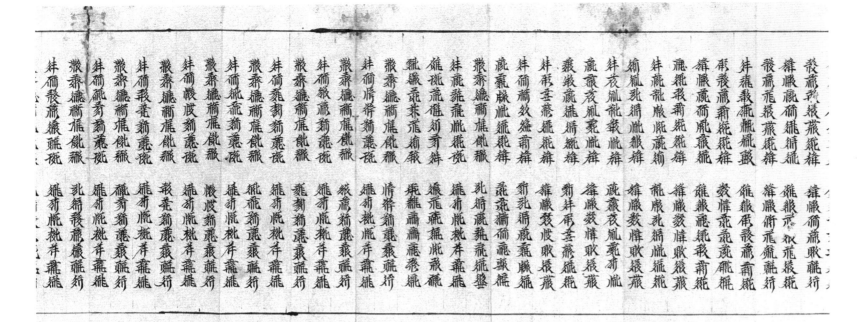

俄 Инв.No.441　大寶積經卷第三十一　　　(13-6)

俄 Инв.No.441　大寶積經卷第三十一　　　(13-7)

俄 Инв.No.441　大寶積經卷第三十一　　　(13-8)

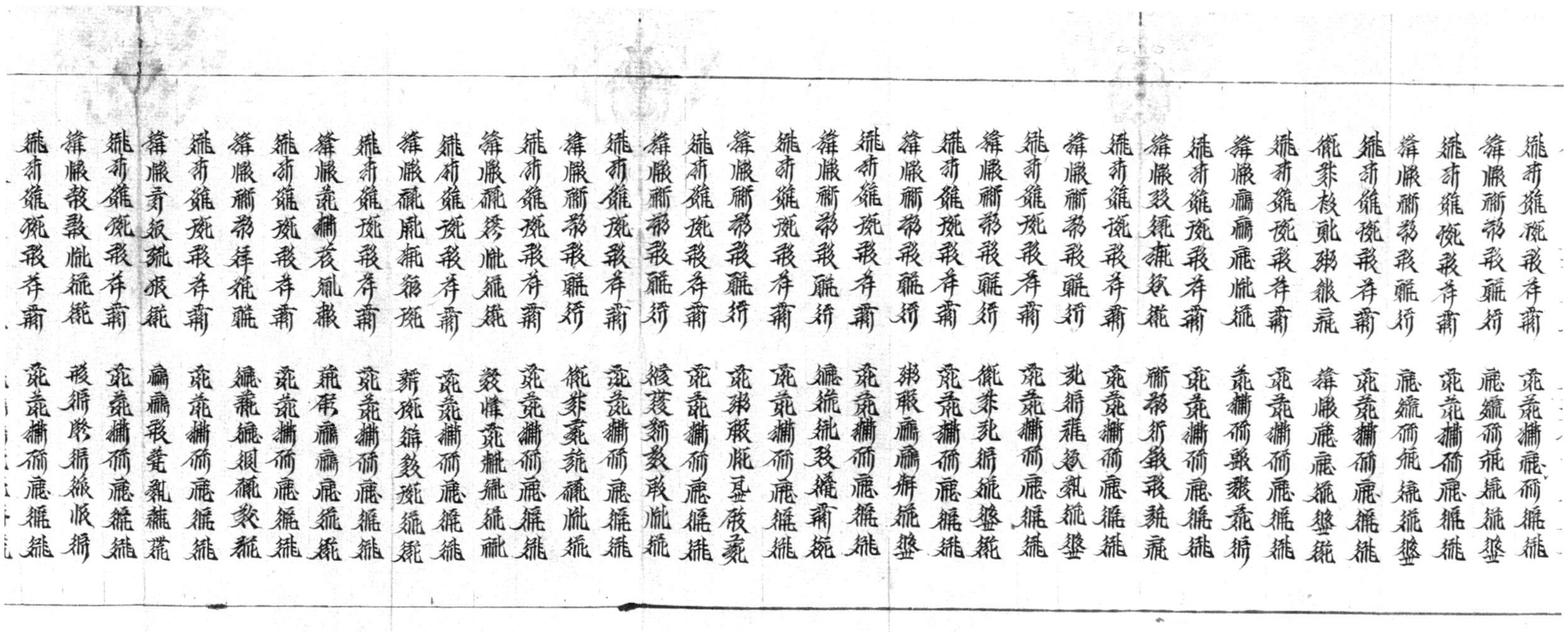

俄Инв.No.441　大寶積經卷第三十一　(13-9)

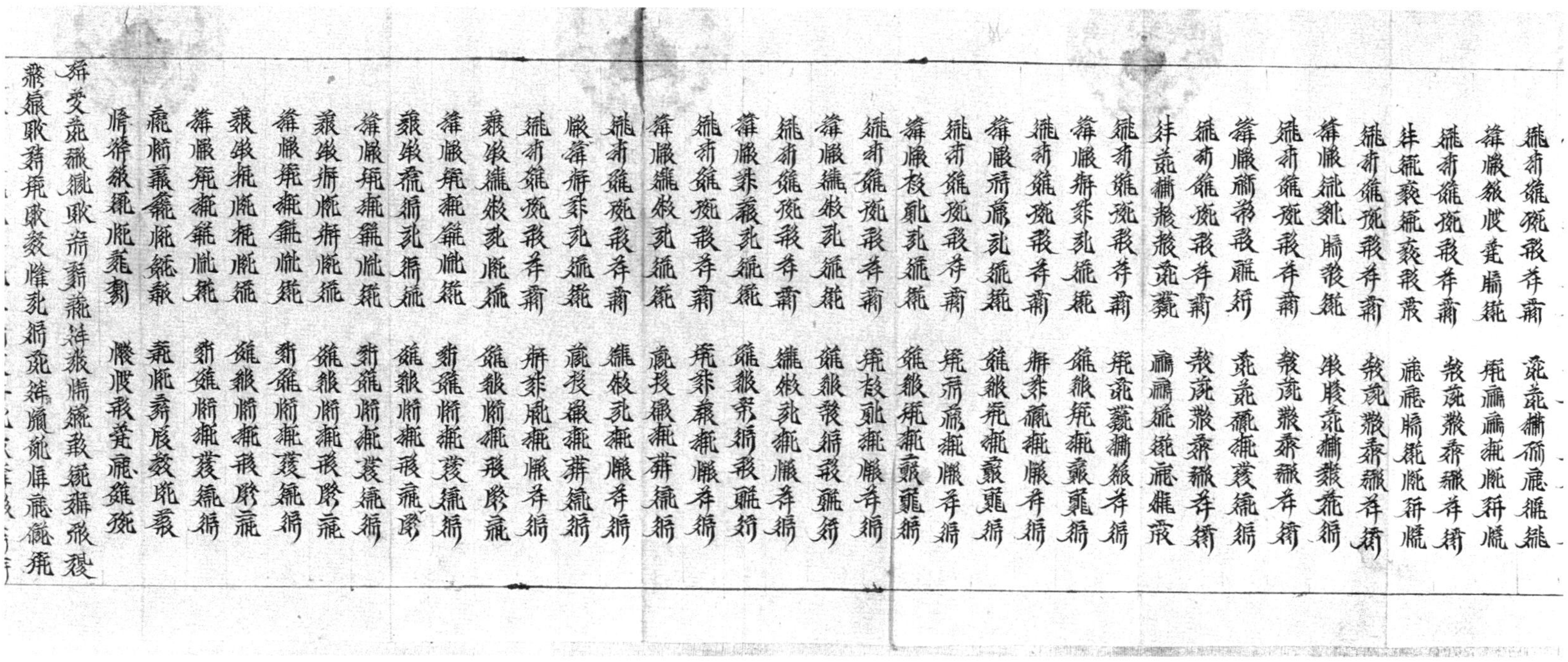

俄Инв.No.441　大寶積經卷第三十一　(13-10)

俄Инв.No.441　大寶積經卷第三十一　(13-11)

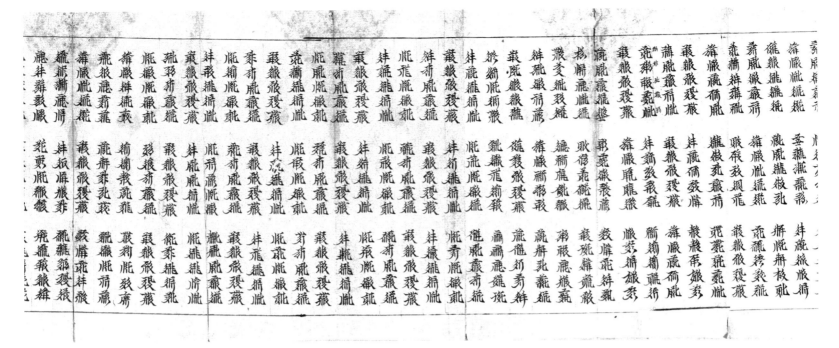

俄 **И**нв.No.441　大寶積經卷第三十一　　(13-12)

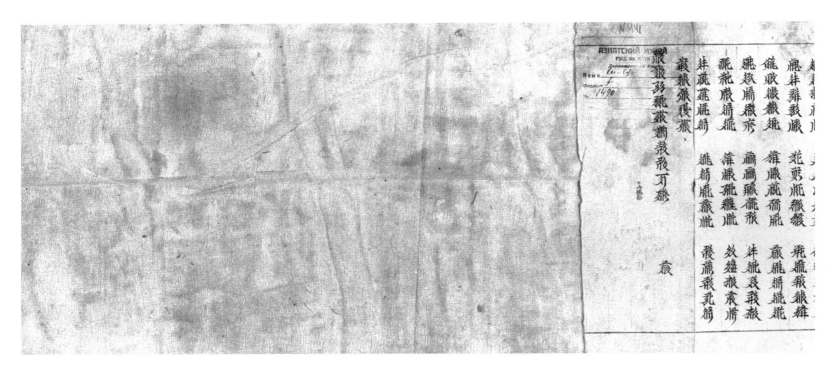

俄 **И**нв.No.441　大寶積經卷第三十一　　(13-13)

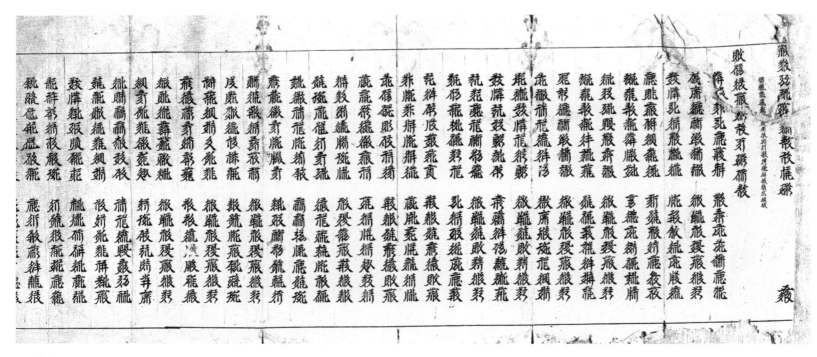

俄 **И**нв.No.442　大寶積經卷第三十二　　(12-1)

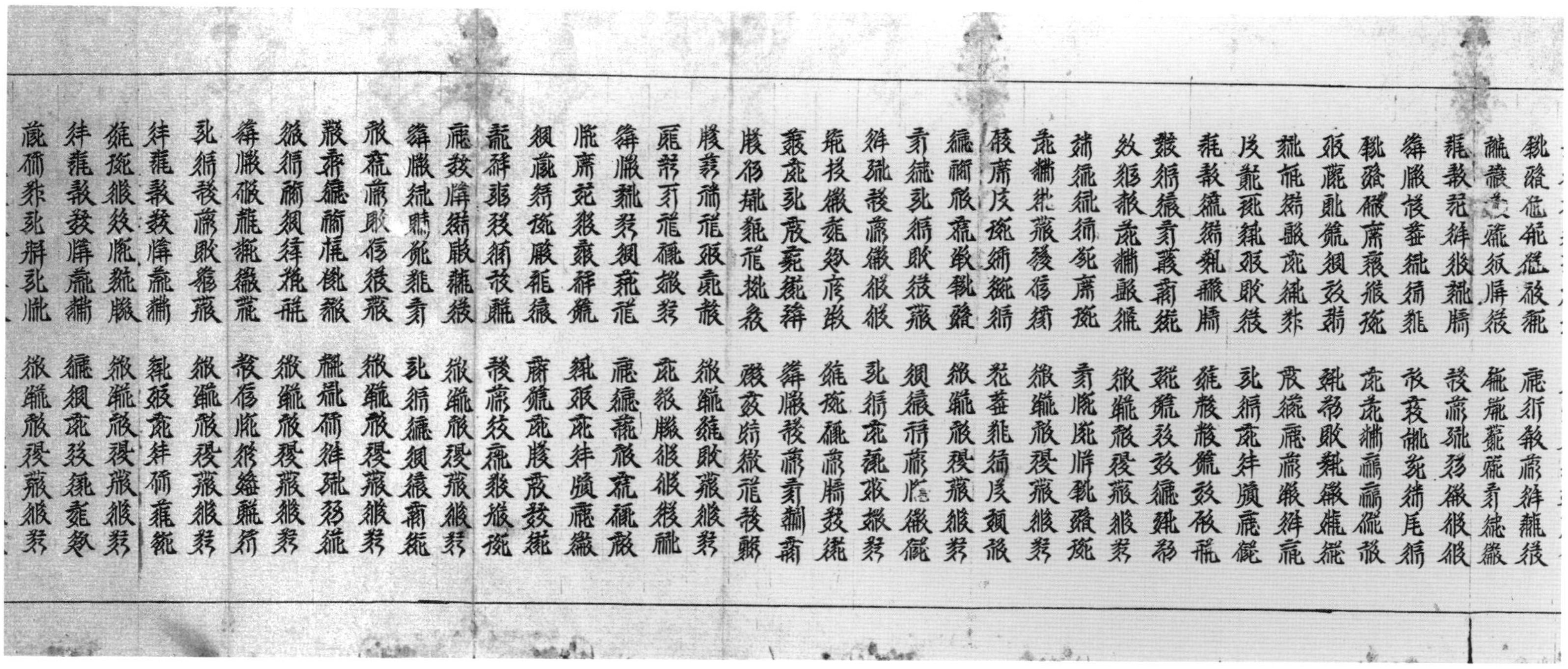

俄 Инв.No.442　大寶積經卷第三十二　(12-2)

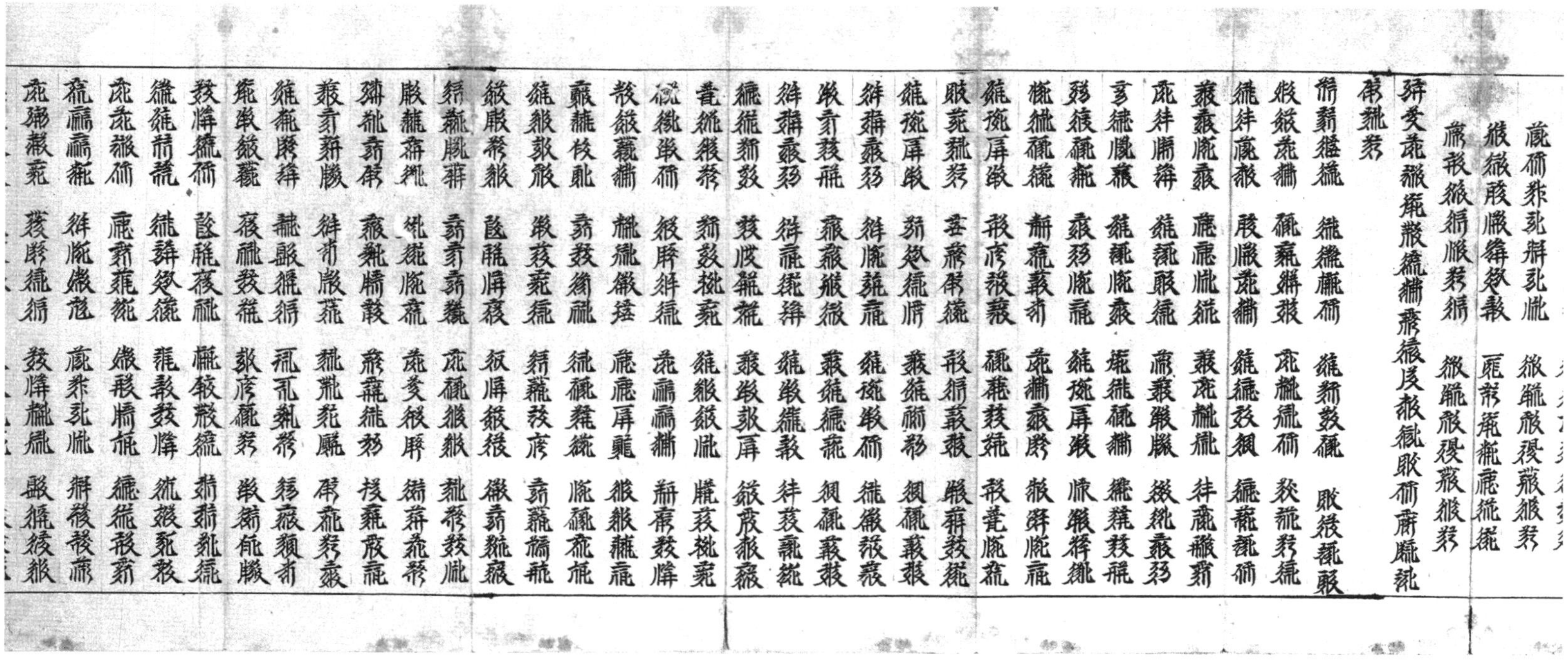

俄 Инв.No.442　大寶積經卷第三十二　(12-3)

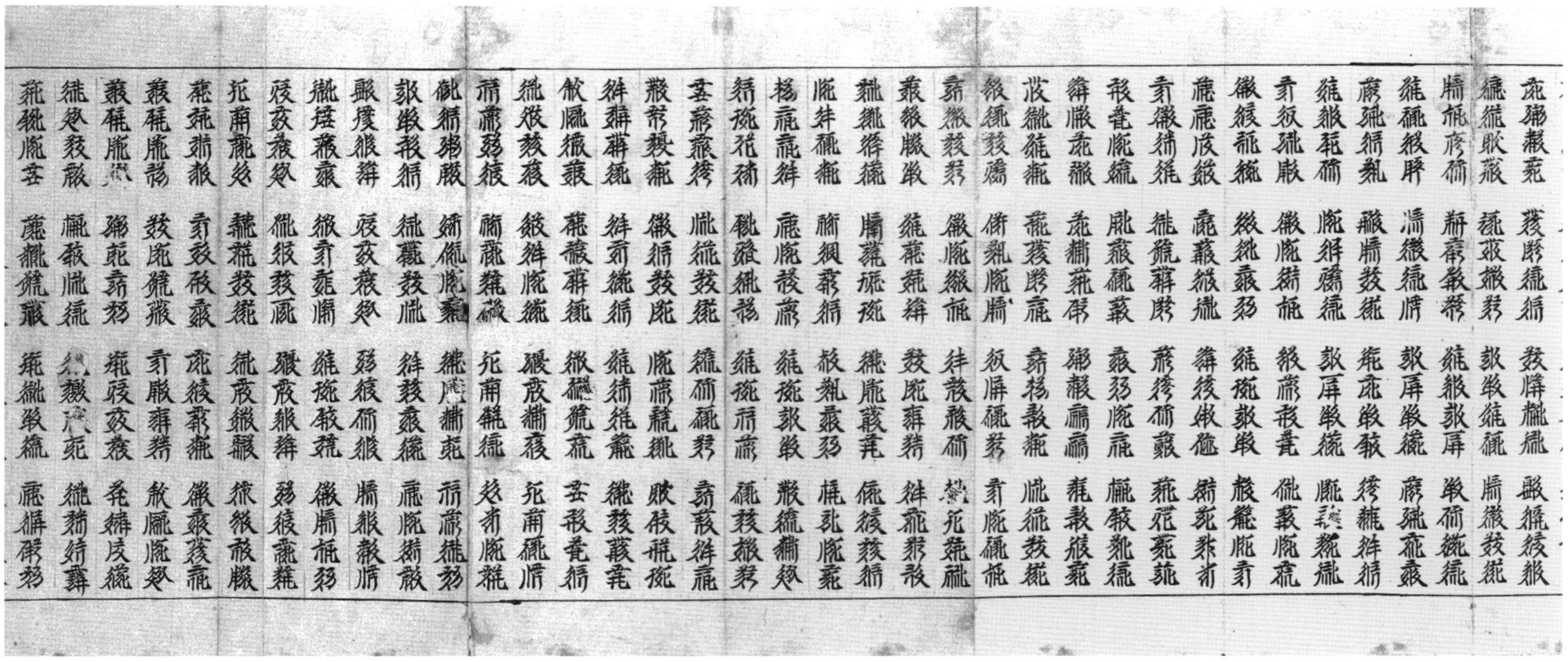

俄 Инв.No.442　大寶積經卷第三十二　(12-4)

俄 **И**нв.No.442　大寶積經卷第三十二　　　(12-5)

俄 **И**нв.No.442　大寶積經卷第三十二　　　(12-6)

俄 **И**нв.No.442　大寶積經卷第三十二　　　(12-7)

俄 Инв.No.442　大寶積經卷第三十二　(12–8)

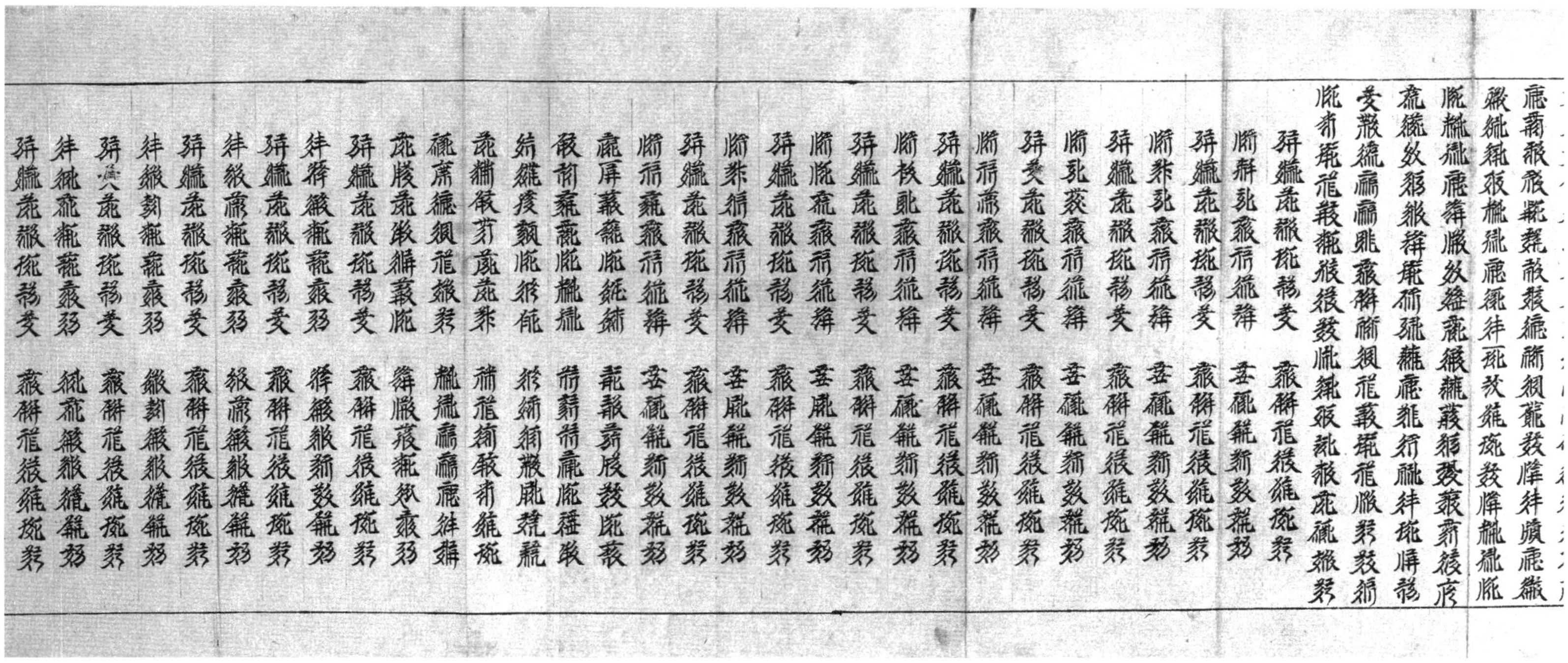

俄 Инв.No.442　大寶積經卷第三十二　(12–9)

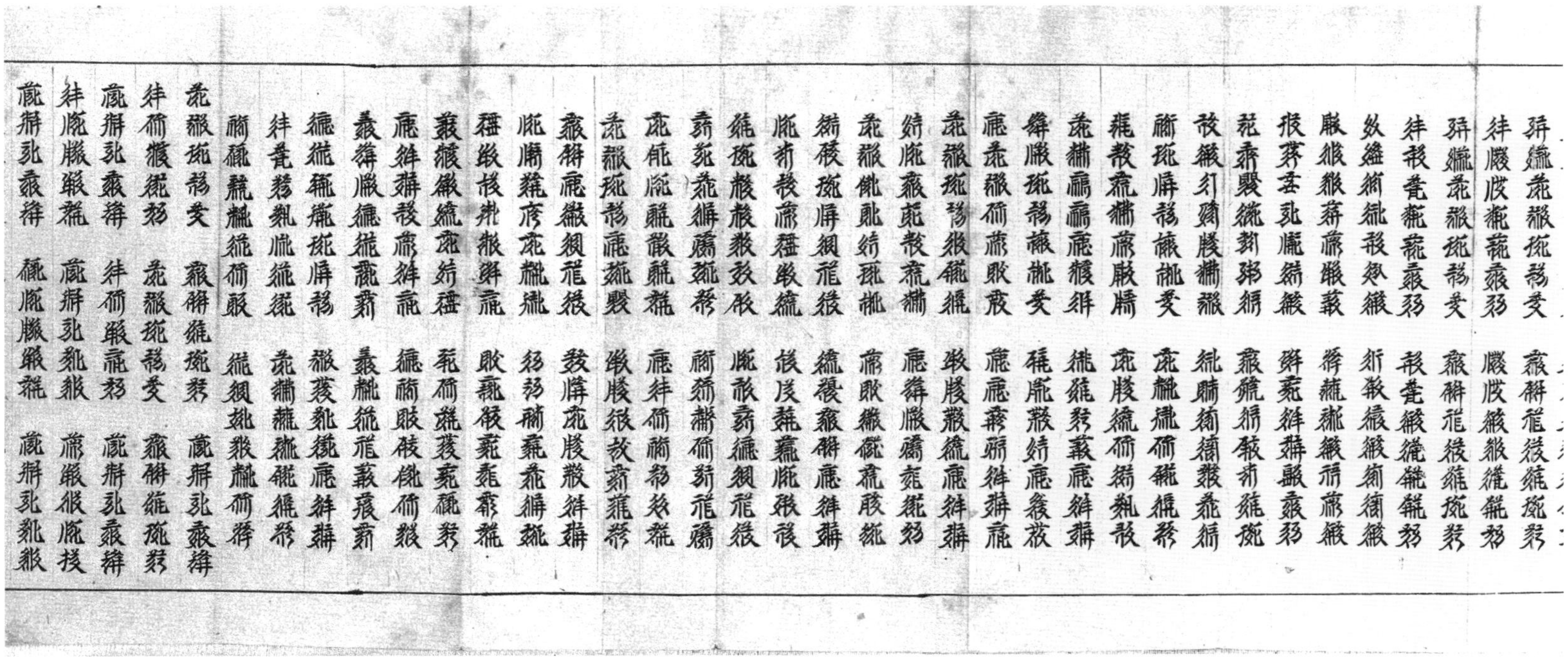

俄 Инв.No.442　大寶積經卷第三十二　(12–10)

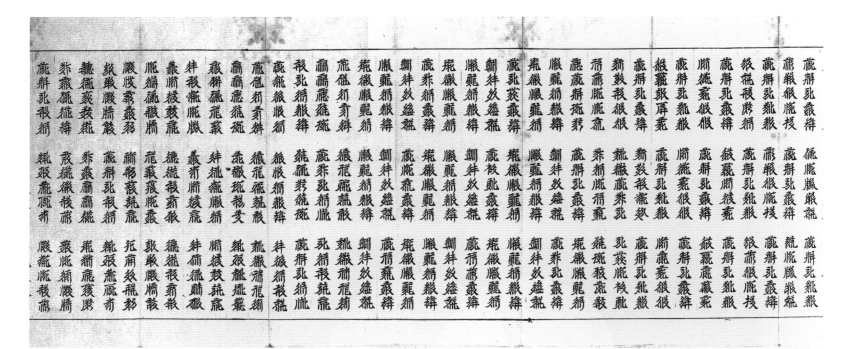

俄Инв.No.442　大寶積經卷第三十二　　　(12-11)

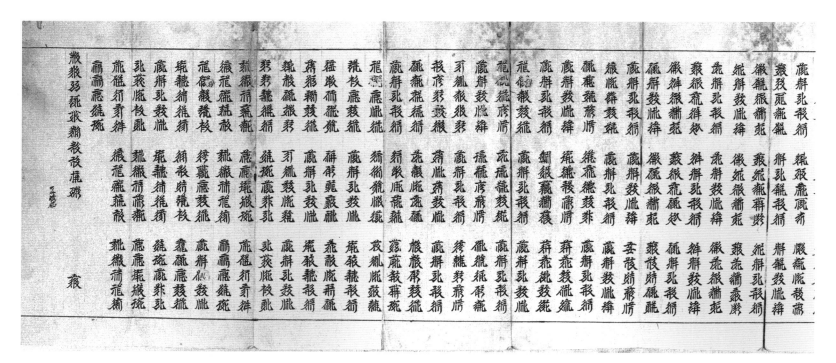

俄Инв.No.442　大寶積經卷第三十二　　　(12-12)

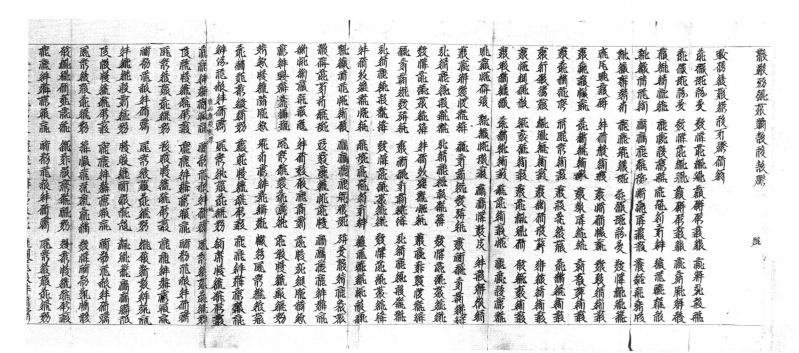

俄Инв.No.444　大寶積經卷第三十三　　　(9-1)

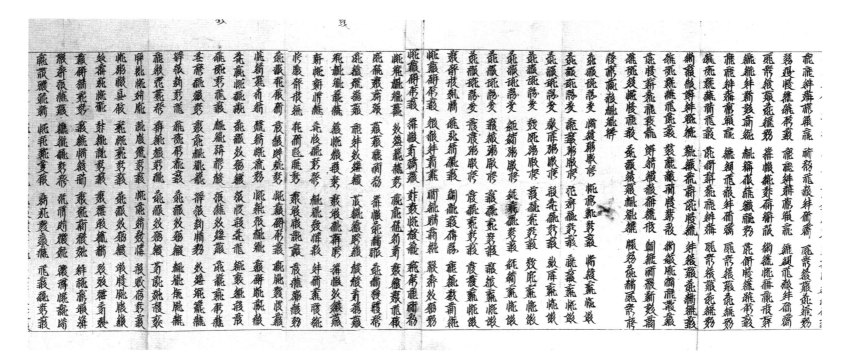

俄 Инв.No.444　大寶積經卷第三十三　　　(9-2)

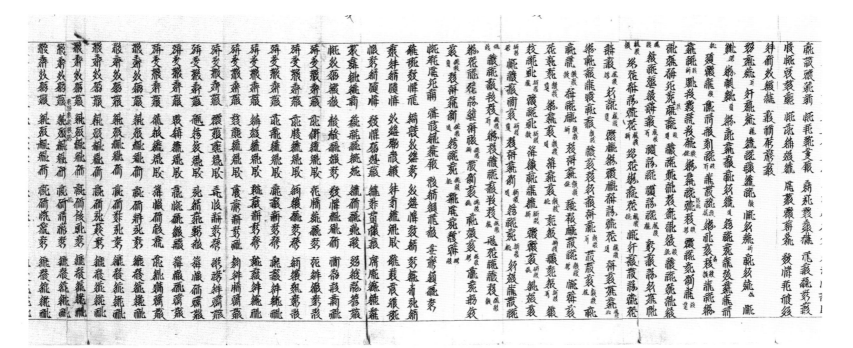

俄 Инв.No.444　大寶積經卷第三十三　　　(9-3)

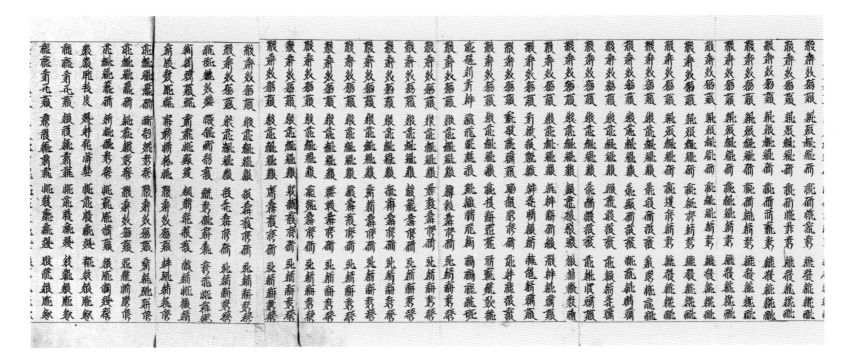

俄 Инв.No.444　大寶積經卷第三十三　　　(9-4)

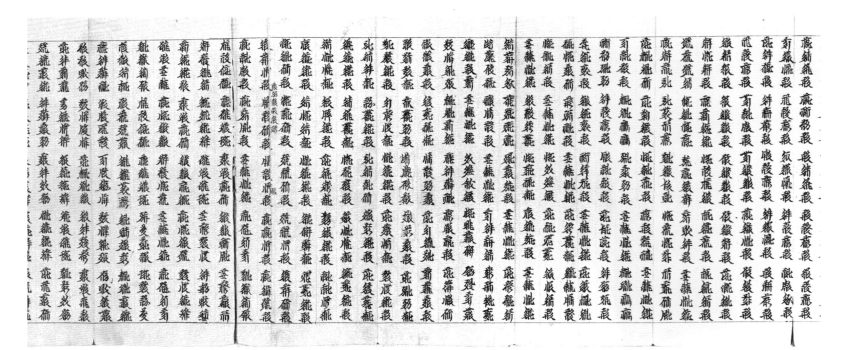

俄 Инв.No.444　大寶積經卷第三十三　　　(9-5)

俄 Инв.No.444　大寶積經卷第三十三　　　(9-6)

俄 Инв.No.444　大寶積經卷第三十三　　　(9-7)

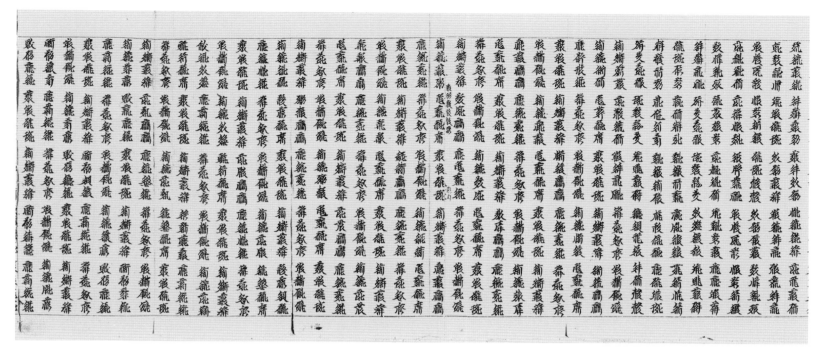

俄 Инв.No.444　大寶積經卷第三十三　　　(9-8)

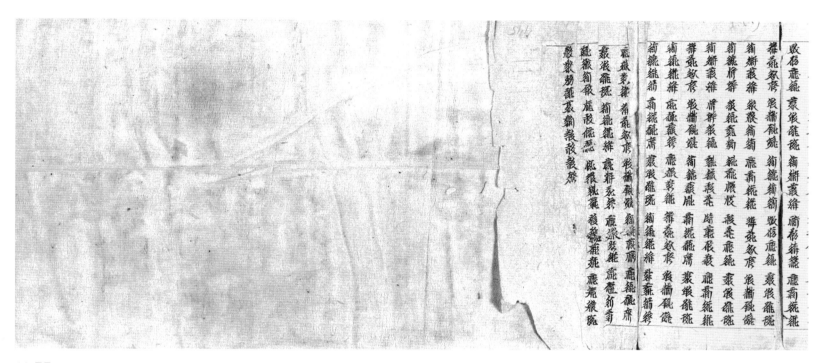

俄 Инв.No.444　大寶積經卷第三十三　　　(9-9)

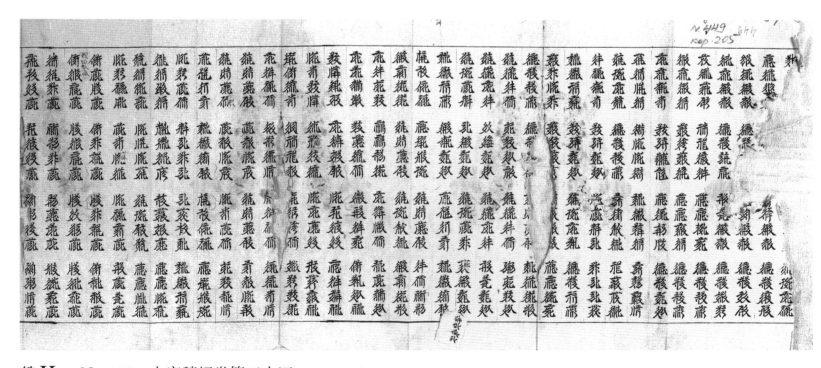

俄 Инв.No.449　大寶積經卷第三十四　　　(13-1)

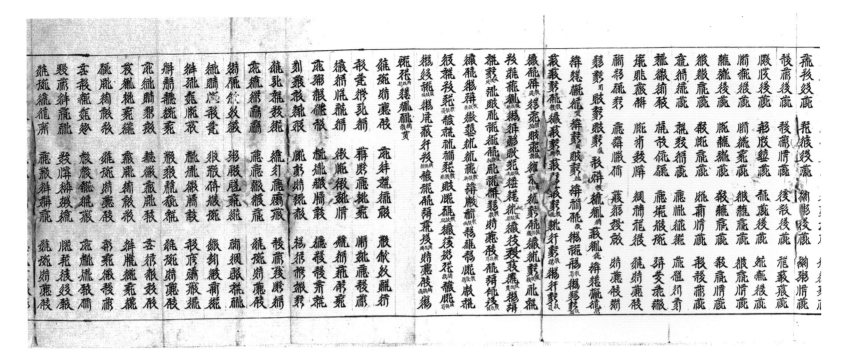

俄 **И**нв.No.449　大寶積經卷第三十四　　　(13-2)

俄 **И**нв.No.449　大寶積經卷第三十四　　　(13-3)

俄 **И**нв.No.449　大寶積經卷第三十四　　　(13-4)

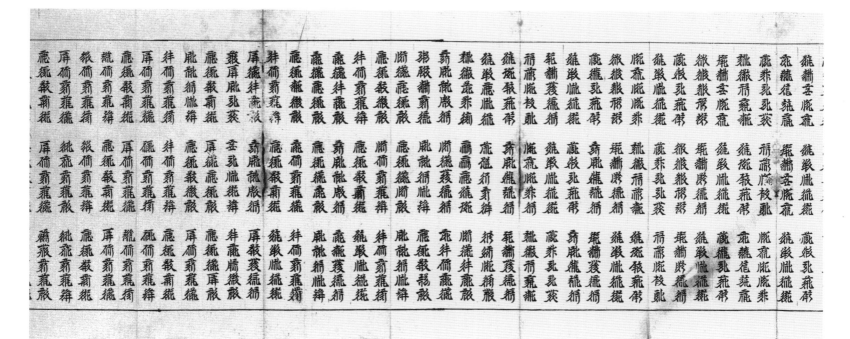

俄 Инв.No.449　大寶積經卷第三十四　　　(13-5)

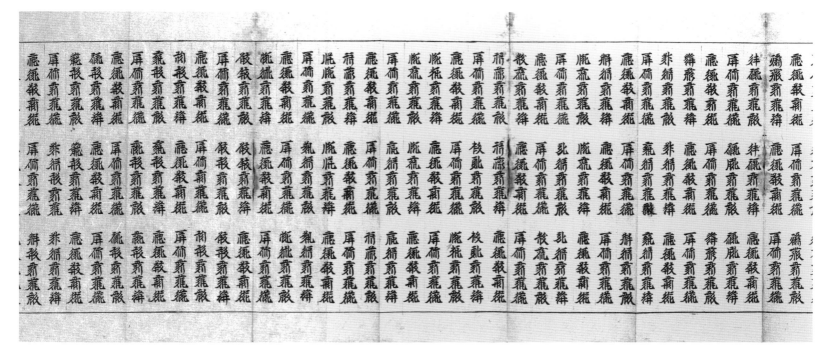

俄 Инв.No.449　大寶積經卷第三十四　　　(13-6)

俄 Инв.No.449　大寶積經卷第三十四　　　(13-7)

俄 Инв.No.449　大寶積經卷第三十四　　　（13-8）

俄 Инв.No.449　大寶積經卷第三十四　　　（13-9）

俄 Инв.No.449　大寶積經卷第三十四　　　（13-10）

俄 Инв.No.449　大寶積經卷第三十四　　　(13-11)

俄 Инв.No.449　大寶積經卷第三十四　　　(13-12)

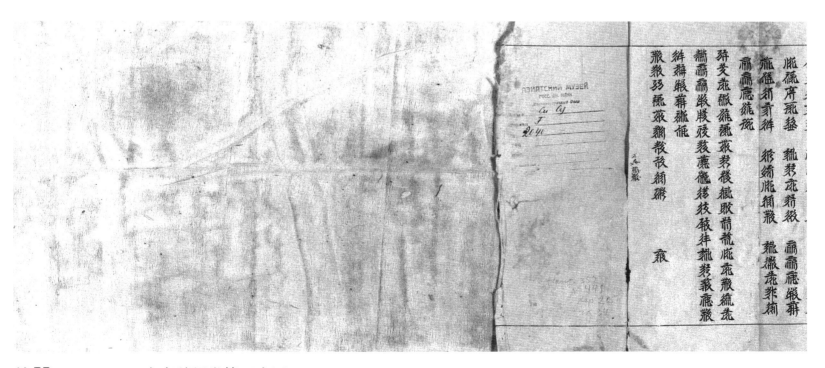

俄 Инв.No.449　大寶積經卷第三十四　　　(13-13)

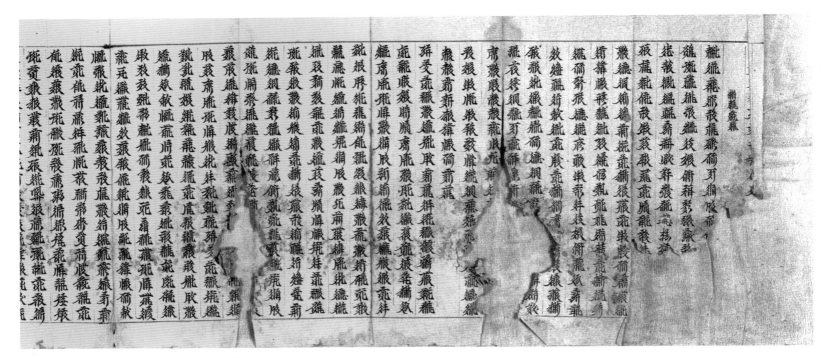

俄 **И**нв.No.448　大寶積經卷第三十五　　　(18-1)

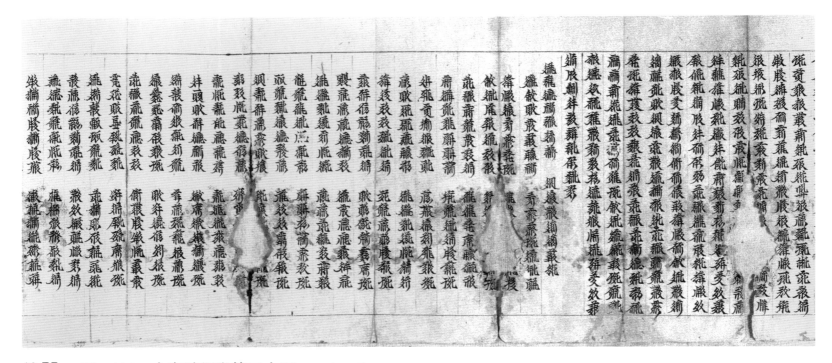

俄 **И**нв.No.448　大寶積經卷第三十五　　　(18-2)

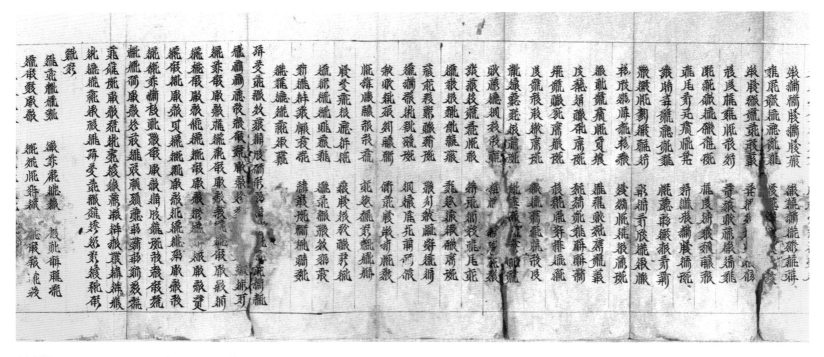

俄 **И**нв.No.448　大寶積經卷第三十五　　　(18-3)

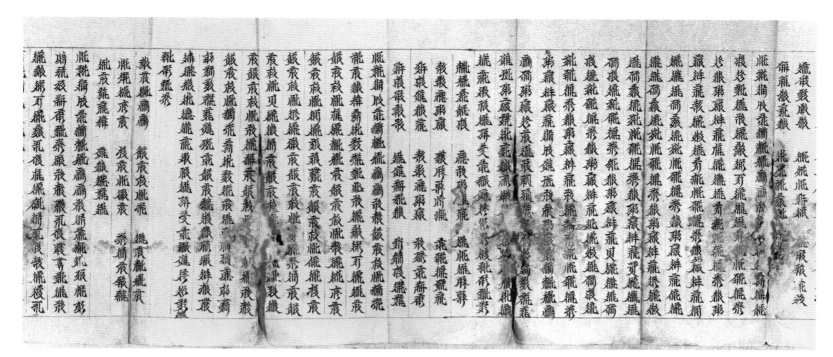

俄 ИНВ.No.448　　大寶積經卷第三十五　　　(18-4)

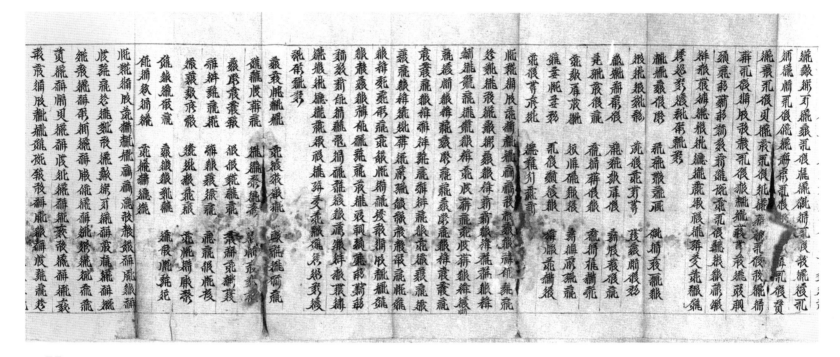

俄 ИНВ.No.448　　大寶積經卷第三十五　　　(18-5)

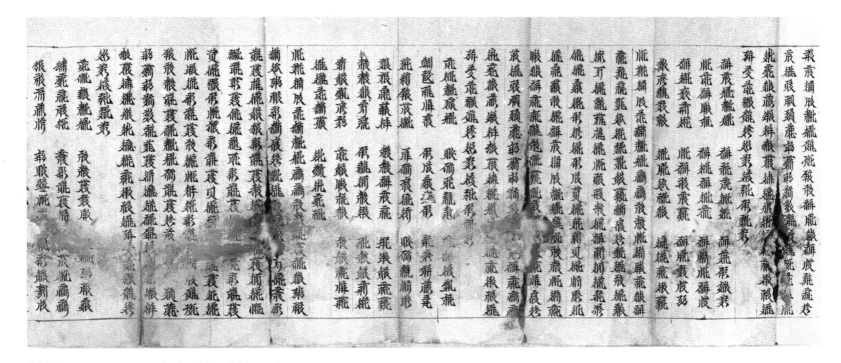

俄 ИНВ.No.448　　大寶積經卷第三十五　　　(18-6)

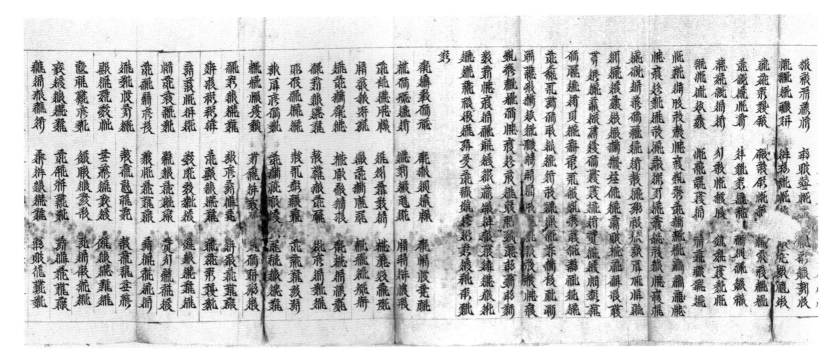

俄 Инв.No.448　大寶積經卷第三十五　　　(18-7)

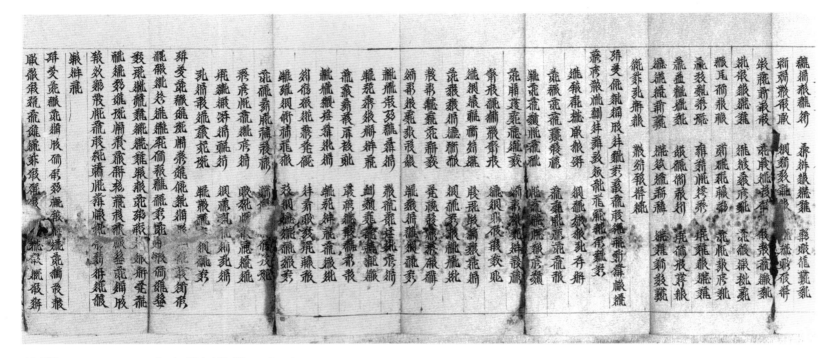

俄 Инв.No.448　大寶積經卷第三十五　　　(18-8)

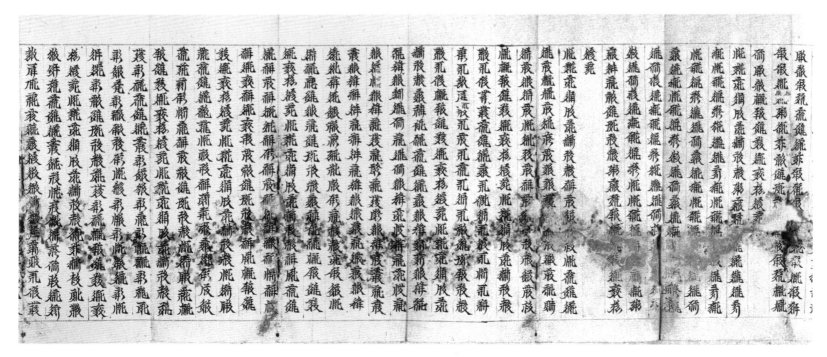

俄 Инв.No.448　大寶積經卷第三十五　　　(18-9)

俄Инв.No.448　　大寶積經卷第三十五　　　　(18-10)

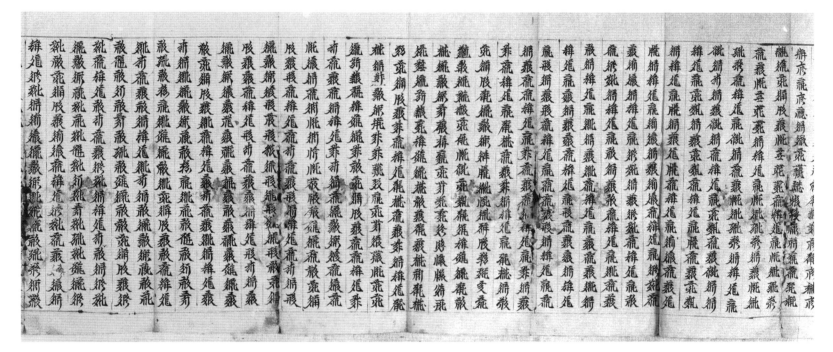

俄Инв.No.448　　大寶積經卷第三十五　　　　(18-11)

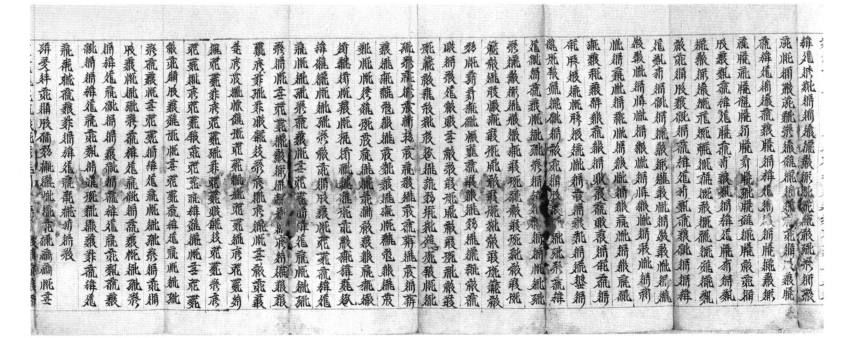

俄Инв.No.448　　大寶積經卷第三十五　　　　(18-12)

俄 **И**нв.No.448　大寶積經卷第三十五　　　(18-13)

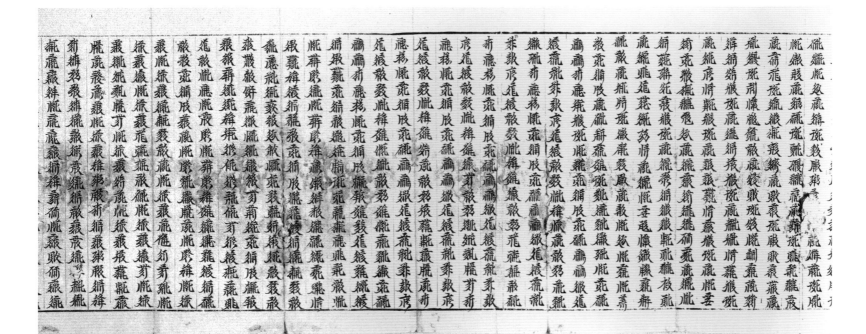

俄 **И**нв.No.448　大寶積經卷第三十五　　　(18-14)

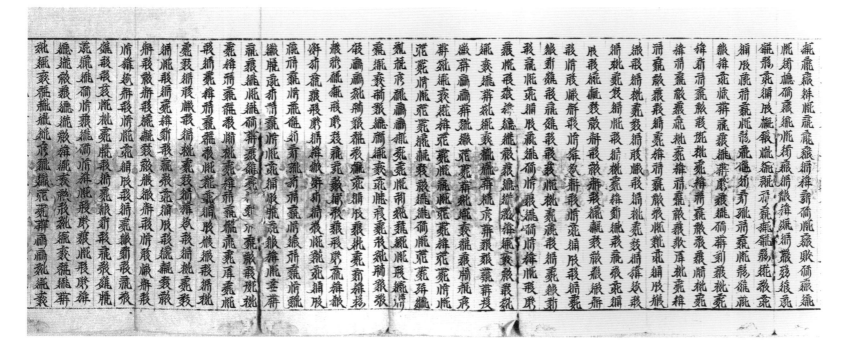

俄 **И**нв.No.448　大寶積經卷第三十五　　　(18-15)

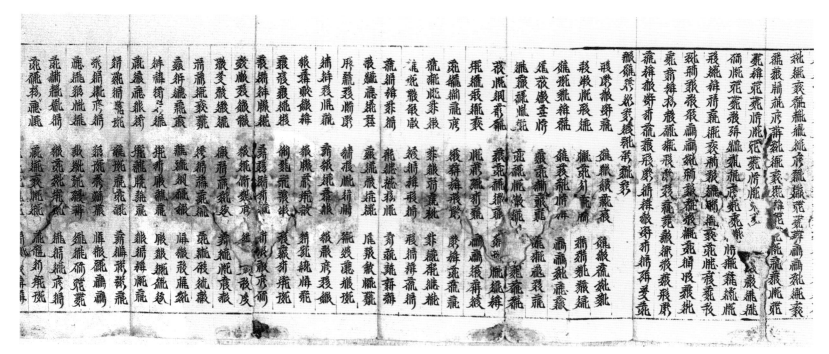

俄 Инв.No.448　大寶積經卷第三十五　　　(18-16)

俄 Инв.No.448　大寶積經卷第三十五　　　(18-17)

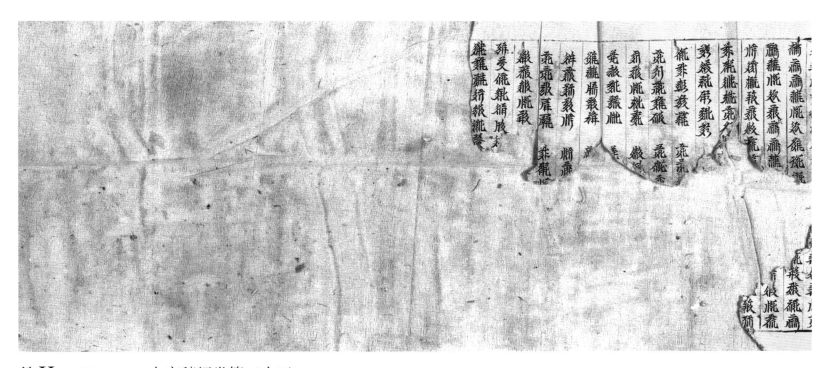

俄 Инв.No.448　大寶積經卷第三十五　　　(18-18)

俄 Инв.No.447　大寶積經卷第三十六　　　　（11-1）

俄 Инв.No.447　大寶積經卷第三十六　　　　（11-2）

俄 Инв.No.447　大寶積經卷第三十六　　　　（11-3）

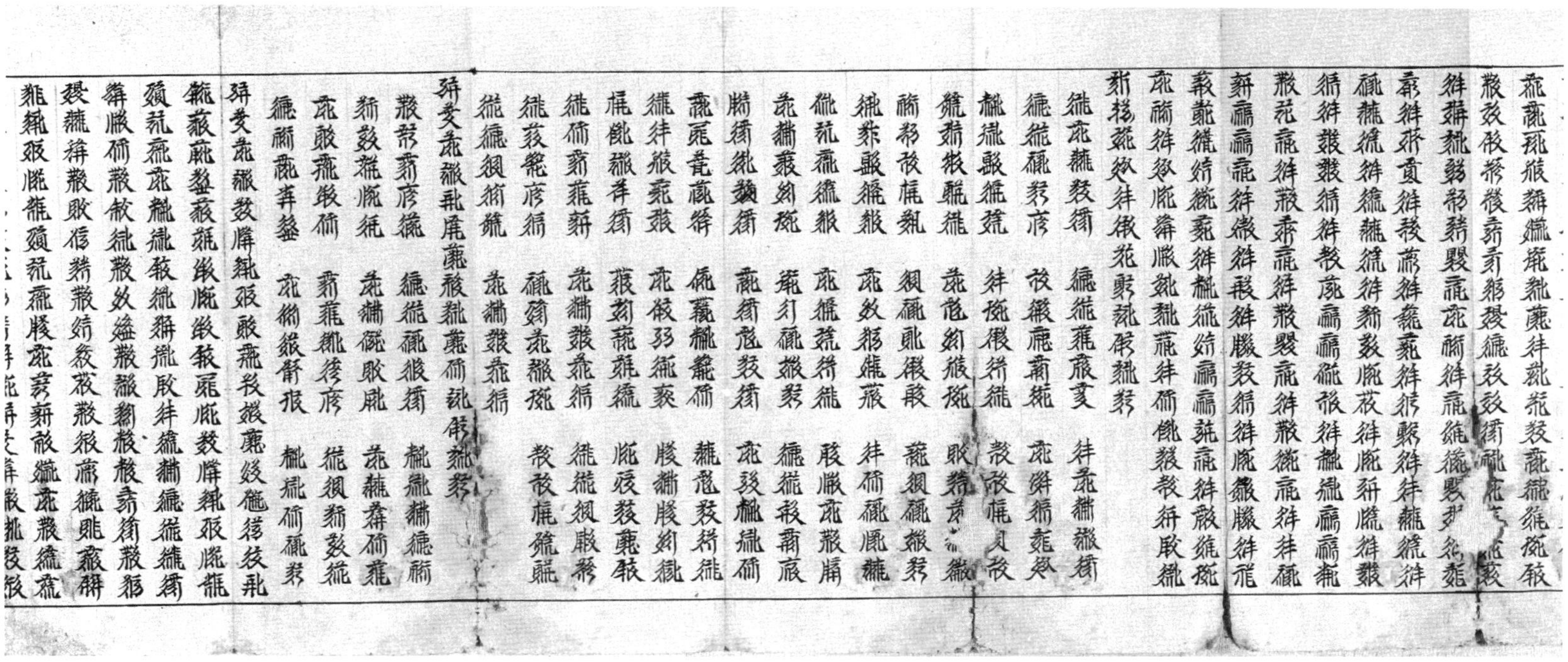

俄 Инв.No.447　大寶積經卷第三十六　(11-4)

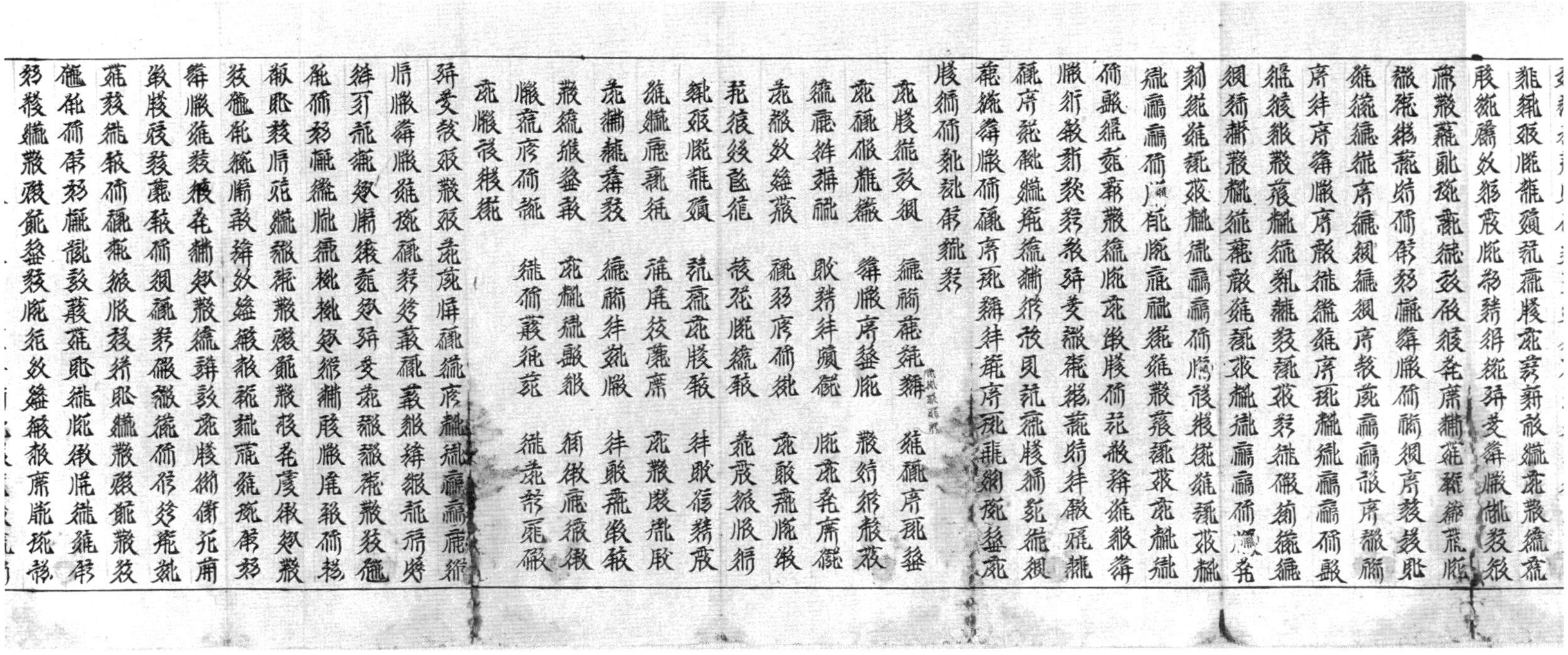

俄 Инв.No.447　大寶積經卷第三十六　(11-5)

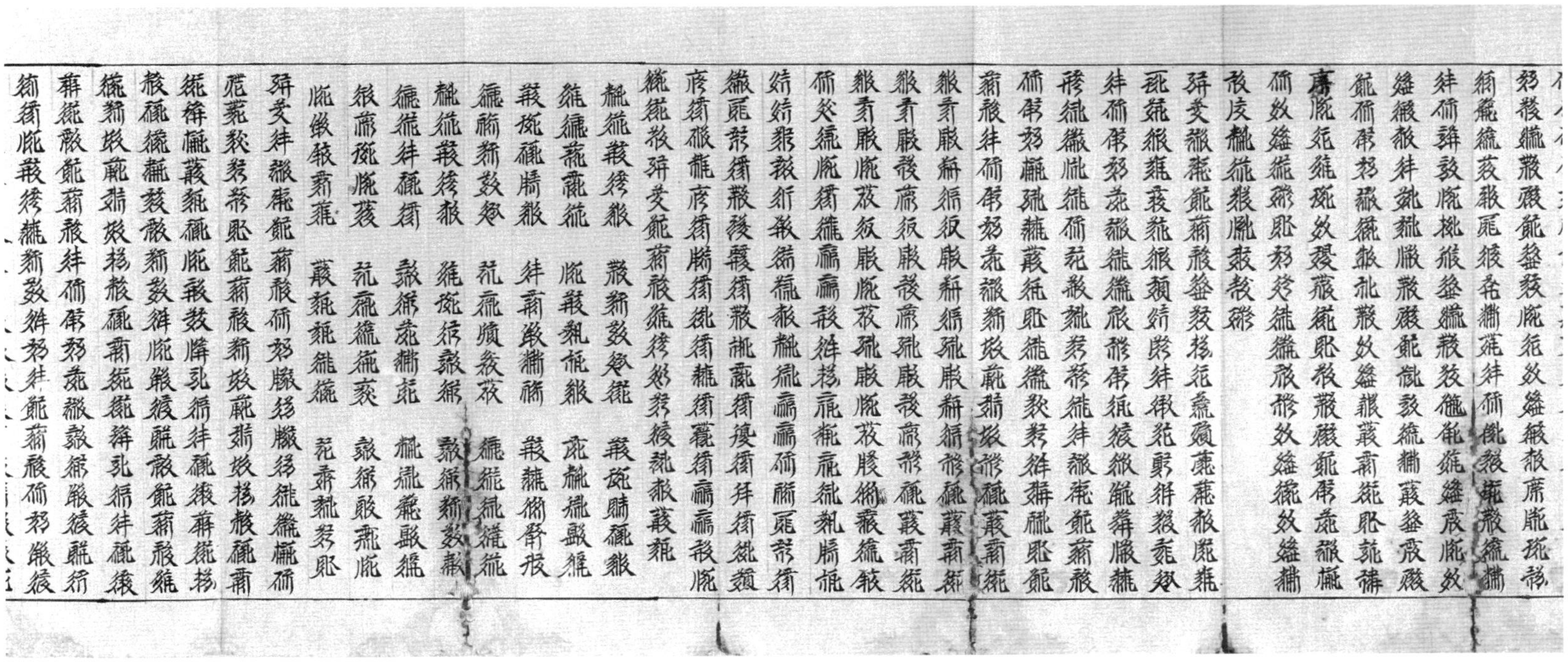

俄 Инв.No.447　大寶積經卷第三十六　(11-6)

俄 Инв.No.447　大寶積經卷第三十六　　(11-7)

俄 Инв.No.447　大寶積經卷第三十六　　(11-8)

俄 Инв.No.447　大寶積經卷第三十六　　(11-9)

俄 Инв.No.447　大寶積經卷第三十六　　　(11-10)

俄 Инв.No.447　大寶積經卷第三十六　　　(11-11)

俄 Инв.No.446　大寶積經卷第三十七　　　(16-1)

俄 Инв.No.446　大寶積經卷第三十七　(16-2)

俄 Инв.No.446　大寶積經卷第三十七　(16-3)

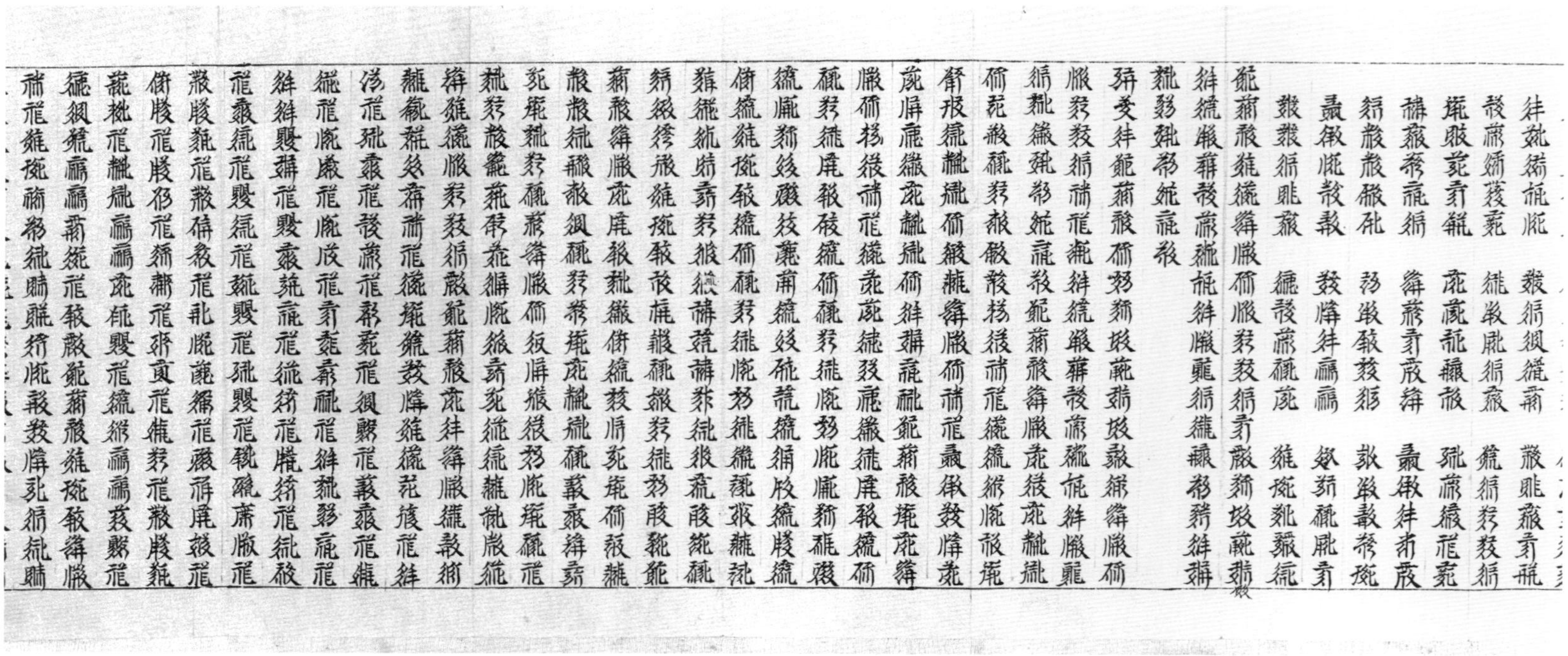

俄 Инв.No.446　大寶積經卷第三十七　(16-4)

俄 Инв.No.446　大寶積經卷第三十七　　　(16-5)

俄 Инв.No.446　大寶積經卷第三十七　　　(16-6)

俄 Инв.No.446　大寶積經卷第三十七　　　(16-7)

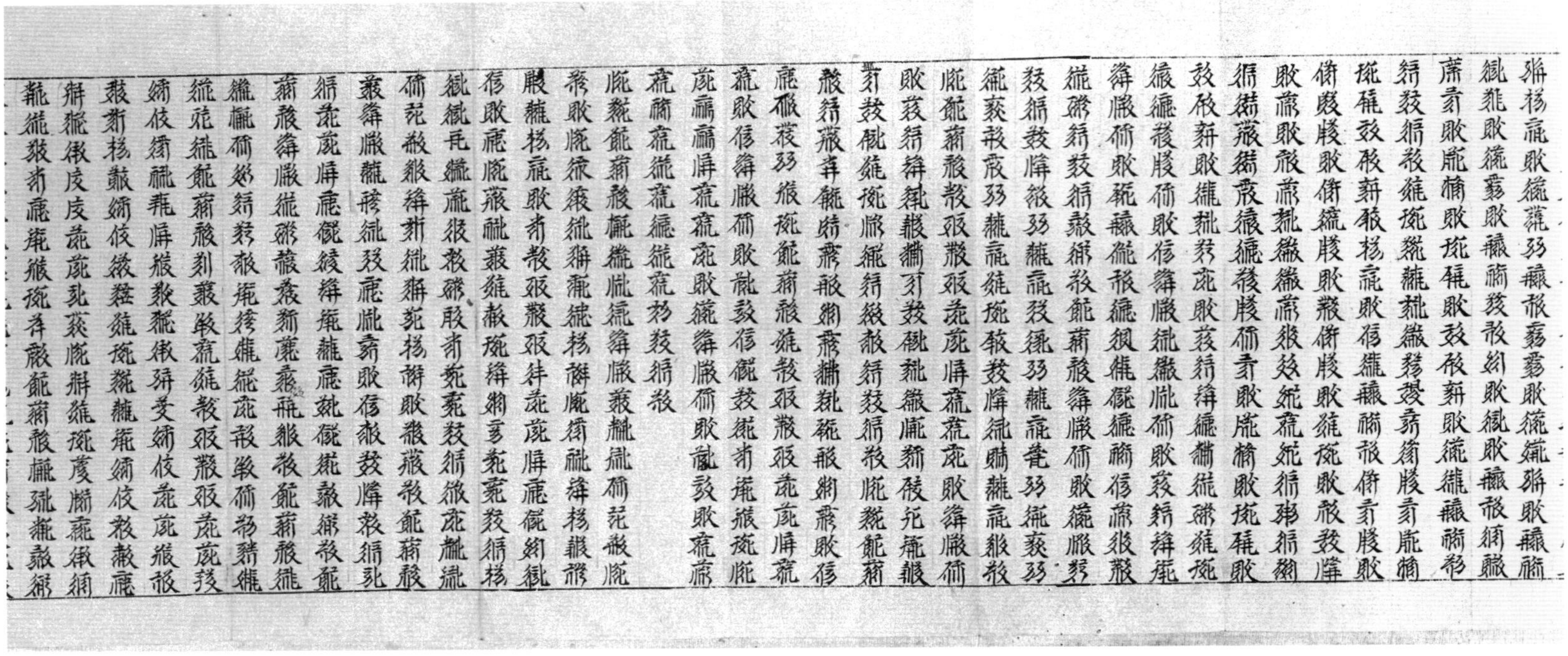

俄 Инв.No.446　大寶積經卷第三十七　(16–8)

俄 Инв.No.446　大寶積經卷第三十七　(16–9)

俄 Инв.No.446　大寶積經卷第三十七　(16–10)

俄 Инв.No.446　大寶積經卷第三十七　(16–11)

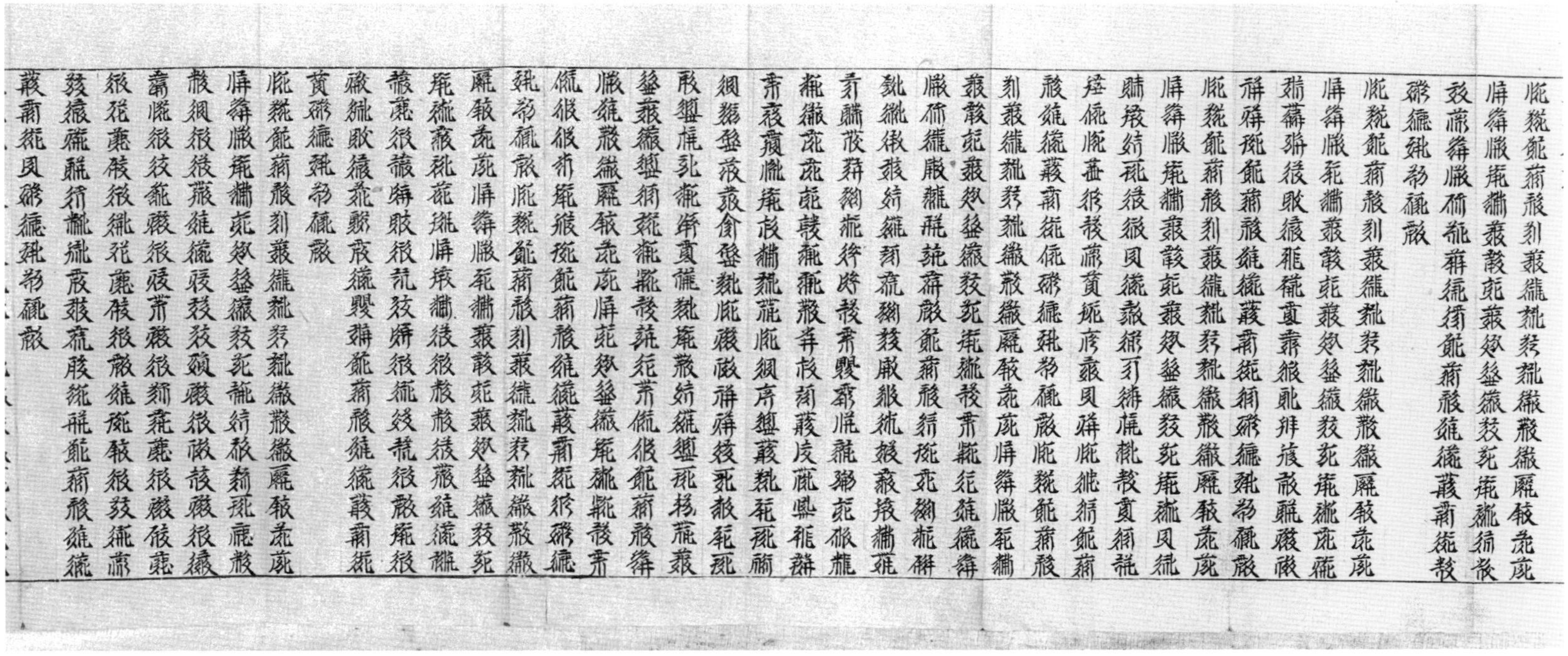

俄 Инв.No.446　大寶積經卷第三十七　(16–12)

俄 Инв.No.446　大寶積經卷第三十七　(16–13)

俄 Инв.No.446　大寶積經卷第三十七　　　(16-14)

俄 Инв.No.446　大寶積經卷第三十七　　　(16-15)

俄 Инв.No.446　大寶積經卷第三十七　　　(16-16)

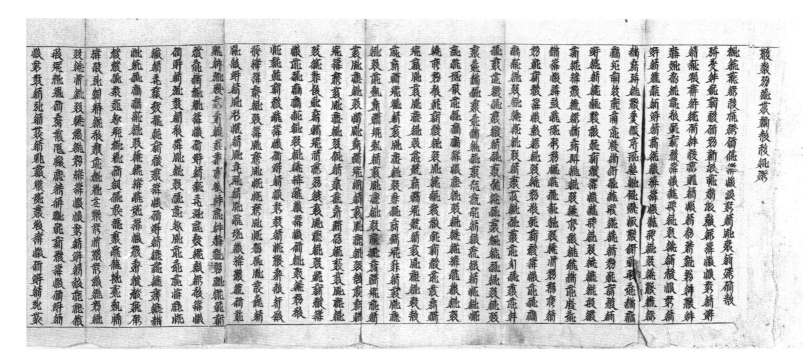

俄ИнВ.No.450　大寶積經卷第三十九　　　　(10-1)

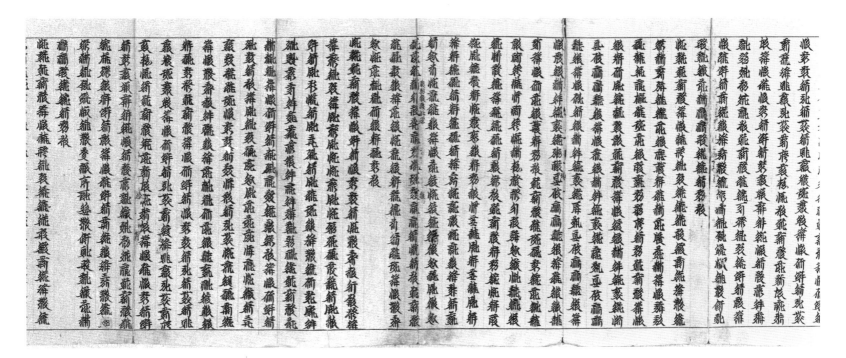

俄ИнВ.No.450　大寶積經卷第三十九　　　　(10-2)

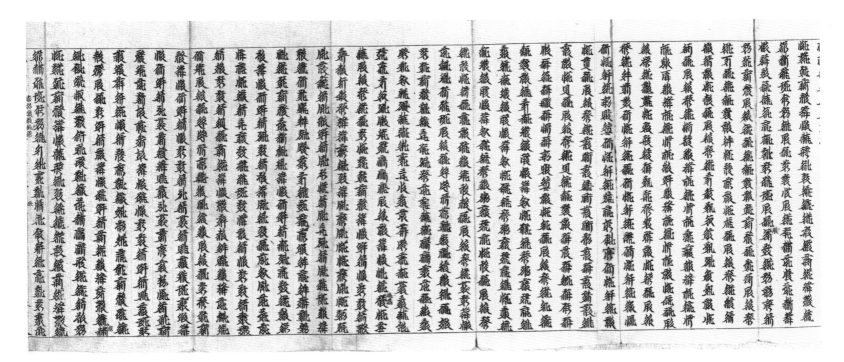

俄ИнВ.No.450　大寶積經卷第三十九　　　　(10-3)

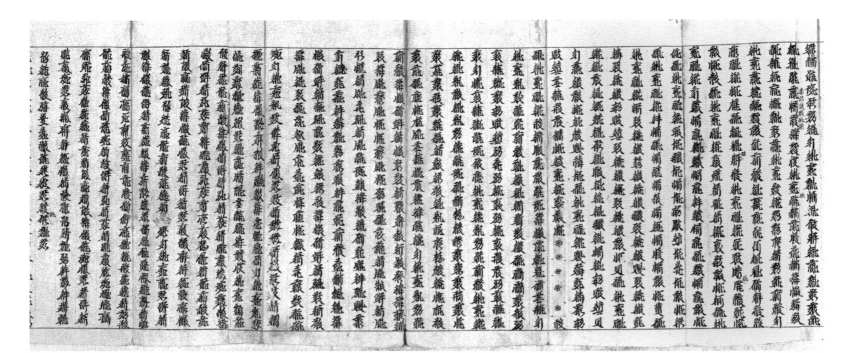

俄 Инв.No.450　大寶積經卷第三十九　　　(10-4)

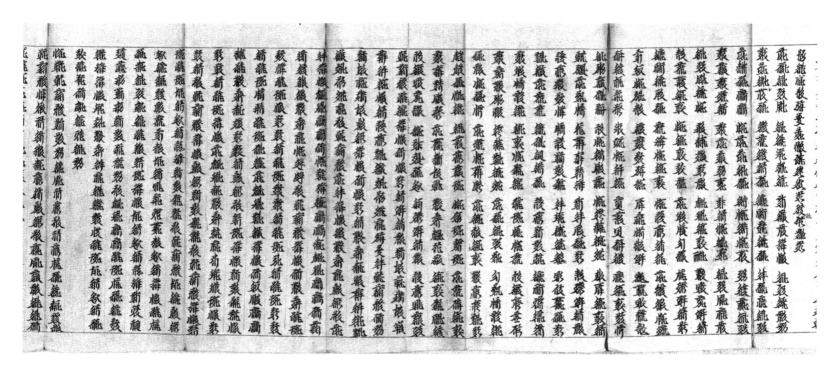

俄 Инв.No.450　大寶積經卷第三十九　　　(10-5)

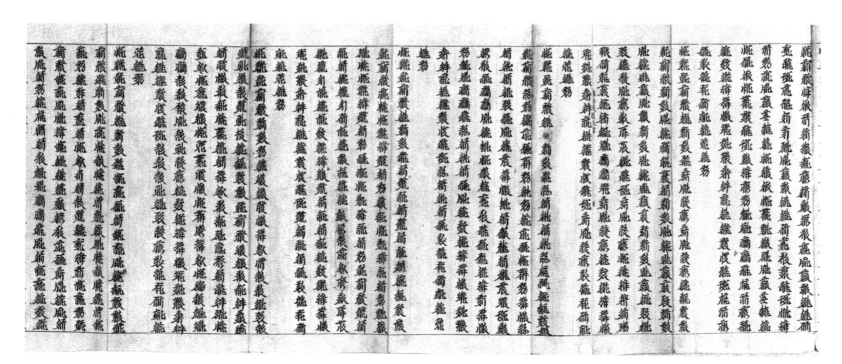

俄 Инв.No.450　大寶積經卷第三十九　　　(10-6)

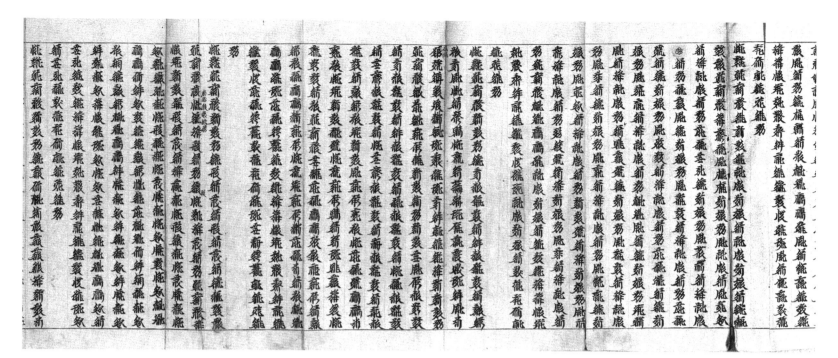

俄 **И**нв.No.450　大寶積經卷第三十九　　　(10-7)

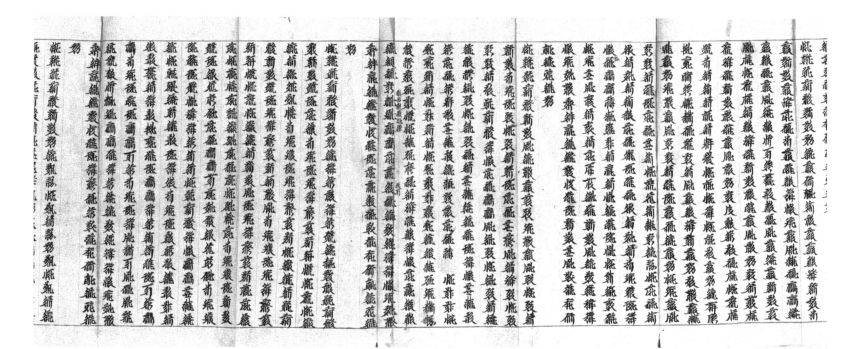

俄 **И**нв.No.450　大寶積經卷第三十九　　　(10-8)

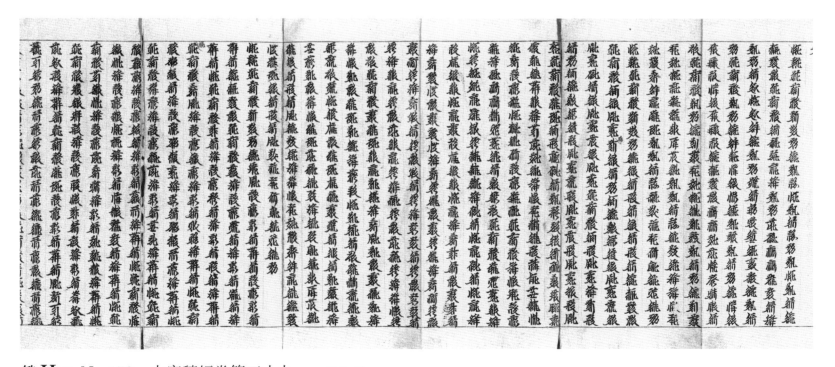

俄 **И**нв.No.450　大寶積經卷第三十九　　　(10-9)

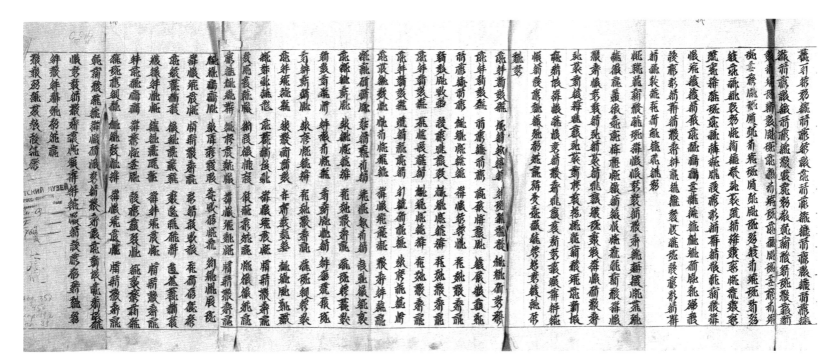

俄 Инв.No.450　大寶積經卷第三十九　　　(10-10)

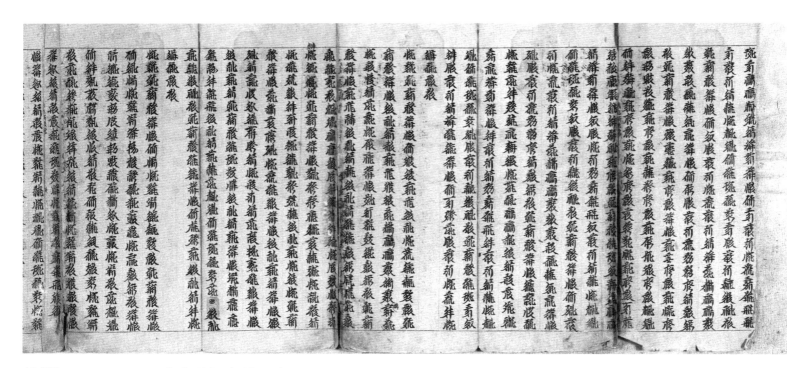

俄 Инв.No.3579　大寶積經卷第四十　　　(8-1)

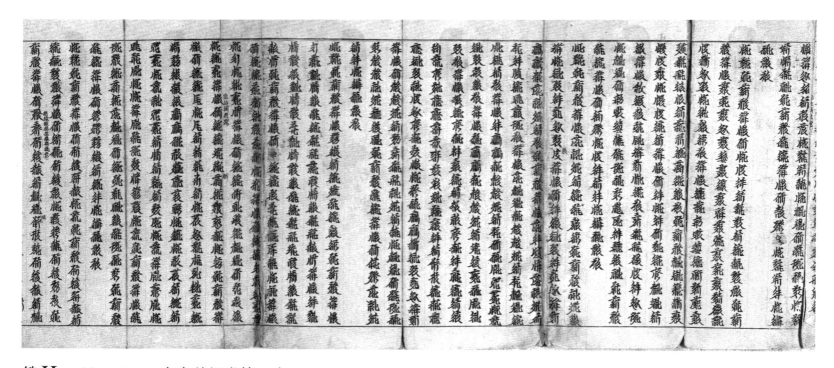

俄 Инв.No.3579　大寶積經卷第四十　　　(8-2)

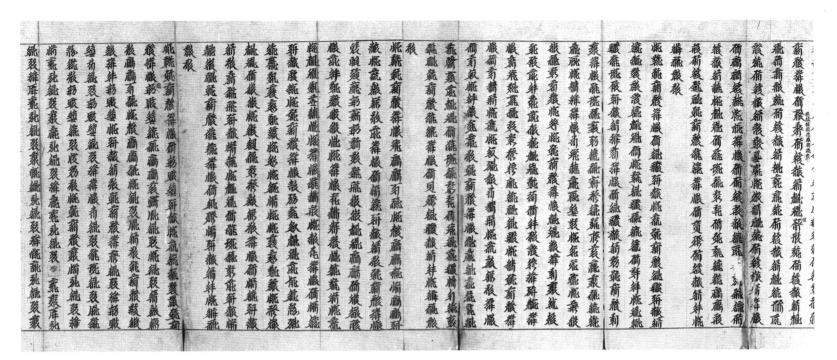

俄 Инв.No.3579　大寶積經卷第四十　　　(8-3)

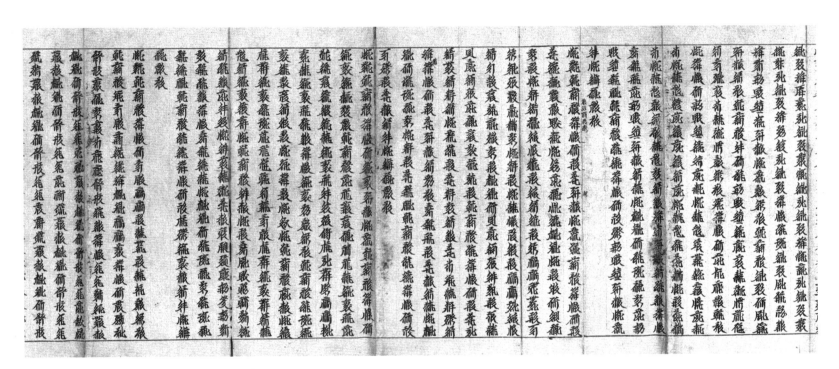

俄 Инв.No.3579　大寶積經卷第四十　　　(8-4)

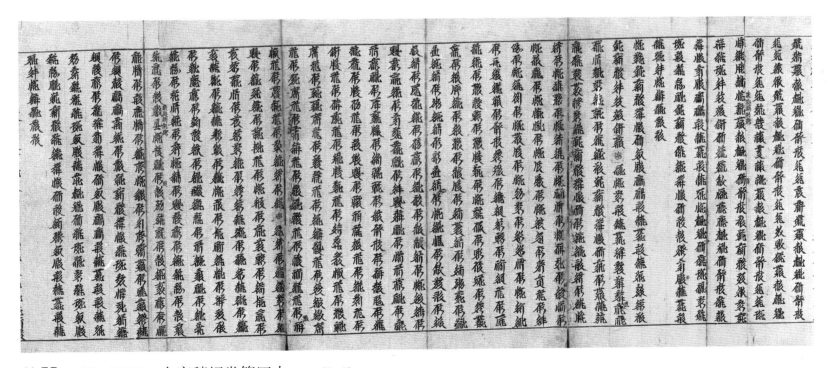

俄 Инв.No.3579　大寶積經卷第四十　　　(8-5)

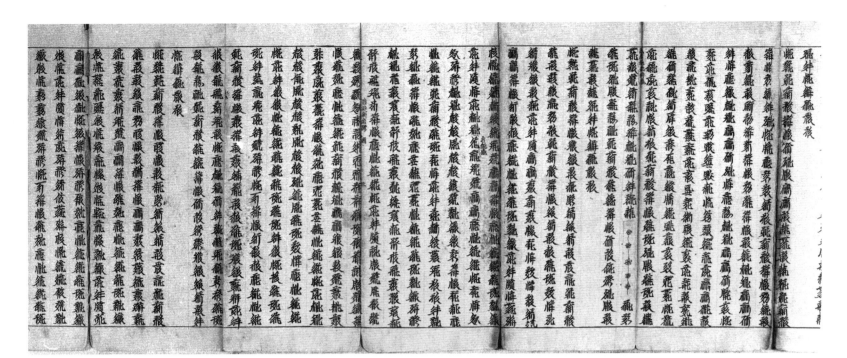

俄 Инв.No.3579　大寶積經卷第四十　　　(8-6)

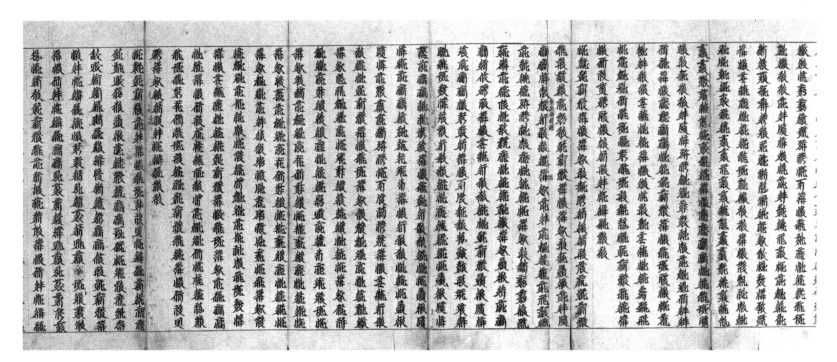

俄 Инв.No.3579　大寶積經卷第四十　　　(8-7)

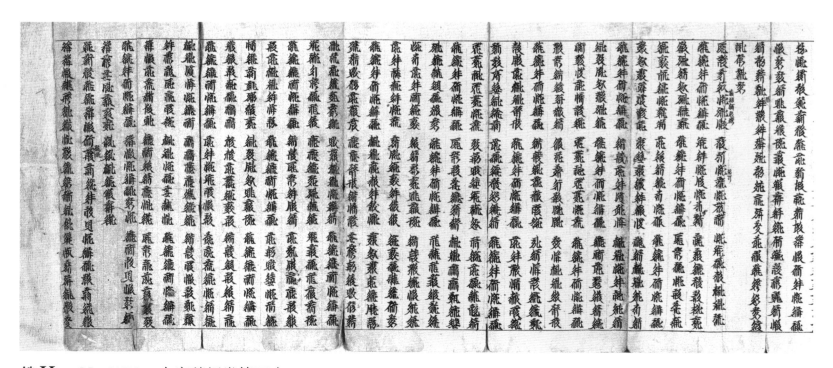

俄 Инв.No.3579　大寶積經卷第四十　　　(8-8)

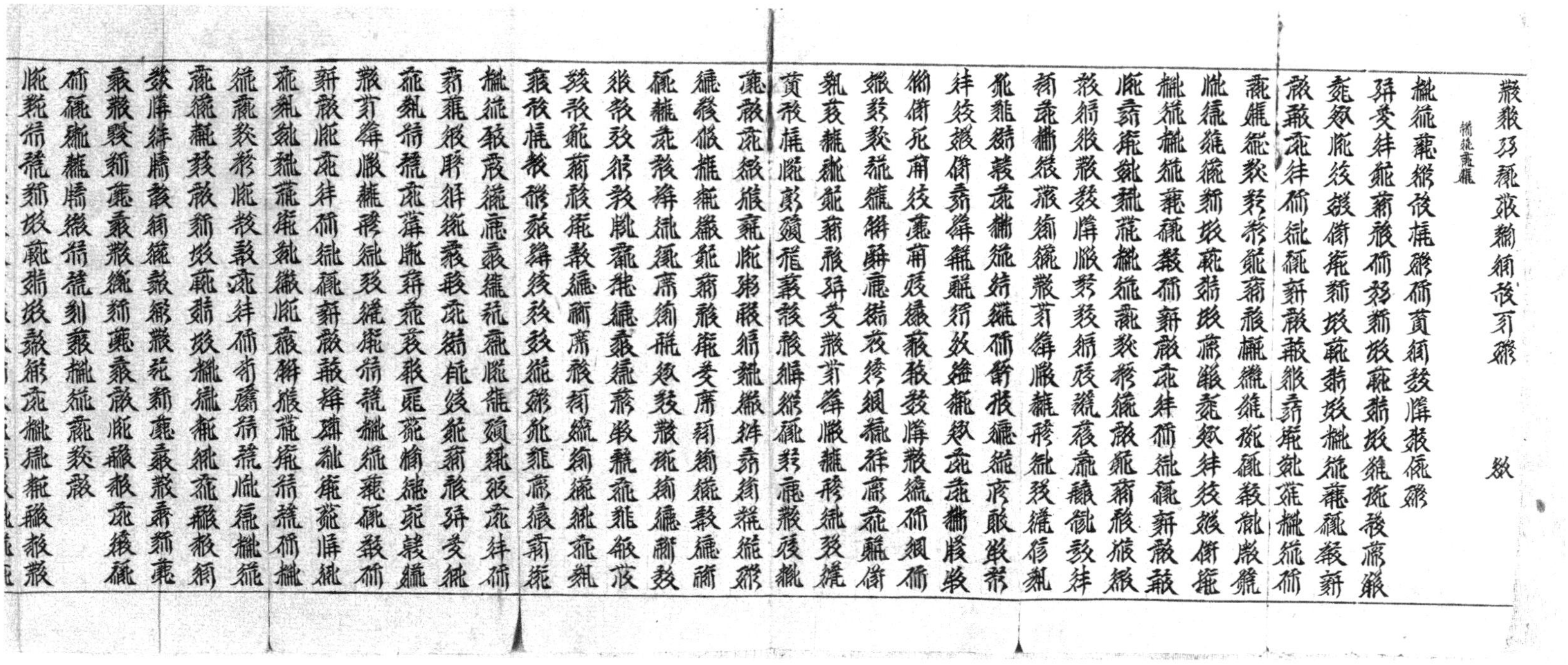

俄 Инв.No.451　大寶積經卷第四十一　(12-1)

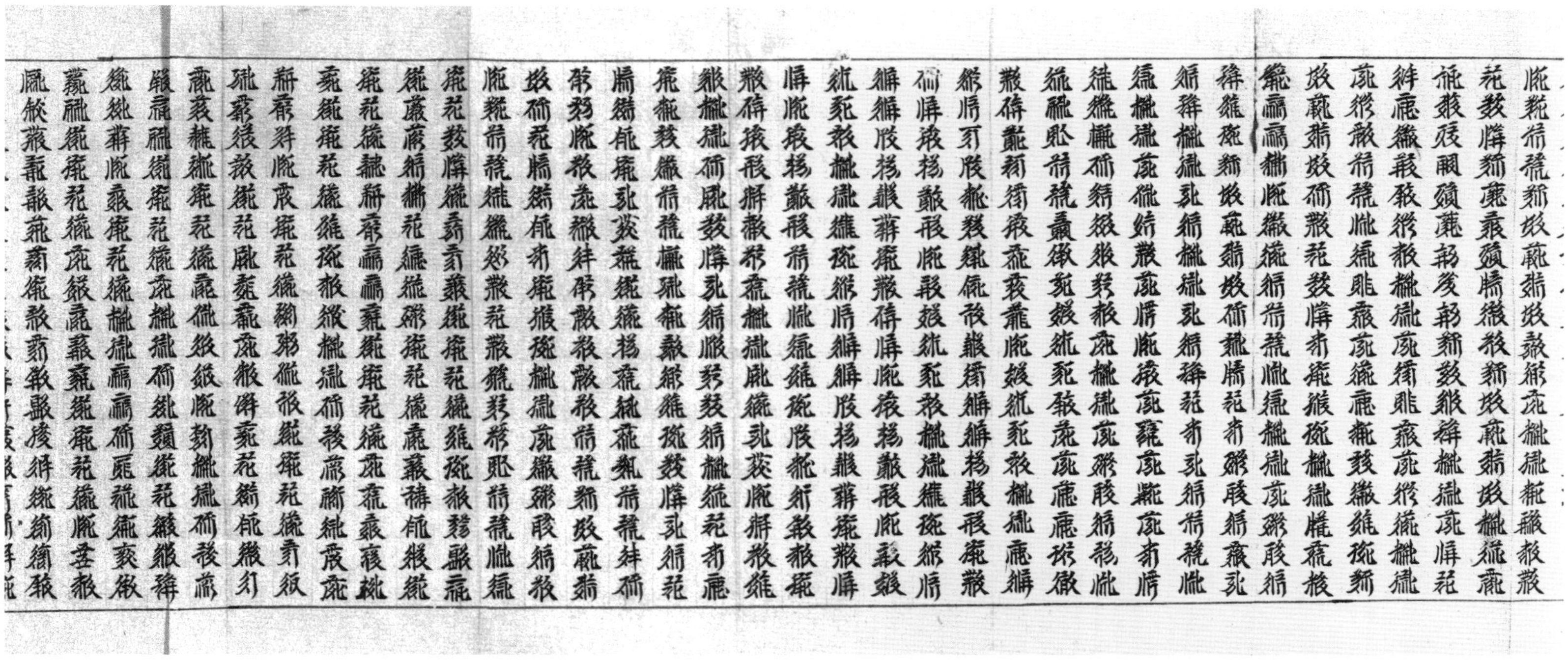

俄 Инв.No.451　大寶積經卷第四十一　(12-2)

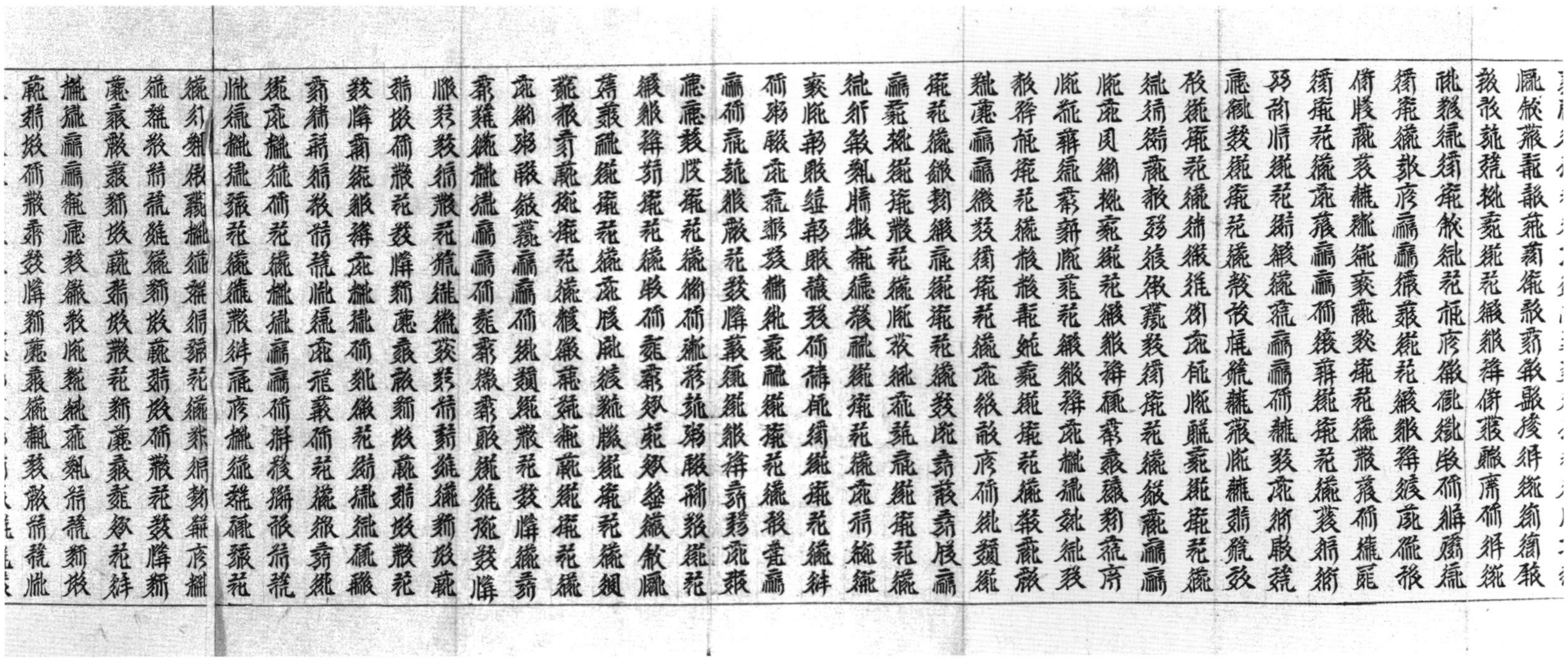

俄 Инв.No.451　大寶積經卷第四十一　(12-3)

俄 **И**нв.No.451　大寶積經卷第四十一　　　（12-4）

俄 **И**нв.No.451　大寶積經卷第四十一　　　（12-5）

俄 **И**нв.No.451　大寶積經卷第四十一　　　（12-6）

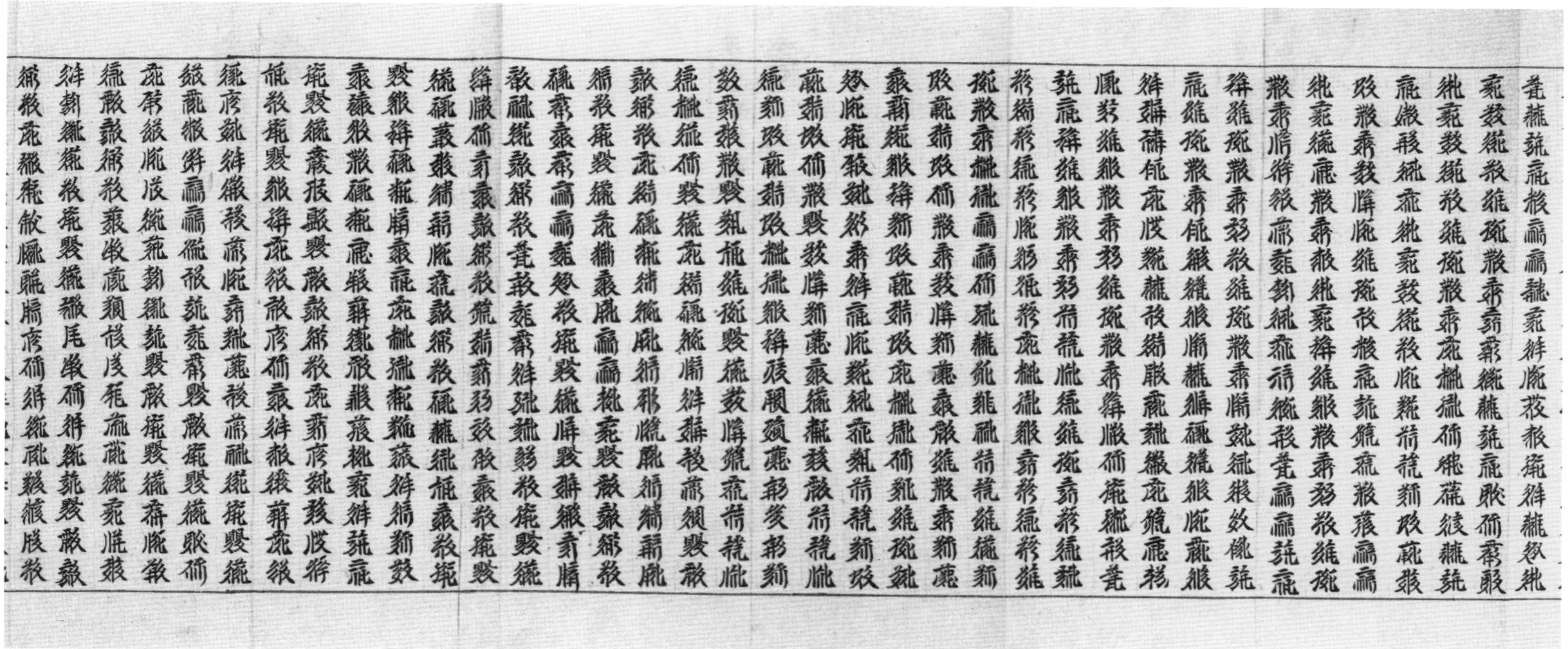

俄 Инв.No.451　大寶積經卷第四十一　(12–7)

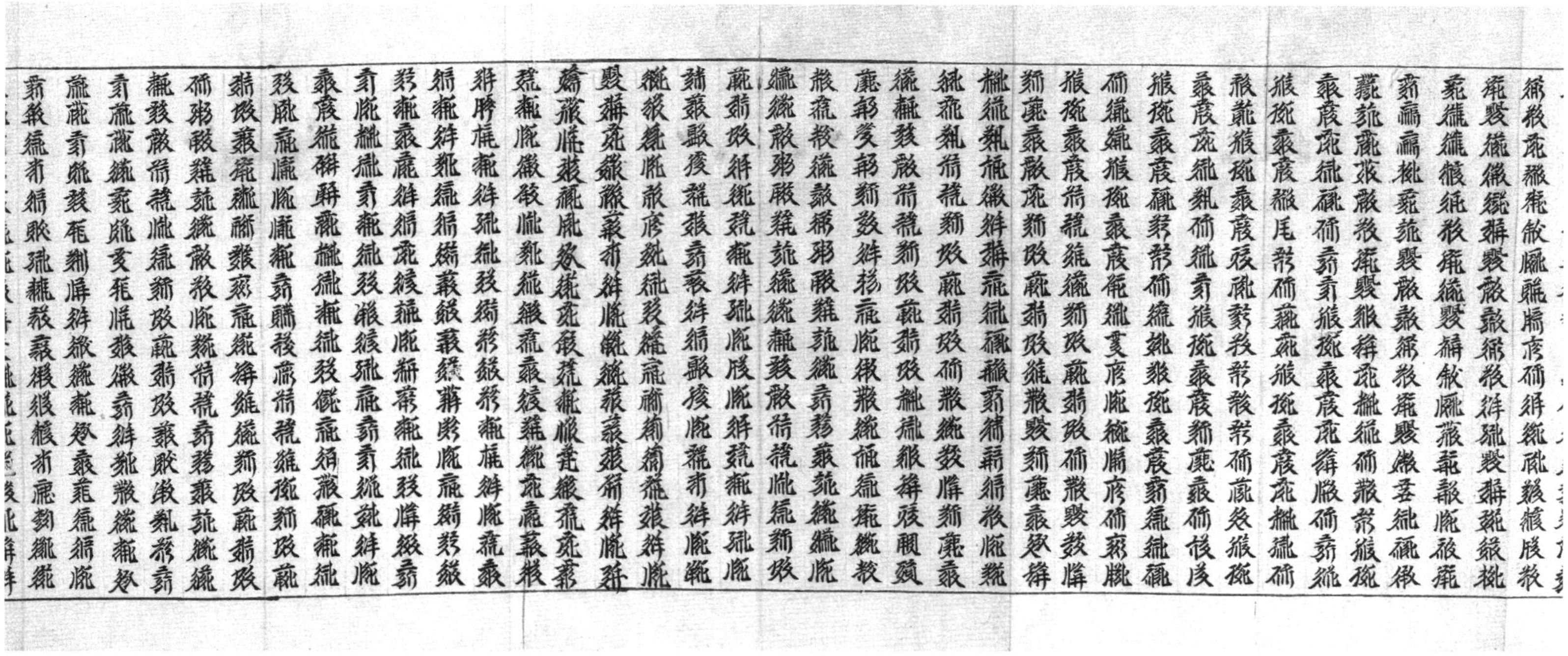

俄 Инв.No.451　大寶積經卷第四十一　(12–8)

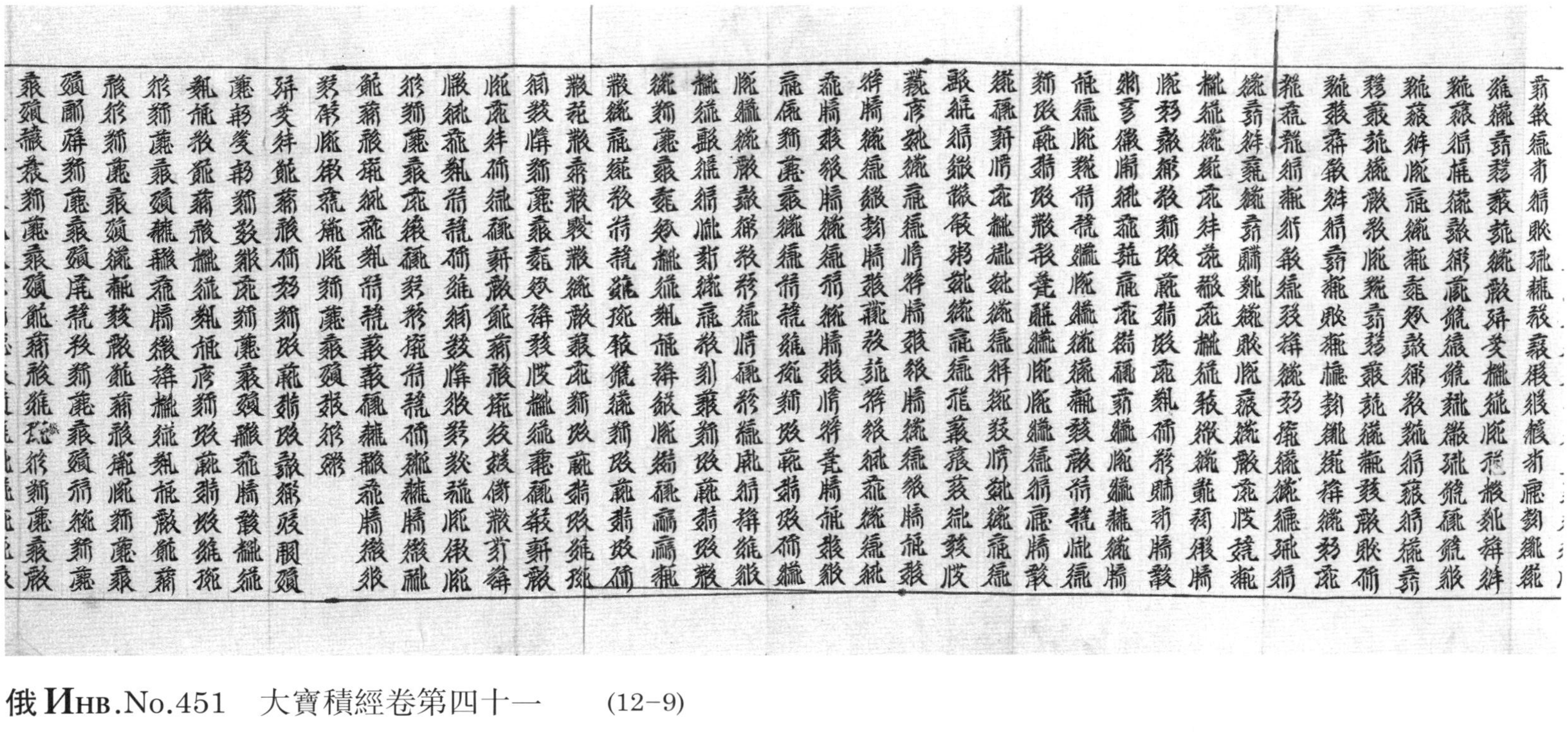

俄 Инв.No.451　大寶積經卷第四十一　(12–9)

俄 Инв.No.451　大寶積經卷第四十一　　(12-10)

俄 Инв.No.451　大寶積經卷第四十一　　(12-11)

俄 Инв.No.451　大寶積經卷第四十一　　(12-12)

俄 Инв.No.453　大寶積經卷第四十二　　　(10-1)

俄 Инв.No.453　大寶積經卷第四十二　　　(10-2)

俄 Инв.No.453　大寶積經卷第四十二　　　(10-3)

俄 Инв.No.453　大寶積經卷第四十二　　　(10-4)

俄 Инв.No.453　大寶積經卷第四十二　　　(10-5)

俄 Инв.No.453　大寶積經卷第四十二　　　(10-6)

216

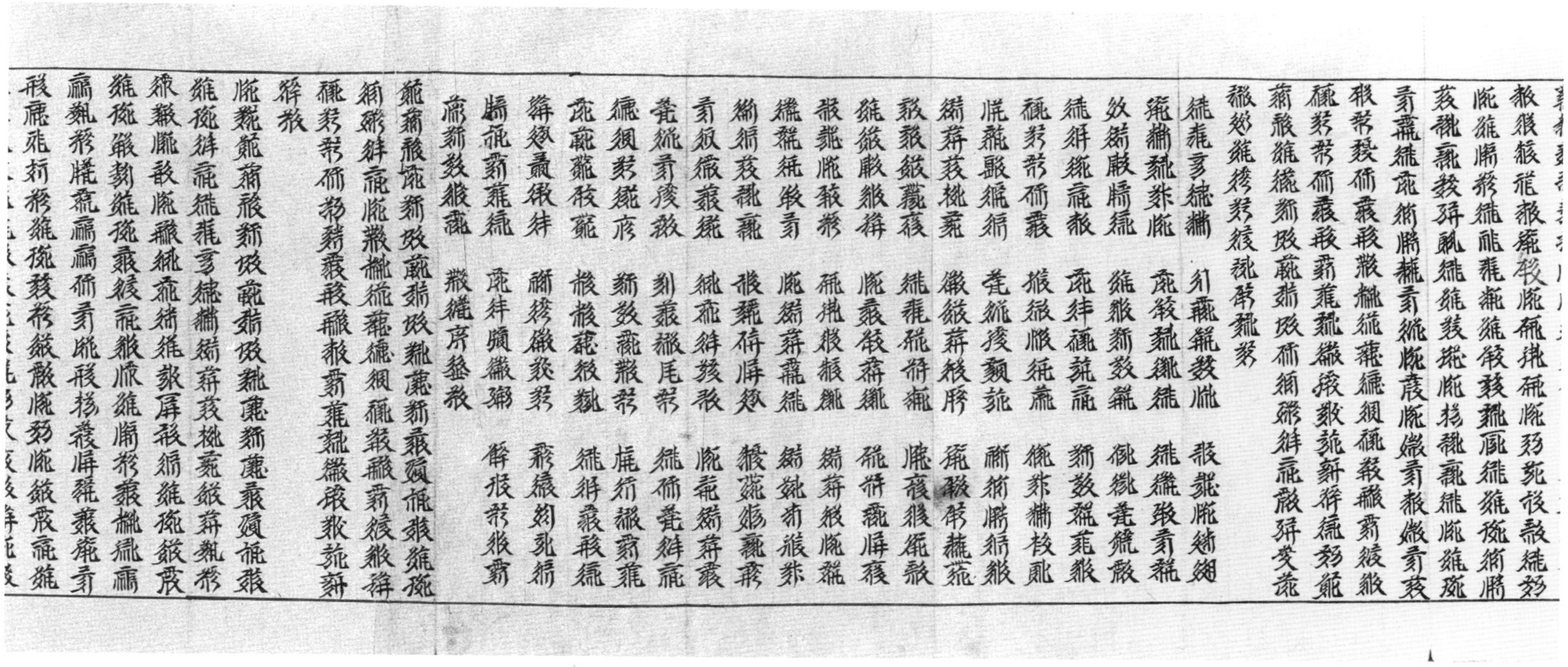

俄 Инв.No.453 大寶積經卷第四十二 (10–7)

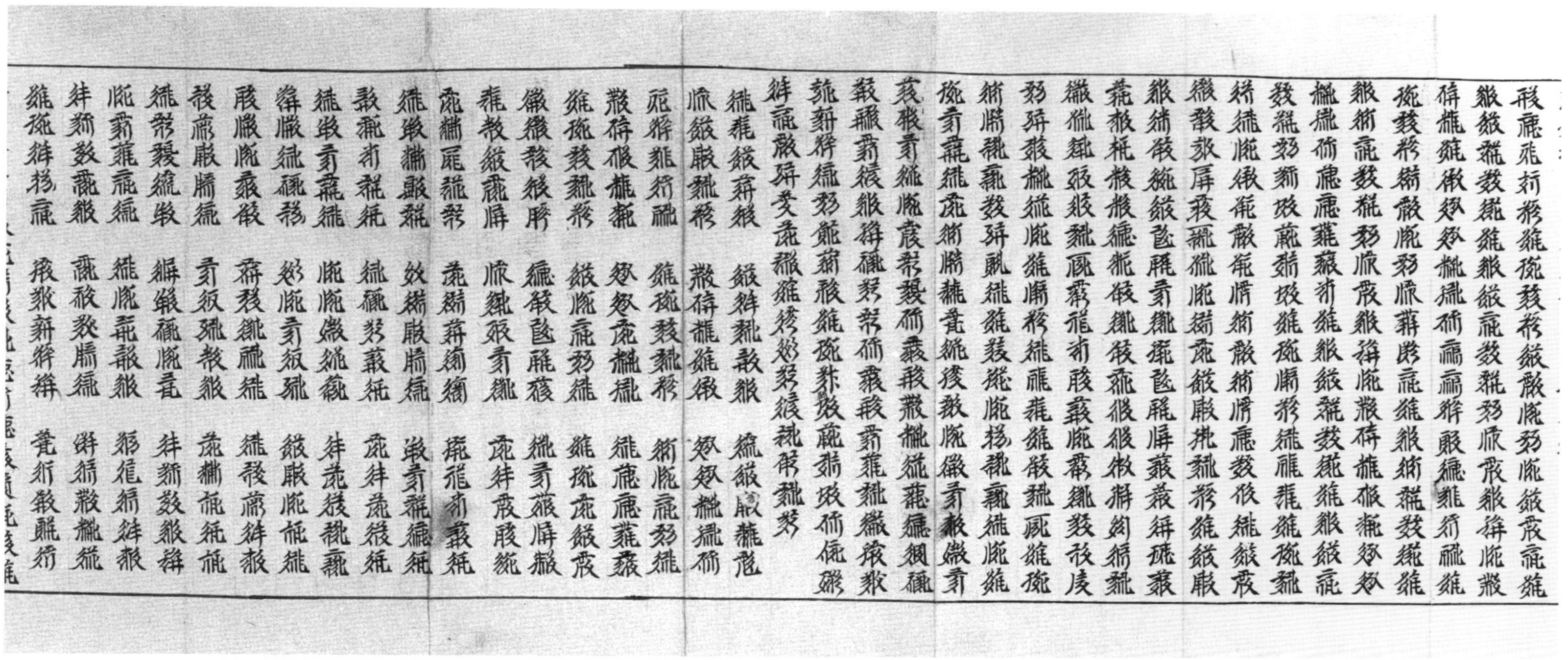

俄 Инв.No.453 大寶積經卷第四十二 (10–8)

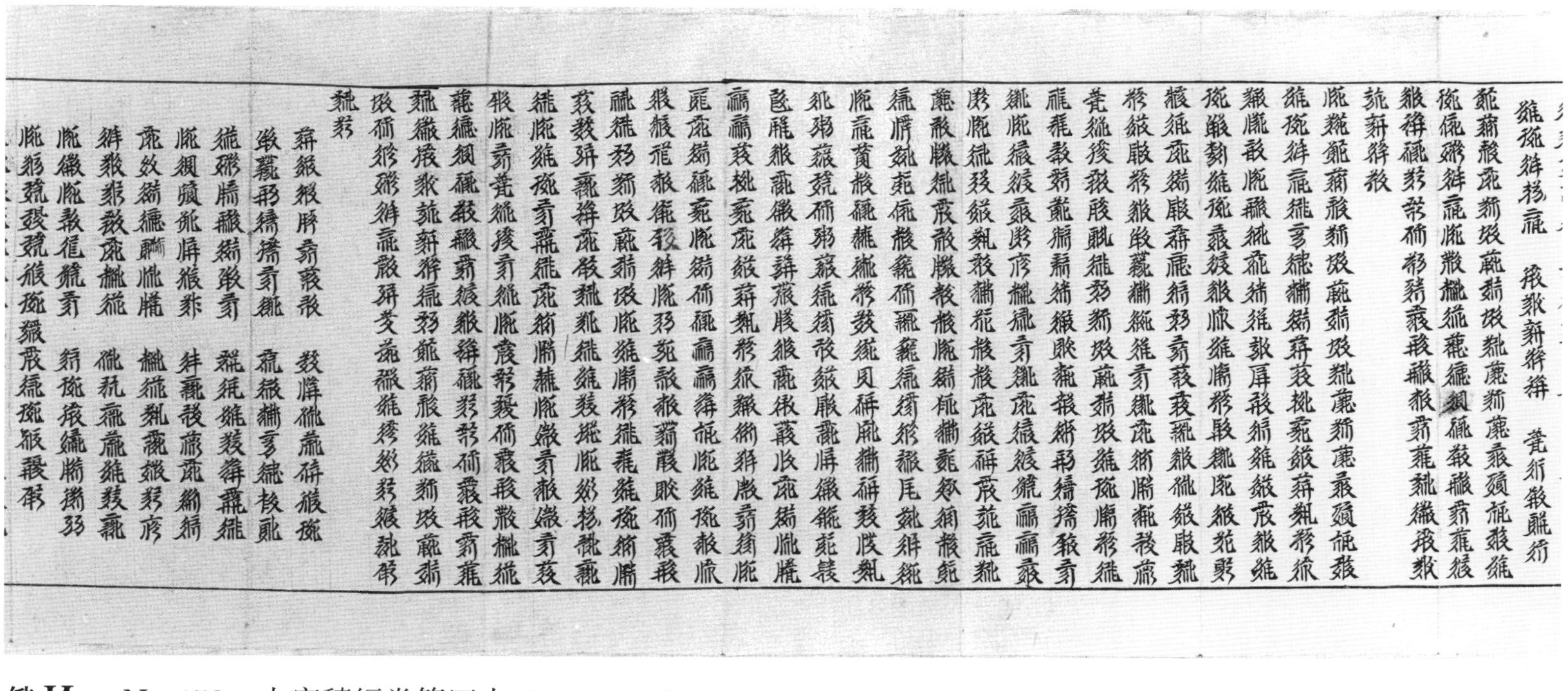

俄 Инв.No.453 大寶積經卷第四十二 (10–9)

俄 Инв.No.453　大寶積經卷第四十二　　　(10-10)

俄 Инв.No.454　大寶積經卷第四十三　　　(15-1)

俄 Инв.No.454　大寶積經卷第四十三　　　(15-2)

俄Инв.No.454　大寶積經卷第四十三　(15–3)

俄Инв.No.454　大寶積經卷第四十三　(15–4)

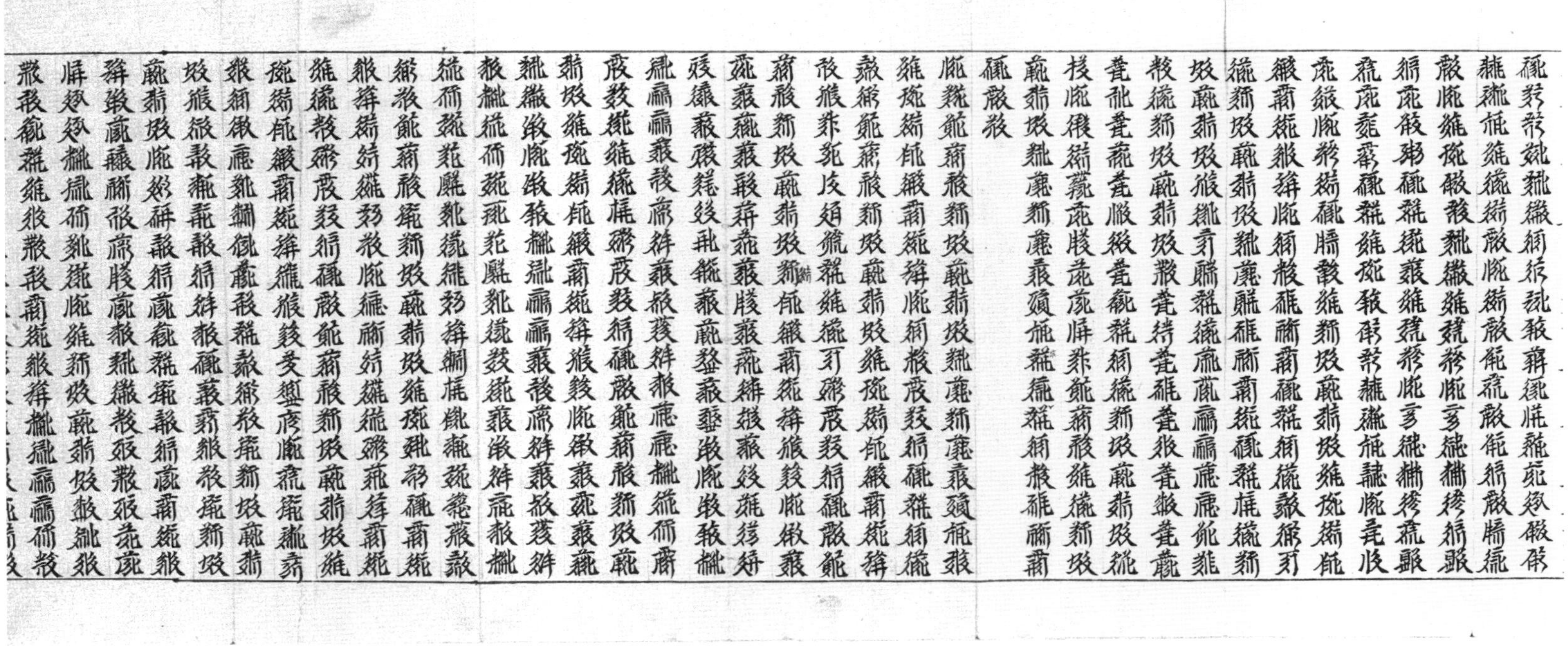

俄Инв.No.454　大寶積經卷第四十三　(15–5)

俄Инв.No.454　大寶積經卷第四十三　(15-6)

俄Инв.No.454　大寶積經卷第四十三　(15-7)

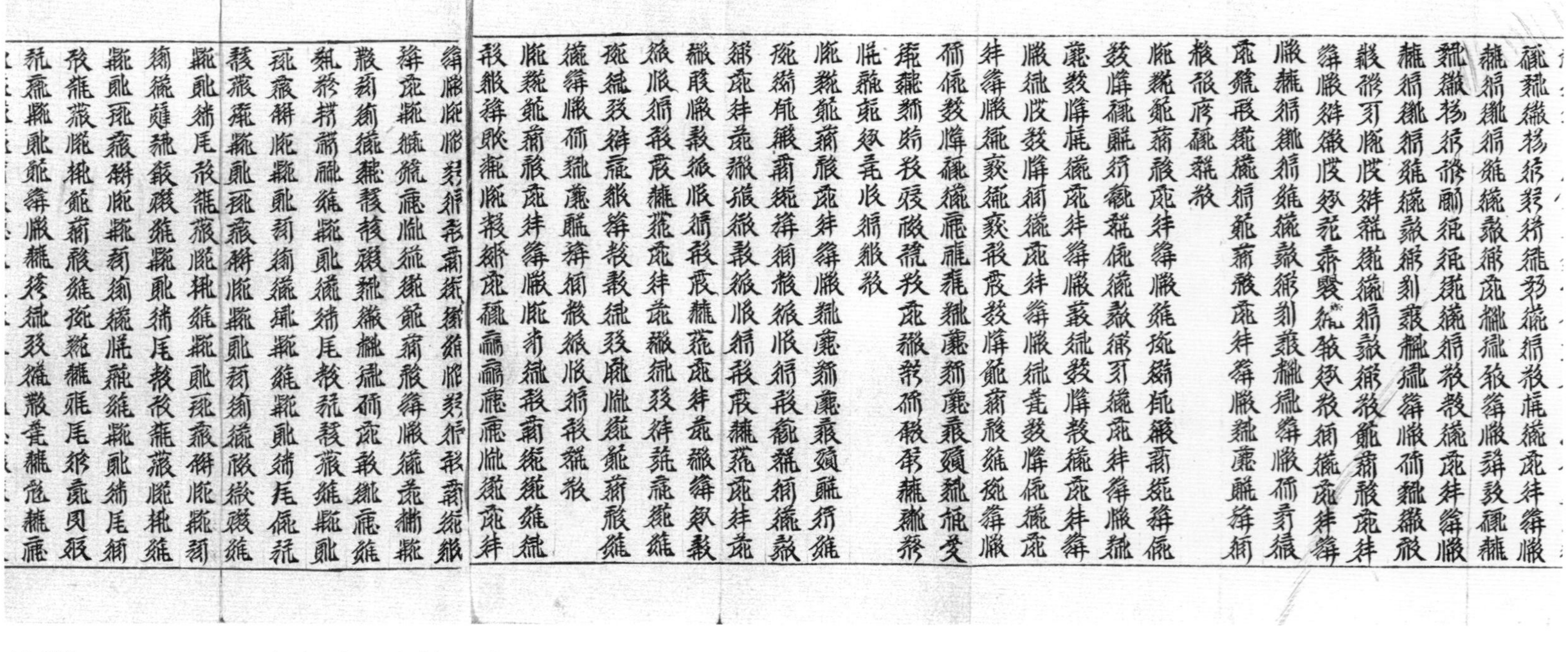

俄Инв.No.454　大寶積經卷第四十三　(15-8)

俄 Инв.No.454　大寶積經卷第四十三　(15-9)

俄 Инв.No.454　大寶積經卷第四十三　(15-10)

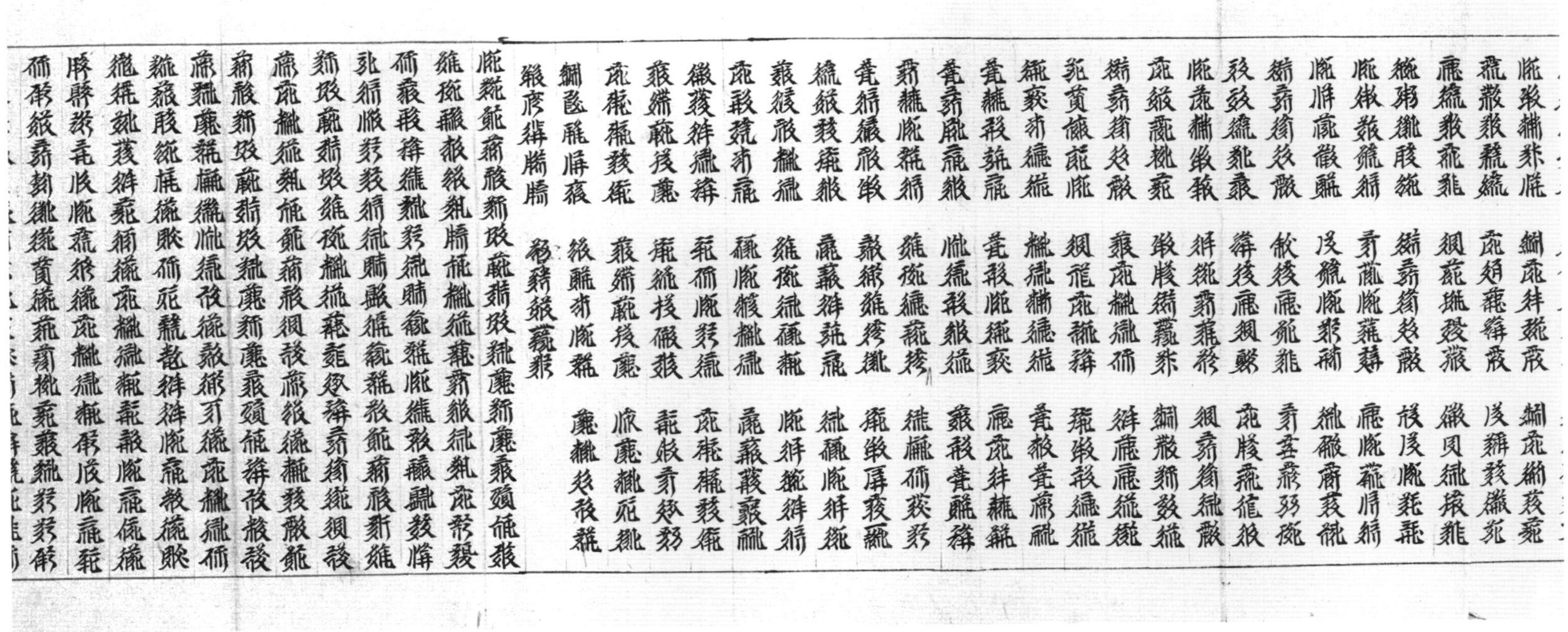

俄 Инв.No.454　大寶積經卷第四十三　(15-11)

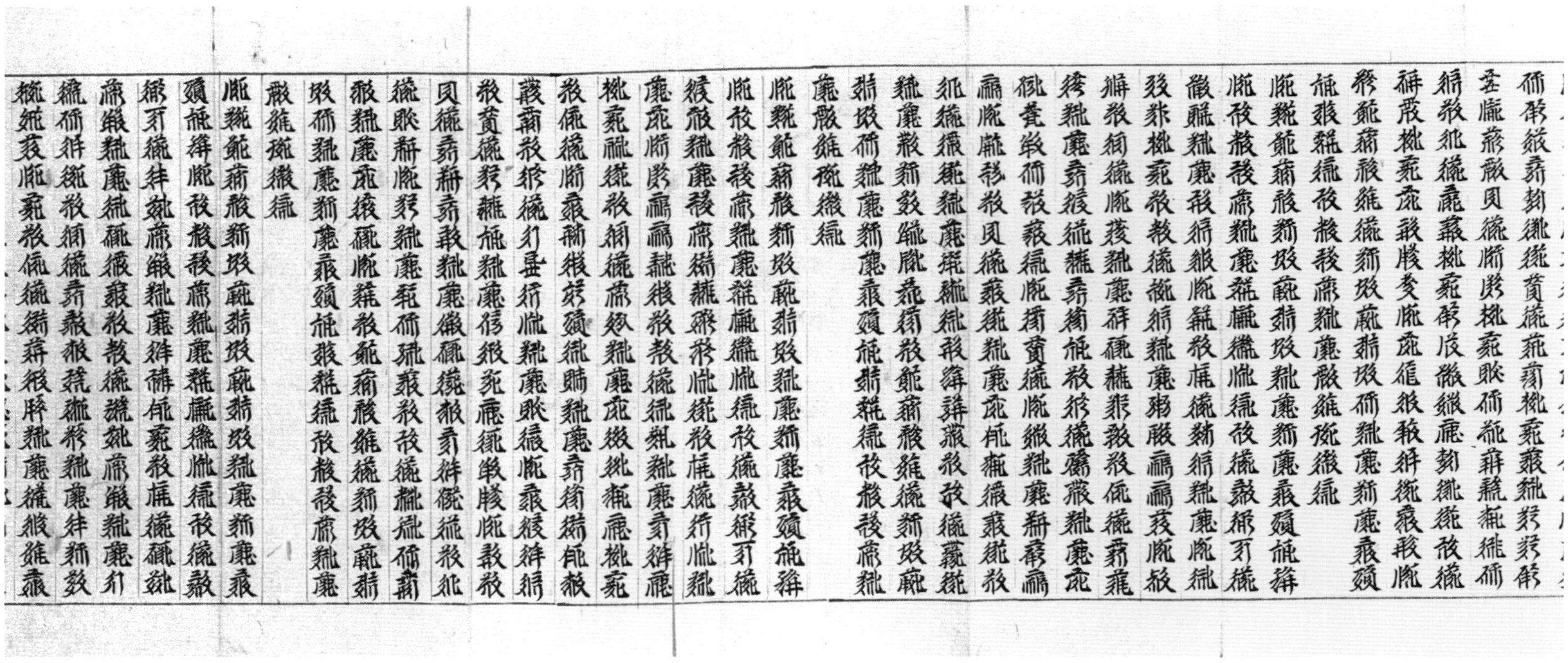

俄 Инв.No.454　大寶積經卷第四十三　(15–12)

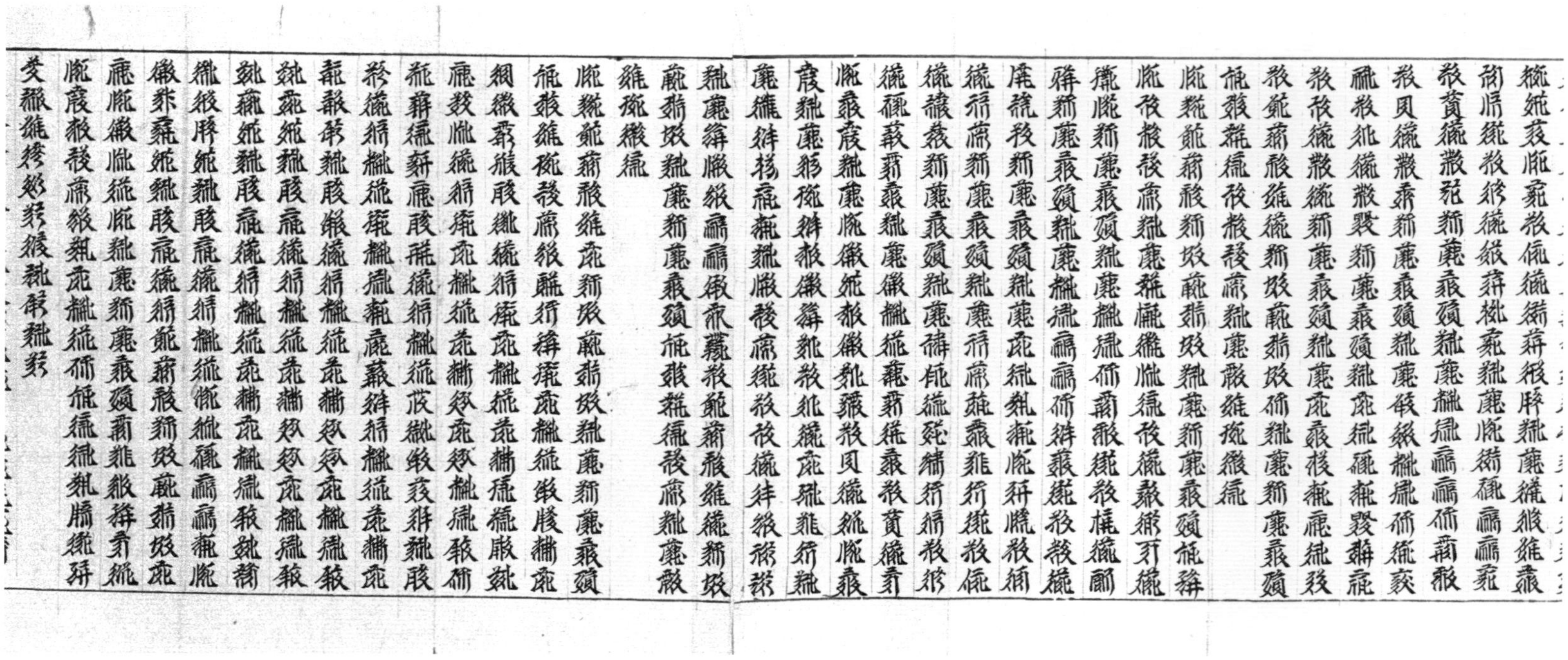

俄 Инв.No.454　大寶積經卷第四十三　(15–13)

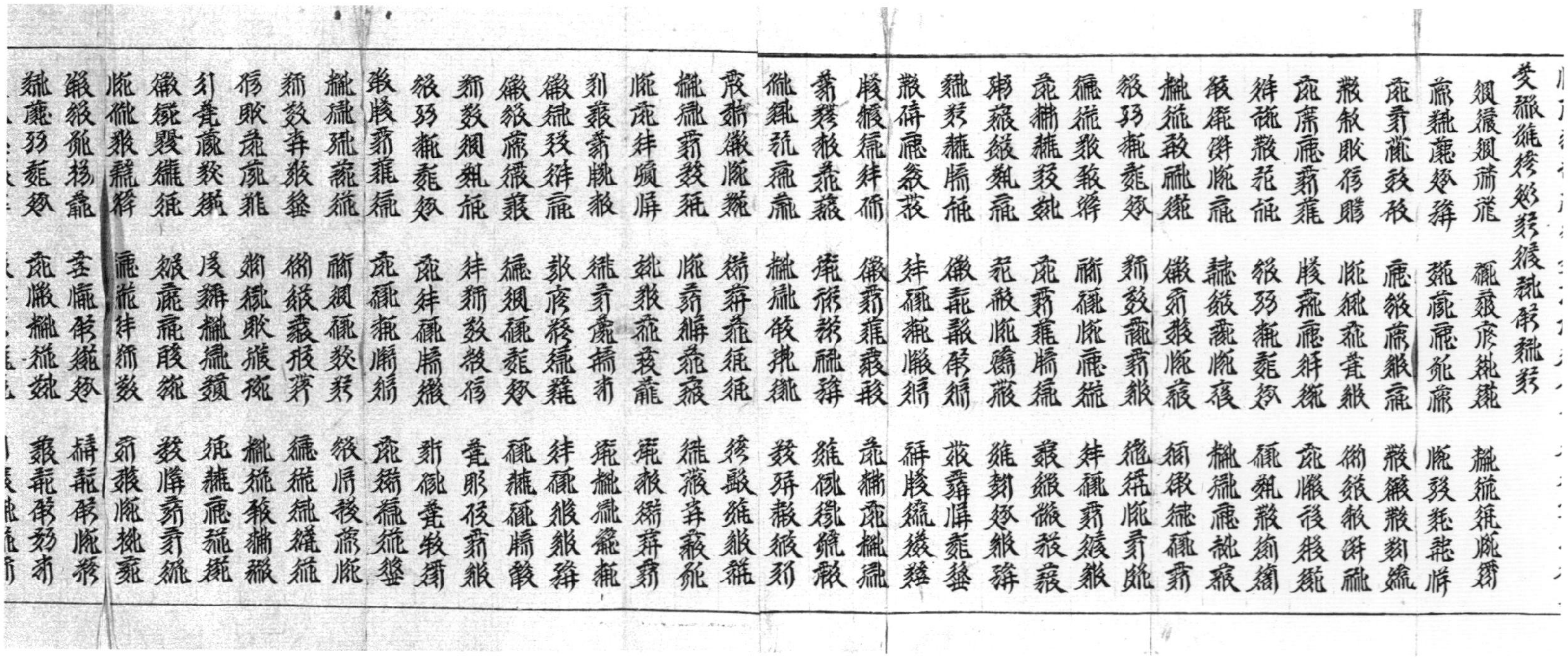

俄 Инв.No.454　大寶積經卷第四十三　(15–14)

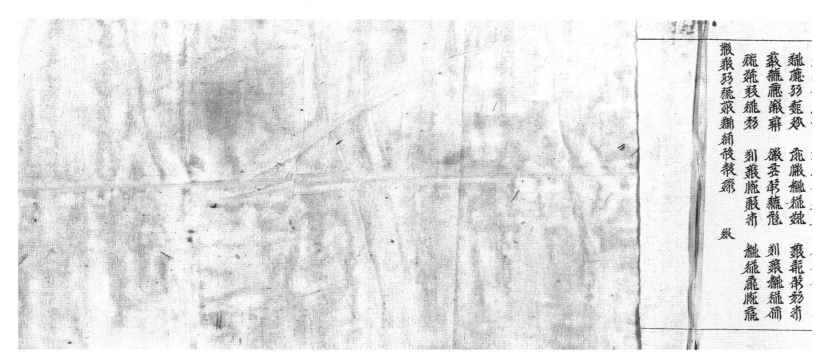

俄 **И**нв.No.454　大寶積經卷第四十三　　　(15-15)

俄 **И**нв.No.456　大寶積經卷第四十四　　　(14-1)

俄 **И**нв.No.456　大寶積經卷第四十四　　　(14-2)

俄 Инв.No.456　大寶積經卷第四十四　(14-3)

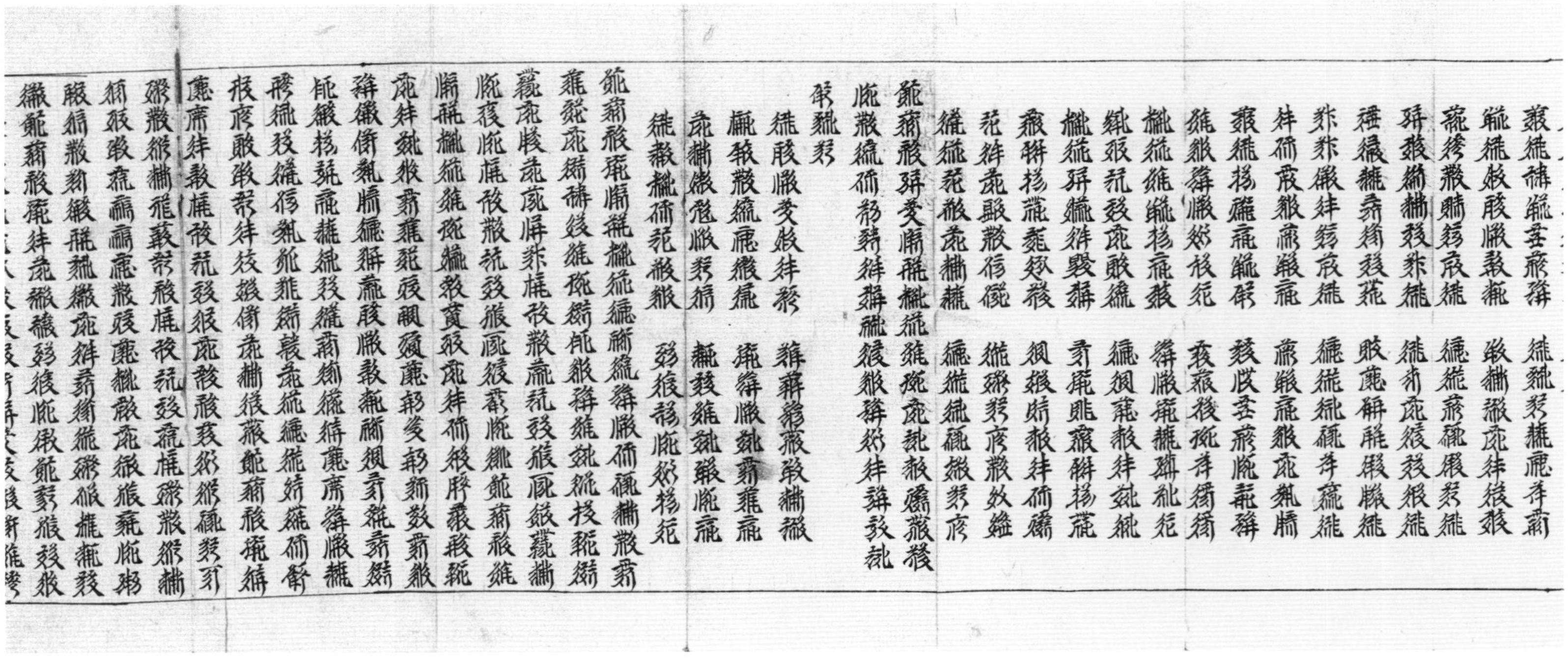

俄 Инв.No.456　大寶積經卷第四十四　(14-4)

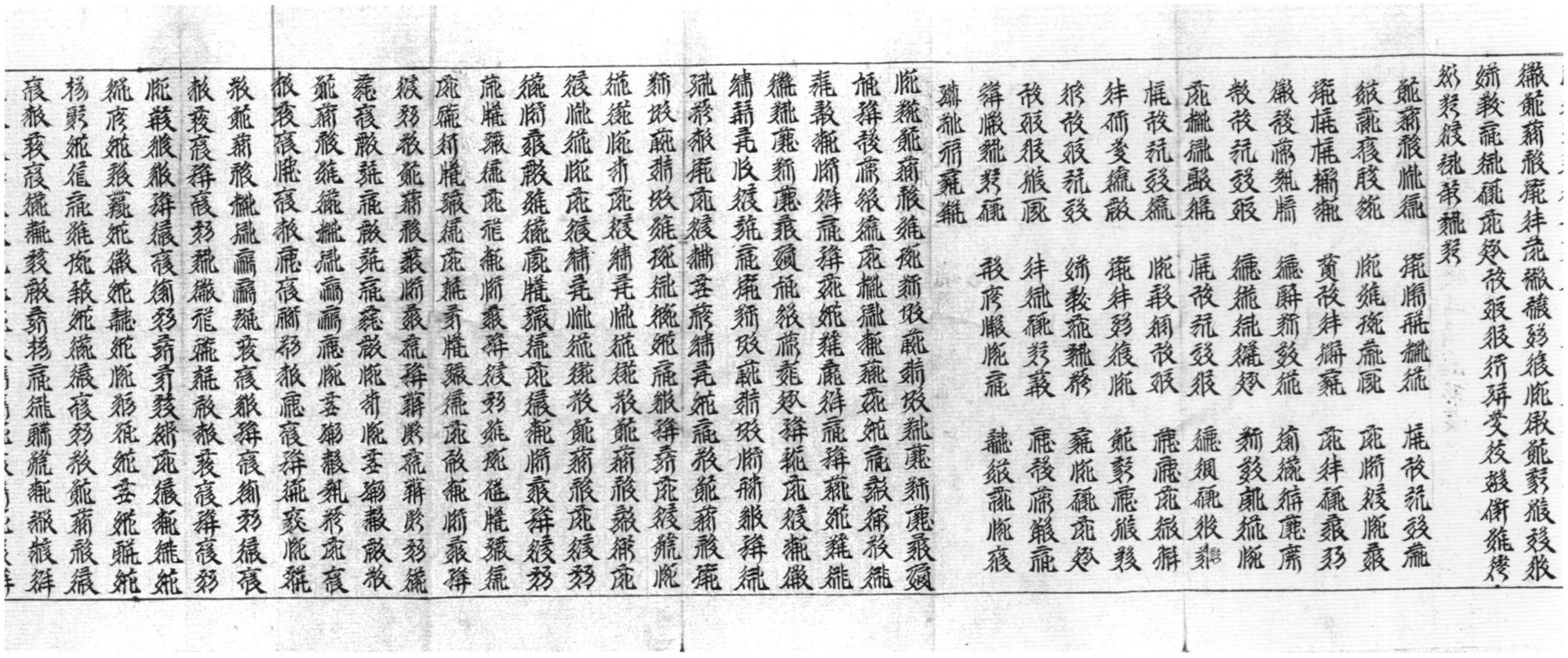

俄 Инв.No.456　大寶積經卷第四十四　(14-5)

俄 Инв.No.456　大寶積經卷第四十四　(14–6)

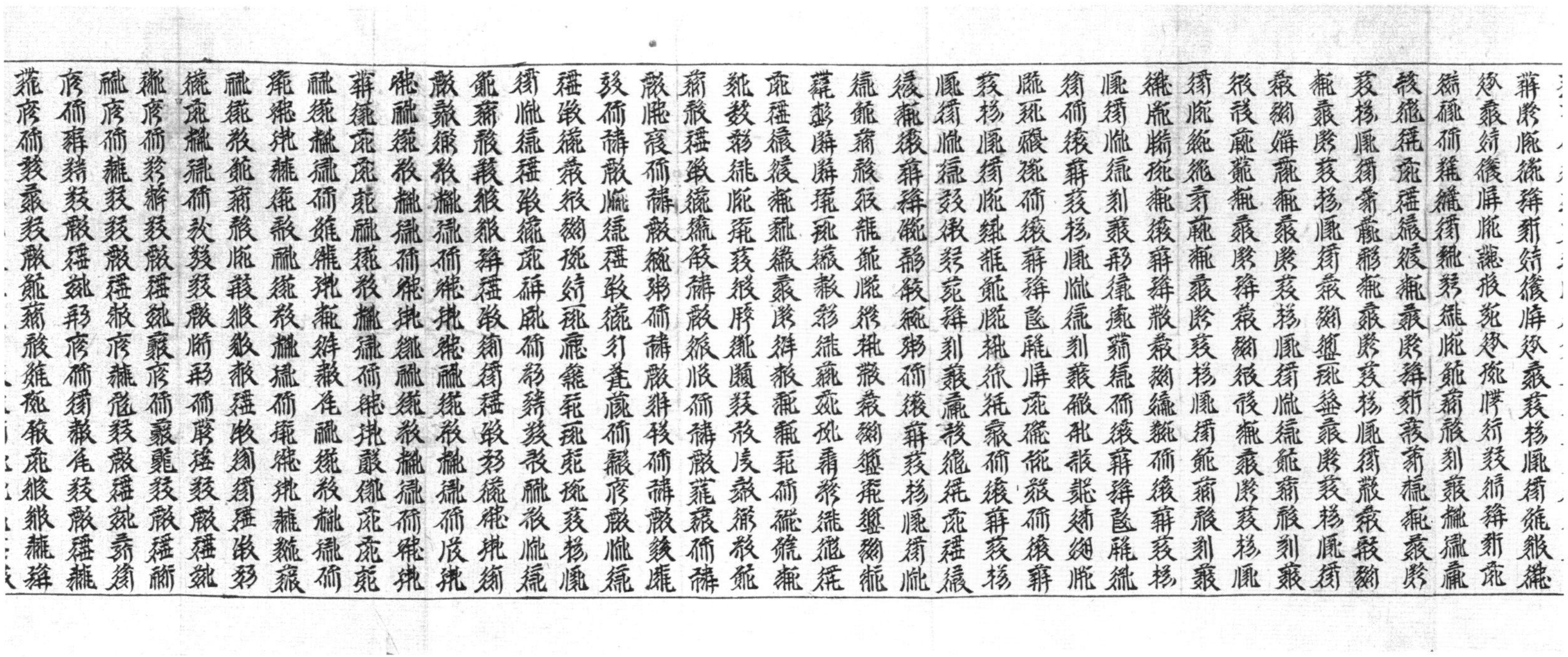

俄 Инв.No.456　大寶積經卷第四十四　(14–7)

俄 Инв.No.456　大寶積經卷第四十四　(14–8)

俄 **И**нв.No.456　大寶積經卷第四十四　　　　(14-9)

俄 **И**нв.No.456　大寶積經卷第四十四　　　　(14-10)

俄 **И**нв.No.456　大寶積經卷第四十四　　　　(14-11)

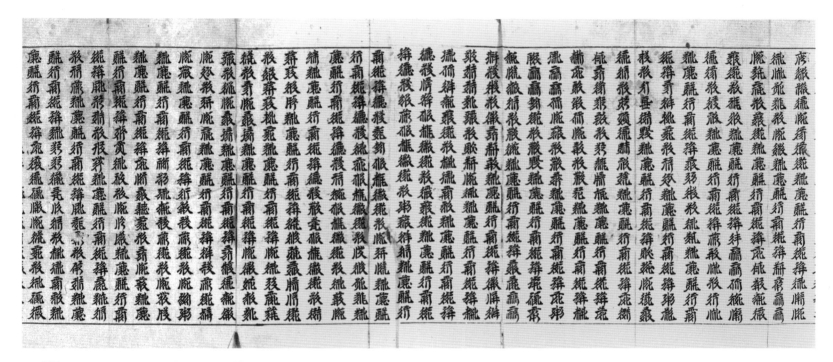

俄 Инв.No.456　　大寶積經卷第四十四　　　（14-12）

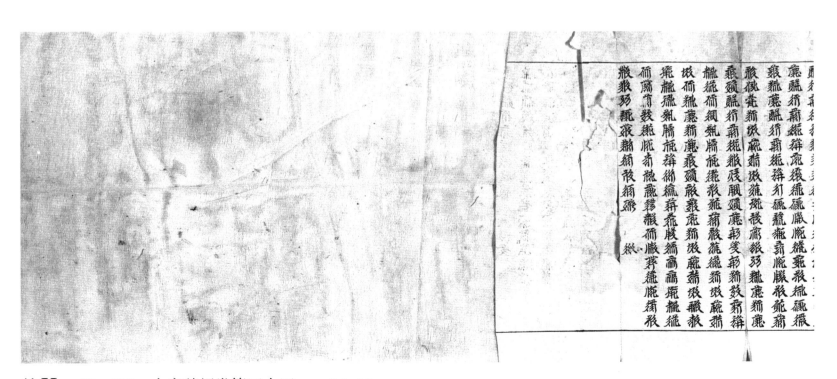

俄 Инв.No.456　　大寶積經卷第四十四　　　（14-13）

俄 Инв.No.456　　大寶積經卷第四十四　　　（14-14）

俄 **И**нв.No.457　大寶積經卷第四十五　　　（15-1）

俄 **И**нв.No.457　大寶積經卷第四十五　　　（15-2）

俄 **И**нв.No.457　大寶積經卷第四十五　　　（15-3）

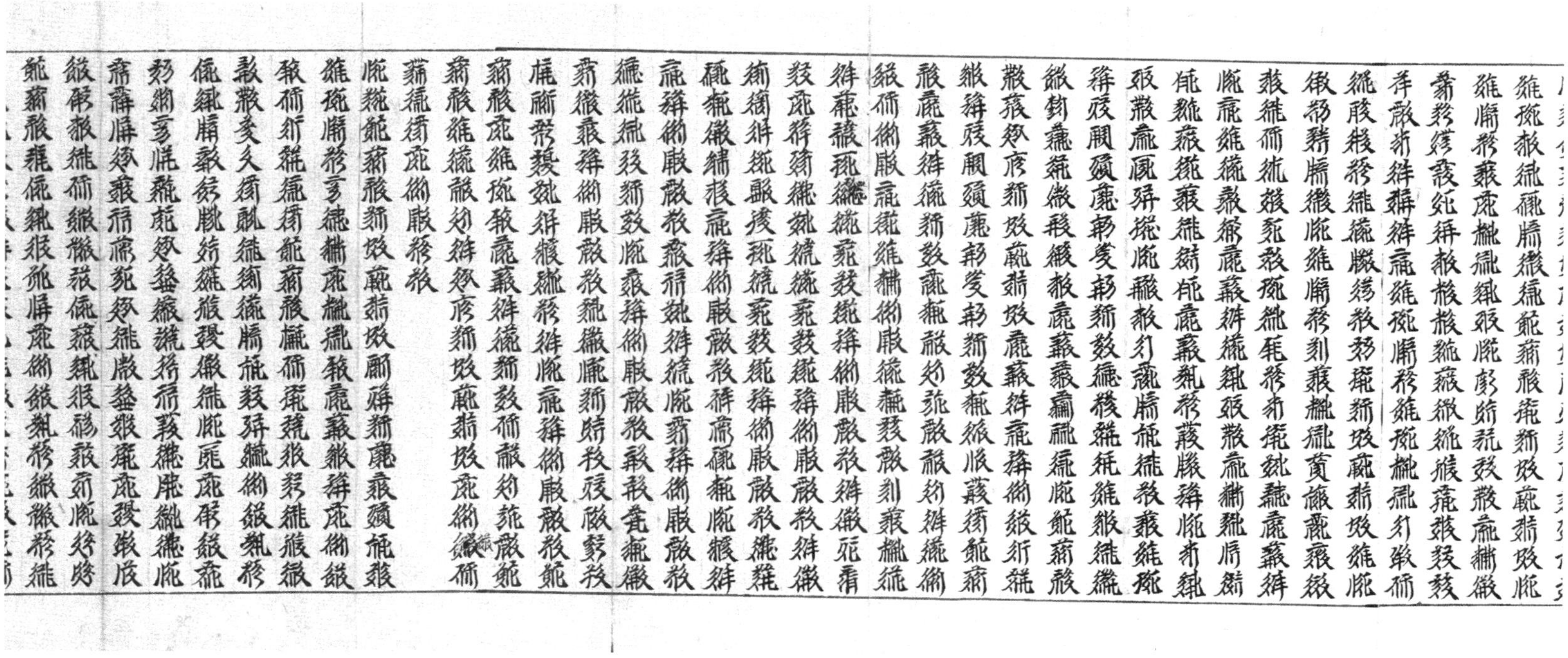

俄 Инв.No.457　大寶積經卷第四十五　(15–4)

俄 Инв.No.457　大寶積經卷第四十五　(15–5)

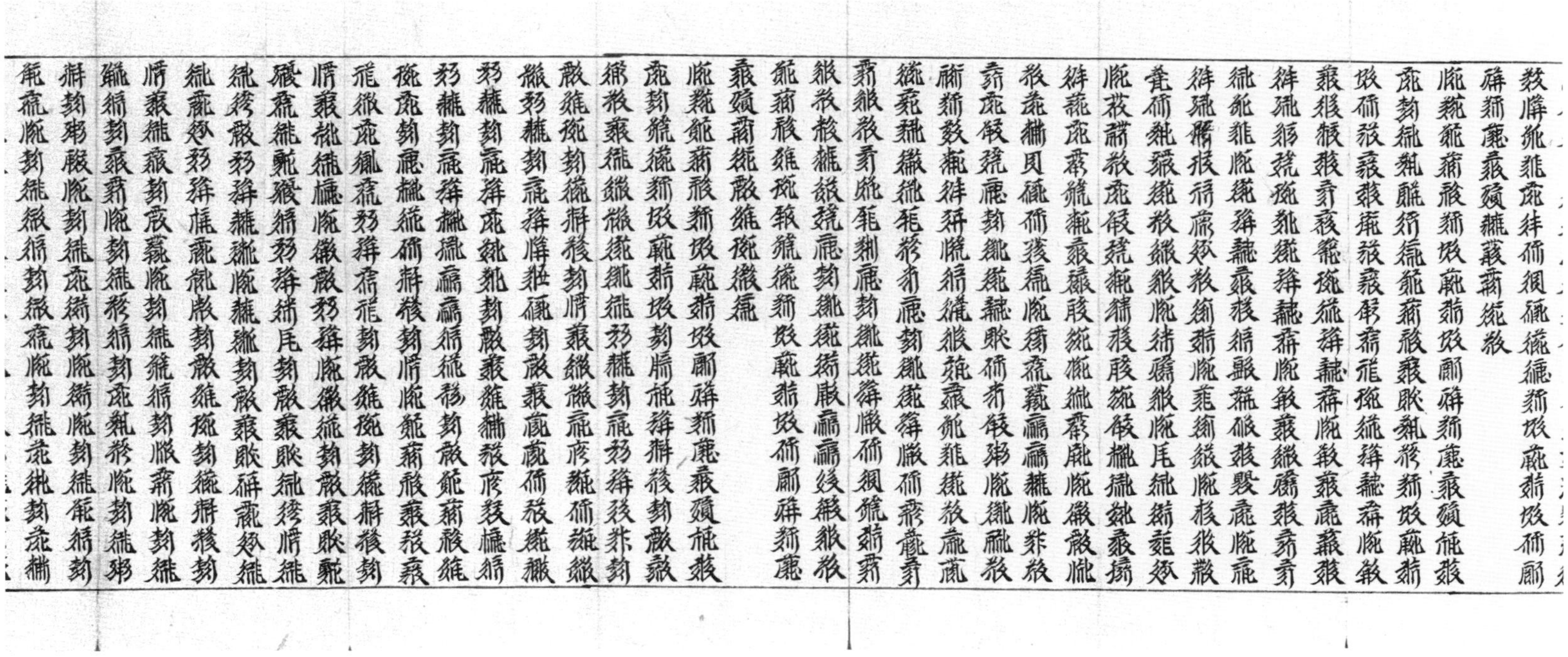

俄 Инв.No.457　大寶積經卷第四十五　(15–6)

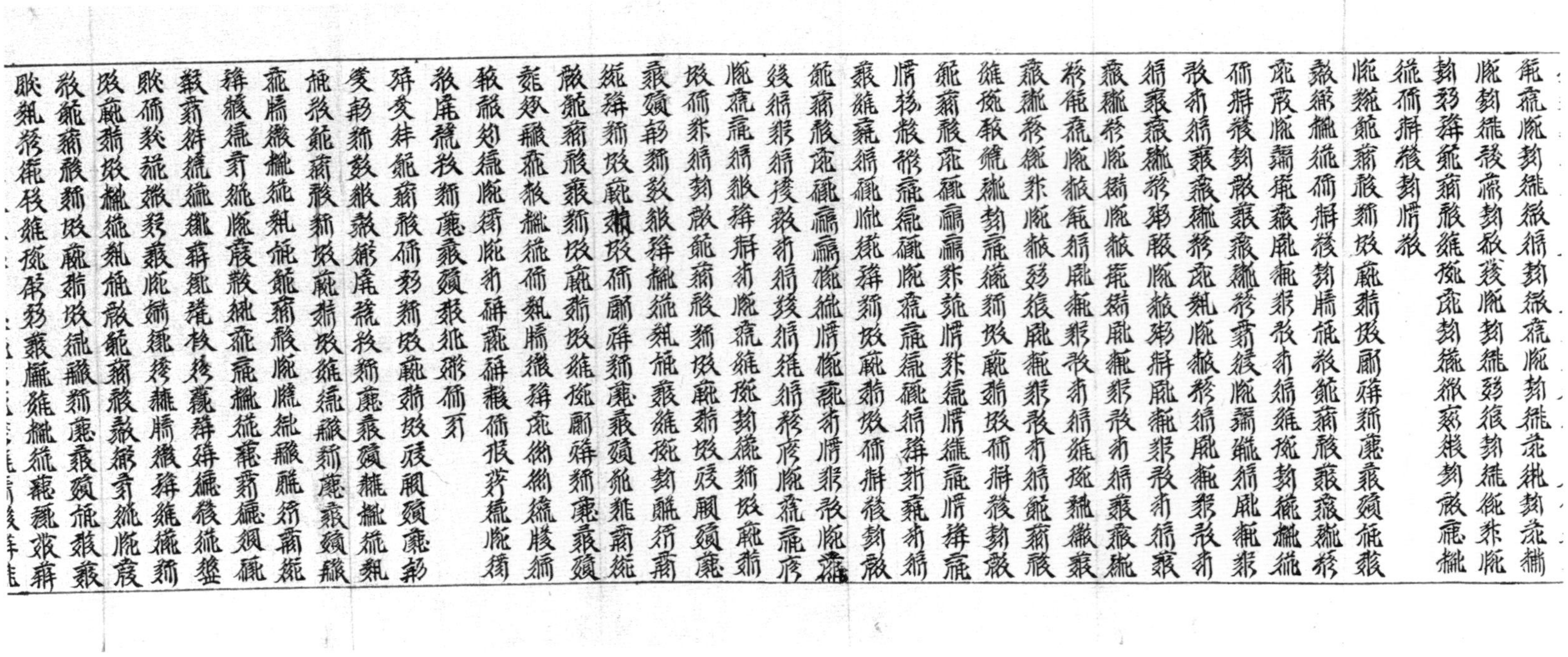

俄 Инв.No.457 大寶積經卷第四十五 (15-7)

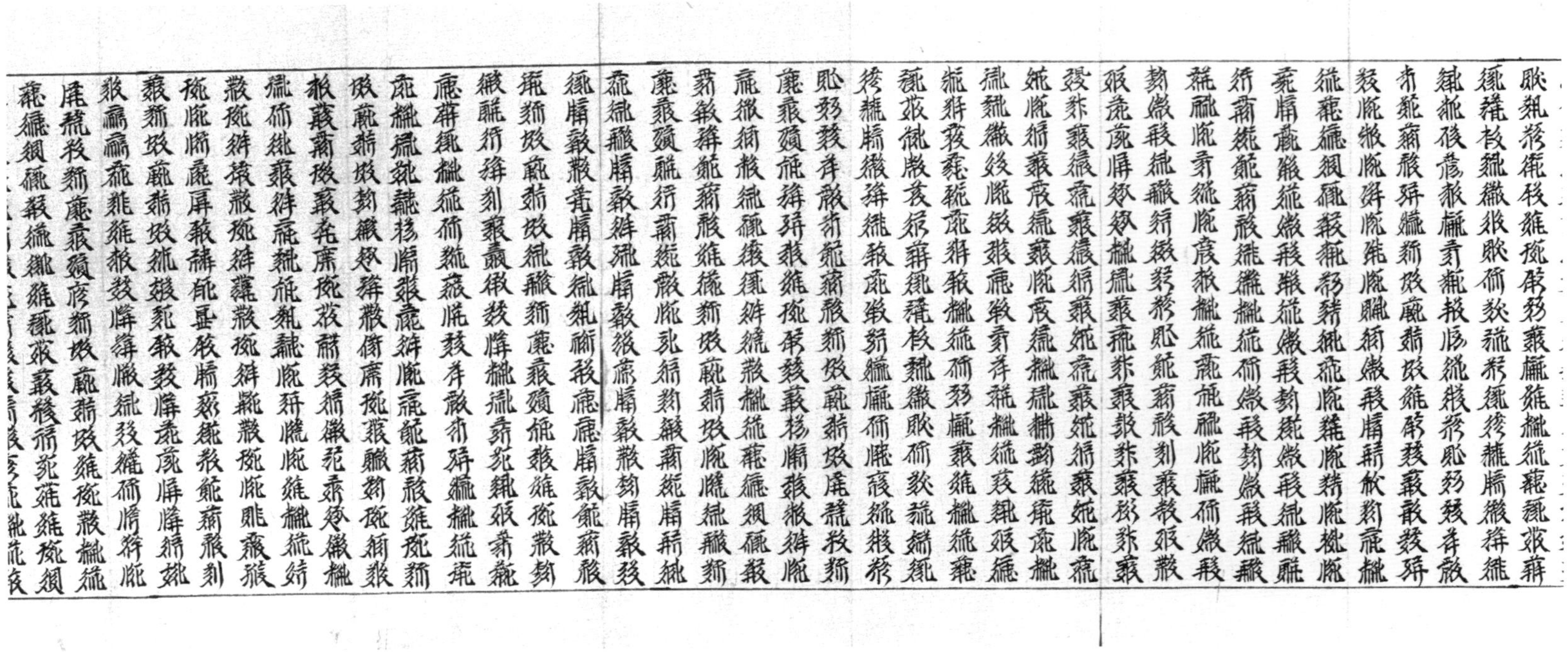

俄 Инв.No.457 大寶積經卷第四十五 (15-8)

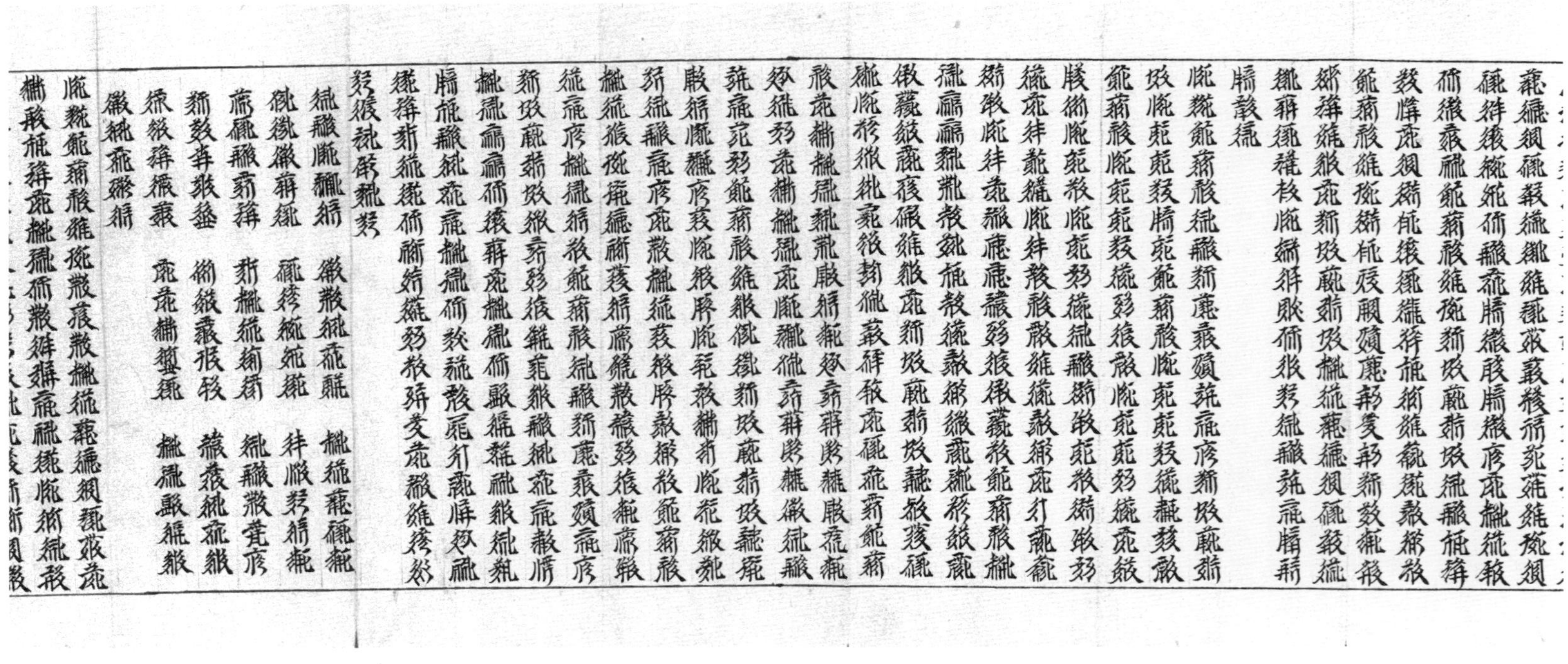

俄 Инв.No.457 大寶積經卷第四十五 (15-9)

俄 Инв.No.457　大寶積經卷第四十五　(15–10)

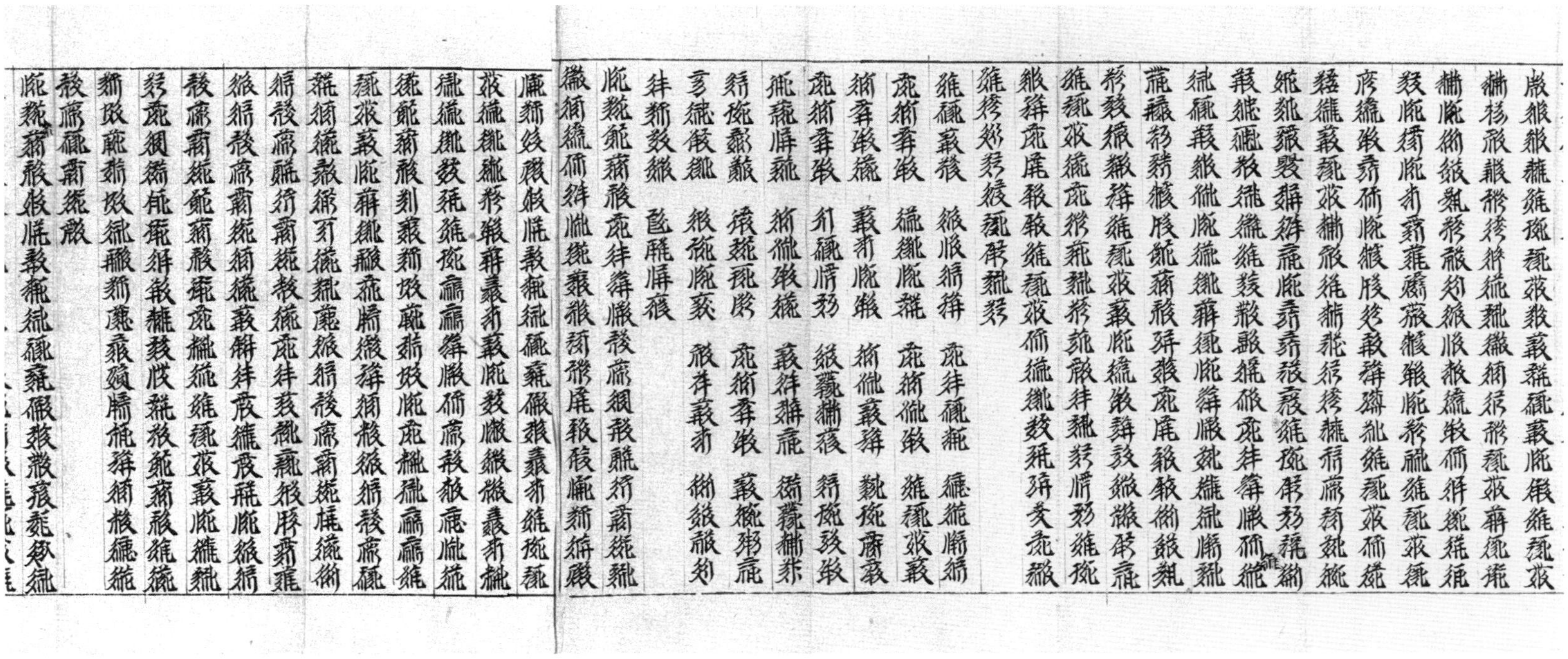

俄 Инв.No.457　大寶積經卷第四十五　(15–11)

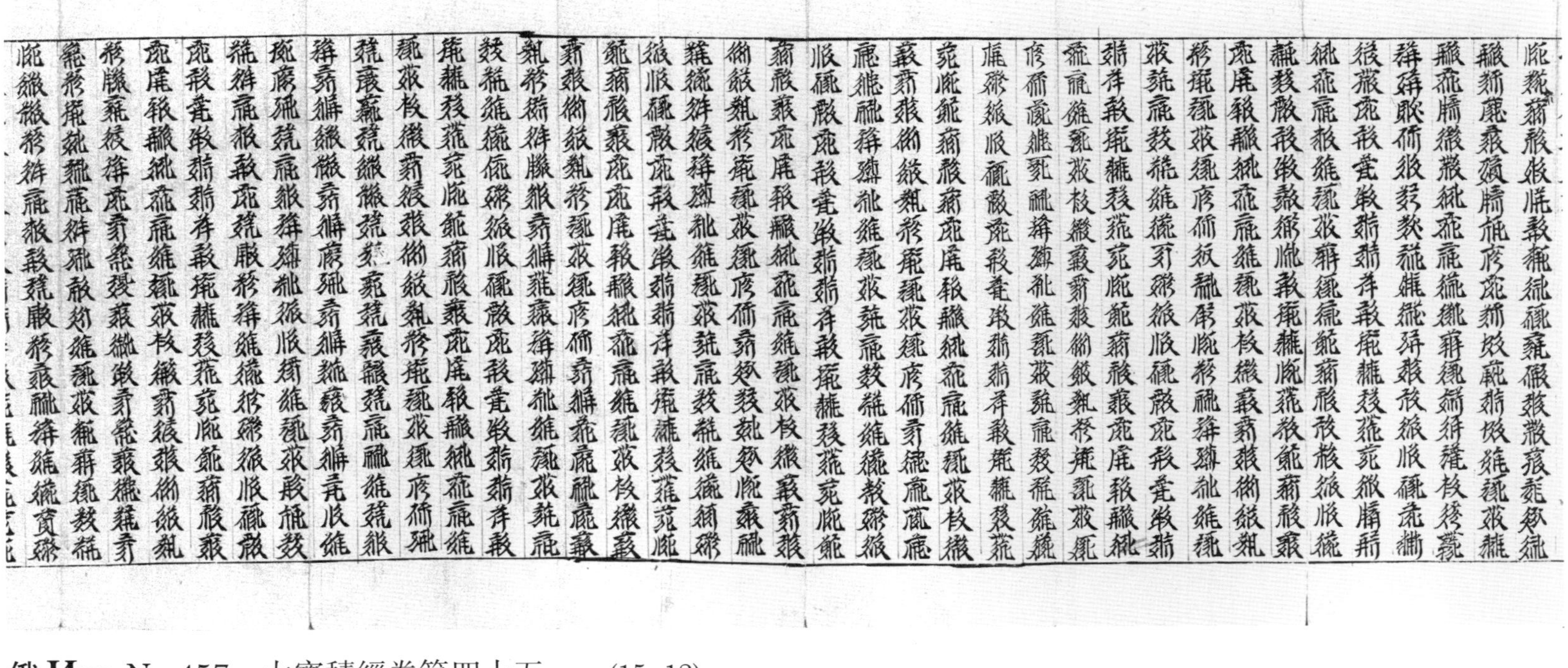

俄 Инв.No.457　大寶積經卷第四十五　(15–12)

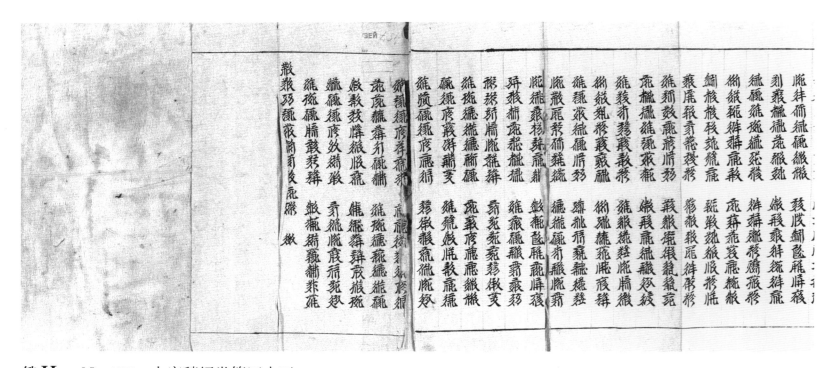

俄 Инв.No.457　大寶積經卷第四十五　　　（15-13）

俄 Инв.No.457　大寶積經卷第四十五　　　（15-14）

俄 Инв.No.457　大寶積經卷第四十五　　　（15-15）

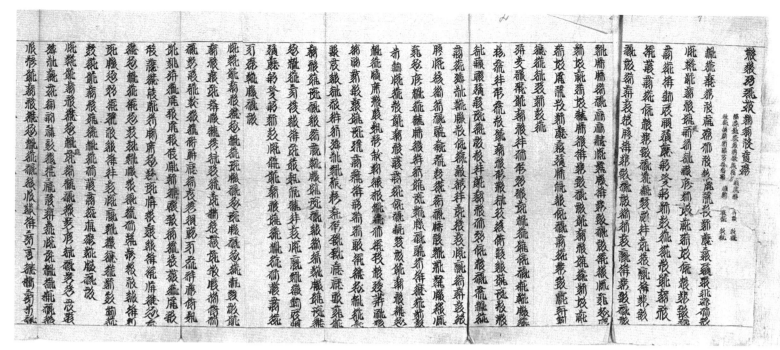

俄ИнB.No.481　大寶積經卷第四十七　　　（12-1）

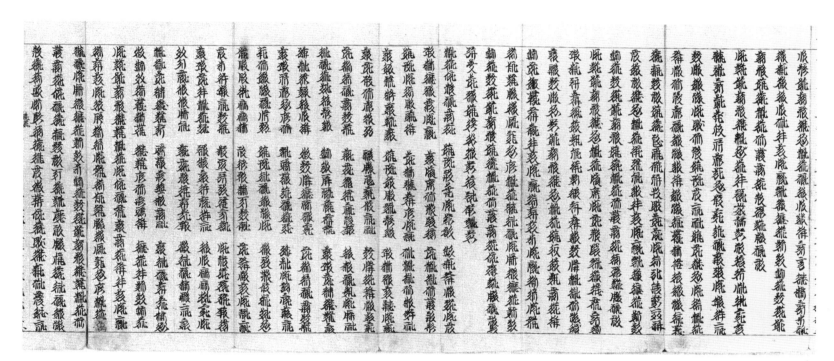

俄ИнB.No.481　大寶積經卷第四十七　　　（12-2）

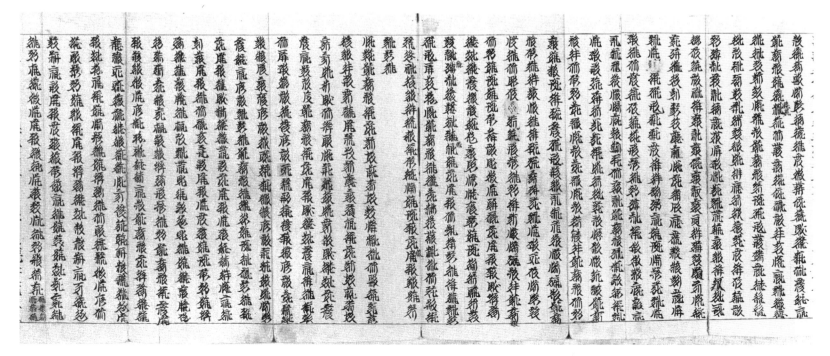

俄ИнB.No.481　大寶積經卷第四十七　　　（12-3）

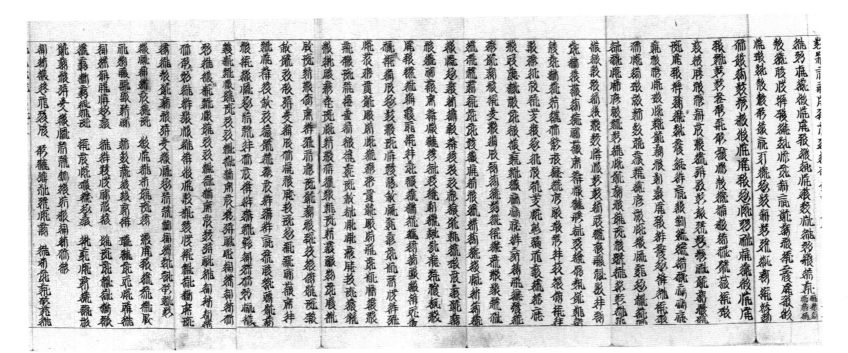

俄 ИнВ.No.481　大寶積經卷第四十七　　(12-4)

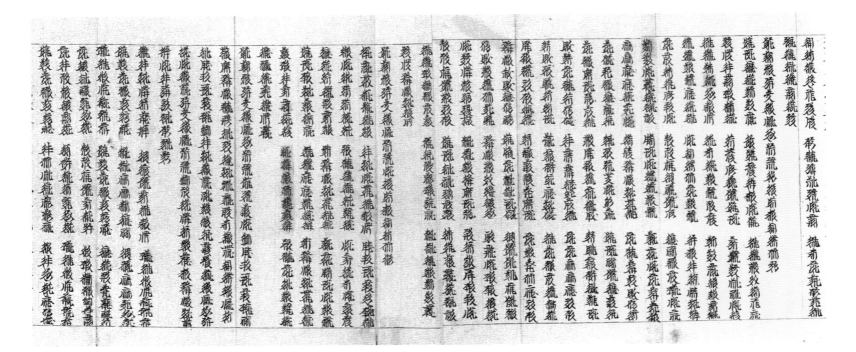

俄 ИнВ.No.481　大寶積經卷第四十七　　(12-5)

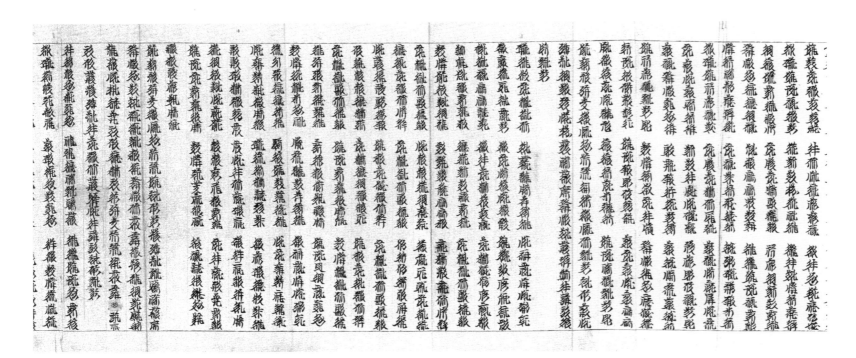

俄 ИнВ.No.481　大寶積經卷第四十七　　(12-6)

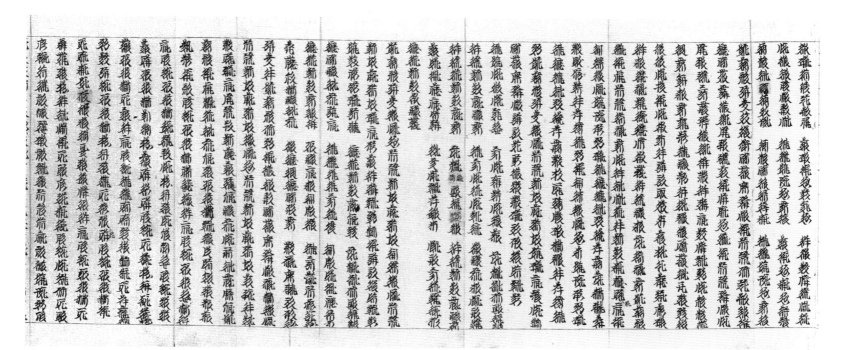

俄 **И**нв.No.481　大寶積經卷第四十七　(12-7)

俄 **И**нв.No.481　大寶積經卷第四十七　(12-8)

俄 **И**нв.No.481　大寶積經卷第四十七　(12-9)

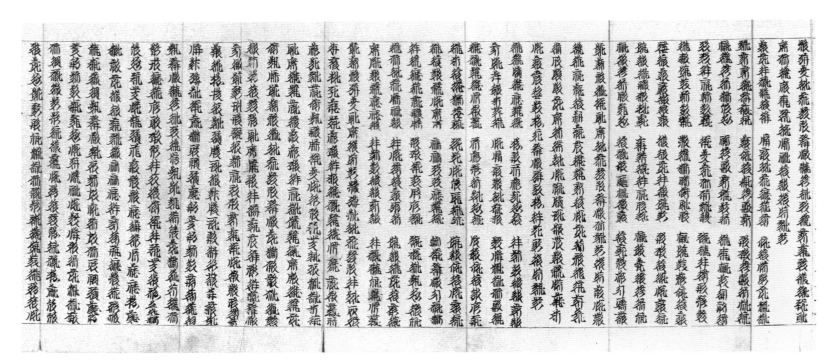

俄 **И**нв.No.481　大寶積經卷第四十七　　　　(12-10)

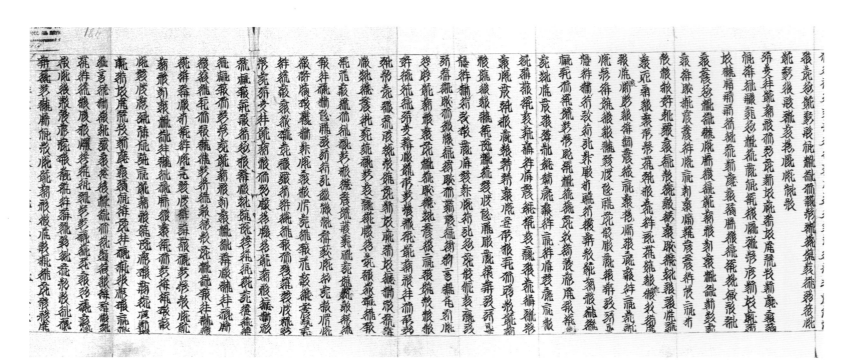

俄 **И**нв.No.481　大寶積經卷第四十七　　　　(12-11)

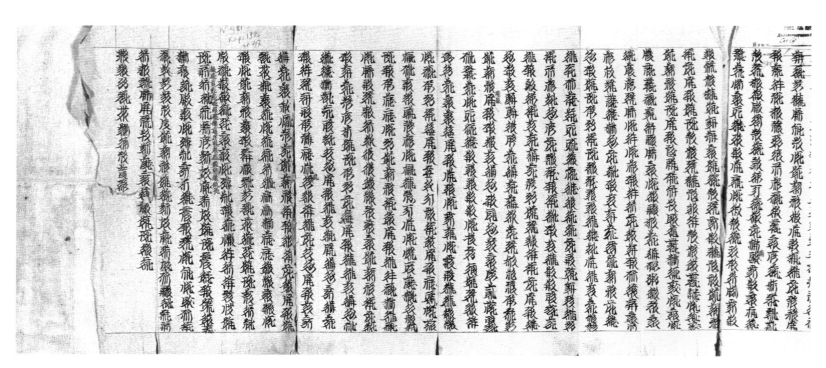

俄 **И**нв.No.481　大寶積經卷第四十七　　　　(12-12)

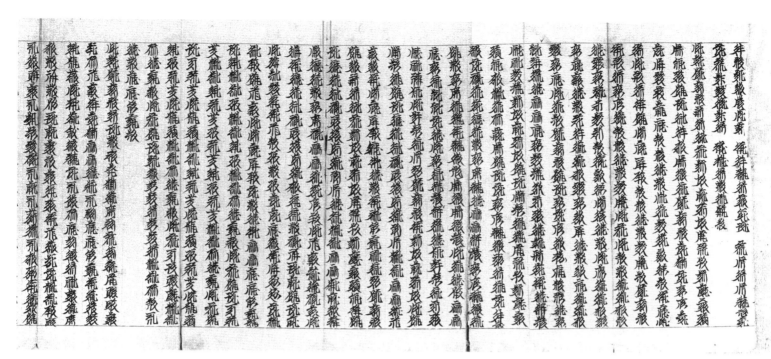

俄 Инв.No.479　大寶積經卷第四十八　　　(6-1)

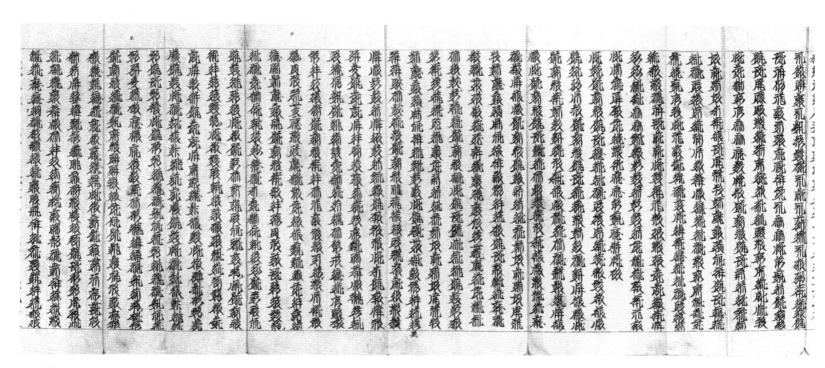

俄 Инв.No.479　大寶積經卷第四十八　　　(6-2)

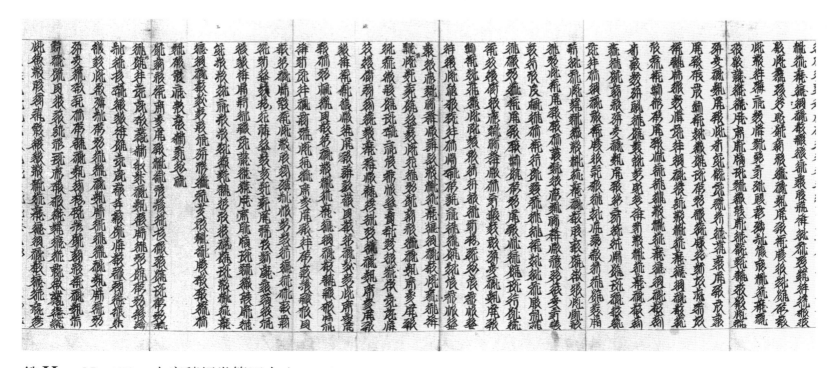

俄 Инв.No.479　大寶積經卷第四十八　　　(6-3)

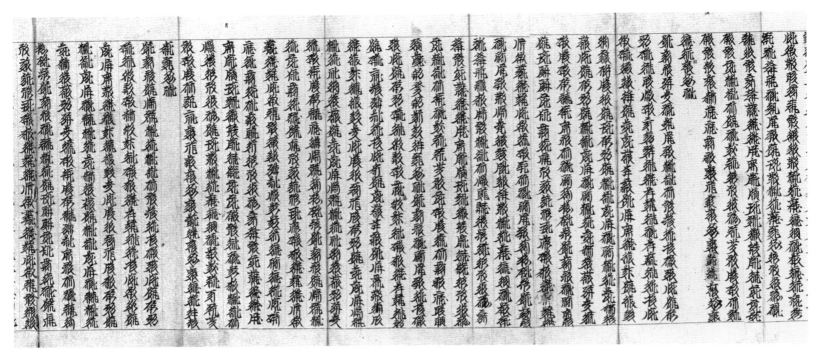

俄 Инв.No.479　大寶積經卷第四十八　　(6-4)

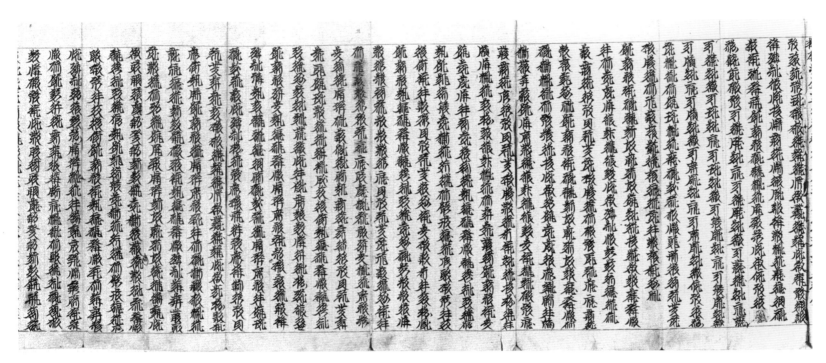

俄 Инв.No.481　大寶積經卷第四十八　　(6-5)

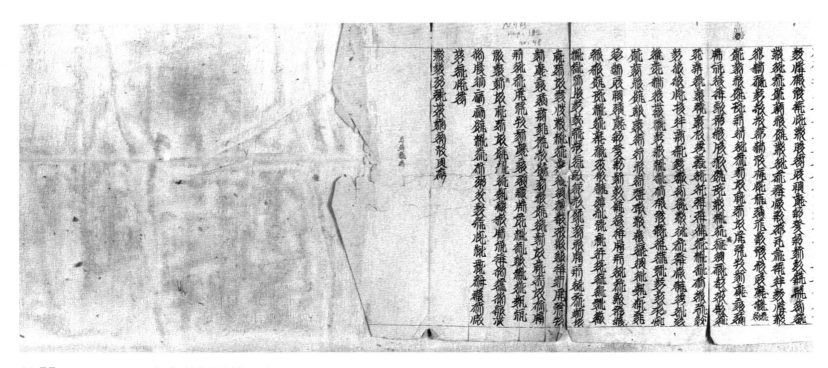

俄 Инв.No.481　大寶積經卷第四十八　　(6-6)

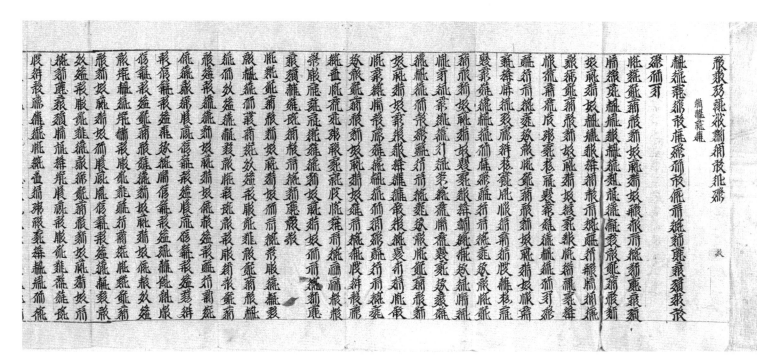

俄 **И**нв.No.478　　大寶積經卷第四十九　　　　(15-1)

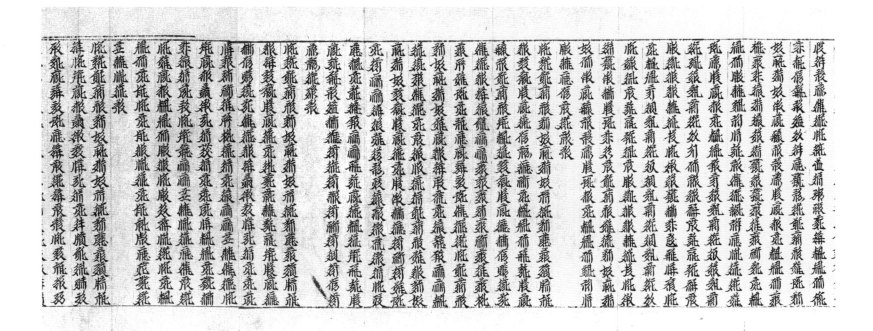

俄 **И**нв.No.478　　大寶積經卷第四十九　　　　(15-2)

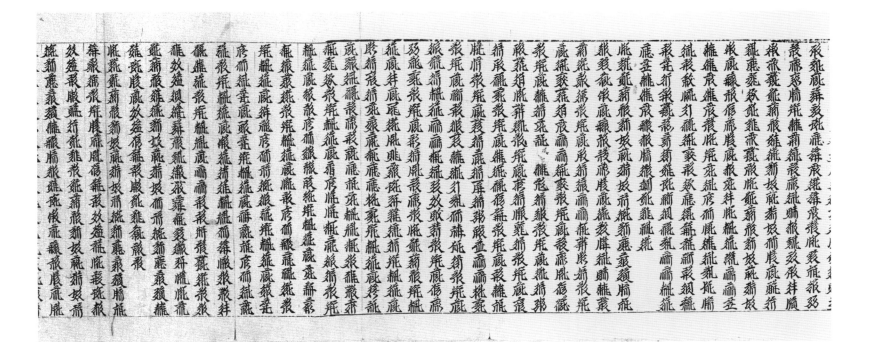

俄 **И**нв.No.478　　大寶積經卷第四十九　　　　(15-3)

俄 ИнВ.No.478　大寶積經卷第四十九　　　(15-4)

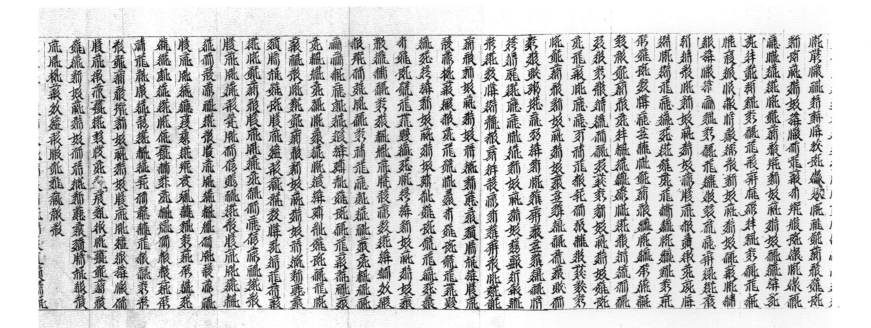

俄 ИнВ.No.478　大寶積經卷第四十九　　　(15-5)

俄 ИнВ.No.478　大寶積經卷第四十九　　　(15-6)

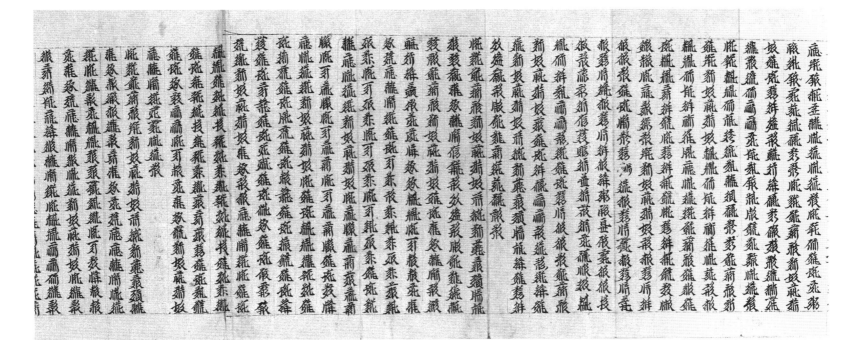

俄 **И**нв.No.478　大寶積經卷第四十九　　　(15-7)

俄 **И**нв.No.478　大寶積經卷第四十九　　　(15-8)

俄 **И**нв.No.478　大寶積經卷第四十九　　　(15-9)

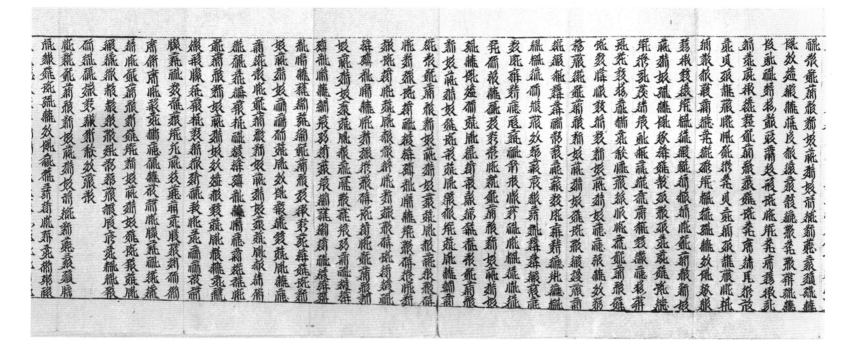

俄Инв.No.478　大寶積經卷第四十九　　　(15-10)

俄Инв.No.478　大寶積經卷第四十九　　　(15-11)

俄Инв.No.478　大寶積經卷第四十九　　　(15-12)

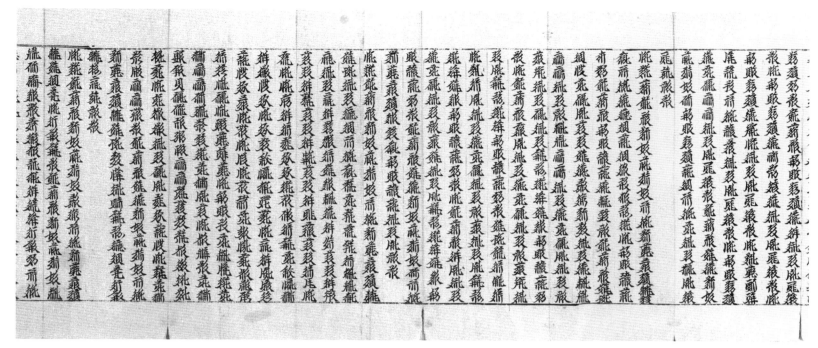

俄 ИHB.No.478　　大寶積經卷第四十九　　　(15-13)

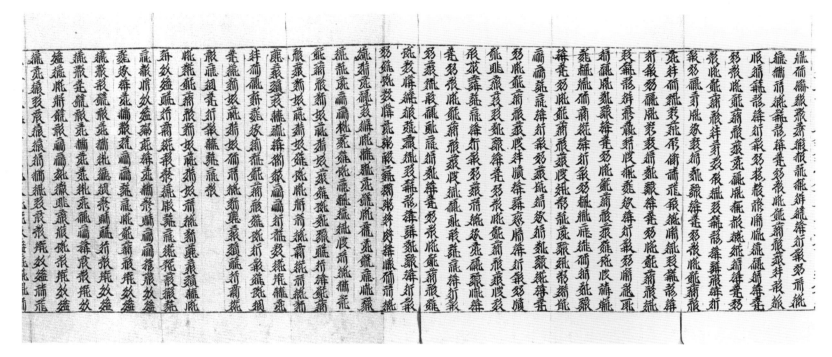

俄 ИHB.No.478　　大寶積經卷第四十九　　　(15-14)

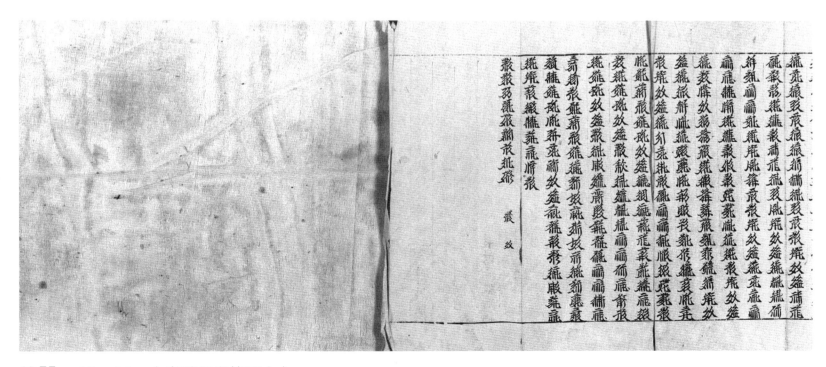

俄 ИHB.No.478　　大寶積經卷第四十九　　　(15-15)

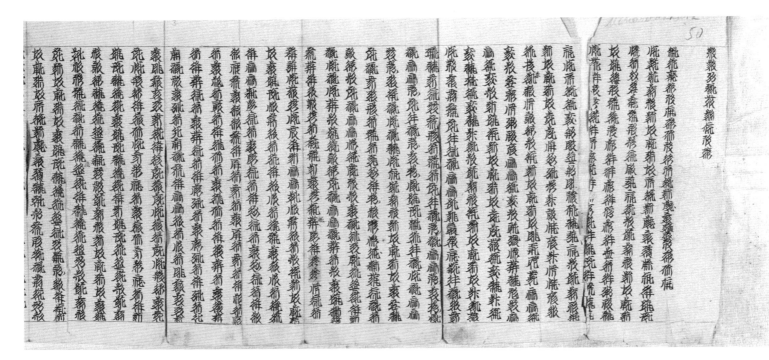

俄ИнB.No.104　大寶積經卷第五十　　　（10-1）

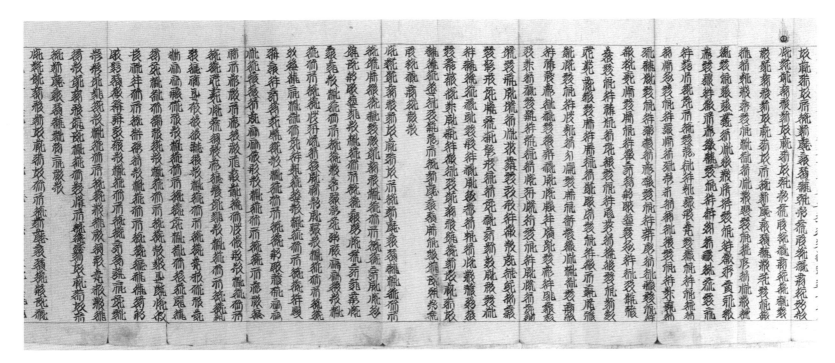

俄ИнB.No.104　大寶積經卷第五十　　　（10-2）

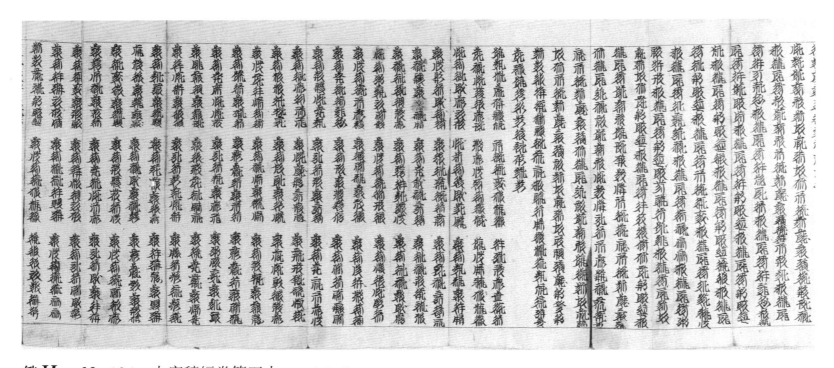

俄ИнB.No.104　大寶積經卷第五十　　　（10-3）

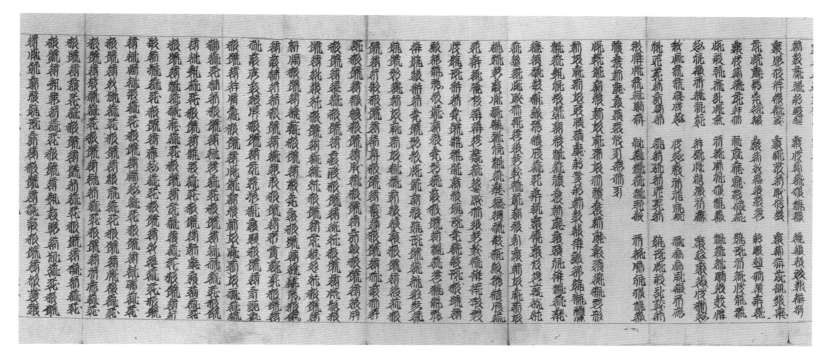

俄Инв.No.104　大寶積經卷第五十　　(10-4)

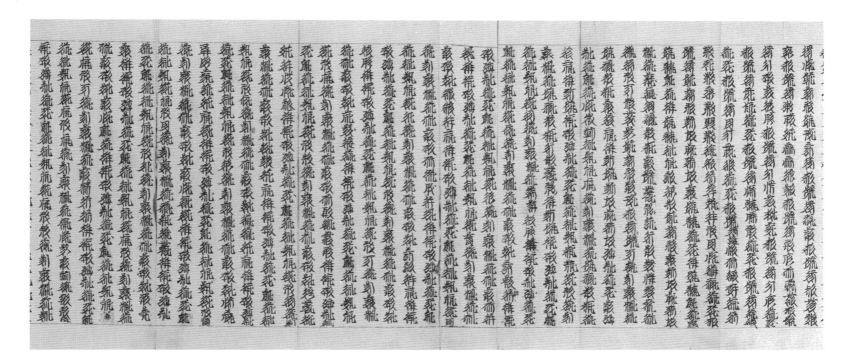

俄Инв.No.104　大寶積經卷第五十　　(10-5)

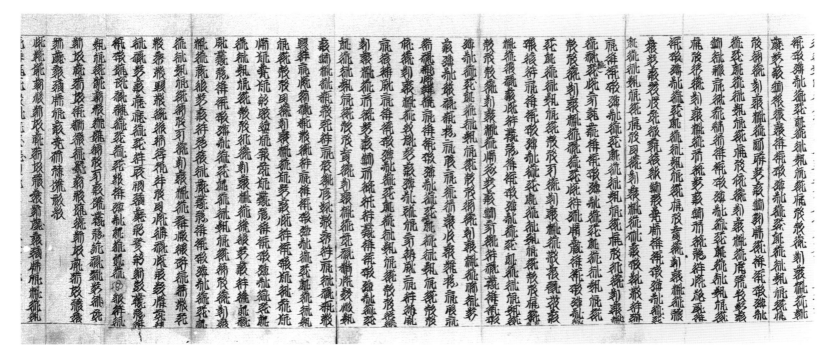

俄Инв.No.104　大寶積經卷第五十　　(10-6)

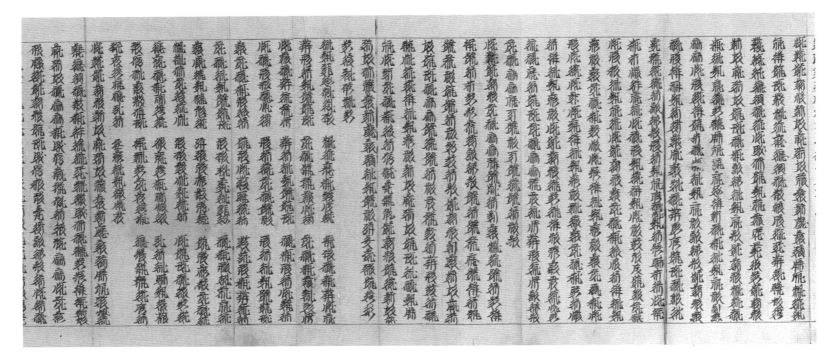

俄ИнВ.No.104　大寶積經卷第五十　　　(10-7)

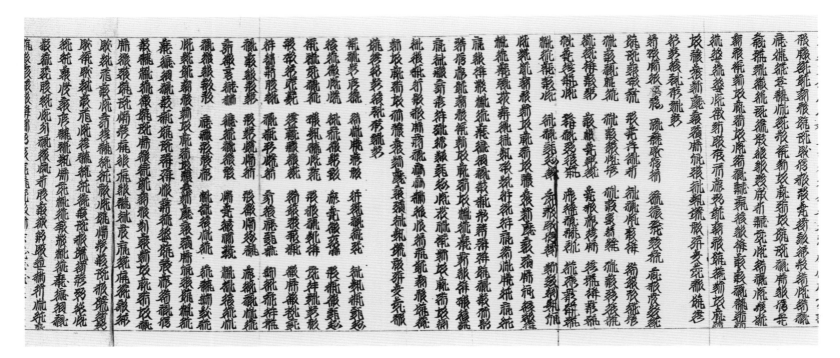

俄ИнВ.No.104　大寶積經卷第五十　　　(10-8)

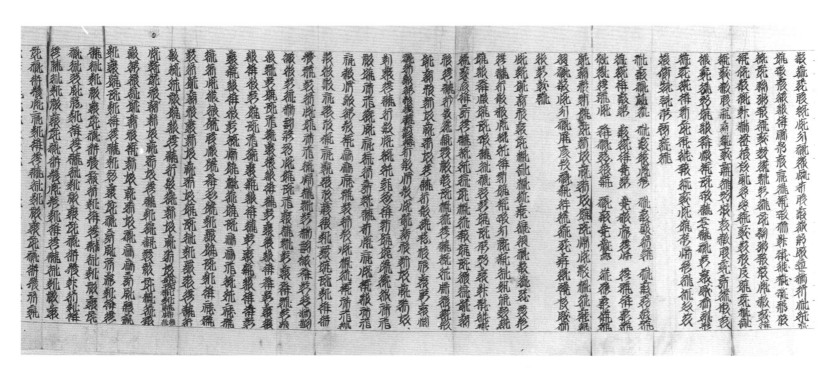

俄ИнВ.No.104　大寶積經卷第五十　　　(10-9)

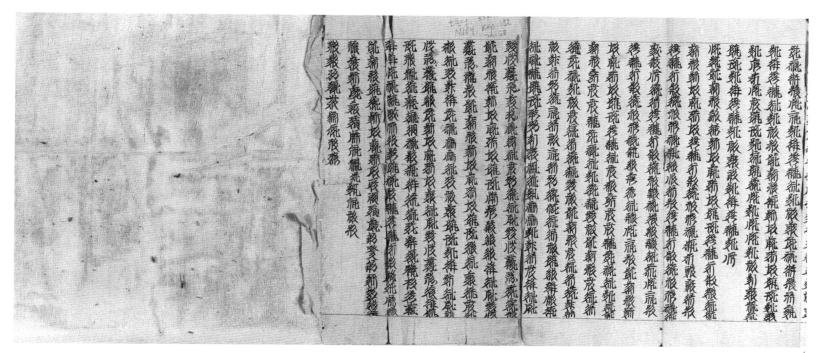

俄 **И**нв.No.104　大寶積經卷第五十　　　(10-10)

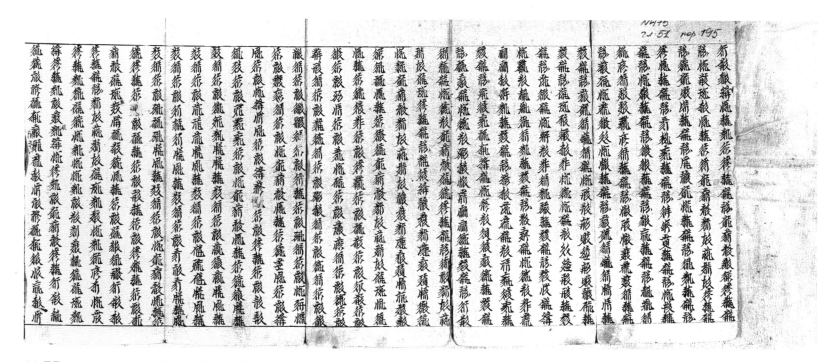

俄 **И**нв.No.475　大寶積經卷第五十一　　　(11-1)

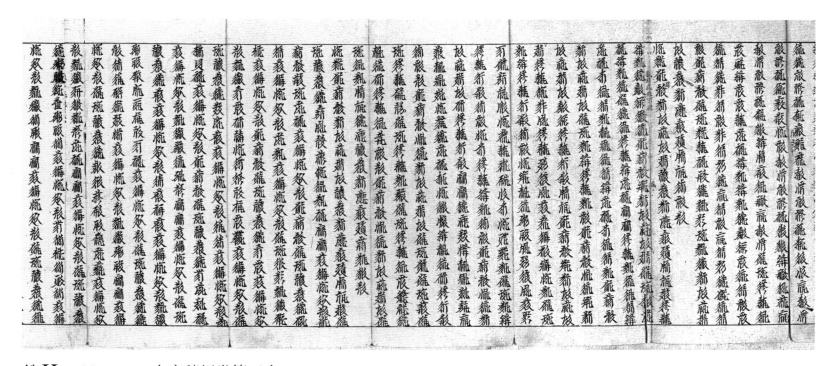

俄 **И**нв.No.475　大寶積經卷第五十一　　　(11-2)

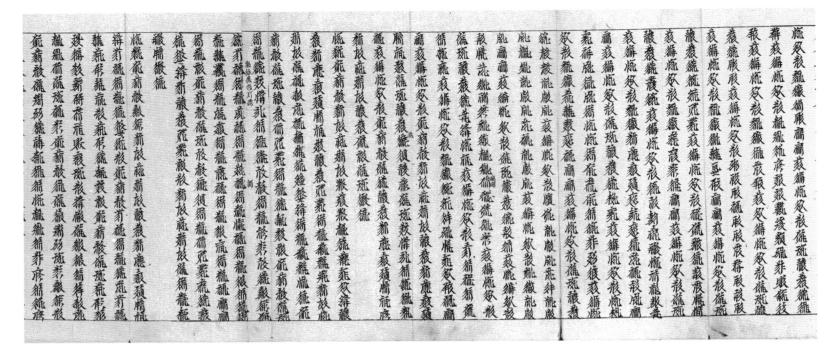

俄Инв.No.475　大寶積經卷第五十一　　　(11-3)

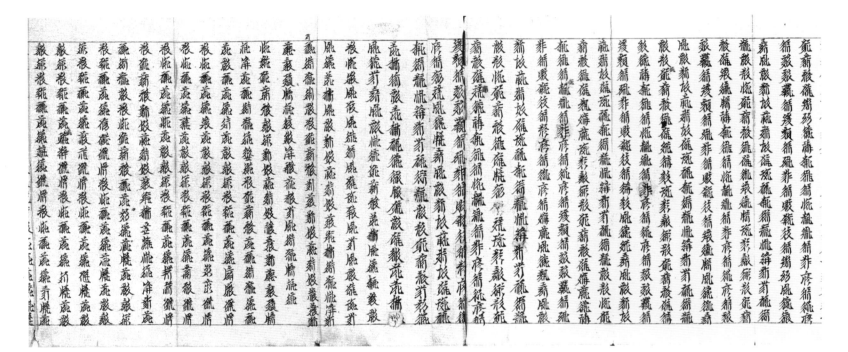

俄Инв.No.475　大寶積經卷第五十一　　　(11-4)

俄Инв.No.475　大寶積經卷第五十一　　　(11-5)

俄 Инв.No.475　大寶積經卷第五十一　　　(11-6)

俄 Инв.No.475　大寶積經卷第五十一　　　(11-7)

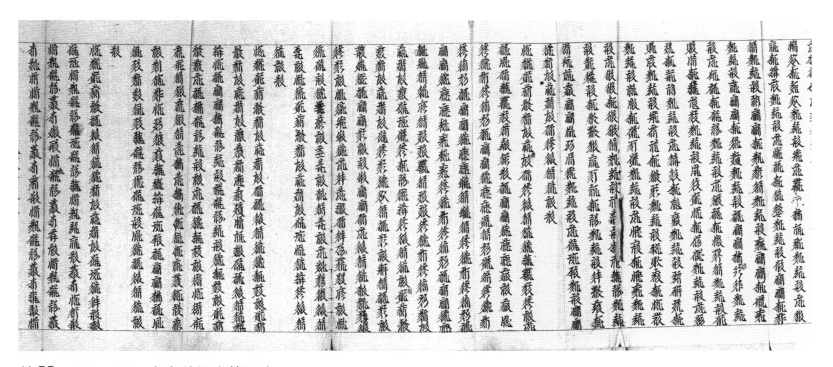

俄 Инв.No.475　大寶積經卷第五十一　　　(11-8)

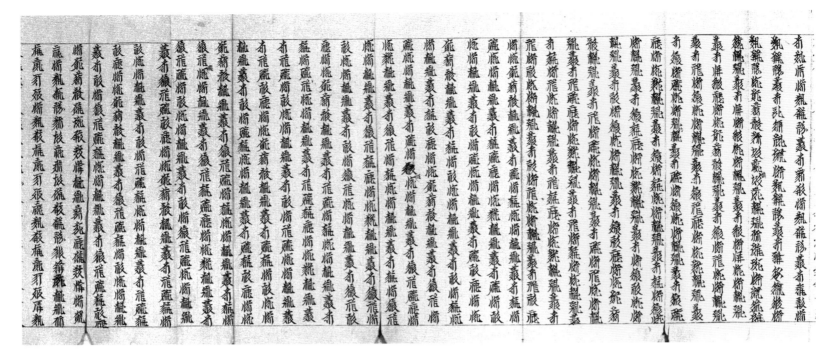

俄Инв.No.475　大寶積經卷第五十一　　　(11-9)

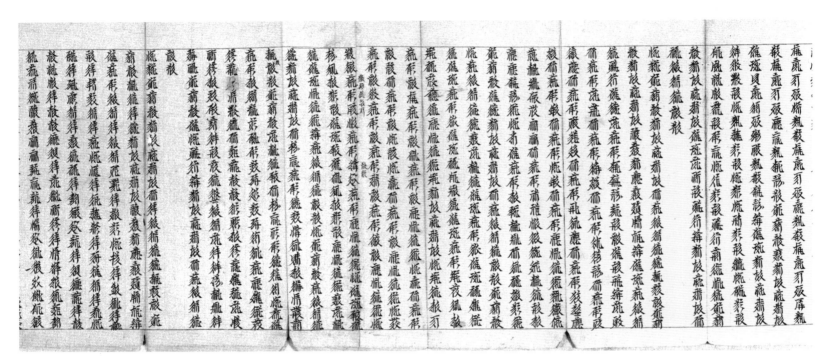

俄Инв.No.475　大寶積經卷第五十一　　　(11-10)

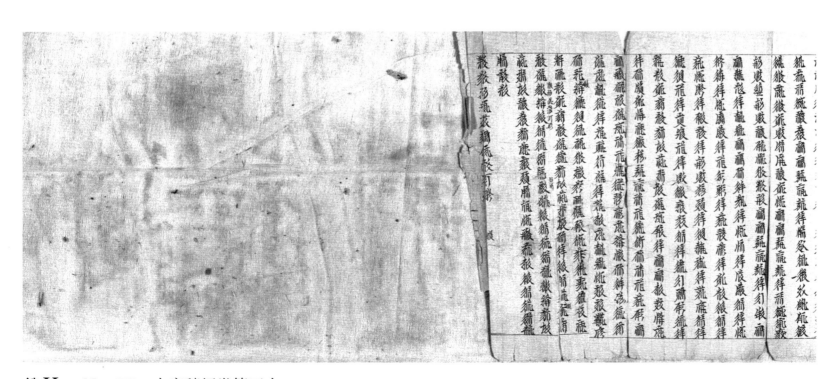

俄Инв.No.475　大寶積經卷第五十一　　　(11-11)

俄 Инв.No.474　　大寶積經卷第五十二　　(14-1)

俄 Инв.No.474　　大寶積經卷第五十二　　(14-2)

俄 Инв.No.474　　大寶積經卷第五十二　　(14-3)

俄ИНВ.No.474　大寶積經卷第五十二　　　(14-7)

俄ИНВ.No.474　大寶積經卷第五十二　　　(14-8)

俄ИНВ.No.474　大寶積經卷第五十二　　　(14-9)

俄 **И**нв.No.474　大寶積經卷第五十二　　　(14-10)

俄 **И**нв.No.474　大寶積經卷第五十二　　　(14-11)

俄 **И**нв.No.474　大寶積經卷第五十二　　　(14-12)

俄 **Инв**.No.474　大寶積經卷第五十二　　(14-13)

俄 **Инв**.No.474　大寶積經卷第五十二　　(14-14)

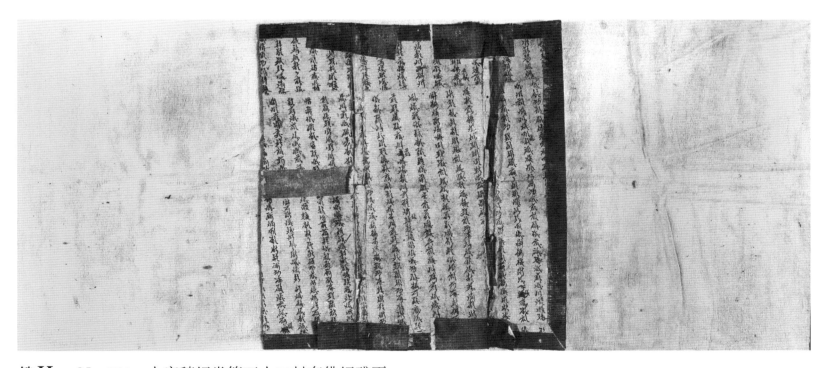

俄 **Инв**.No.474　大寶積經卷第五十二封套佛經殘頁

俄 Инв.No.473　　大寶積經卷第五十三　　　(12-1)

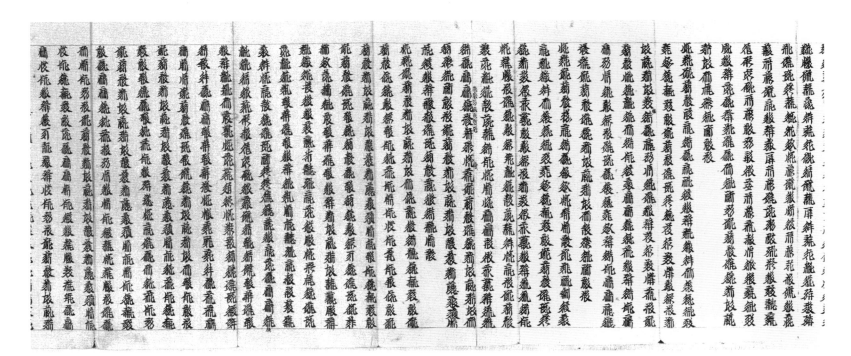

俄 Инв.No.473　　大寶積經卷第五十三　　　(12-2)

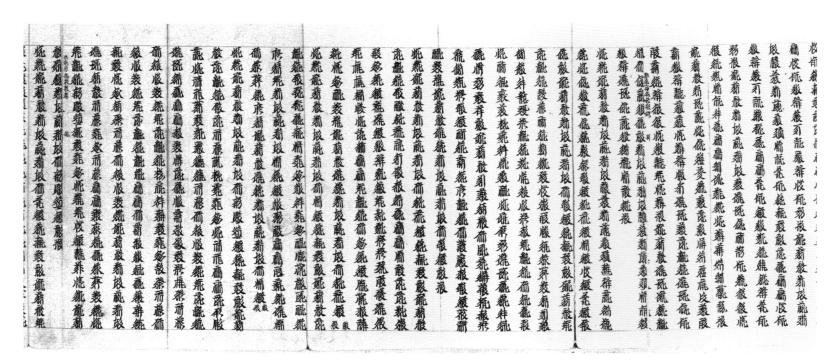

俄 Инв.No.473　　大寶積經卷第五十三　　　(12-3)

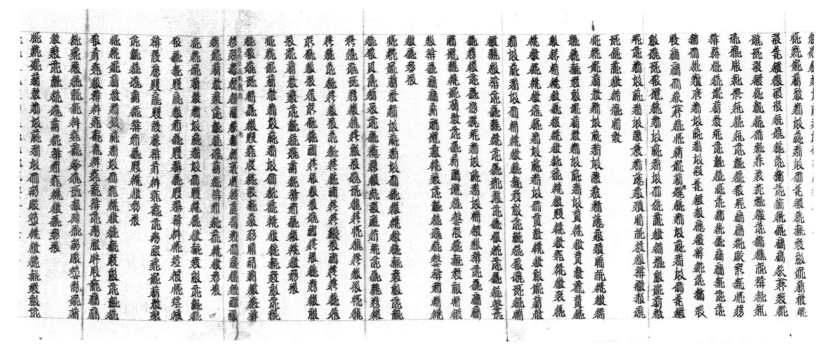

俄 **И**нв.No.473　大寶積經卷第五十三　　　(12-4)

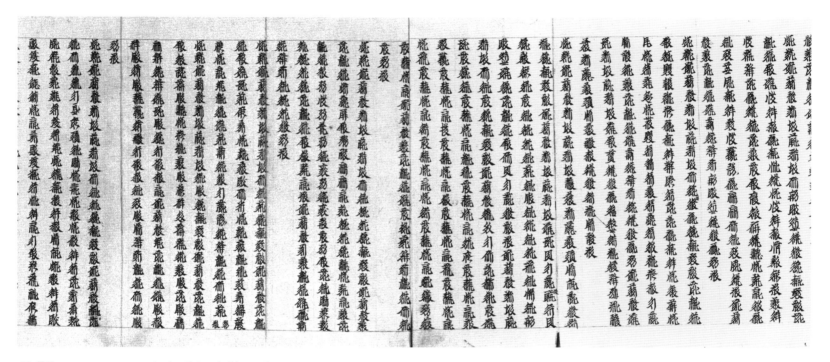

俄 **И**нв.No.473　大寶積經卷第五十三　　　(12-5)

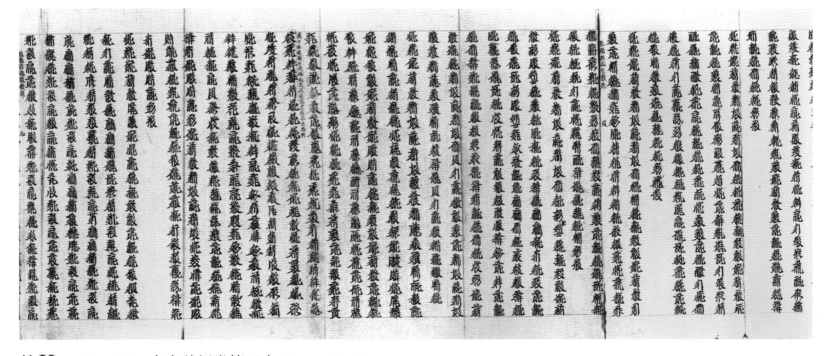

俄 **И**нв.No.473　大寶積經卷第五十三　　　(12-6)

257

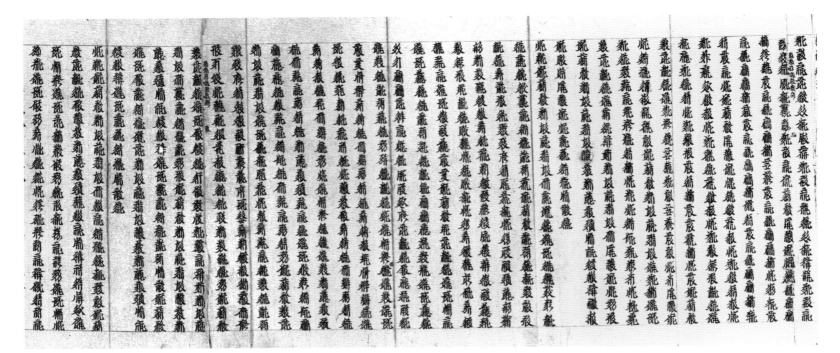

俄 Инв.No.473　大寶積經卷第五十三　　(12-7)

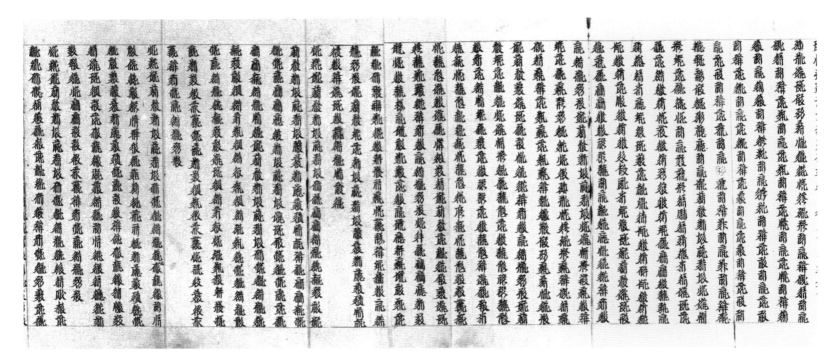

俄 Инв.No.473　大寶積經卷第五十三　　(12-8)

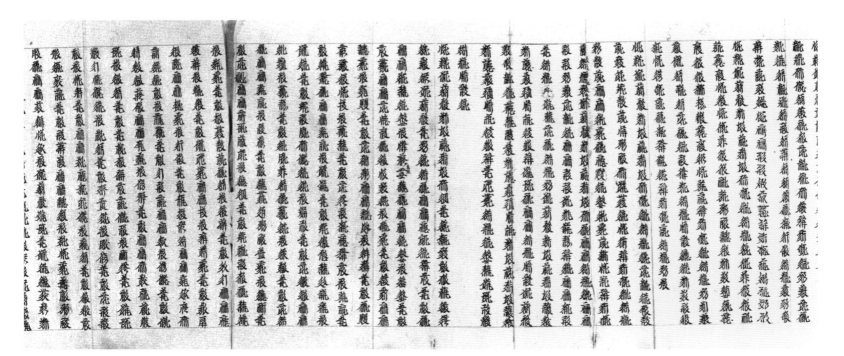

俄 Инв.No.473　大寶積經卷第五十三　　(12-9)

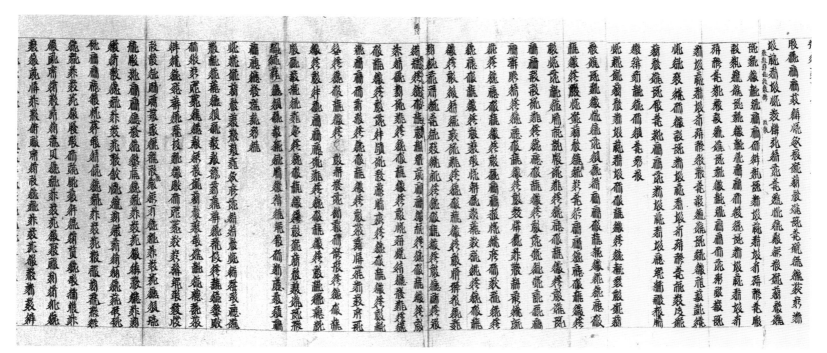

俄 **И**нв.No.473　大寶積經卷第五十三　　（12-10）

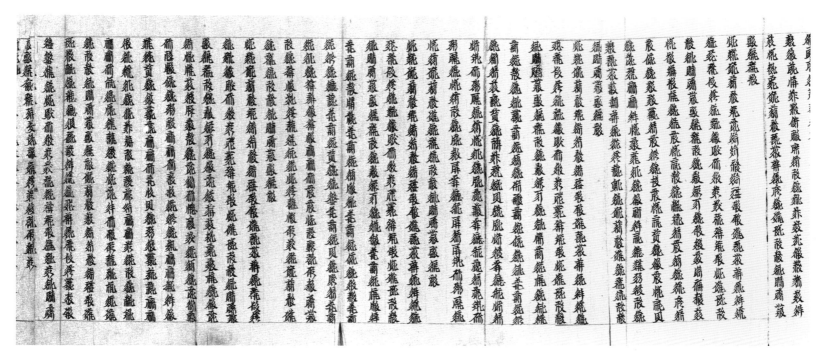

俄 **И**нв.No.473　大寶積經卷第五十三　　（12-11）

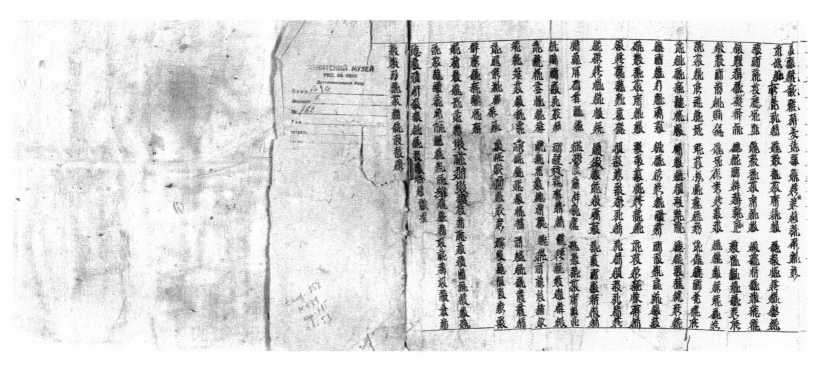

俄 **И**нв.No.473　大寶積經卷第五十三　　（12-12）

259

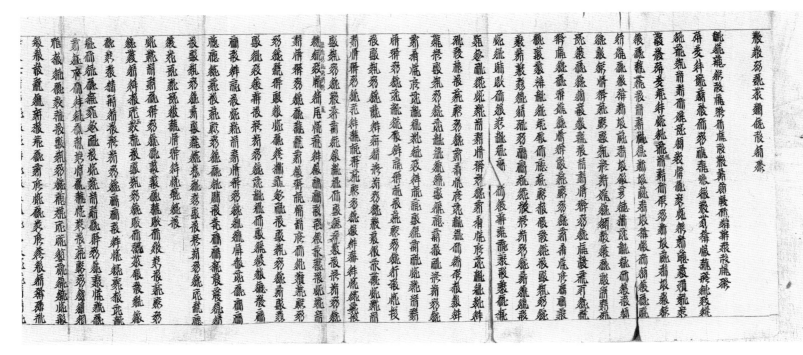

俄ИНВ.No.472　大寶積經卷第五十四　　　(12-1)

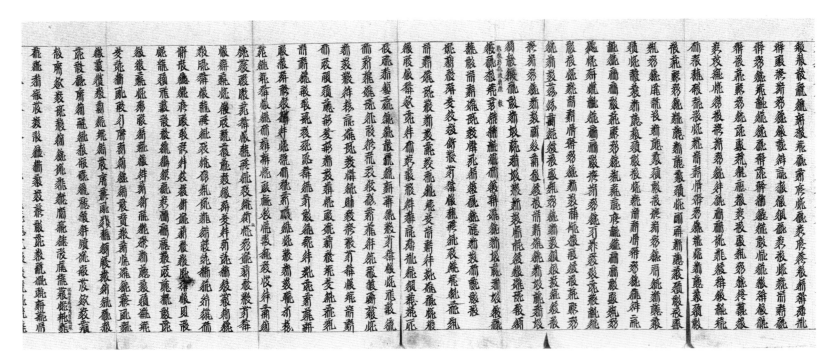

俄ИНВ.No.472　大寶積經卷第五十四　　　(12-2)

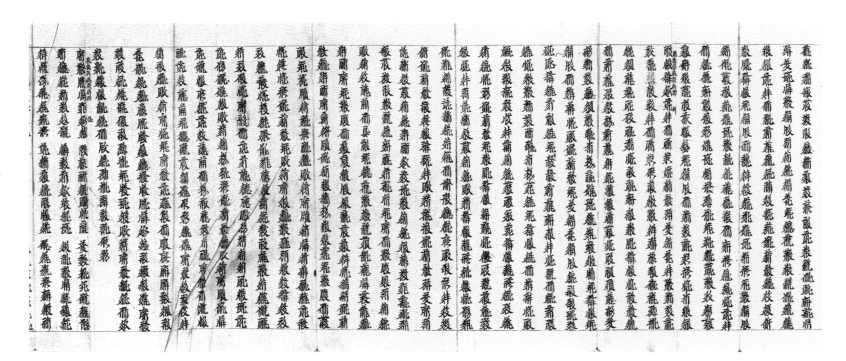

俄ИНВ.No.472　大寶積經卷第五十四　　　(12-3)

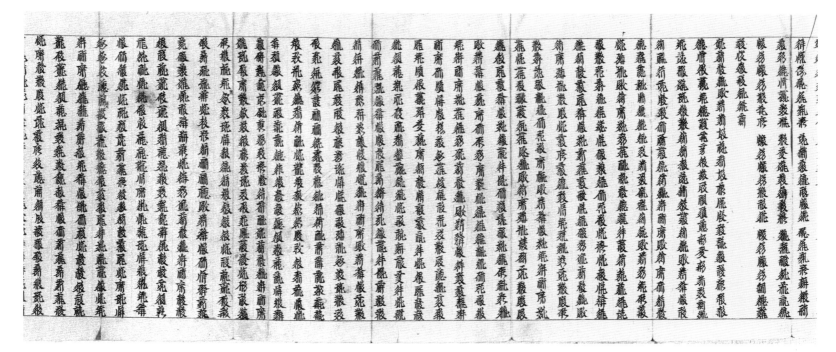

俄 Инв.No.472　大寶積經卷第五十四　　(12-4)

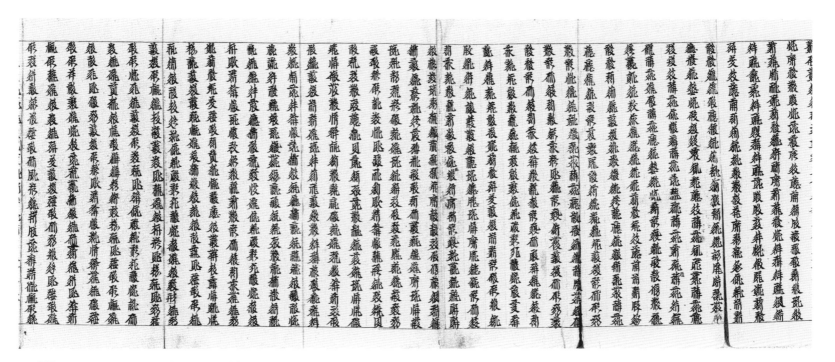

俄 Инв.No.472　大寶積經卷第五十四　　(12-5)

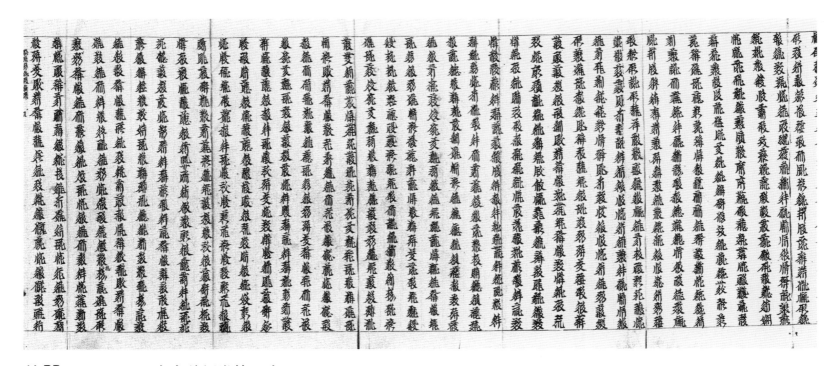

俄 Инв.No.472　大寶積經卷第五十四　　(12-6)

俄 Инв.No.472　大寶積經卷第五十四　　　(12-7)

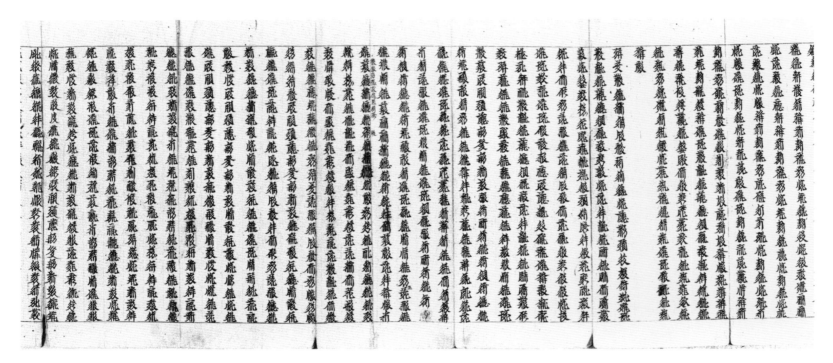

俄 Инв.No.472　大寶積經卷第五十四　　　(12-8)

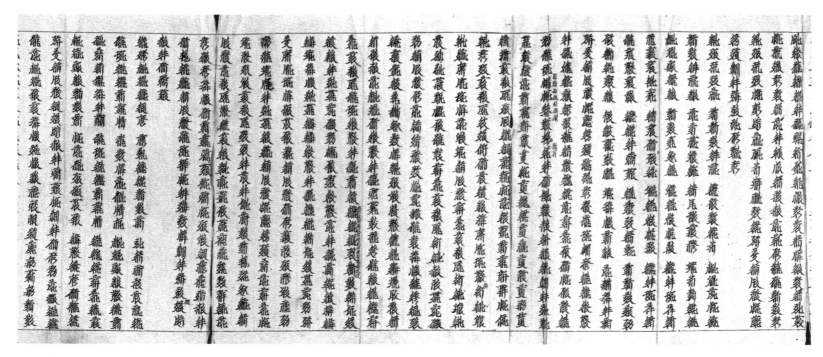

俄 Инв.No.472　大寶積經卷第五十四　　　(12-9)

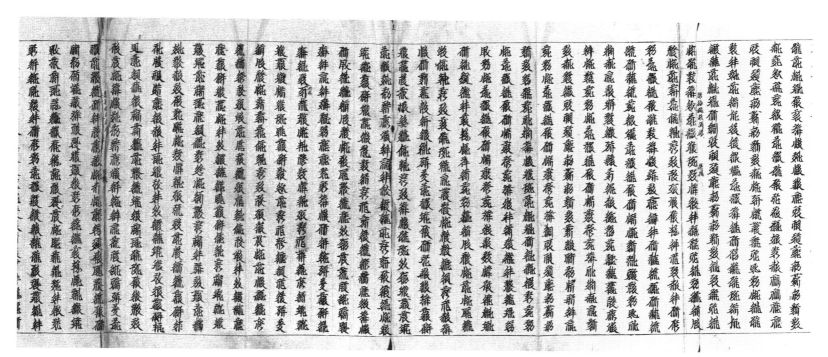

俄 Инв.No.472　大寶積經卷第五十四　　(12-10)

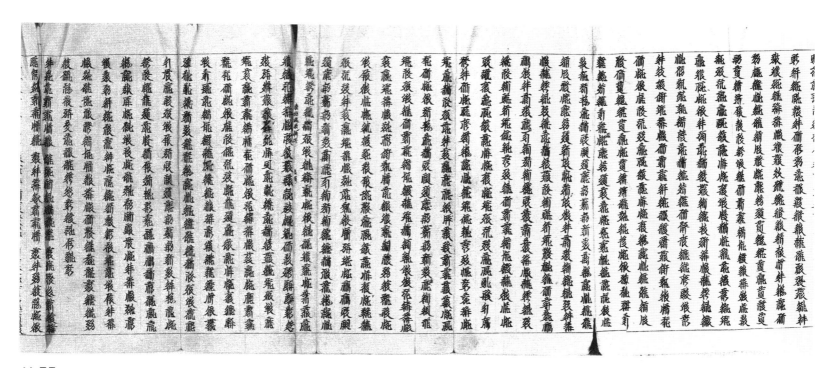

俄 Инв.No.472　大寶積經卷第五十四　　(12-11)

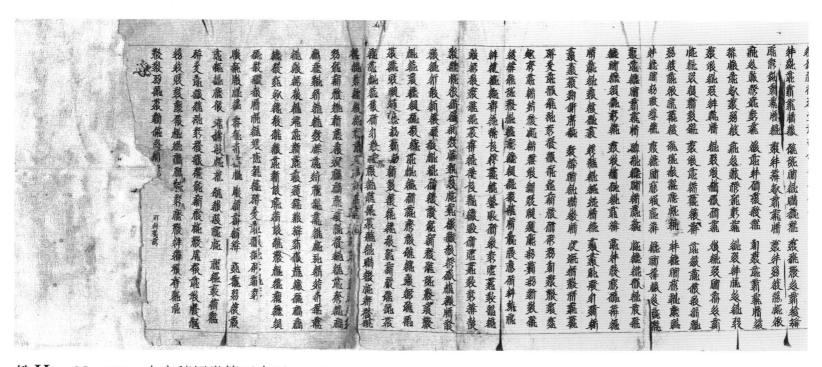

俄 Инв.No.472　大寶積經卷第五十四　　(12-12)

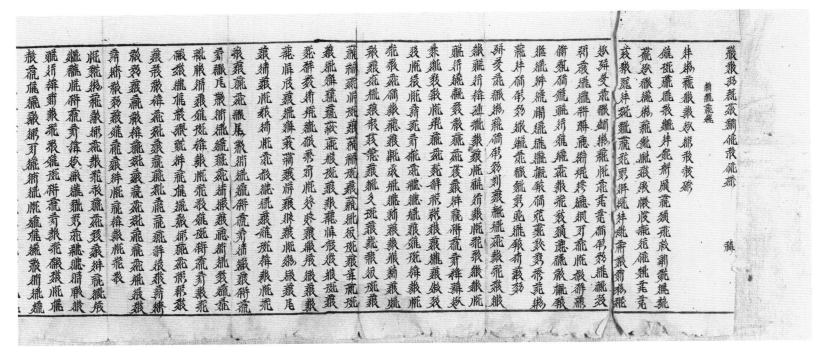

俄 Инв.No.466　大寶積經卷第五十五　　　(11-1)

俄 Инв.No.466　大寶積經卷第五十五　　　(11-2)

俄 Инв.No.466　大寶積經卷第五十五　　　(11-3)

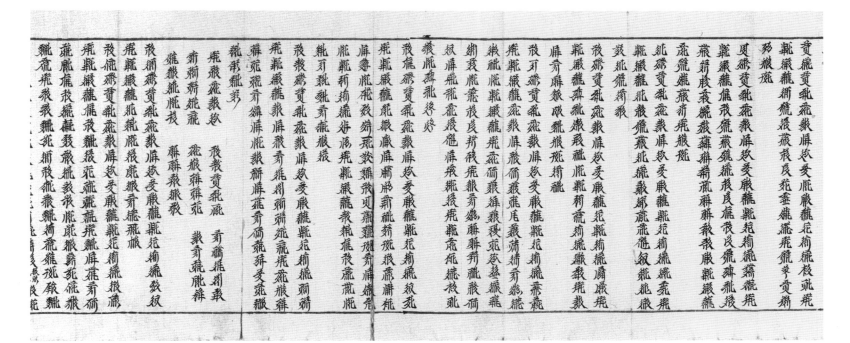

俄 Инв.No.466　大寶積經卷第五十五　　　(11-4)

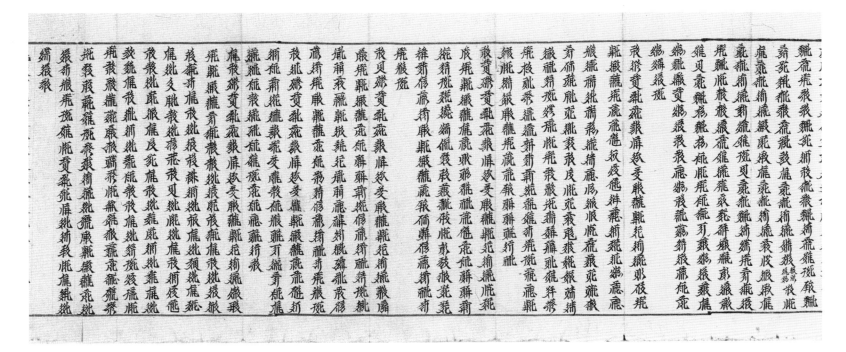

俄 Инв.No.466　大寶積經卷第五十五　　　(11-5)

俄 Инв.No.466　大寶積經卷第五十五　　　(11-6)

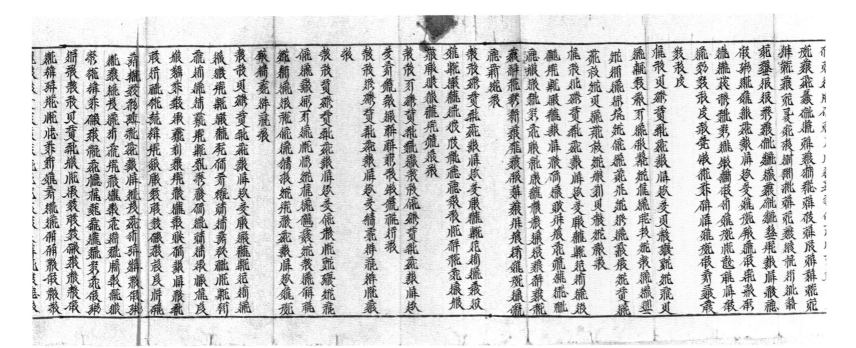

俄 **Инв**.No.466　大寶積經卷第五十五　　　(11-7)

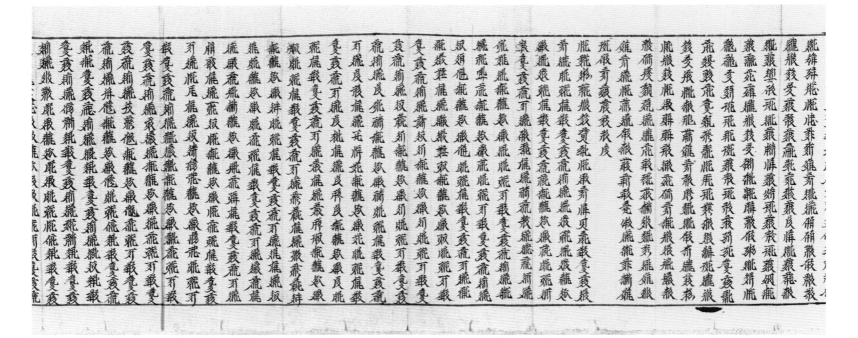

俄 **Инв**.No.466　大寶積經卷第五十五　　　(11-8)

俄 **Инв**.No.466　大寶積經卷第五十五　　　(11-9)

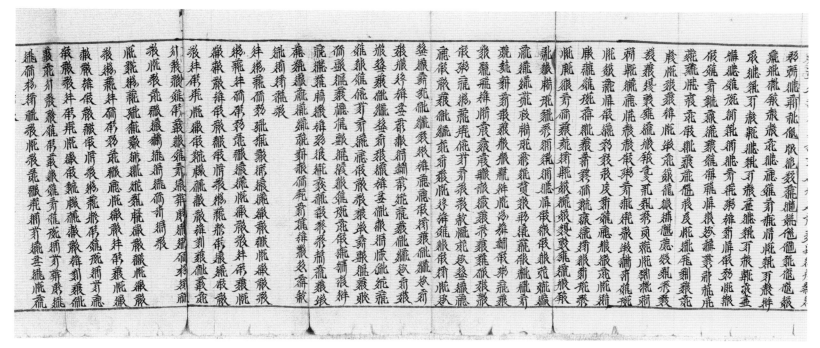

俄 Инв.No.466　大寶積經卷第五十五　　　(11-10)

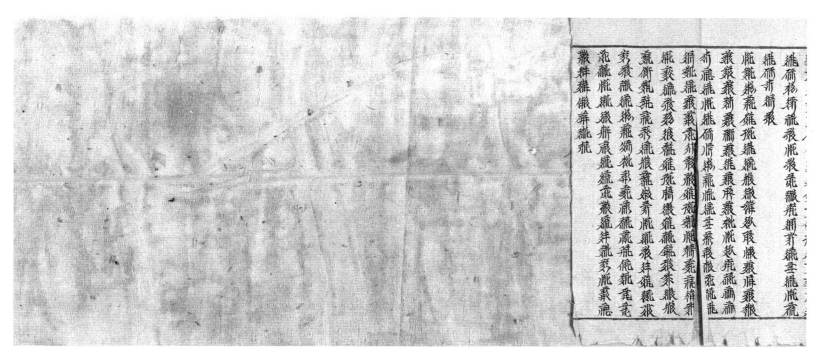

俄 Инв.No.466　大寶積經卷第五十五　　　(11-11)

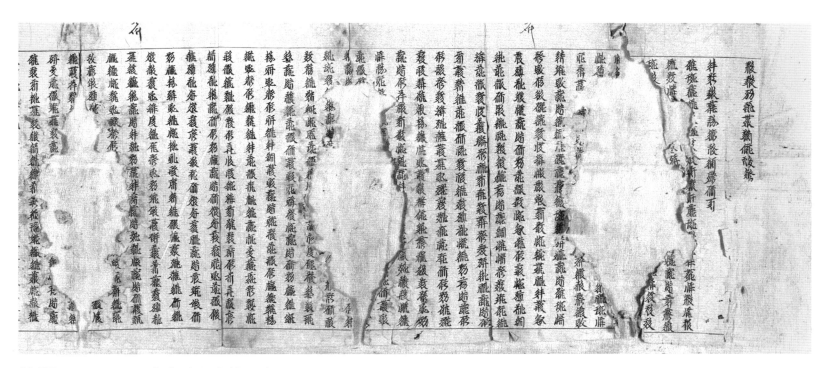

俄 Инв.No.465　大寶積經卷第五十六　　　(10-1)

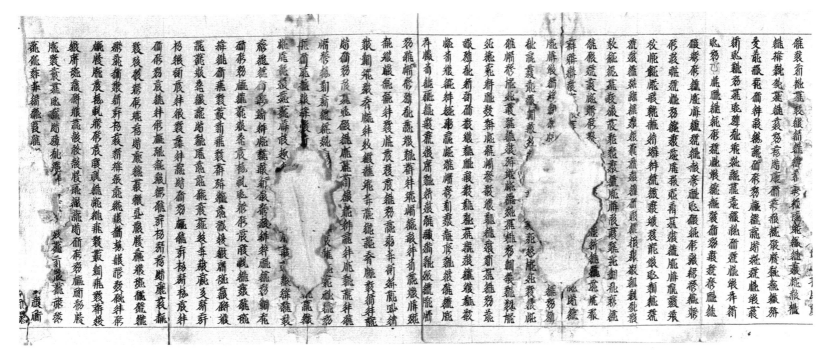

俄Инв.No.465　　大寶積經卷第五十六　　　（10-2）

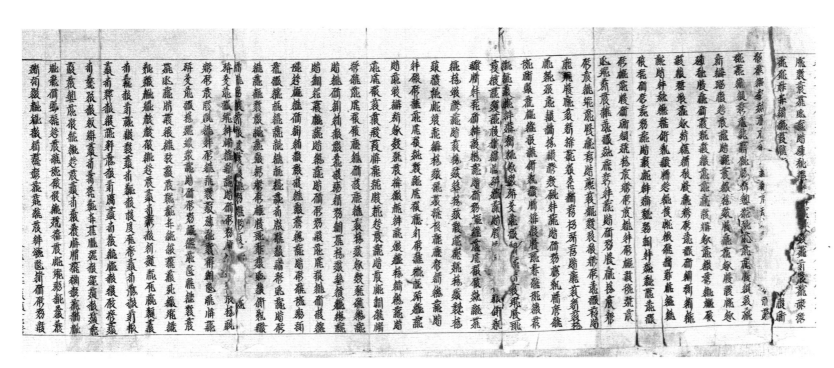

俄Инв.No.465　　大寶積經卷第五十六　　　（10-3）

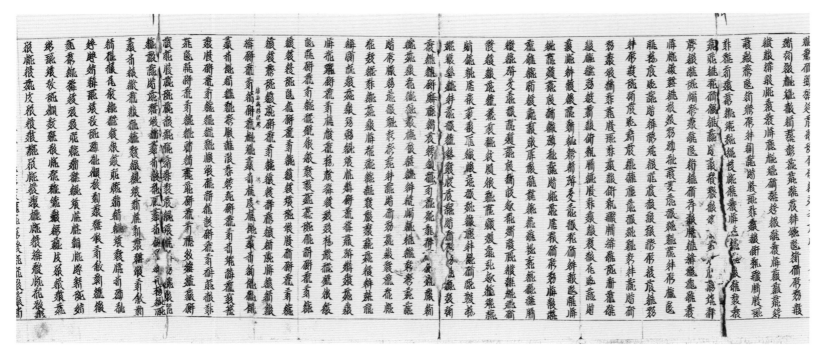

俄Инв.No.465　　大寶積經卷第五十六　　　（10-4）

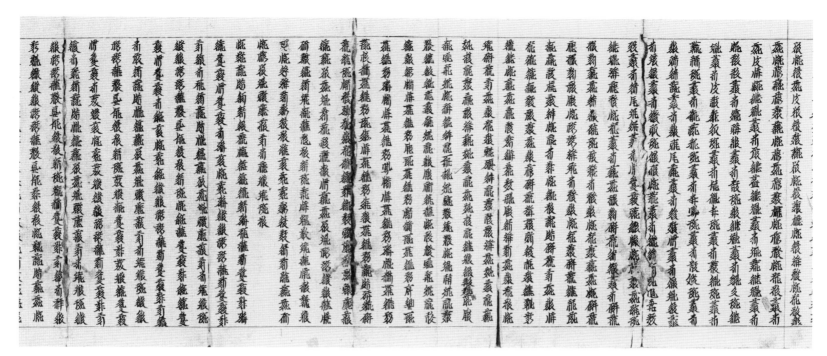

俄 **И**нв.No.465　　大寶積經卷第五十六　　　　(10-5)

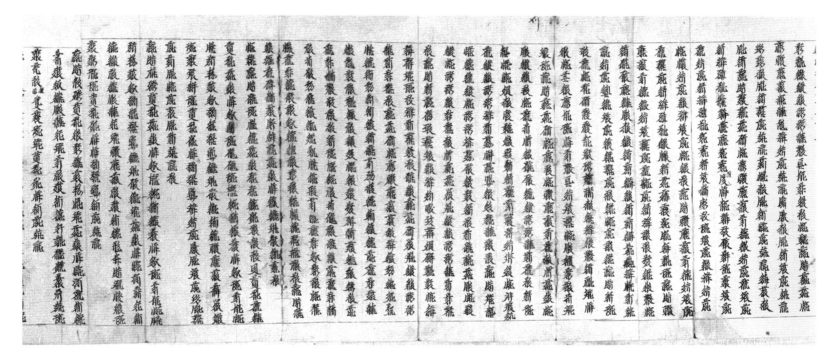

俄 **И**нв.No.465　　大寶積經卷第五十六　　　　(10-6)

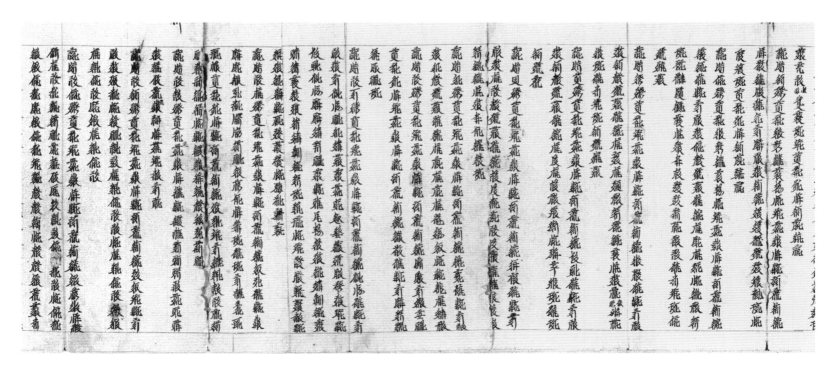

俄 **И**нв.No.465　　大寶積經卷第五十六　　　　(10-7)

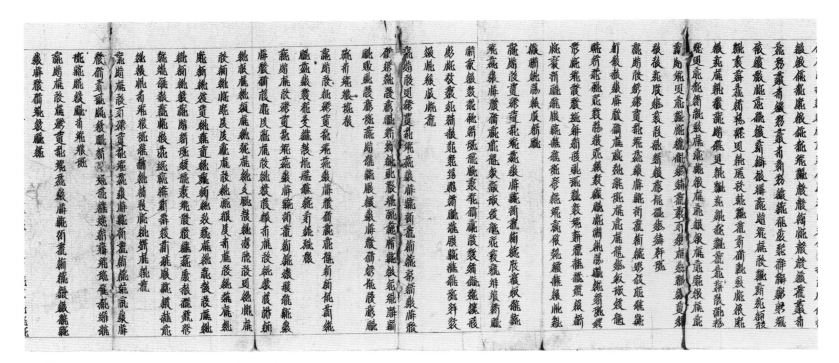

俄 **Инв**.No.465　大寶積經卷第五十六　　　　(10-8)

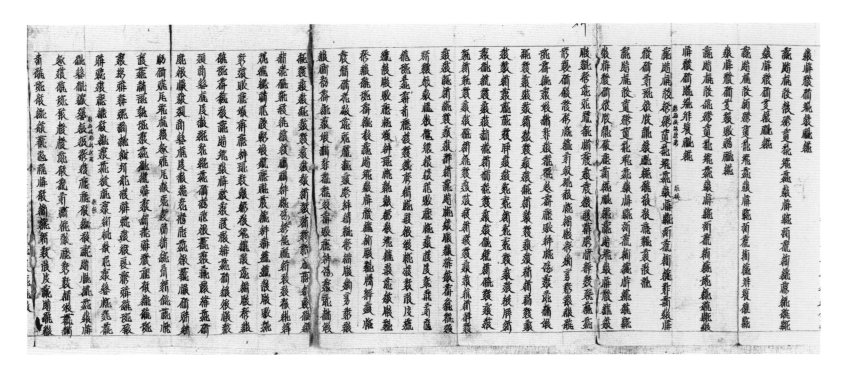

俄 **Инв**.No.465　大寶積經卷第五十六　　　　(10-9)

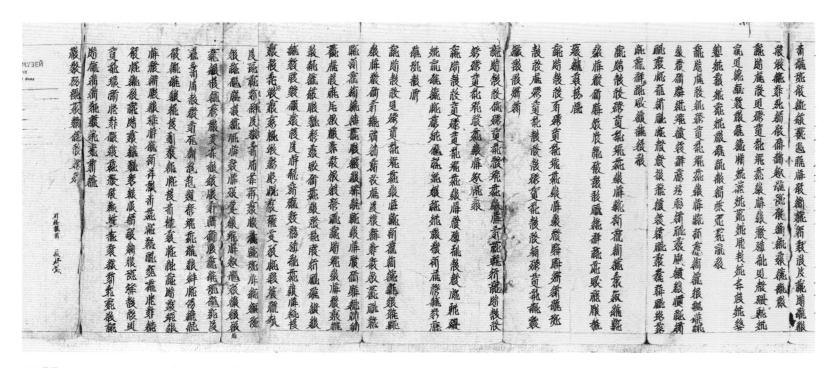

俄 **Инв**.No.465　大寶積經卷第五十六　　　　(10-10)

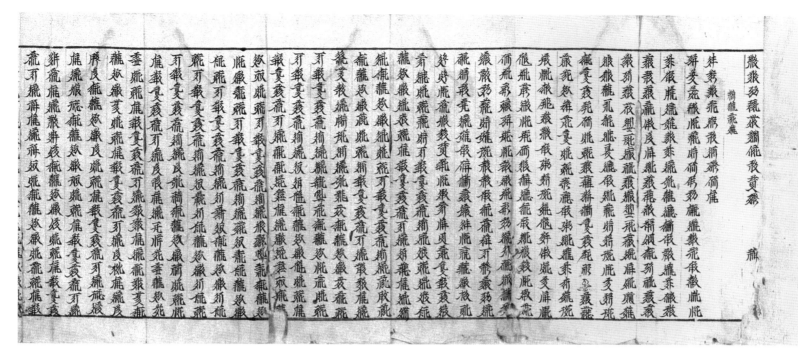

俄 Инв.No.463　大寶積經卷第五十七　　（11-1）

俄 Инв.No.463　大寶積經卷第五十七　　（11-2）

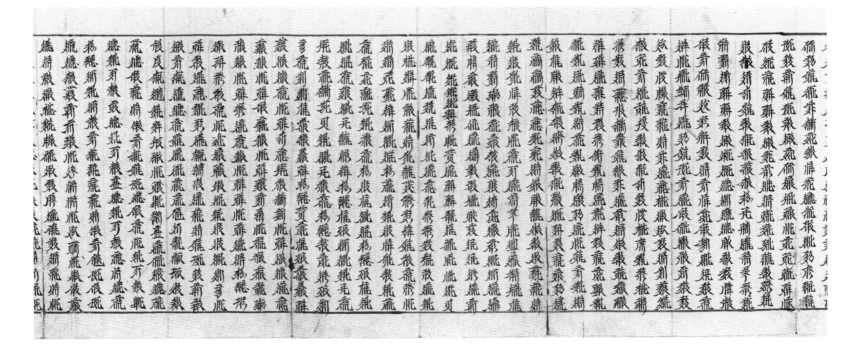

俄 Инв.No.463　大寶積經卷第五十七　　（11-3）

俄Инв.No.463　大寶積經卷第五十七　　　(11-4)

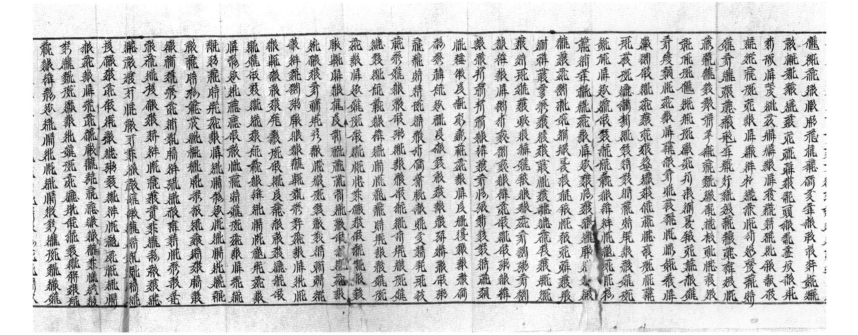

俄Инв.No.463　大寶積經卷第五十七　　　(11-5)

俄Инв.No.463　大寶積經卷第五十七　　　(11-6)

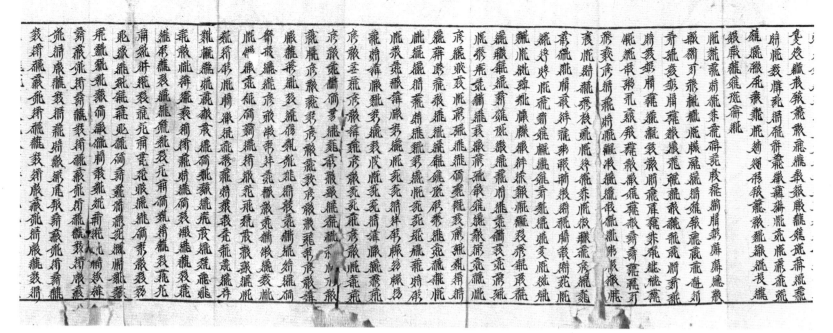

俄 Инв.No.463　大寶積經卷第五十七　　　(11-7)

俄 Инв.No.463　大寶積經卷第五十七　　　(11-8)

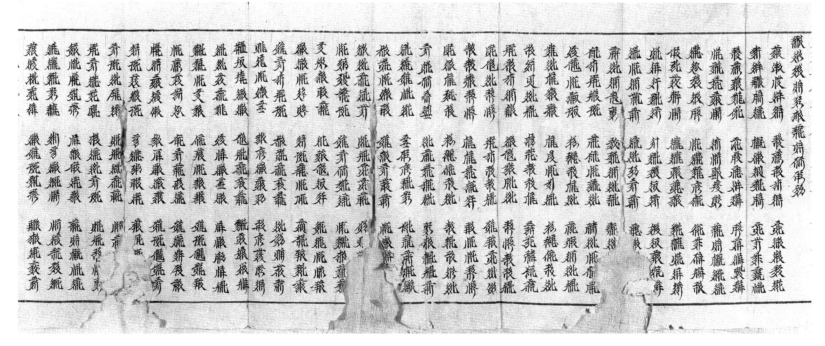

俄 Инв.No.463　大寶積經卷第五十七　　　(11-9)

俄 Инв.No.463　大寶積經卷第五十七　　　(11-10)

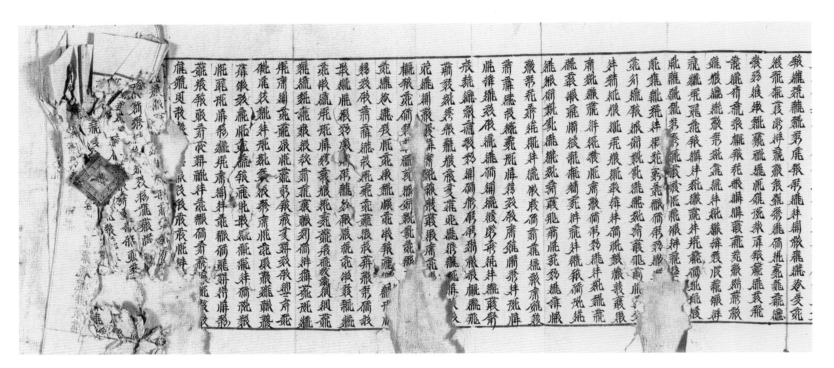

俄 Инв.No.463　大寶積經卷第五十七　　　(11-11)

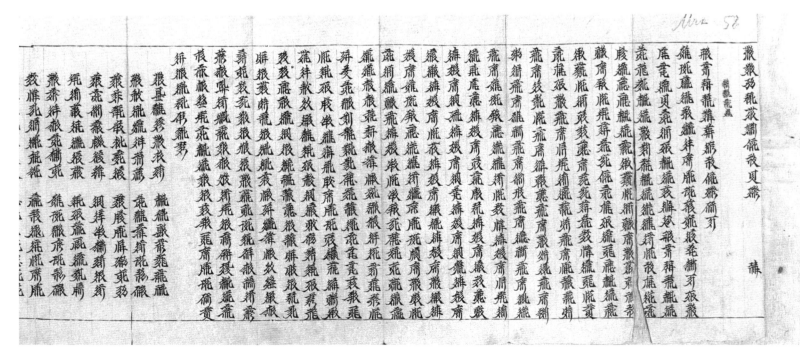

俄 Инв.No.462　大寶積經卷第五十八　　　(10-1)

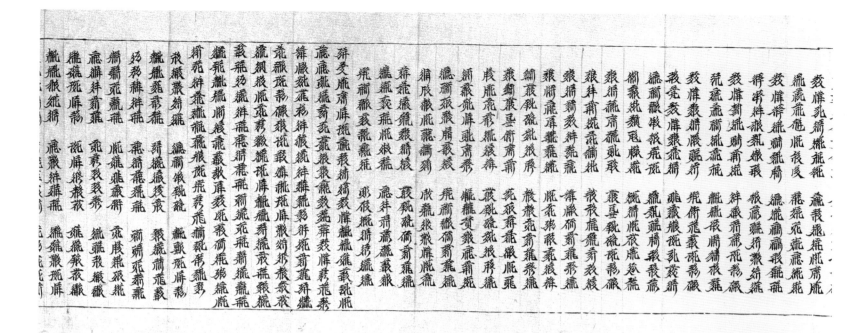

俄 **И**нв.No.462　大寶積經卷第五十八　　　(10-2)

俄 **И**нв.No.462　大寶積經卷第五十八　　　(10-3)

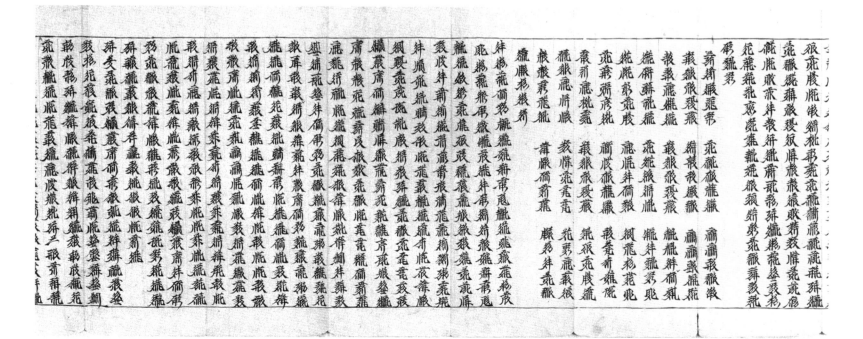

俄 **И**нв.No.462　大寶積經卷第五十八　　　(10-4)

俄 **И**нв.No.462　大寶積經卷第五十八　　　(10-5)

俄 **И**нв.No.462　大寶積經卷第五十八　　　(10-6)

俄 **И**нв.No.462　大寶積經卷第五十八　　　(10-7)

俄 **Инв**.No.462　大寶積經卷第五十八　　(10-8)

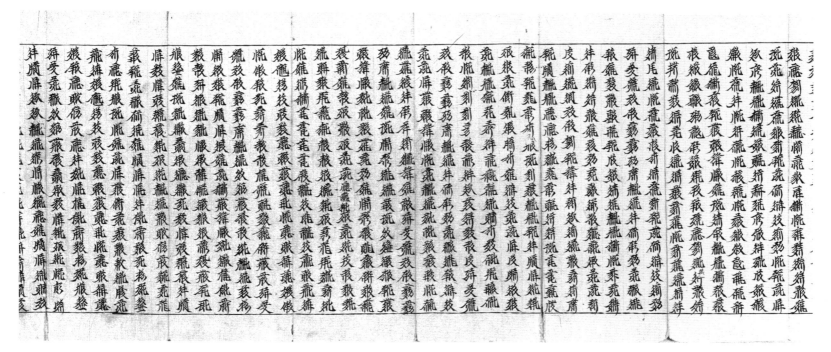

俄 **Инв**.No.462　大寶積經卷第五十八　　(10-9)

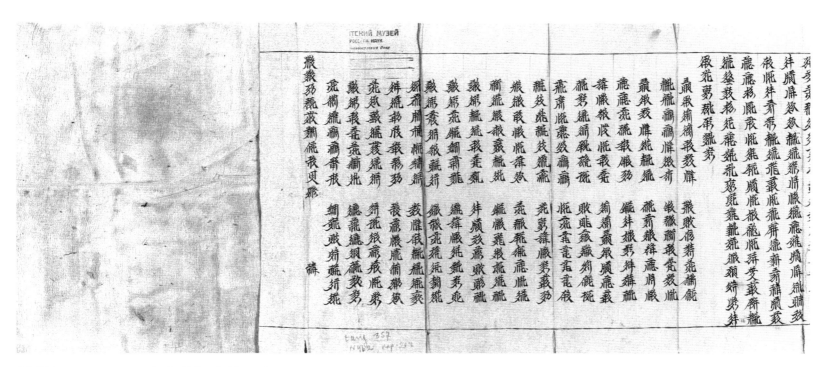

俄 **Инв**.No.462　大寶積經卷第五十八　　(10-10)

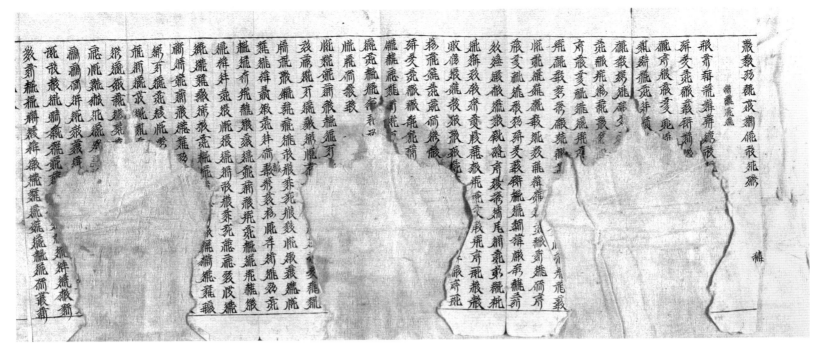

俄 Инв.No.459　大寶積經卷第五十九　　　(4-1)

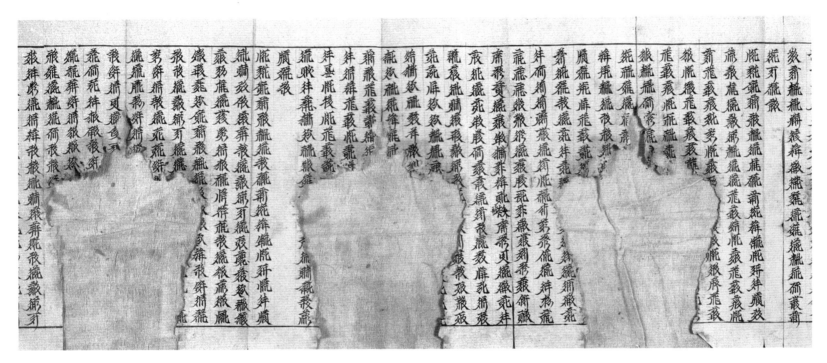

俄 Инв.No.459　大寶積經卷第五十九　　　(4-2)

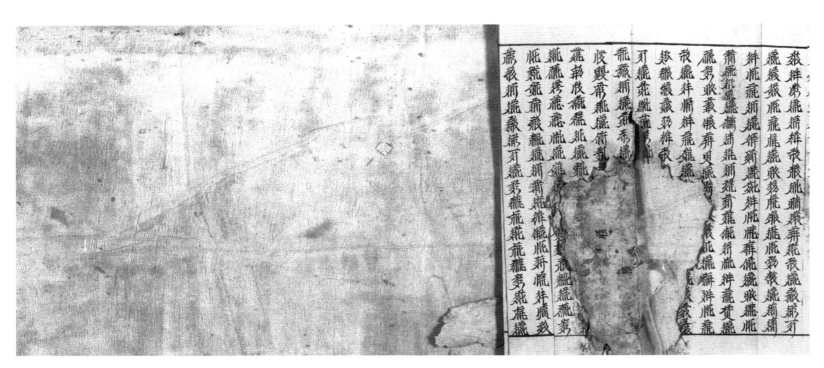

俄 Инв.No.459　大寶積經卷第五十九　　　(4-3)

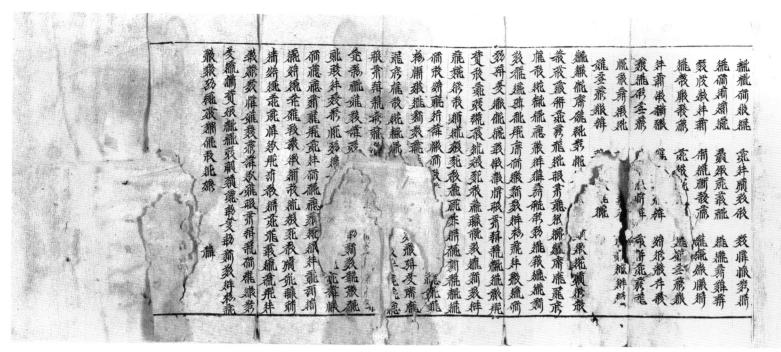

俄 ИНВ.No.459　　大寶積經卷第五十九　　　　(4-4)

俄 ИНВ.No.458　　大寶積經卷第六十　　　　(10-1)

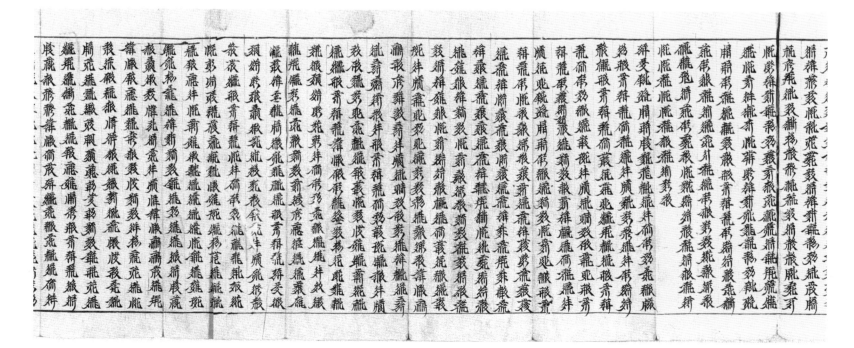

俄 ИНВ.No.458　　大寶積經卷第六十　　　　(10-2)

俄Инв.No.458　大寶積經卷第六十　　　(10-3)

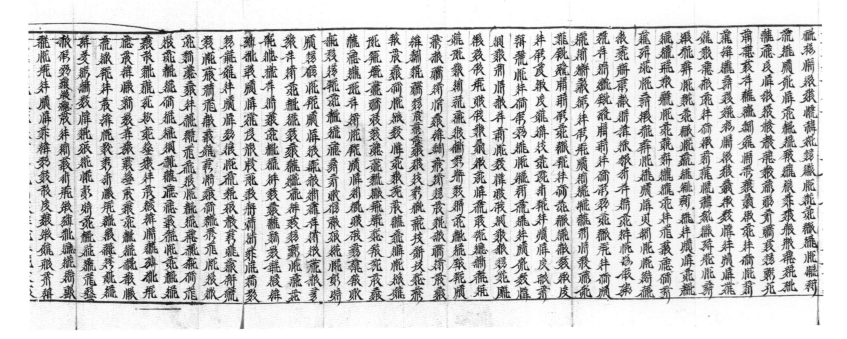

俄Инв.No.458　大寶積經卷第六十　　　(10-4)

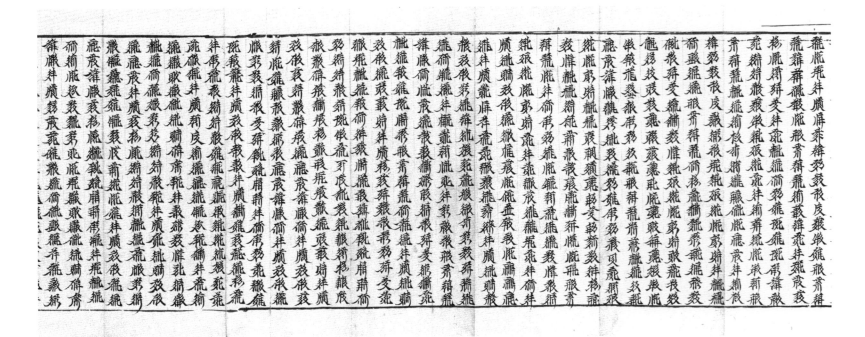

俄Инв.No.458　大寶積經卷第六十　　　(10-5)

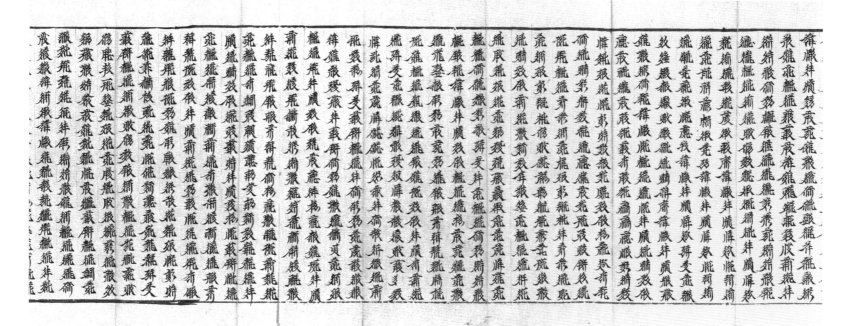

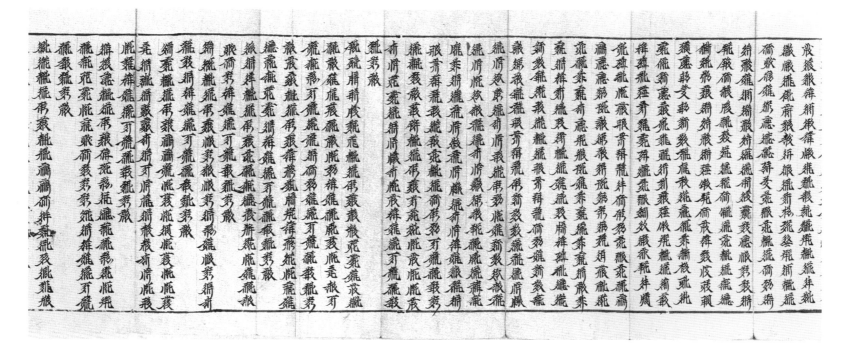

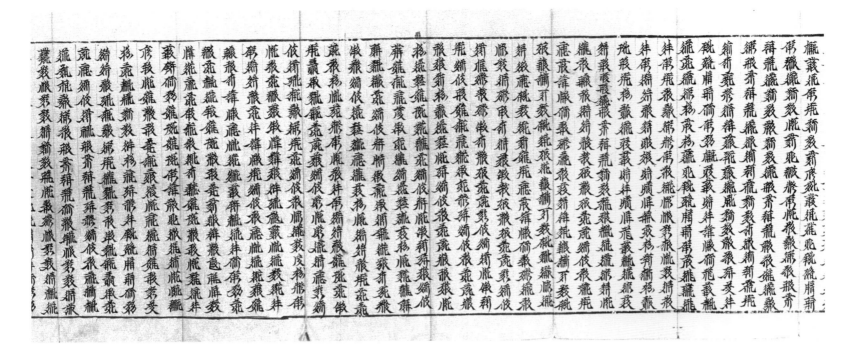

俄 **И**нв.No.458　大寶積經卷第六十　　　(10-9)

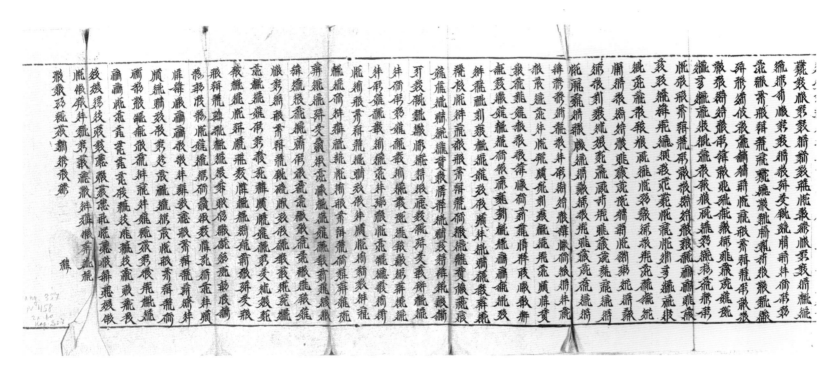

俄 **И**нв.No.458　大寶積經卷第六十　　　(10-10)

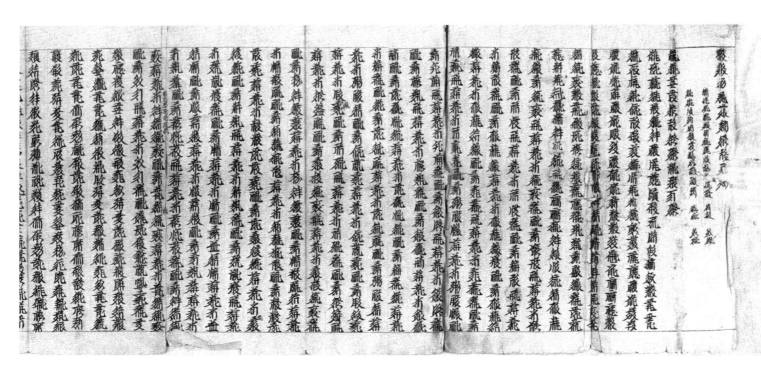

俄 **И**нв.No.483　大寶積經卷第六十一　　　(9-1)

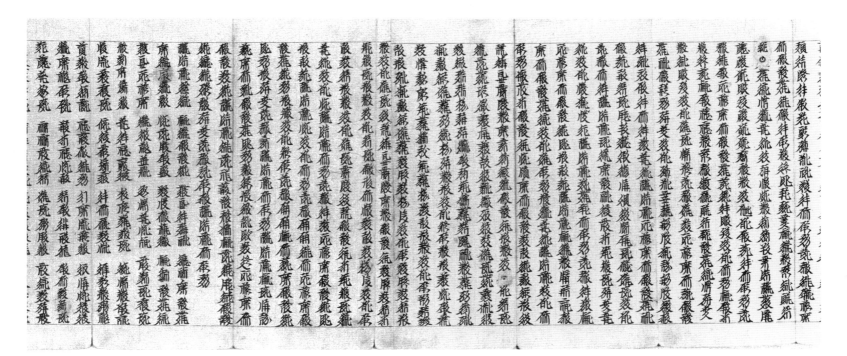

俄 **И**нв.No.483　　大寶積經卷第六十一　　　　（9-2）

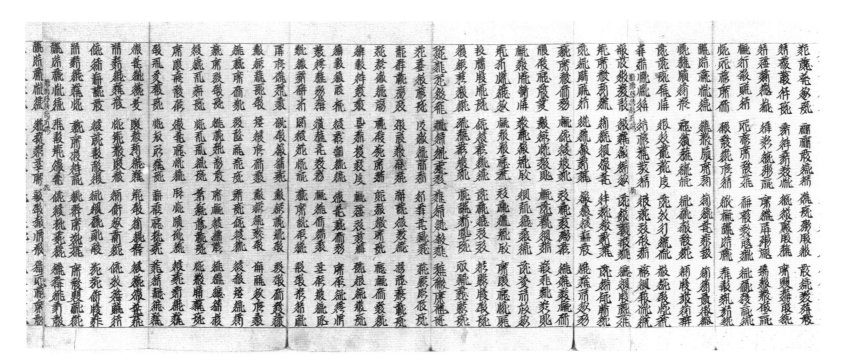

俄 **И**нв.No.483　　大寶積經卷第六十一　　　　（9-3）

俄 **И**нв.No.483　　大寶積經卷第六十一　　　　（9-4）

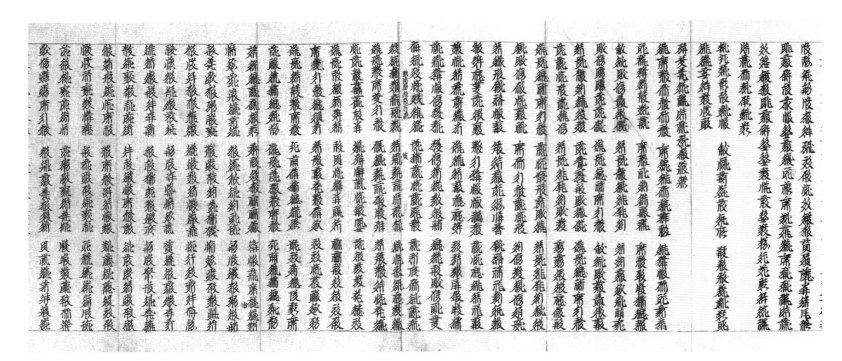

俄 ИнВ.No.483　大寶積經卷第六十一　　　(9-5)

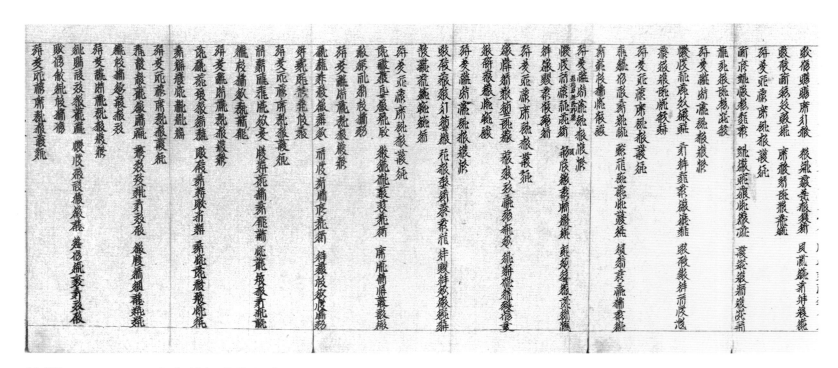

俄 ИнВ.No.483　大寶積經卷第六十一　　　(9-6)

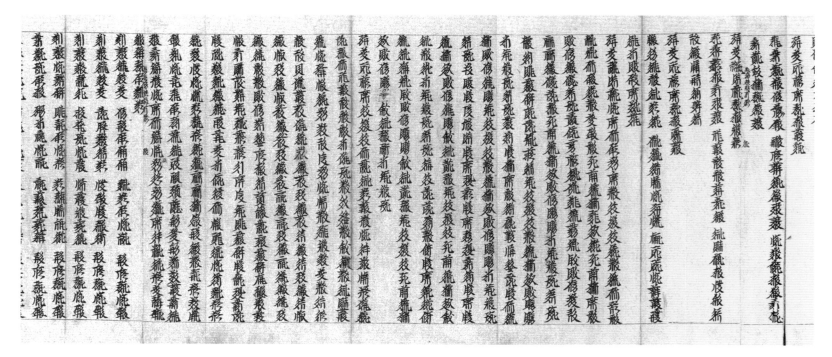

俄 ИнВ.No.483　大寶積經卷第六十一　　　(9-7)

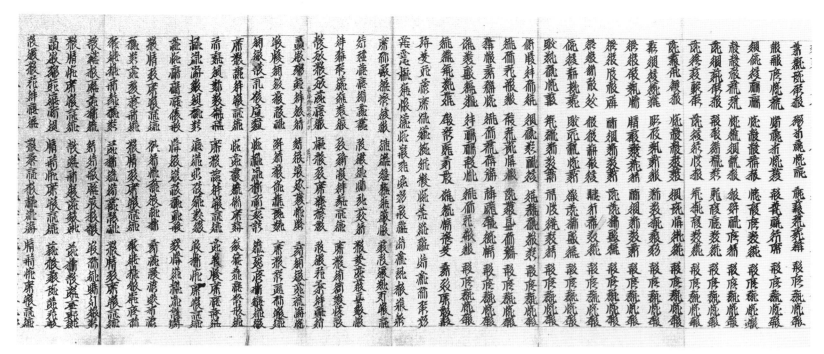

俄 **И**нв.No.483　大寶積經卷第六十一　　　(9-8)

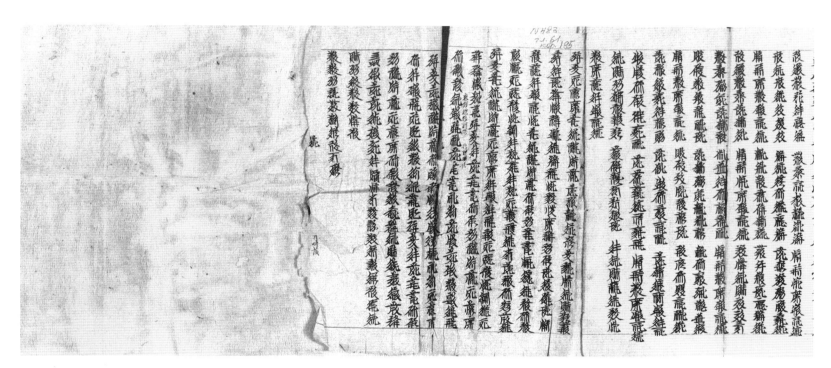

俄 **И**нв.No.483　大寶積經卷第六十一　　　(9-9)

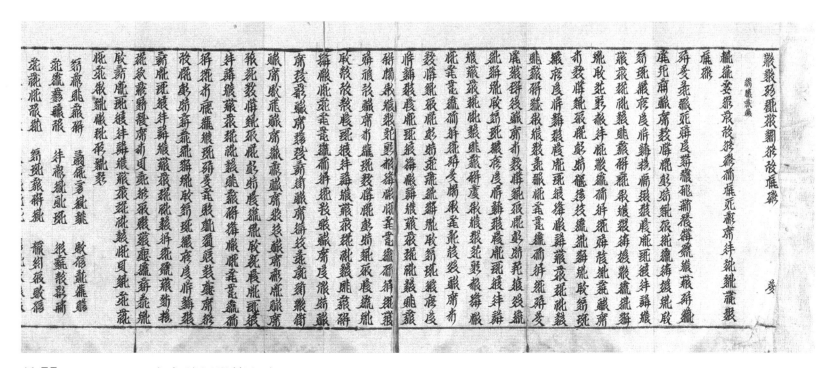

俄 **И**нв.No.484　大寶積經卷第六十二　　　(14-1)

俄 Инв.No.484　大寶積經卷第六十二　　　(14-2)

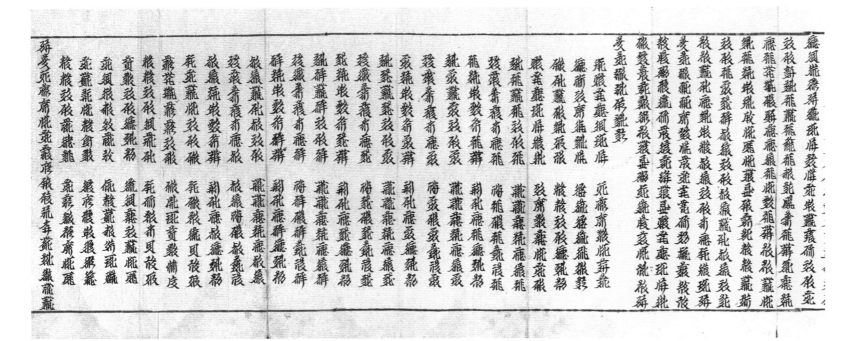

俄 Инв.No.484　大寶積經卷第六十二　　　(14-3)

俄 Инв.No.484　大寶積經卷第六十二　　　(14-4)

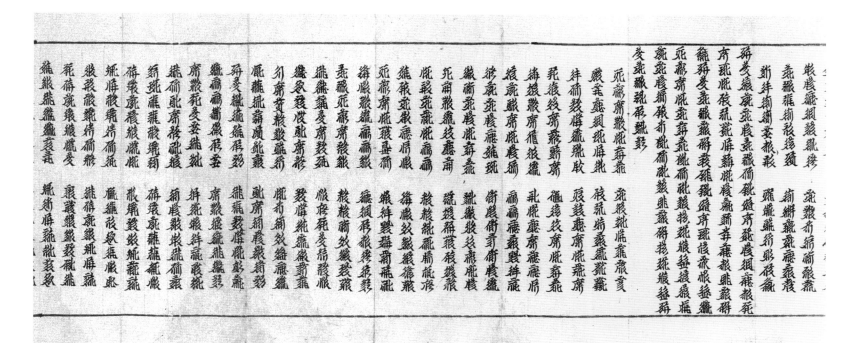

俄 **И**нв.No.484　大寶積經卷第六十二　　(14-5)

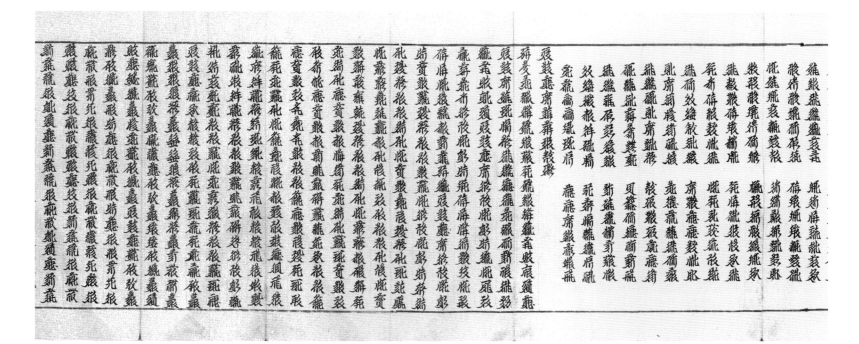

俄 **И**нв.No.484　大寶積經卷第六十二　　(14-6)

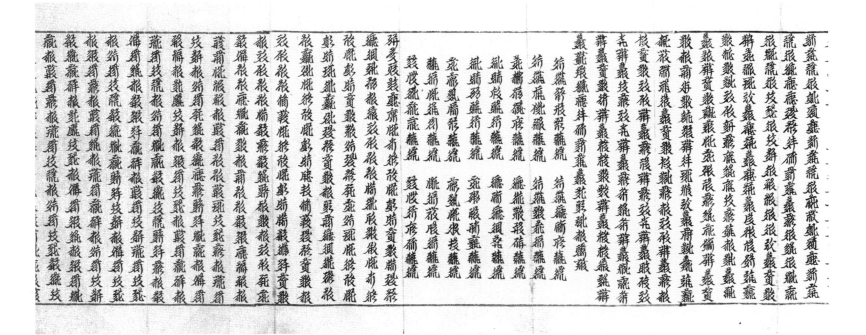

俄 **И**нв.No.484　大寶積經卷第六十二　　(14-7)

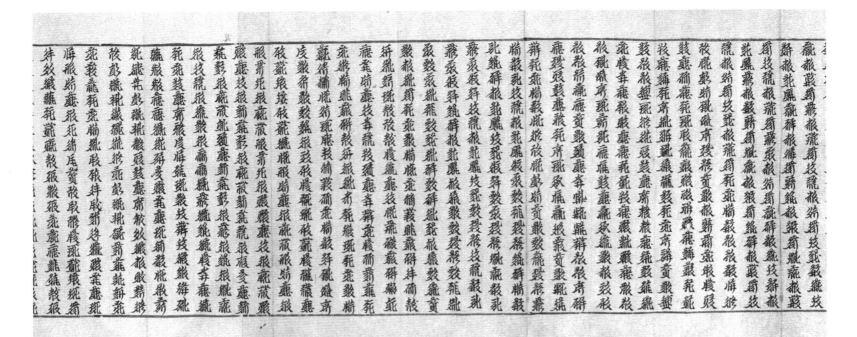

俄 Инв.No.484　大寶積經卷第六十二　　　　(14-8)

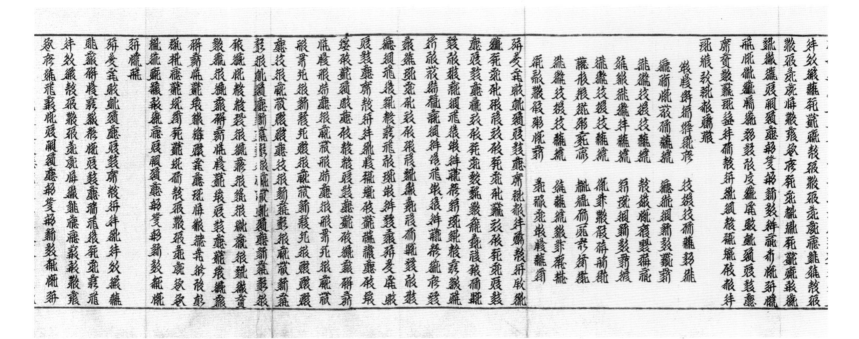

俄 Инв.No.484　大寶積經卷第六十二　　　　(14-9)

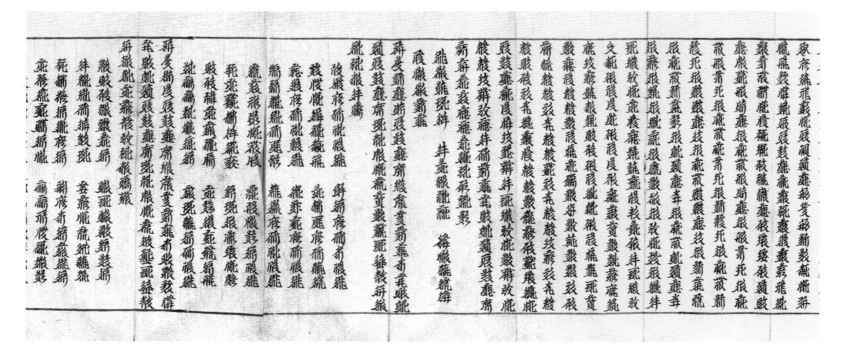

俄 Инв.No.484　大寶積經卷第六十二　　　　(14-10)

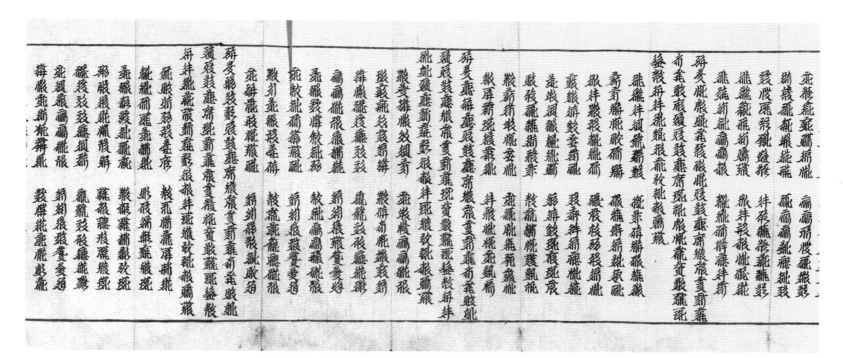

俄 Инв.No.484　大寶積經卷第六十二　　(14-11)

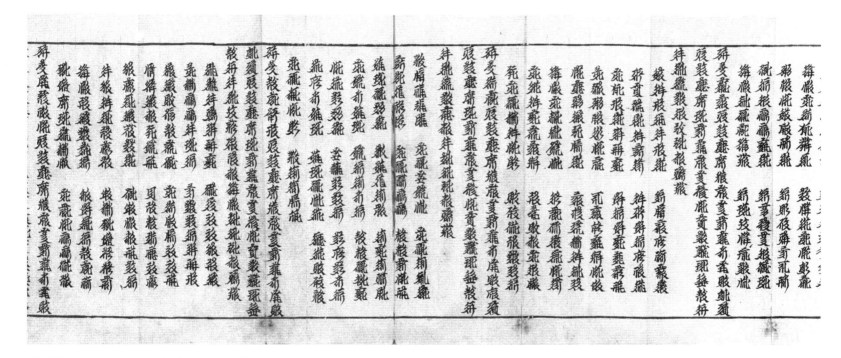

俄 Инв.No.484　大寶積經卷第六十二　　(14-12)

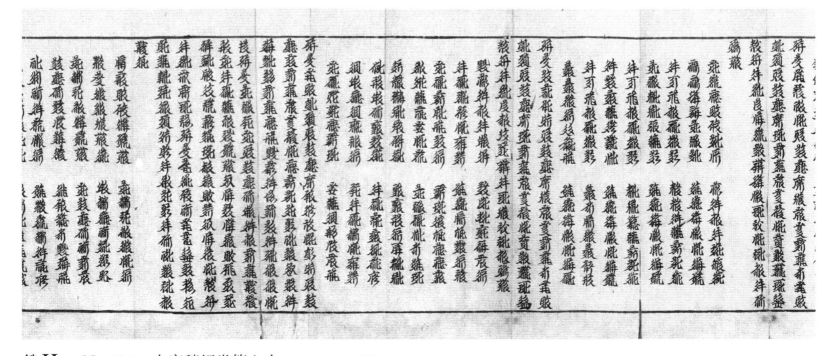

俄 Инв.No.484　大寶積經卷第六十二　　(14-13)

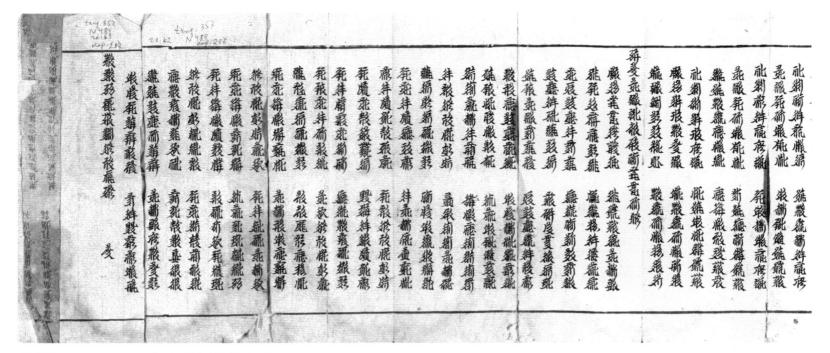

俄Инв.No.484　大寶積經卷第六十二　　　(14-14)

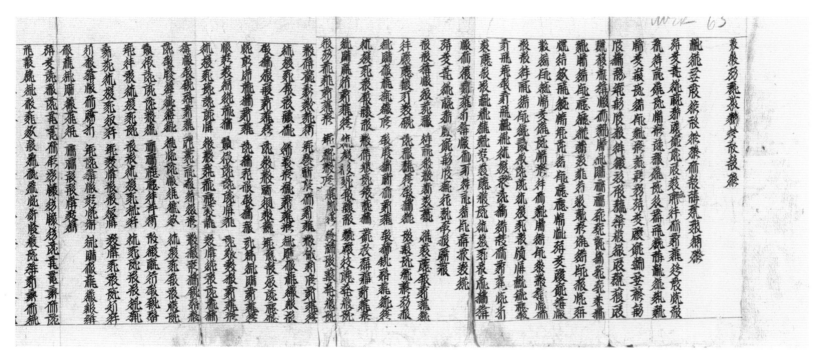

俄Инв.No.485　大寶積經卷第六十三　　　(10-1)

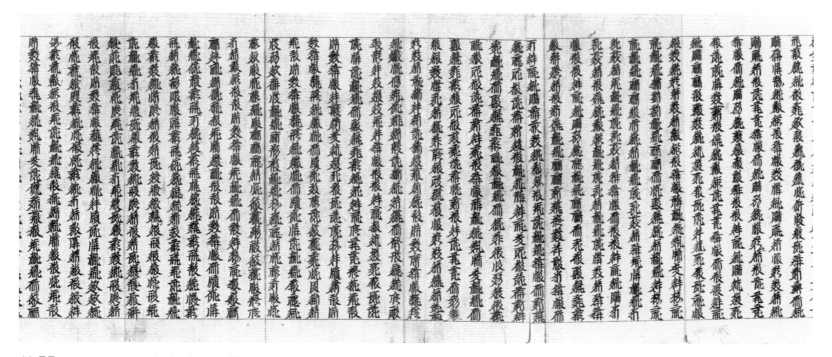

俄Инв.No.485　大寶積經卷第六十三　　　(10-2)

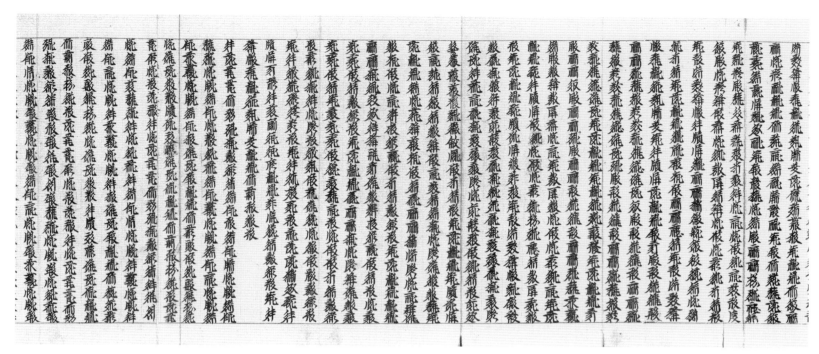

俄 **ИНВ**.No.485　大寶積經卷第六十三　　　(10-3)

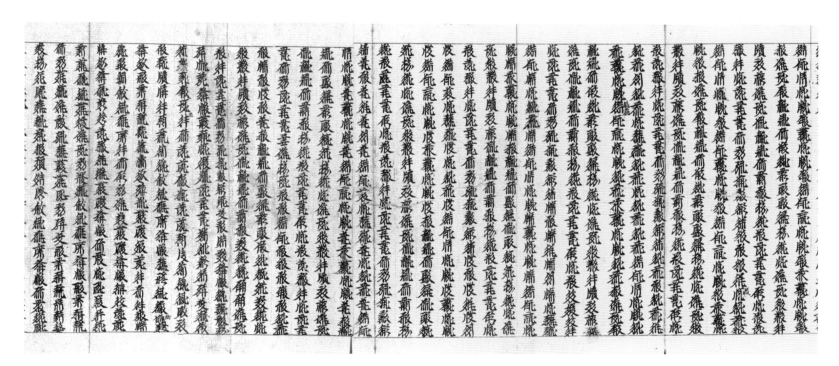

俄 **ИНВ**.No.485　大寶積經卷第六十三　　　(10-4)

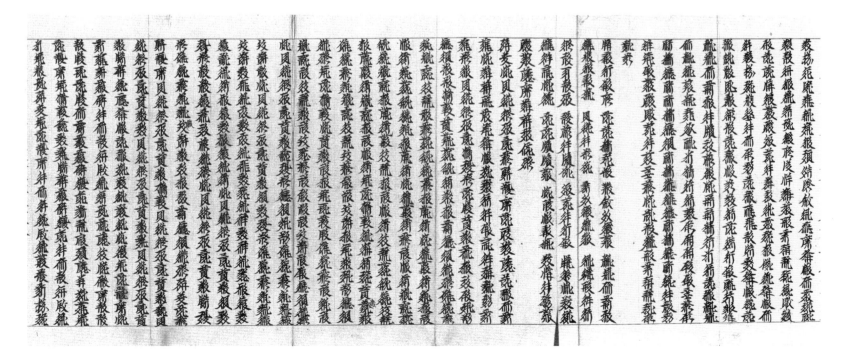

俄 **ИНВ**.No.485　大寶積經卷第六十三　　　(10-5)

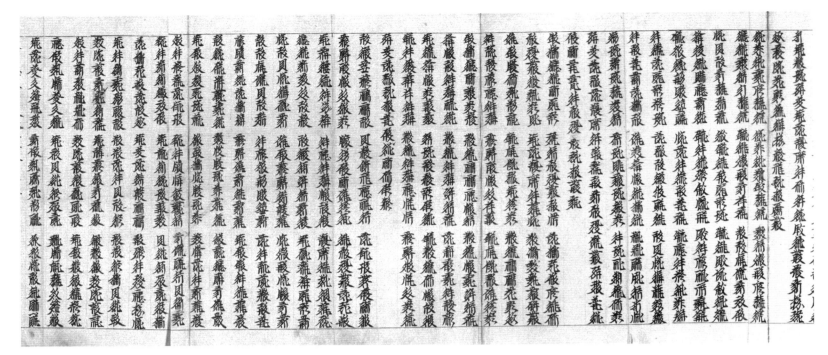

俄 **И**нв.No.485　大寶積經卷第六十三　　　(10-6)

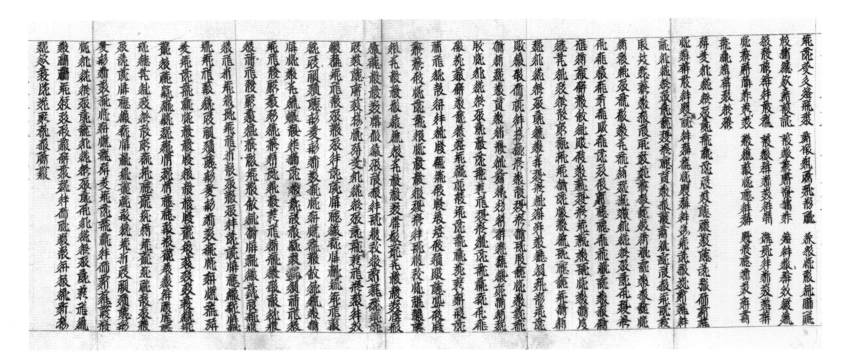

俄 **И**нв.No.485　大寶積經卷第六十三　　　(10-7)

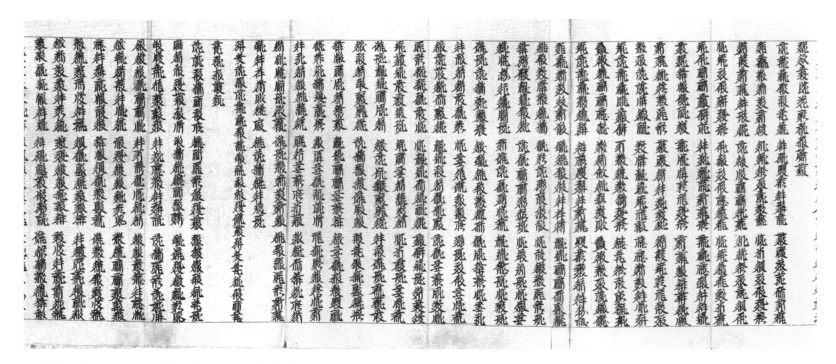

俄 **И**нв.No.485　大寶積經卷第六十三　　　(10-8)

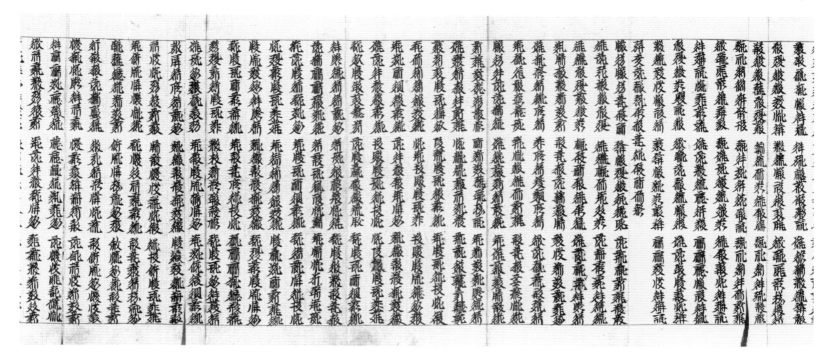

俄 ИНВ.No.485　大寶積經卷第六十三　　　(10-9)

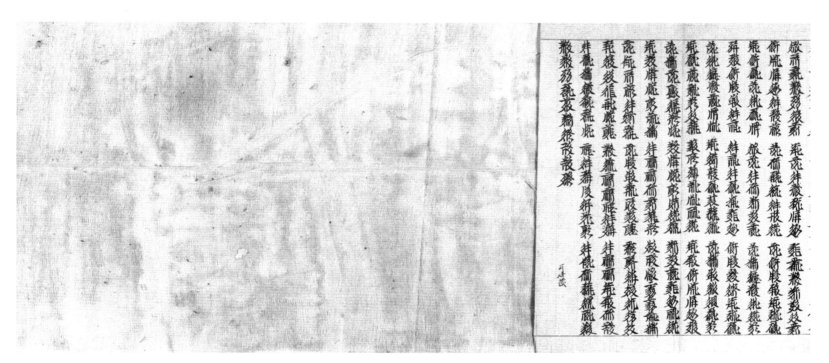

俄 ИНВ.No.485　大寶積經卷第六十三　　　(10-10)

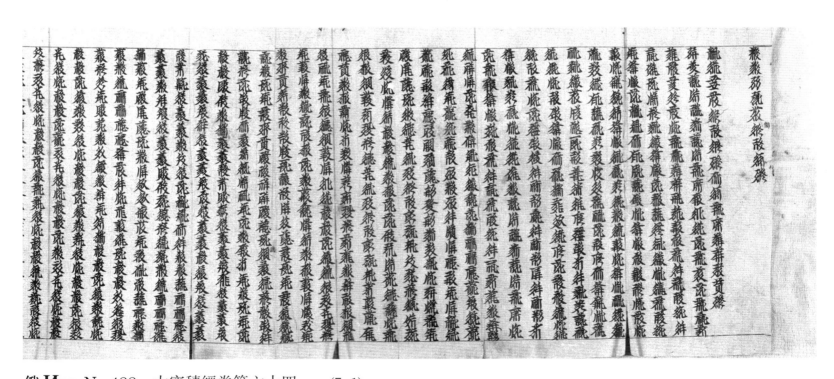

俄 ИНВ.No.488　大寶積經卷第六十四　　　(7-1)

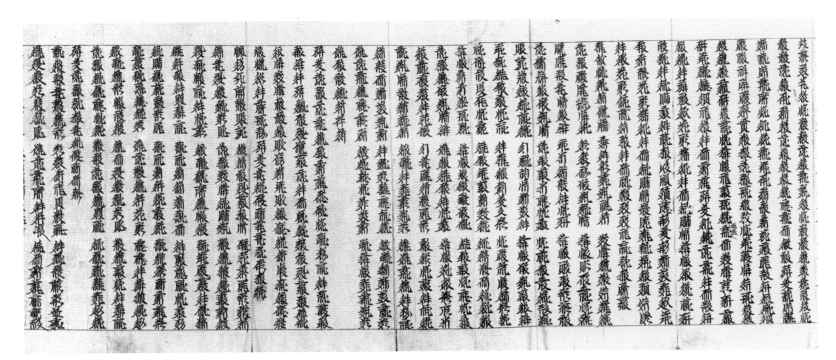

俄 Инв.No.488　大寶積經卷第六十四　　　(7-2)

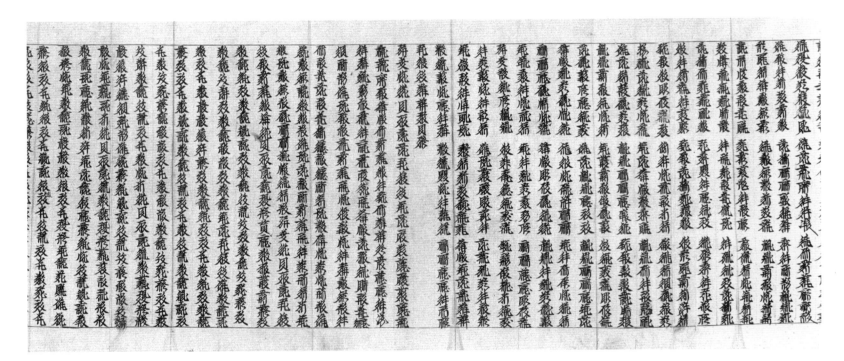

俄 Инв.No.488　大寶積經卷第六十四　　　(7-3)

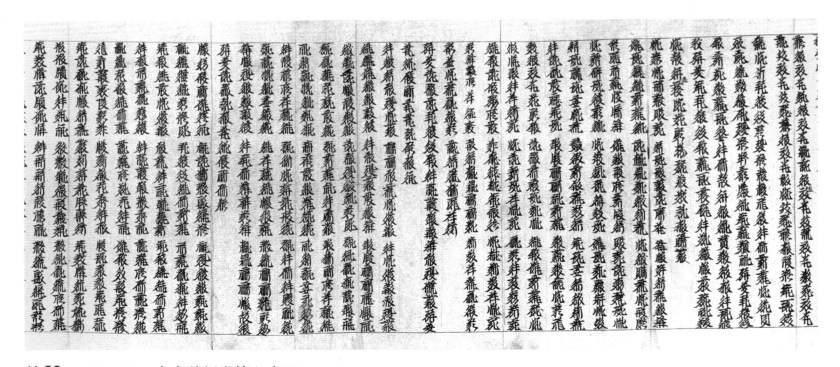

俄 Инв.No.488　大寶積經卷第六十四　　　(7-4)

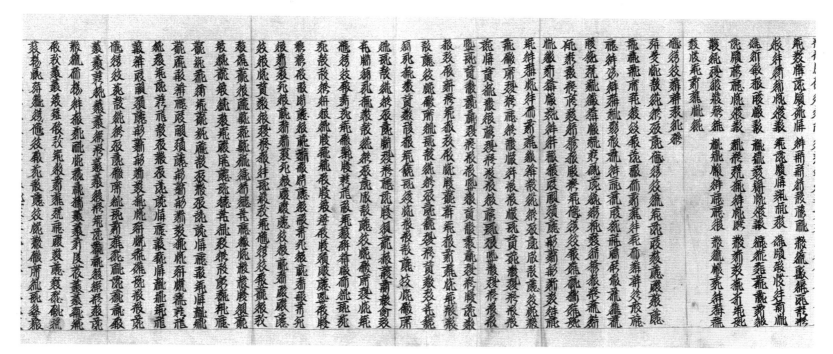

俄 **И**нв.No.488　大寶積經卷第六十四　　　(7-5)

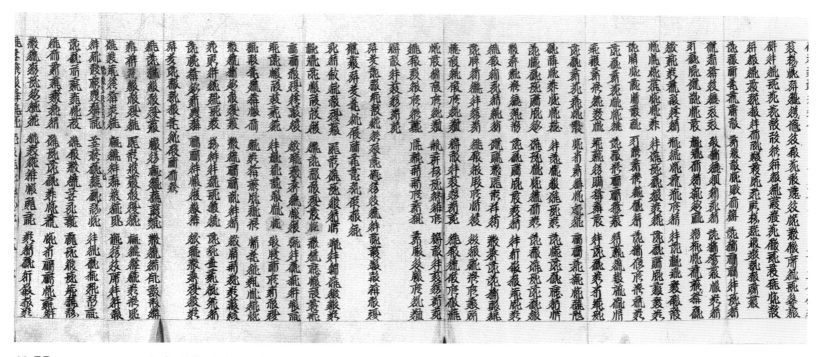

俄 **И**нв.No.488　大寶積經卷第六十四　　　(7-6)

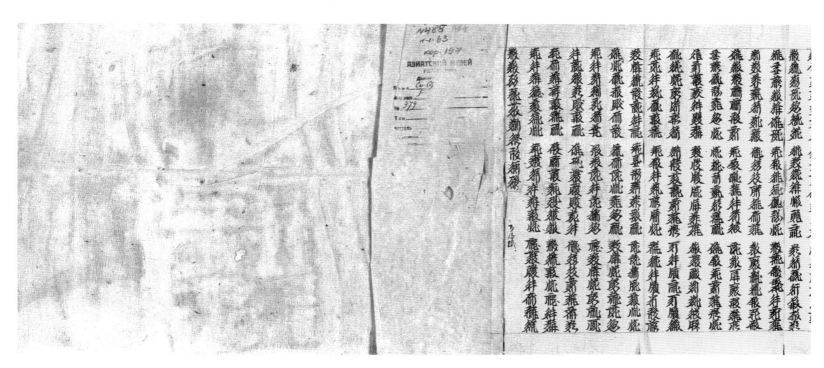

俄 **И**нв.No.488　大寶積經卷第六十四　　　(7-7)

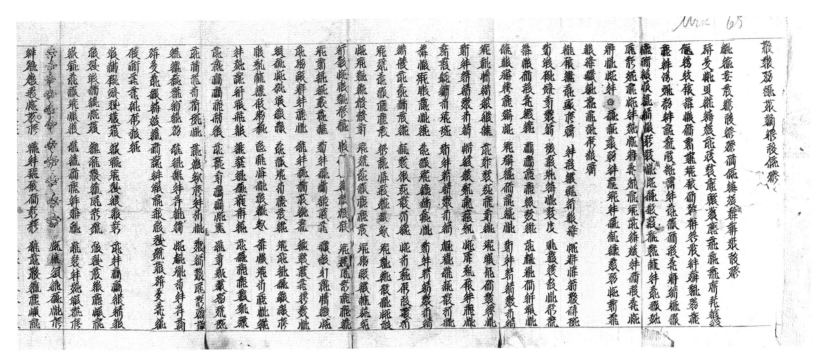

俄 Инв.No.490　大寶積經卷第六十五　　(7-1)

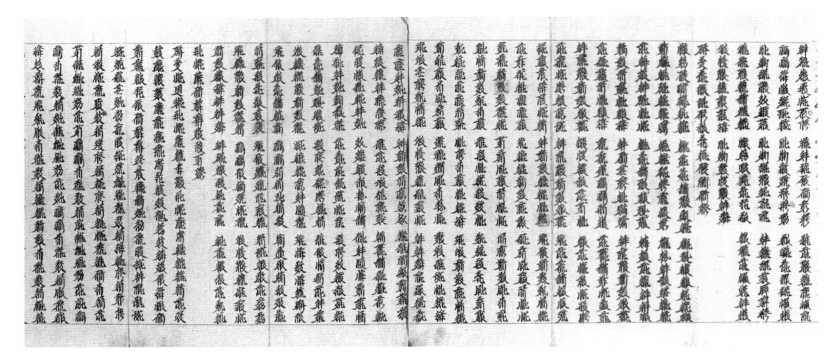

俄 Инв.No.490　大寶積經卷第六十五　　(7-2)

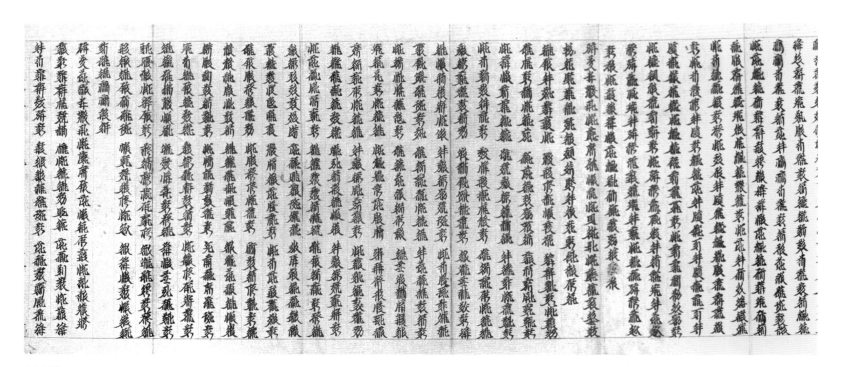

俄 Инв.No.490　大寶積經卷第六十五　　(7-3)

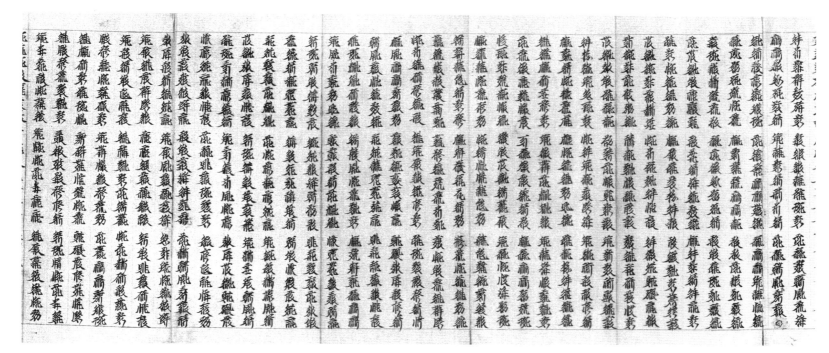

俄 Инв.No.490　大寶積經卷第六十五　　　(7-4)

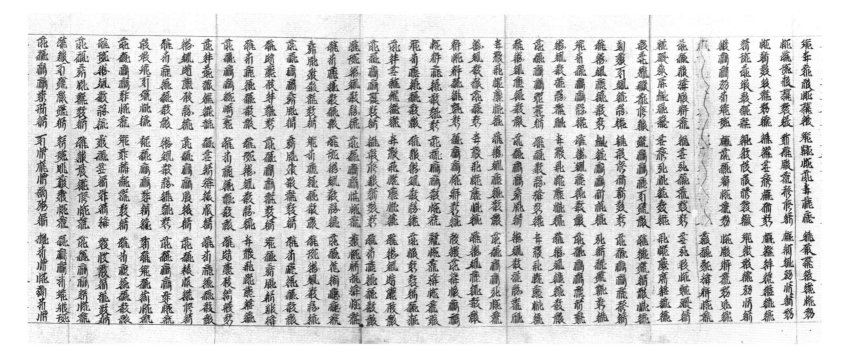

俄 Инв.No.490　大寶積經卷第六十五　　　(7-5)

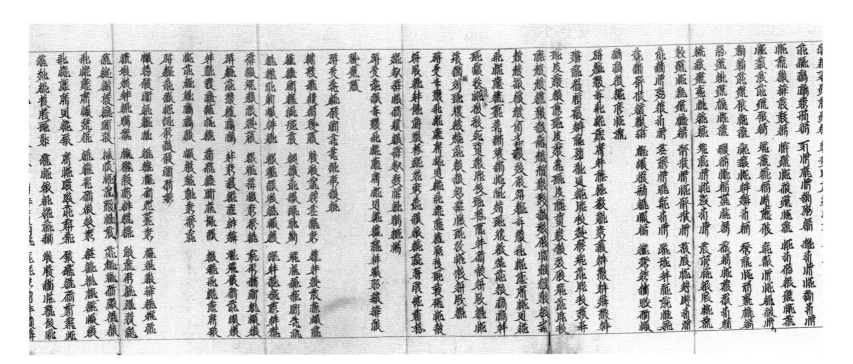

俄 Инв.No.490　大寶積經卷第六十五　　　(7-6)

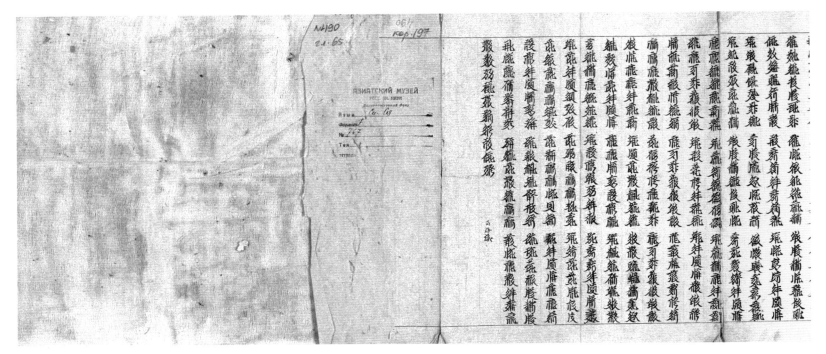

俄 **И**нв.No.490　大寶積經卷第六十五　　　　(7-7)

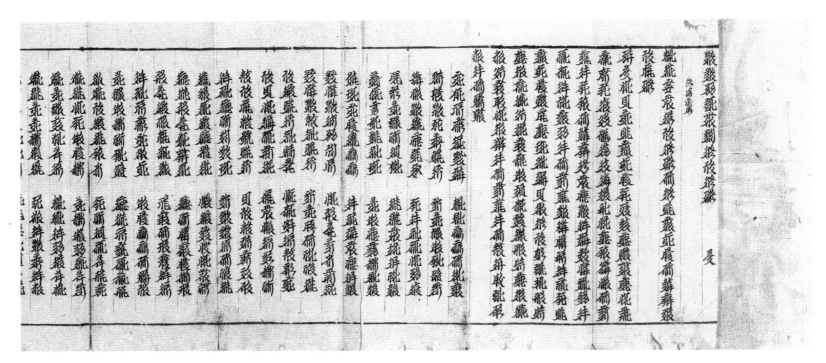

俄 **И**нв.No.492　大寶積經卷第六十六　　　　(11-1)

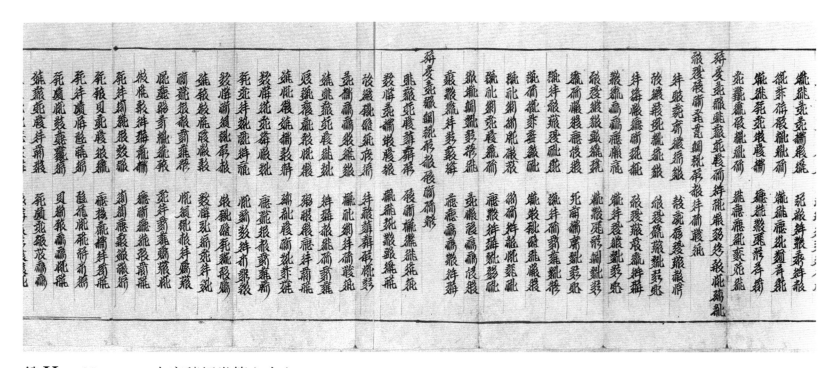

俄 **И**нв.No.492　大寶積經卷第六十六　　　　(11-2)

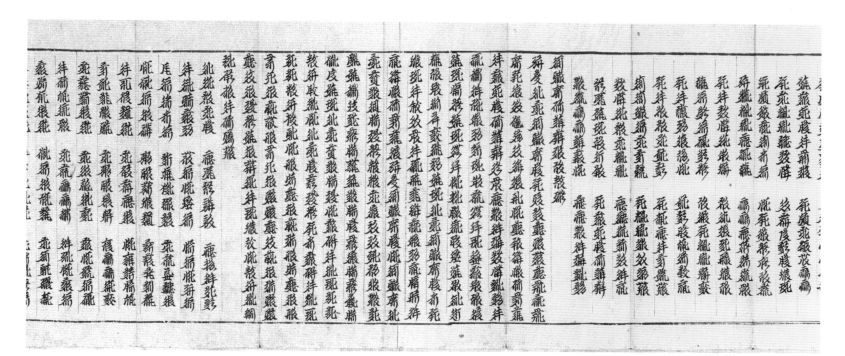

俄Инв.No.492　大寶積經卷第六十六　　　　(11-3)

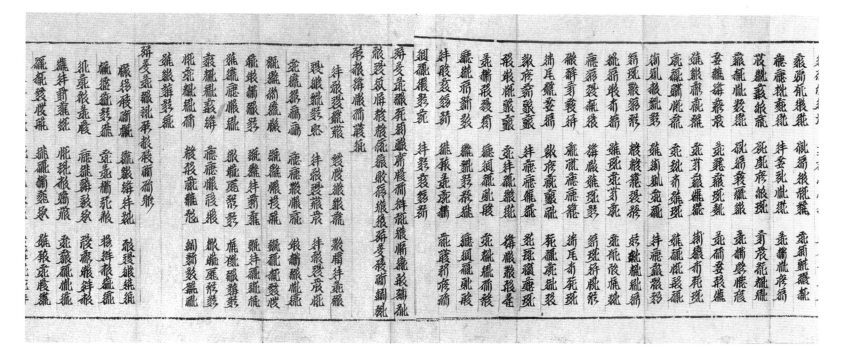

俄Инв.No.492　大寶積經卷第六十六　　　　(11-4)

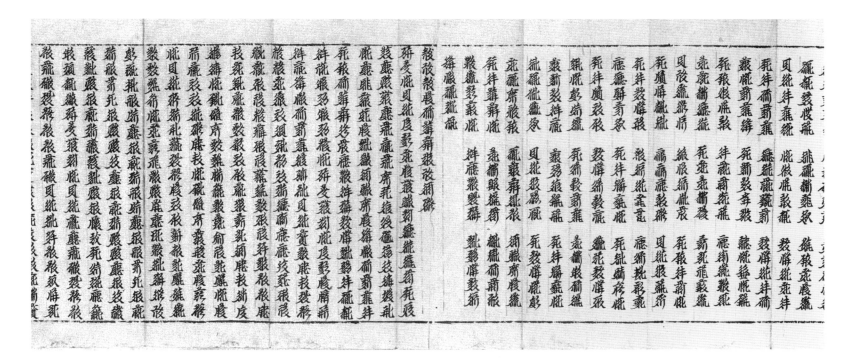

俄Инв.No.492　大寶積經卷第六十六　　　　(11-5)

俄 Инв.No.492　大寶積經卷第六十六　　　　(11-6)

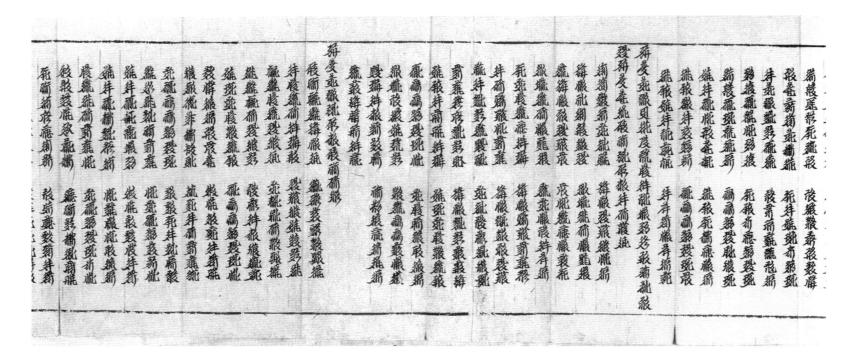

俄 Инв.No.492　大寶積經卷第六十六　　　　(11-7)

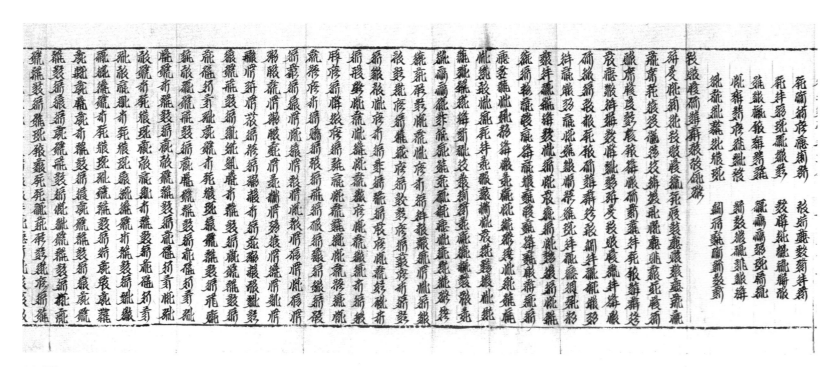

俄 Инв.No.492　大寶積經卷第六十六　　　　(11-8)

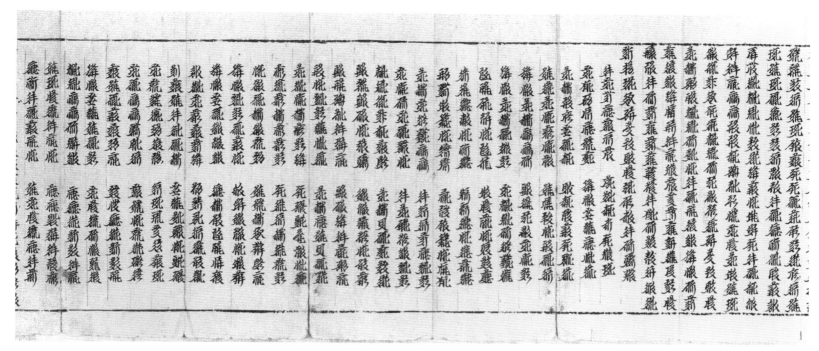

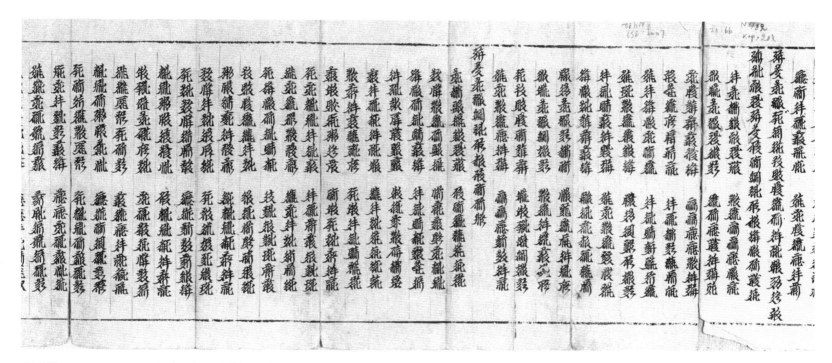

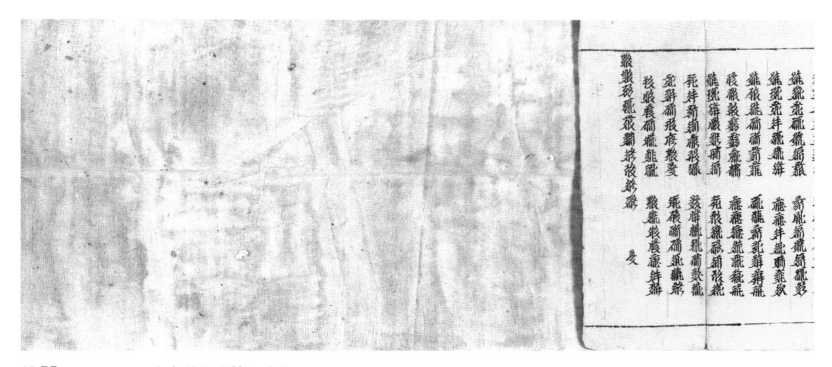

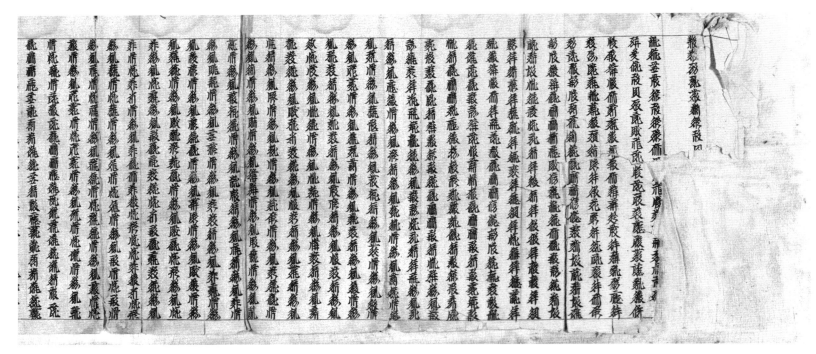

俄 Инв.No.495　大寶積經卷第六十八　　　(8-1)

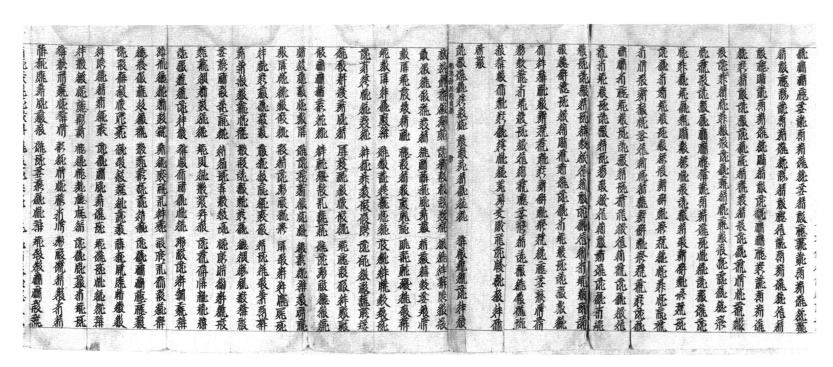

俄 Инв.No.495　大寶積經卷第六十八　　　(8-2)

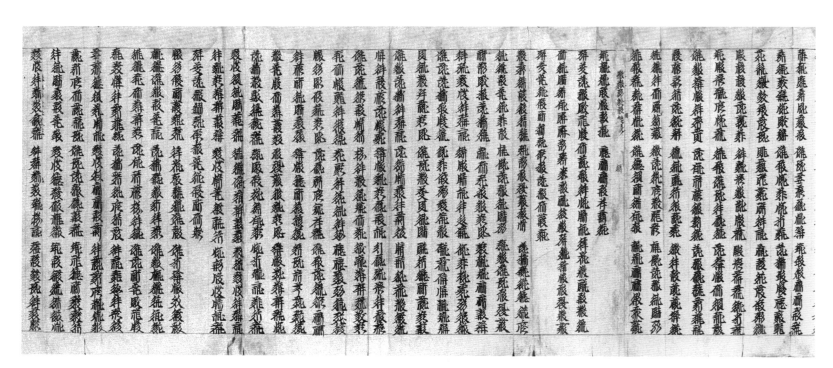

俄 Инв.No.495　大寶積經卷第六十八　　　(8-3)

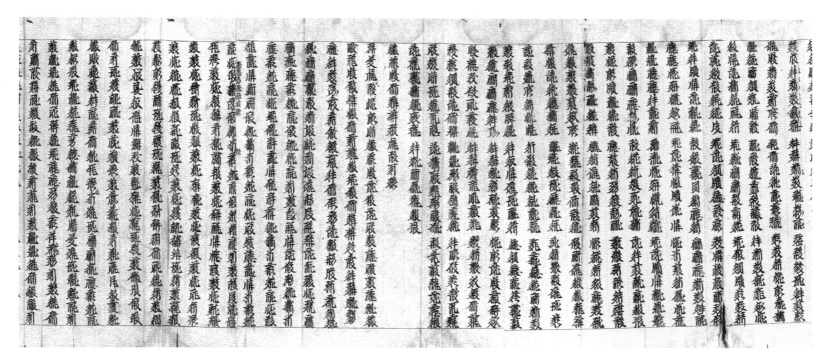

俄 Инв.No.495　大寶積經卷第六十八　　　(8-4)

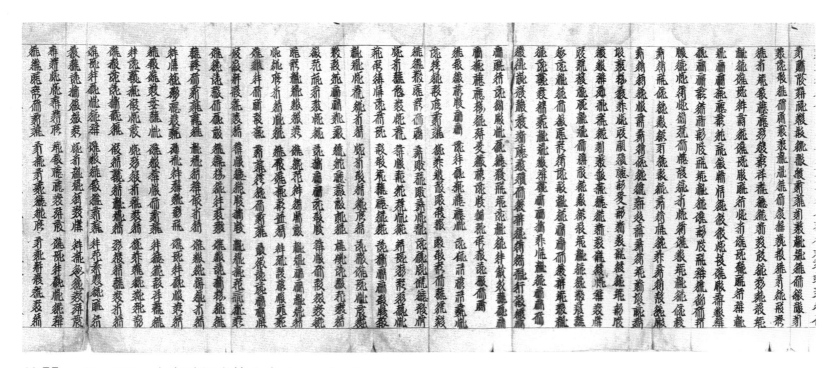

俄 Инв.No.495　大寶積經卷第六十八　　　(8-5)

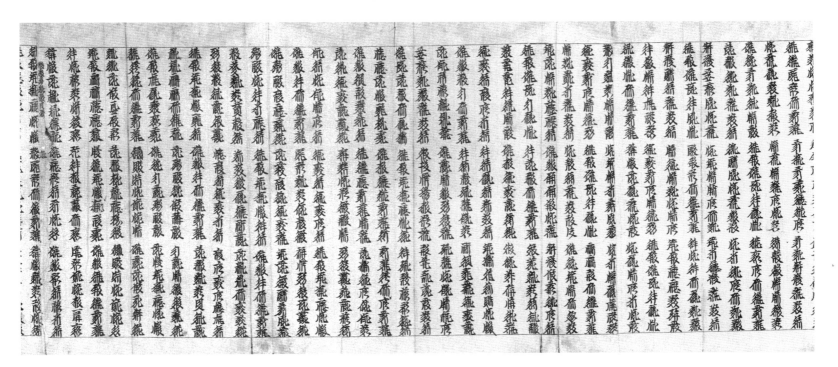

俄 Инв.No.495　大寶積經卷第六十八　　　(8-6)

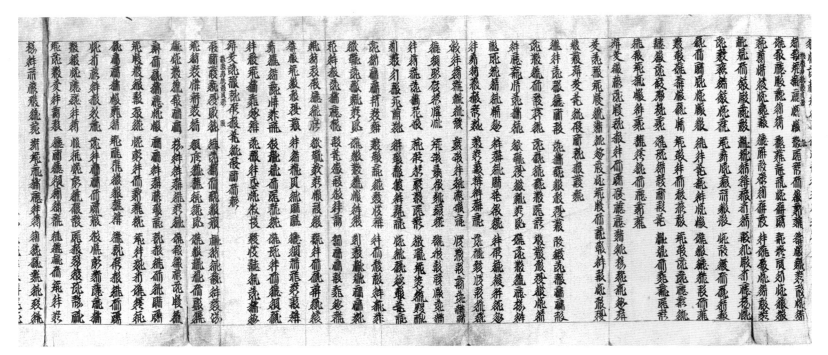

俄 **И**нв.No.495　大寶積經卷第六十八　　　(8-7)

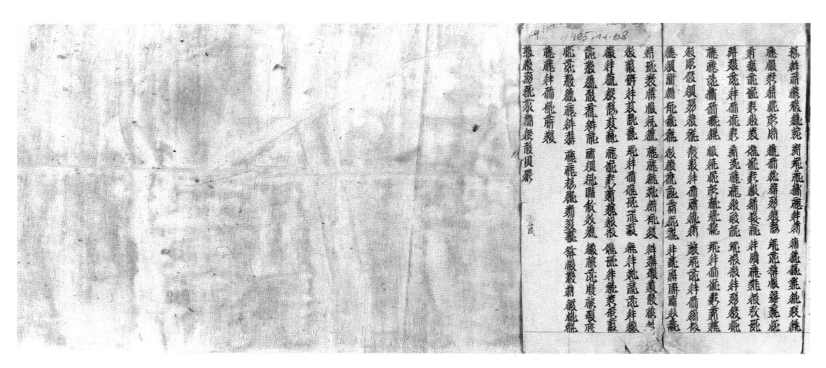

俄 **И**нв.No.495　大寶積經卷第六十八　　　(8-8)

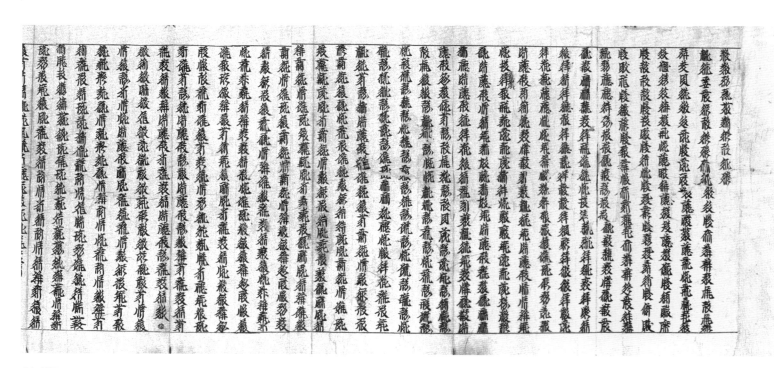

俄 **И**нв.No.497　大寶積經卷第六十九　　　(8-1)

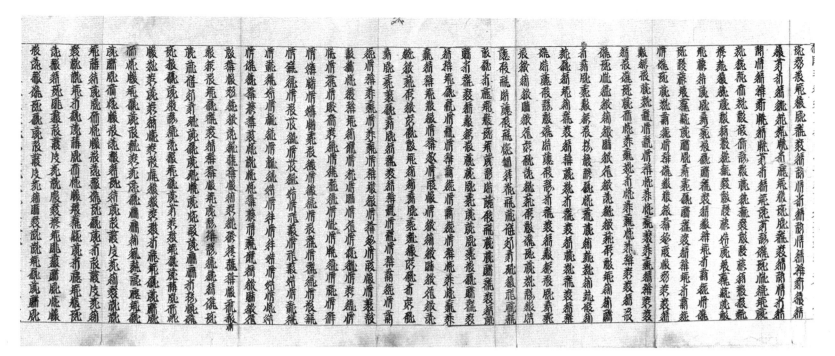

俄Инв.No.497　大寶積經卷第六十九　　　(8-2)

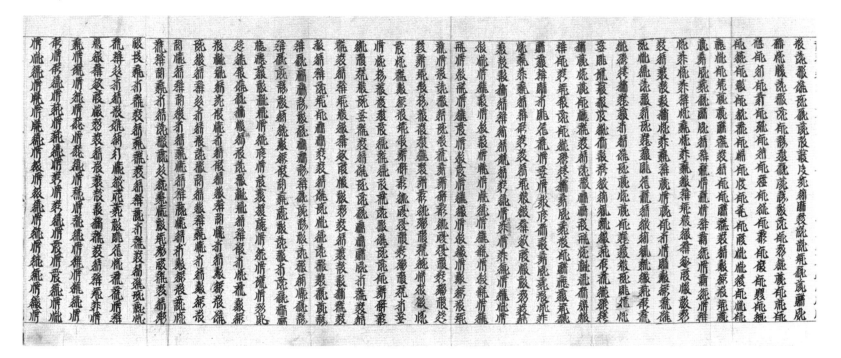

俄Инв.No.497　大寶積經卷第六十九　　　(8-3)

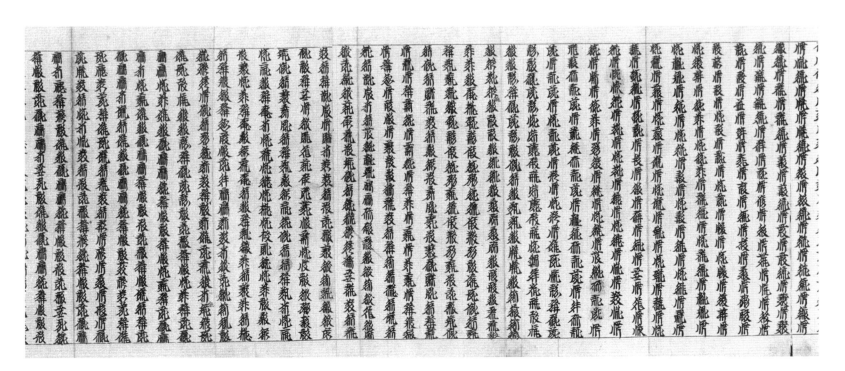

俄Инв.No.497　大寶積經卷第六十九　　　(8-4)

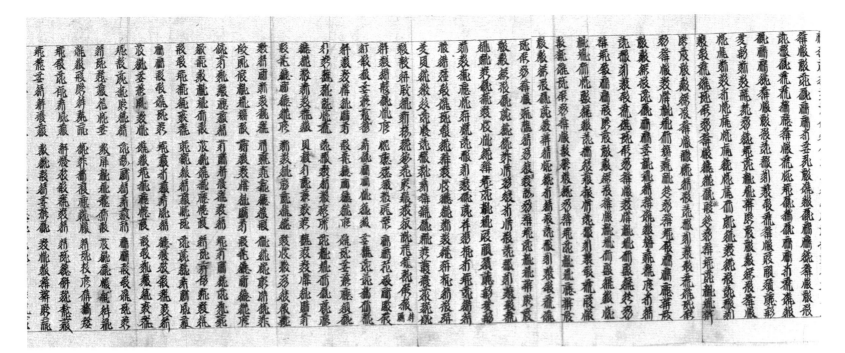

俄 **И**нв.No.497　大寶積經卷第六十九　　　(8-5)

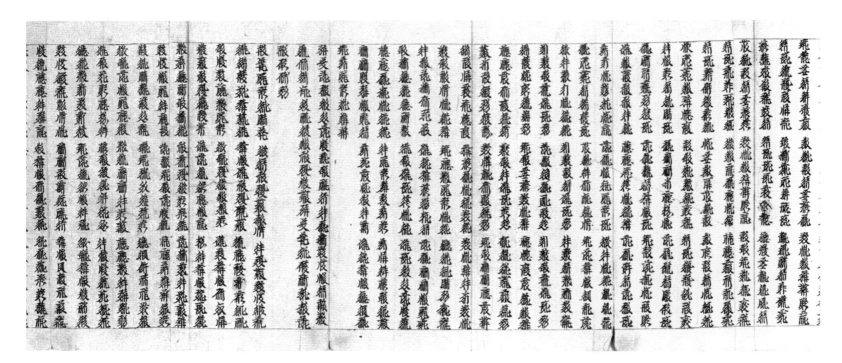

俄 **И**нв.No.497　大寶積經卷第六十九　　　(8-6)

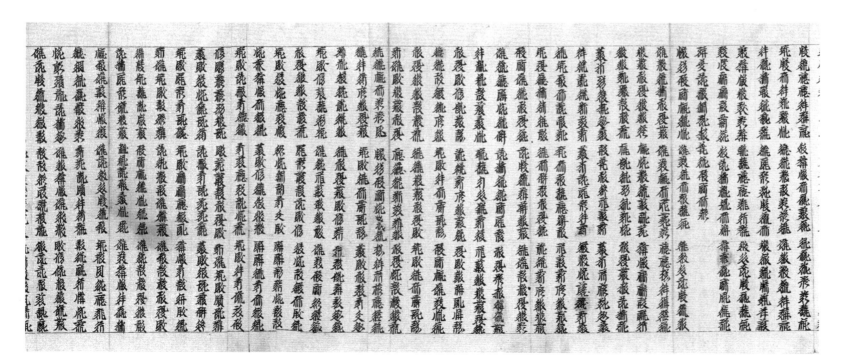

俄 **И**нв.No.497　大寶積經卷第六十九　　　(8-7)

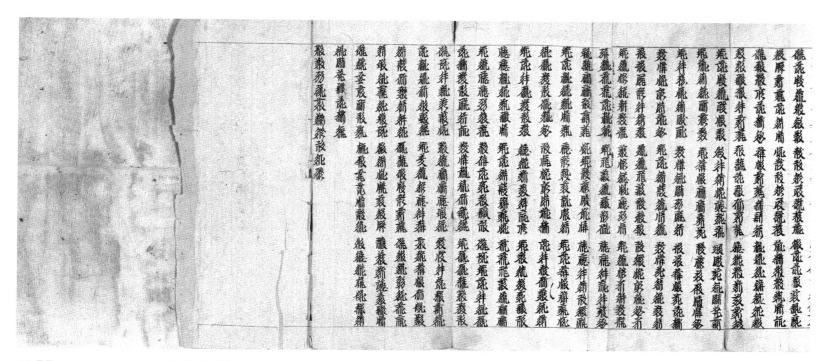

俄Инв.No.497　大寶積經卷第六十九　　　(8-8)

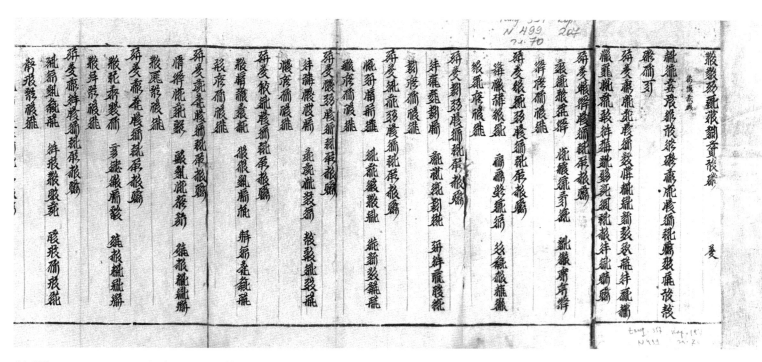

俄Инв.No.499　大寶積經卷第七十　　　(17-1)

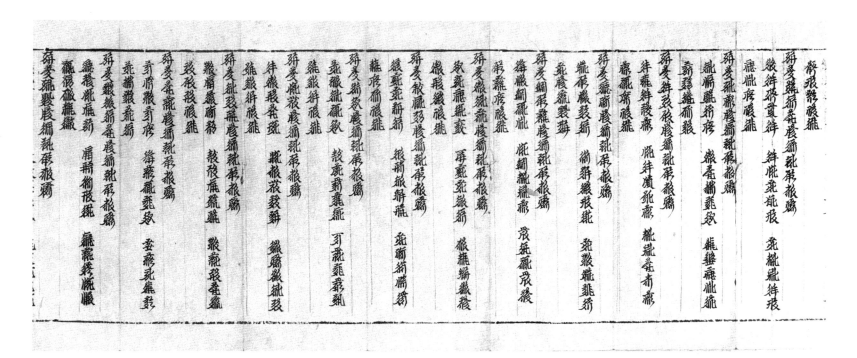

俄Инв.No.499　大寶積經卷第七十　　　(17-2)

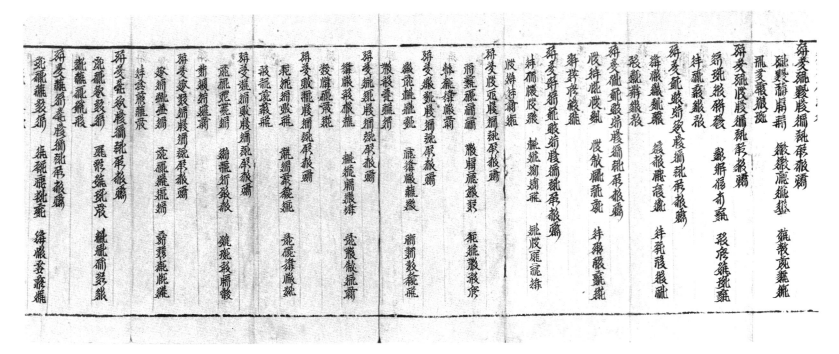

俄 Инв.No.499　大寶積經卷第七十　　　(17-3)

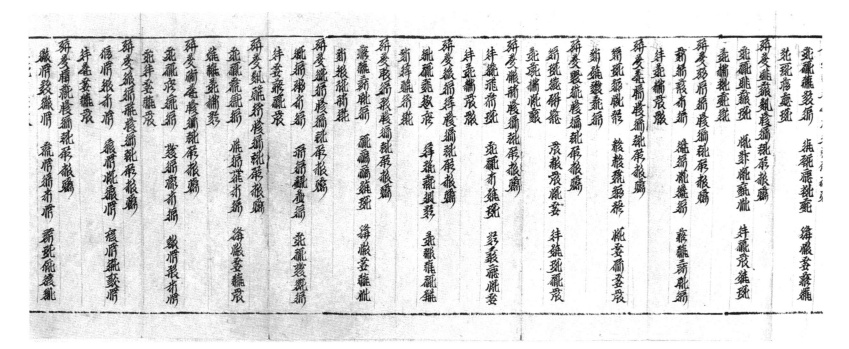

俄 Инв.No.499　大寶積經卷第七十　　　(17-4)

俄 Инв.No.499　大寶積經卷第七十　　　(17-5)

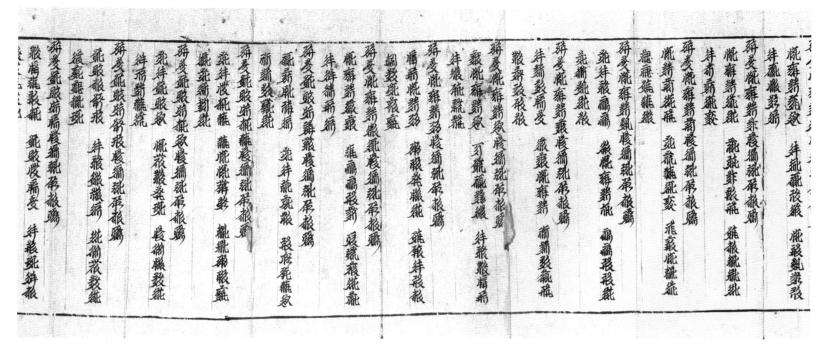

俄 **И**нв.No.499　大寶積經卷第七十　　　(17-6)

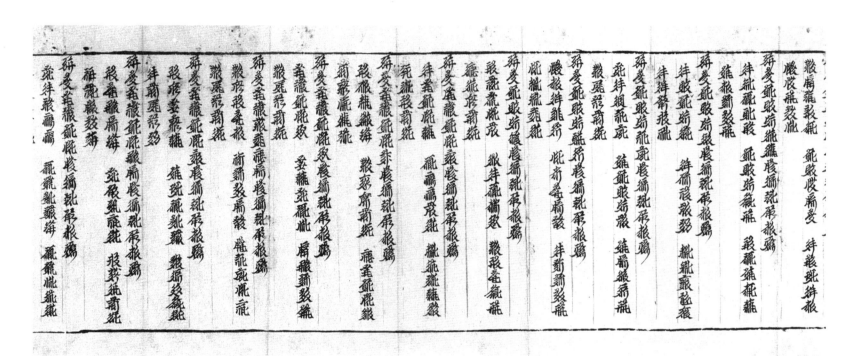

俄 **И**нв.No.499　大寶積經卷第七十　　　(17-7)

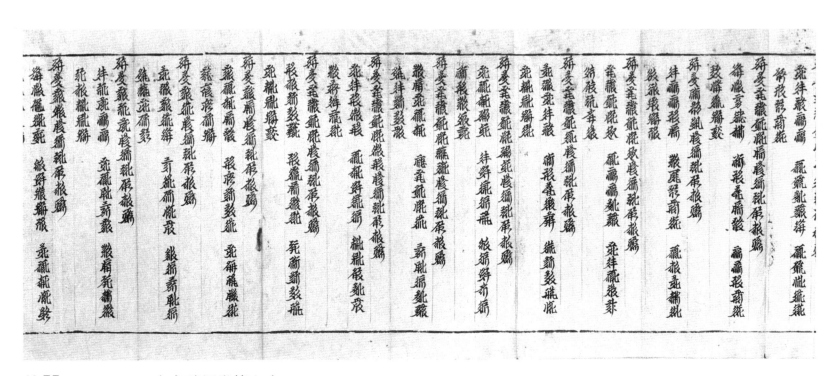

俄 **И**нв.No.499　大寶積經卷第七十　　　(17-8)

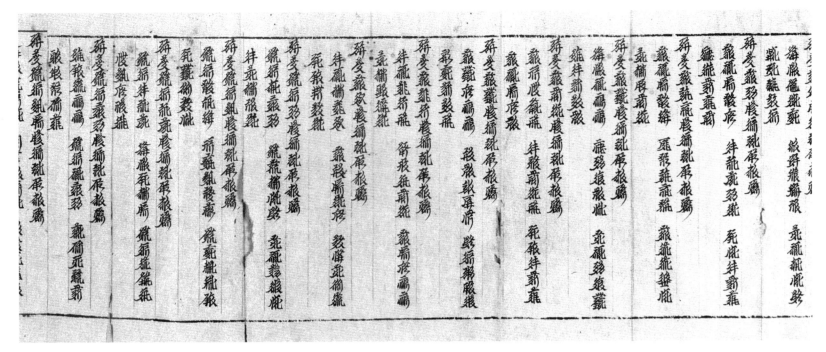

俄 **И**нв.No.499　大寶積經卷第七十　　　(17-9)

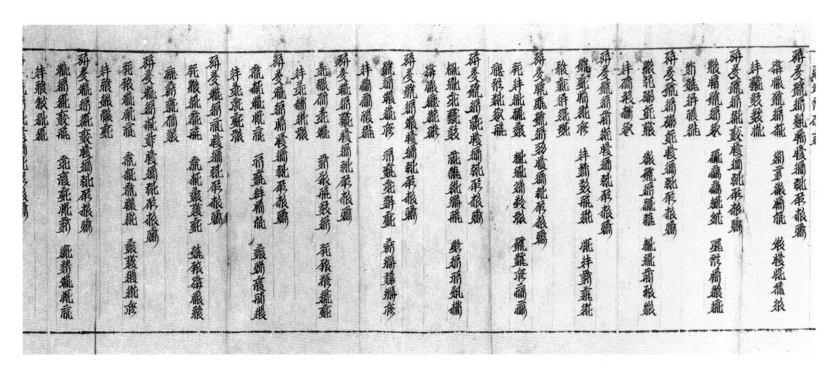

俄 **И**нв.No.499　大寶積經卷第七十　　　(17-10)

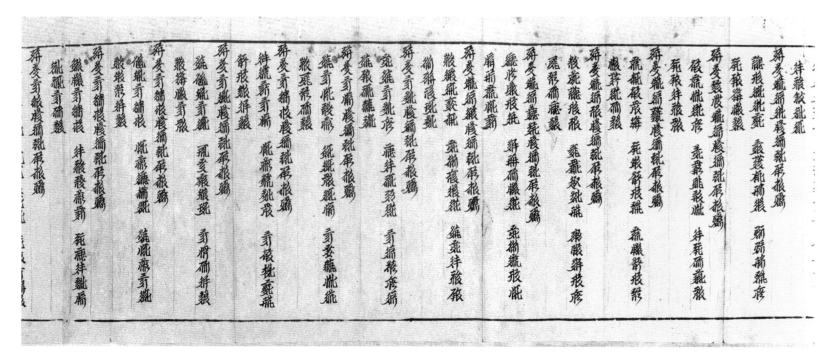

俄 **И**нв.No.499　大寶積經卷第七十　　　(17-11)

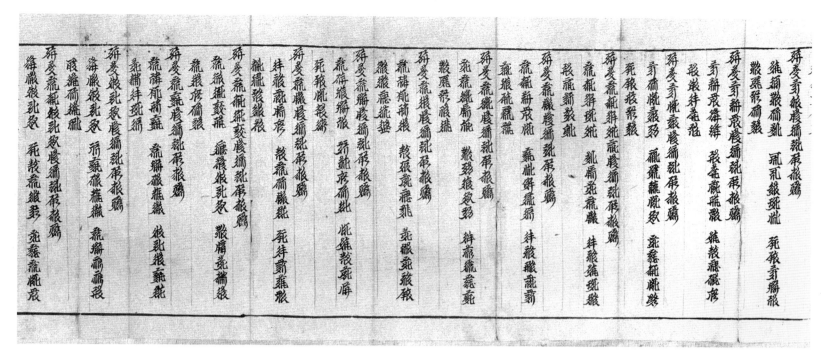

俄 **Инв.**No.499　　大寶積經卷第七十　　　（17-12）

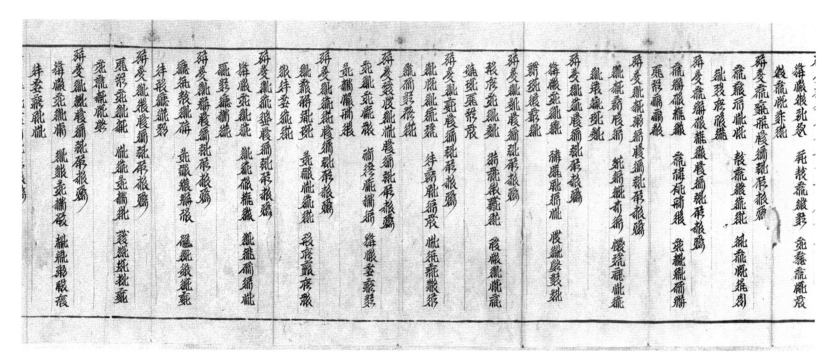

俄 **Инв.**No.499　　大寶積經卷第七十　　　（17-13）

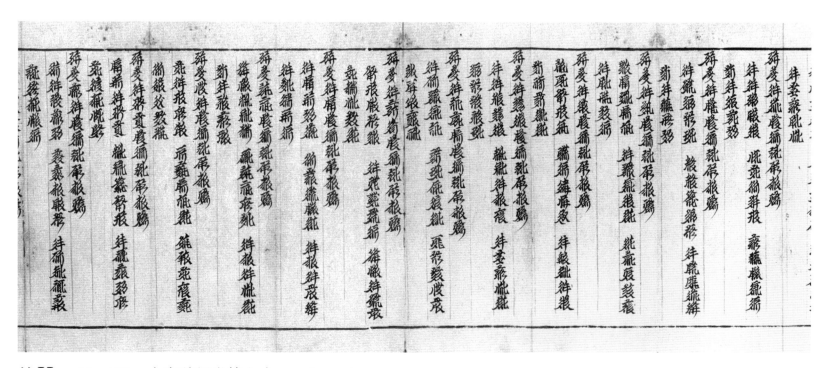

俄 **Инв.**No.499　　大寶積經卷第七十　　　（17-14）

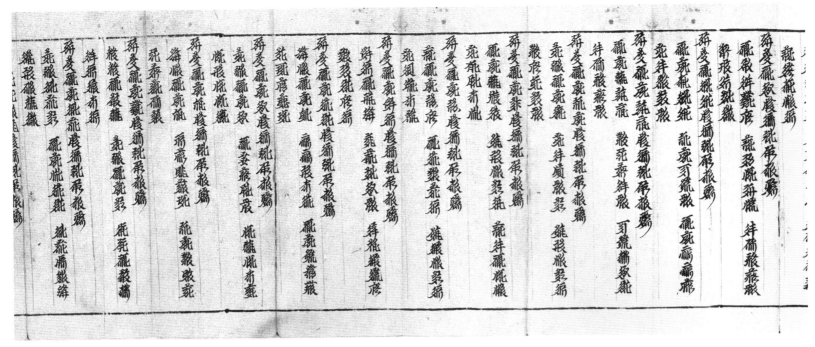

俄 Инв.No.499　大寶積經卷第七十　　　　(17-15)

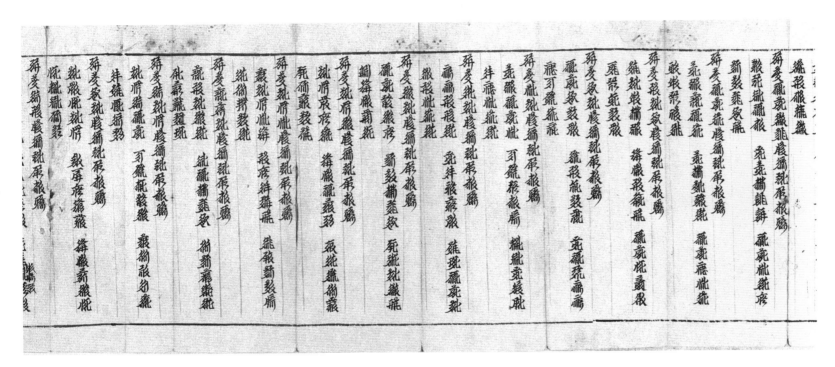

俄 Инв.No.499　大寶積經卷第七十　　　　(17-16)

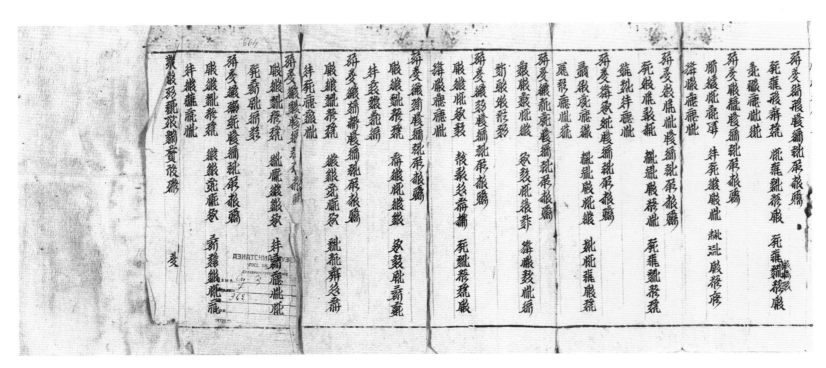

俄 Инв.No.499　大寶積經卷第七十　　　　(17-17)

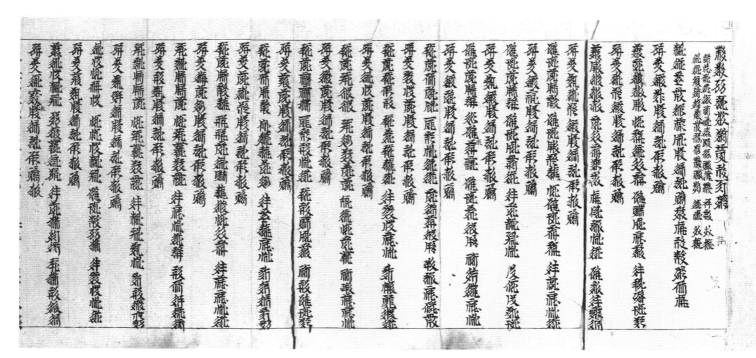

俄 Инв.No.502　大寶積經卷第七十一　　(14-1)

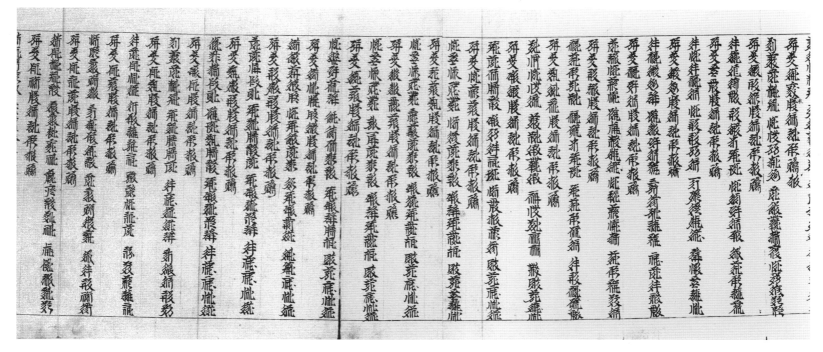

俄 Инв.No.502　大寶積經卷第七十一　　(14-2)

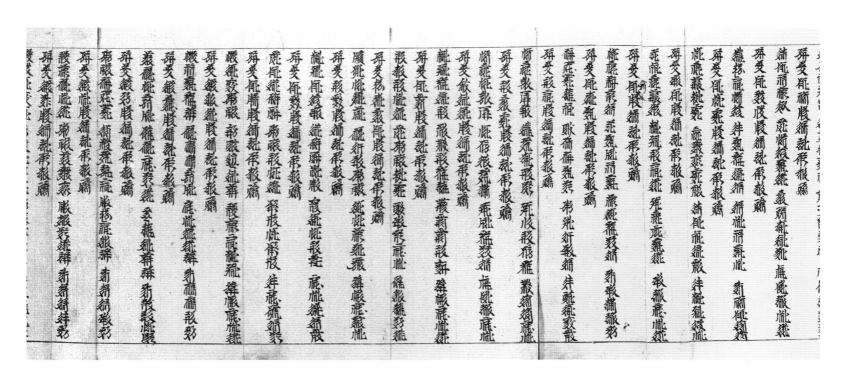

俄 Инв.No.502　大寶積經卷第七十一　　(14-3)

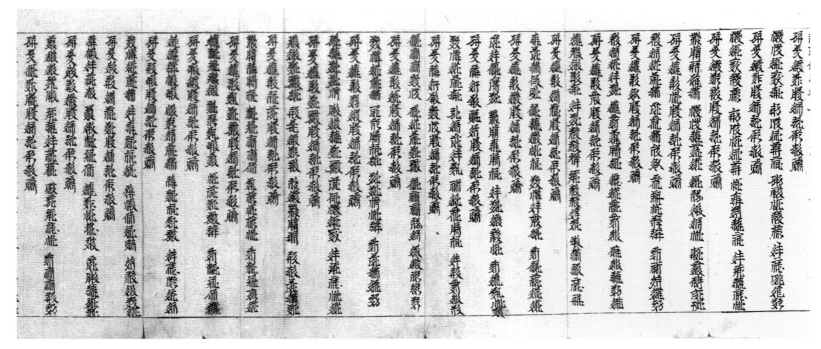

俄 ИНВ.No.502　大寶積經卷第七十一　　（14-4）

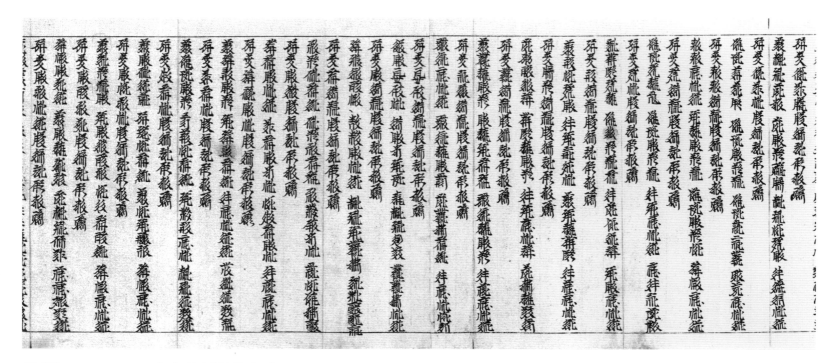

俄 ИНВ.No.502　大寶積經卷第七十一　　（14-5）

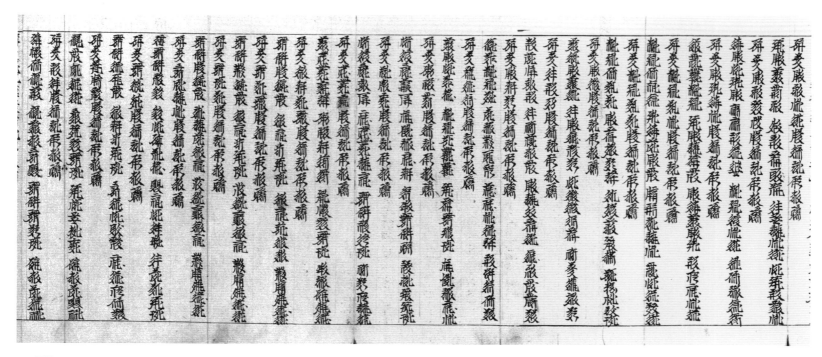

俄 ИНВ.No.502　大寶積經卷第七十一　　（14-6）

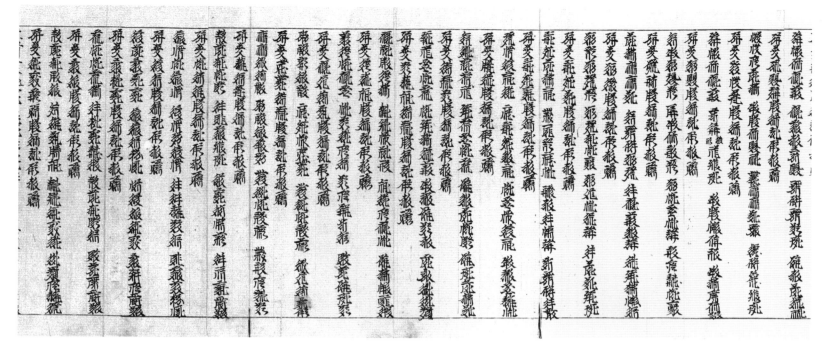

俄 **И**нв.No.502　大寶積經卷第七十一　　　(14-7)

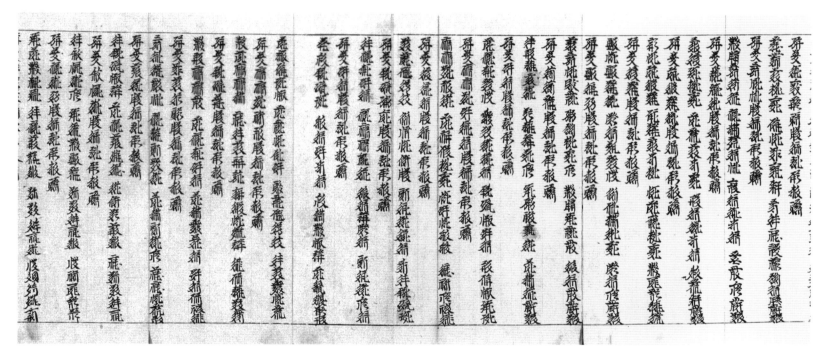

俄 **И**нв.No.502　大寶積經卷第七十一　　　(14-8)

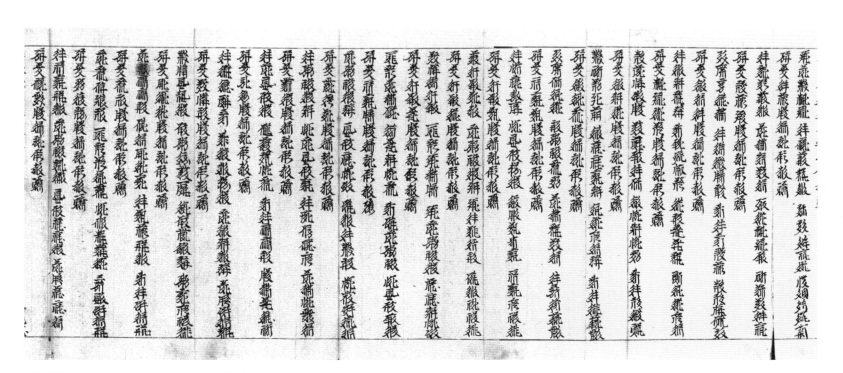

俄 **И**нв.No.502　大寶積經卷第七十一　　　(14-9)

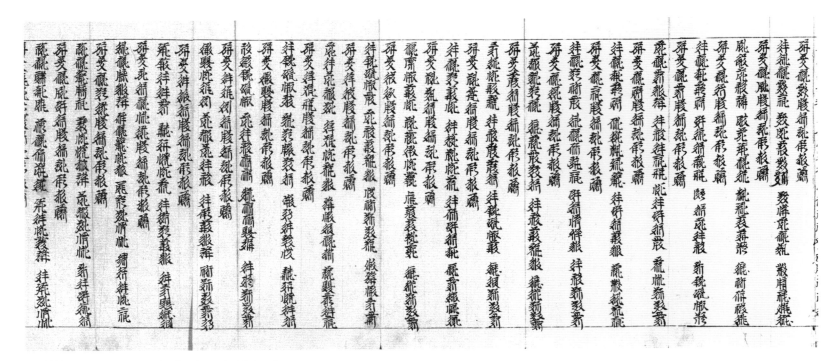

俄 **И**нв.No.502　大寶積經卷第七十一　　　（14-10）

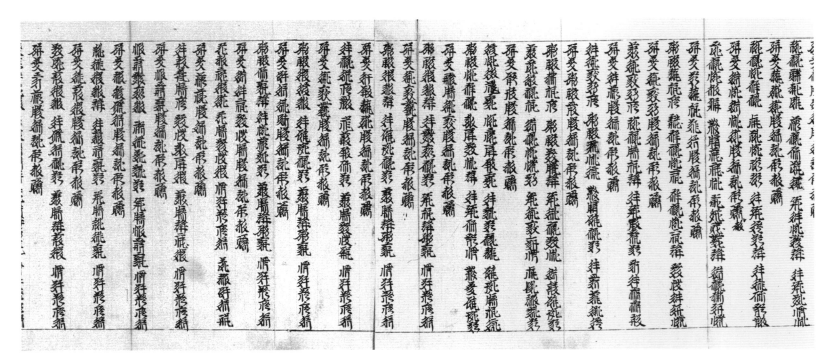

俄 **И**нв.No.502　大寶積經卷第七十一　　　（14-11）

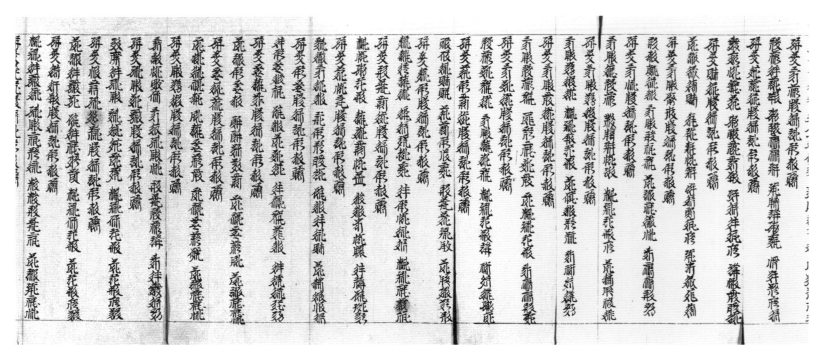

俄 **И**нв.No.502　大寶積經卷第七十一　　　（14-12）

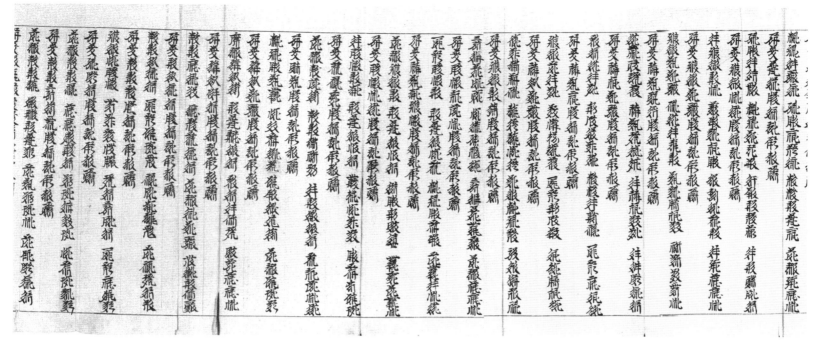

俄 **Инв**.No.502　大寶積經卷第七十一　　　(14-13)

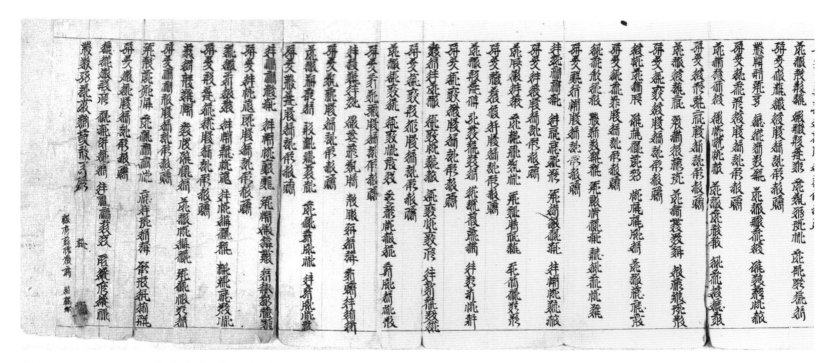

俄 **Инв**.No.502　大寶積經卷第七十一　　　(14-14)

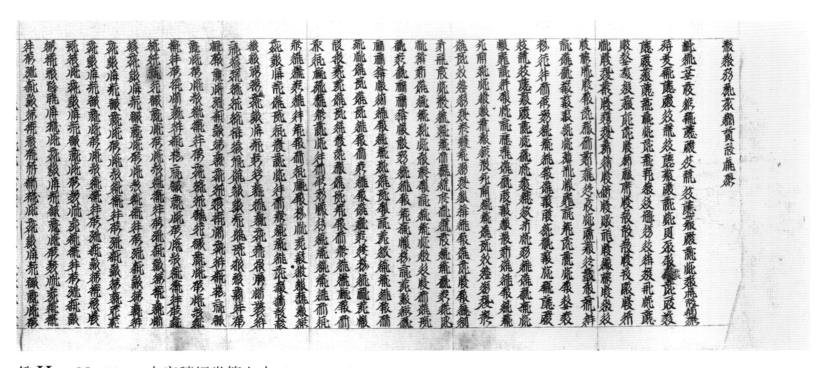

俄 **Инв**.No.504　大寶積經卷第七十二　　　(8-1)

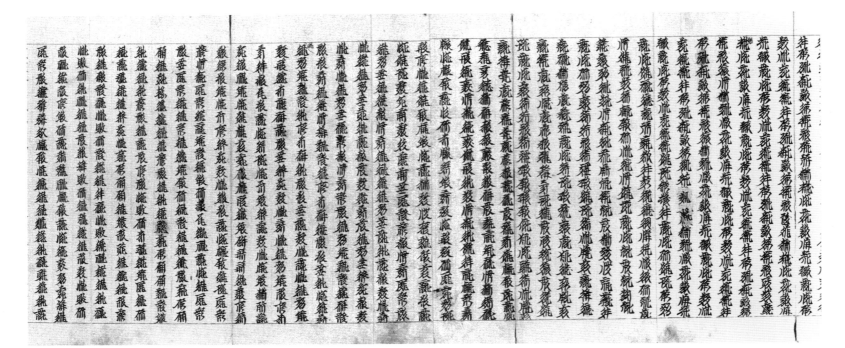

俄 Инв.No.504　大寶積經卷第七十二　　　(8-2)

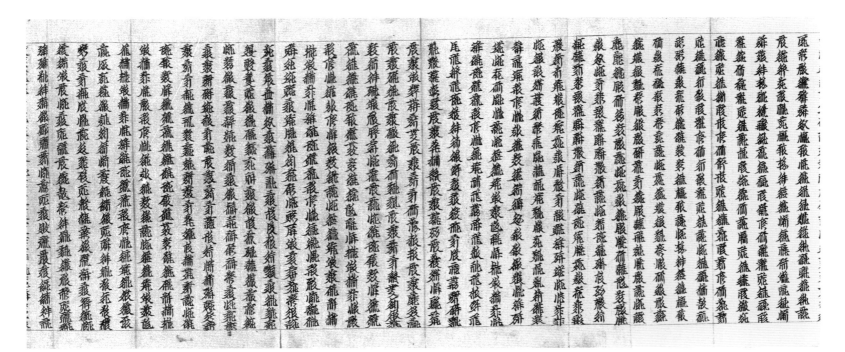

俄 Инв.No.504　大寶積經卷第七十二　　　(8-3)

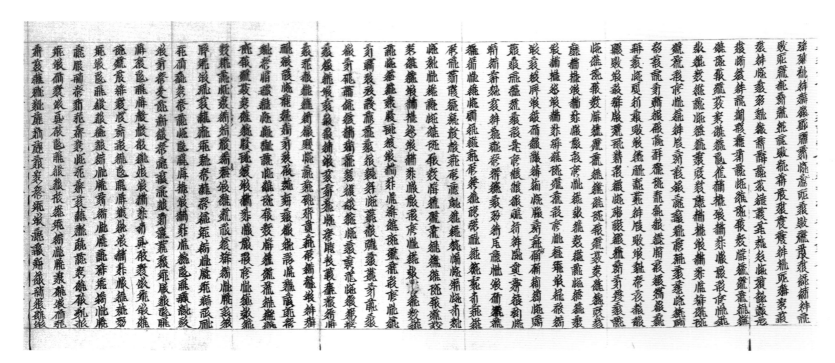

俄 Инв.No.504　大寶積經卷第七十二　　　(8-4)

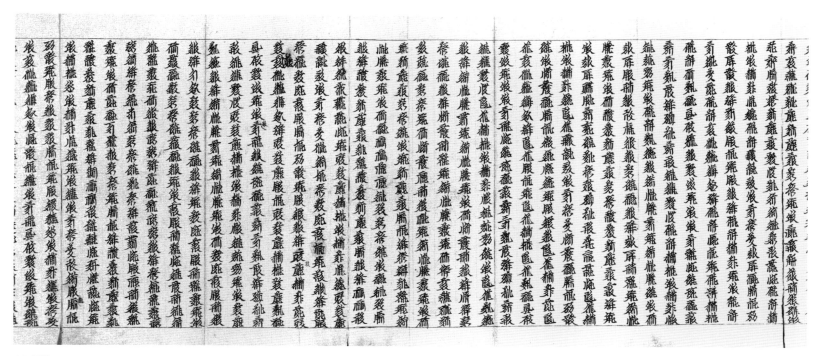

俄 Инв.No.504　大寶積經卷第七十二　　　(8-5)

俄 Инв.No.504　大寶積經卷第七十二　　　(8-6)

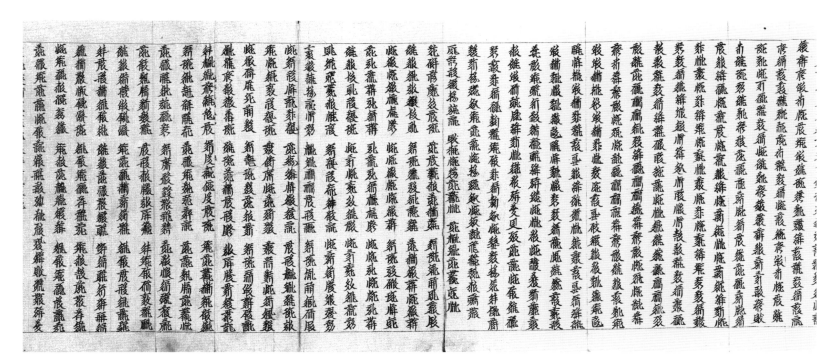

俄 Инв.No.504　大寶積經卷第七十二　　　(8-7)

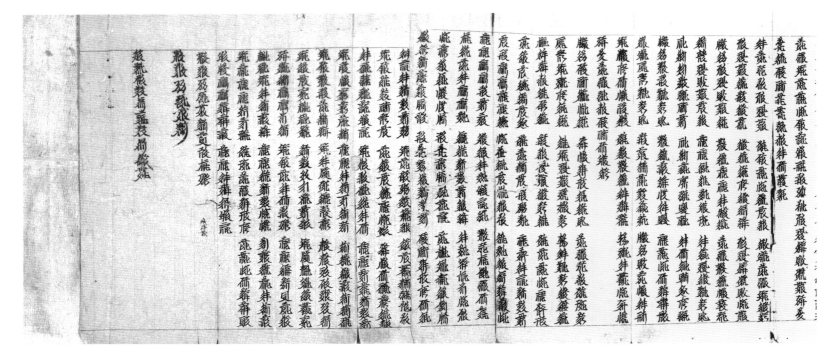

俄 Инв.No.504　大寶積經卷第七十二　　　　(8-8)

俄 Инв.No.505　大寶積經卷第七十三　　　　(11-1)

俄 Инв.No.505　大寶積經卷第七十三　　　　(11-2)

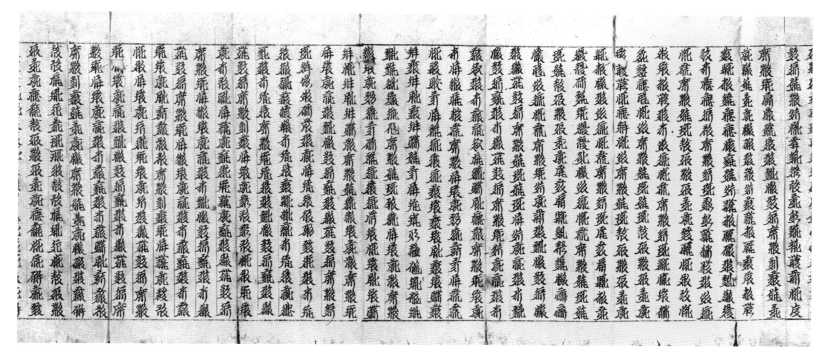

俄Инв.No.505　大寶積經卷第七十三　　　(11-3)

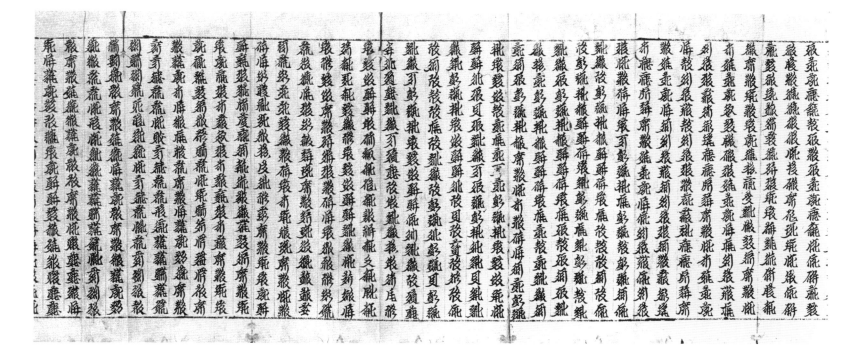

俄Инв.No.505　大寶積經卷第七十三　　　(11-4)

俄Инв.No.505　大寶積經卷第七十三　　　(11-5)

俄Инв.No.505　大寶積經卷第七十三　　　(11-6)

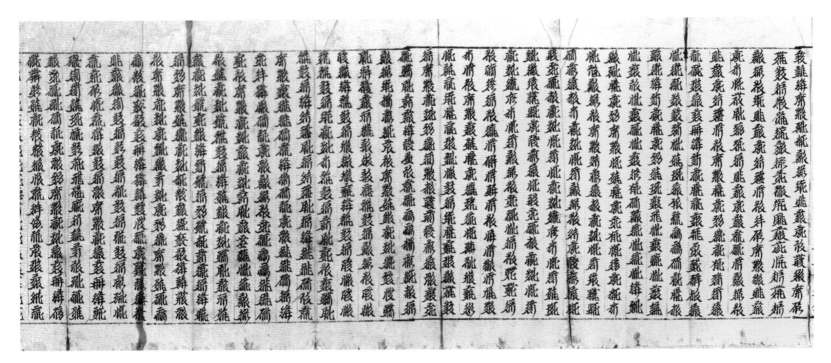

俄Инв.No.505　大寶積經卷第七十三　　　(11-7)

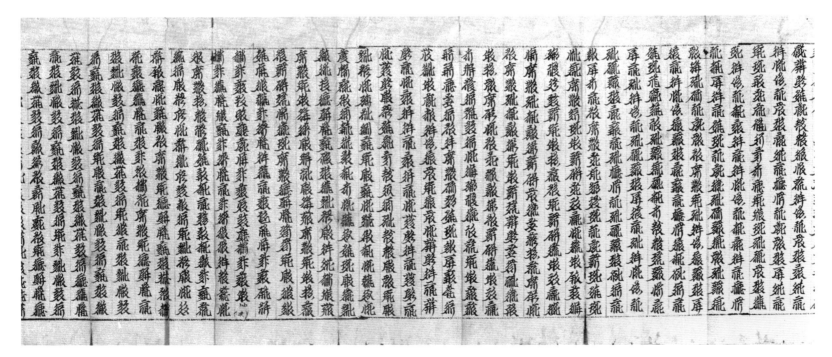

俄Инв.No.505　大寶積經卷第七十三　　　(11-8)

俄ИнВ.No.505　大寶積經卷第七十三　　　(11-9)

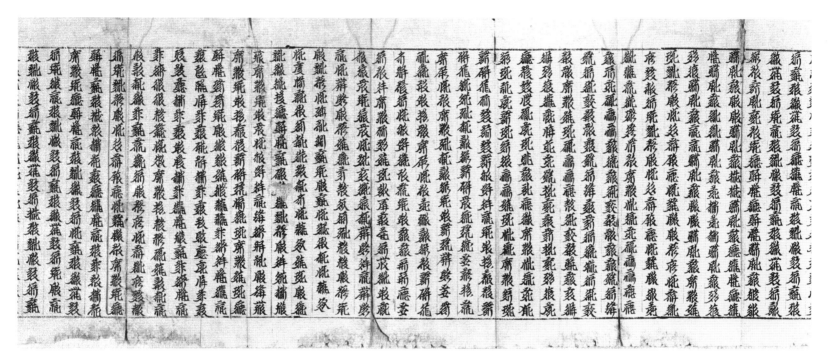

俄ИнВ.No.505　大寶積經卷第七十三　　　(11-10)

俄ИнВ.No.505　大寶積經卷第七十三　　　(11-11)

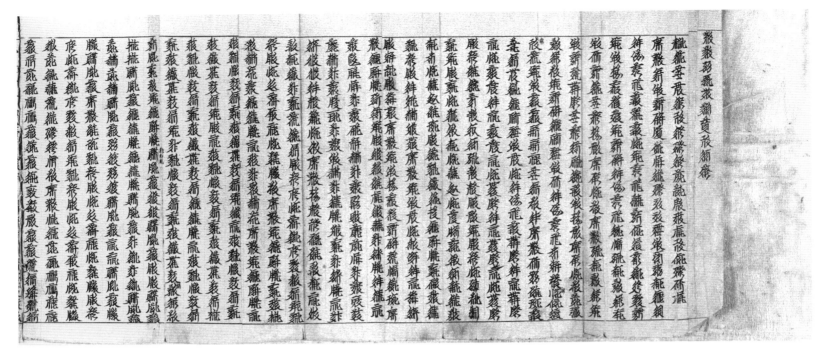

俄 Инв.No.507　大寶積經卷第七十四　　　(10-1)

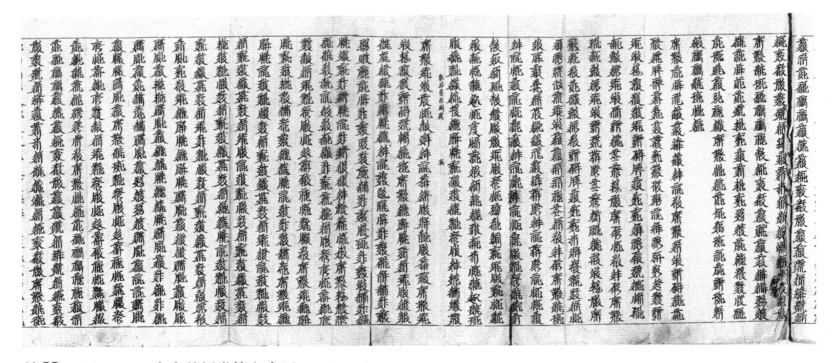

俄 Инв.No.507　大寶積經卷第七十四　　　(10-2)

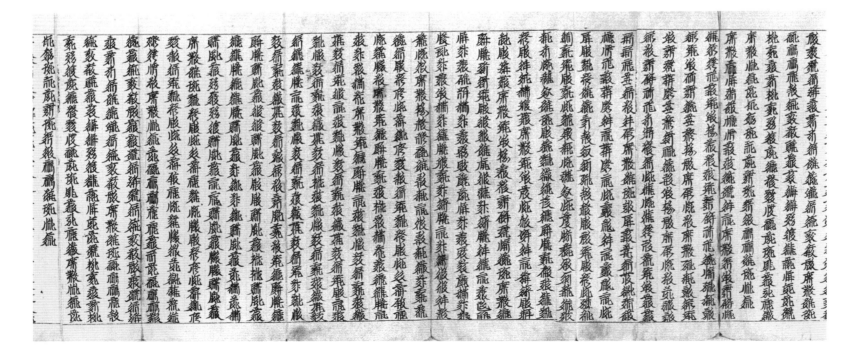

俄 Инв.No.507　大寶積經卷第七十四　　　(10-3)

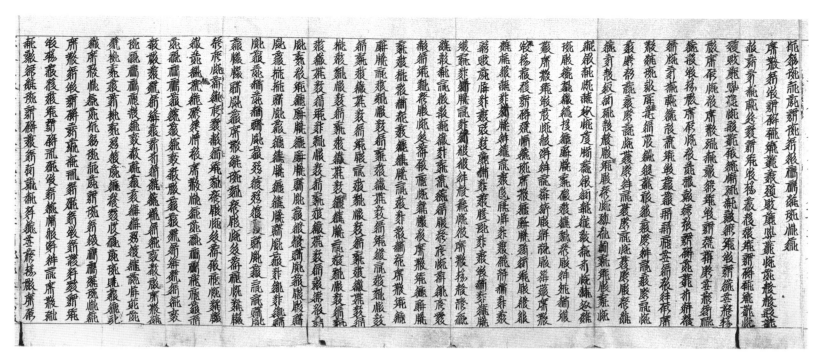

俄 **Инв**.No.507　大寶積經卷第七十四　　　(10-4)

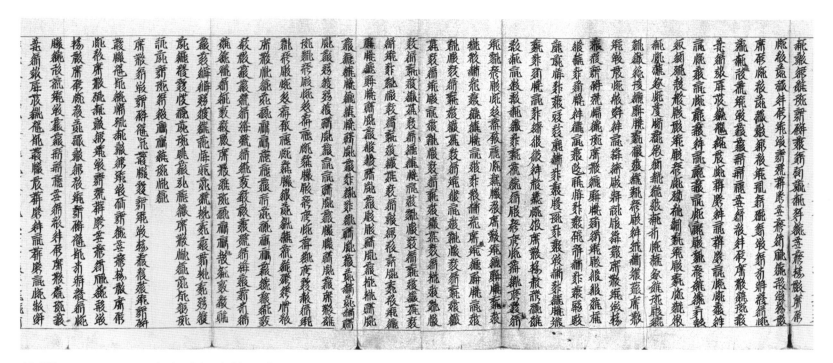

俄 **Инв**.No.507　大寶積經卷第七十四　　　(10-5)

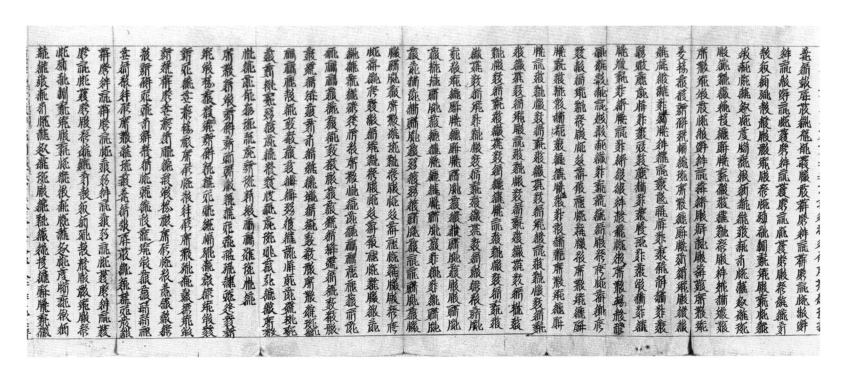

俄 **Инв**.No.507　大寶積經卷第七十四　　　(10-6)

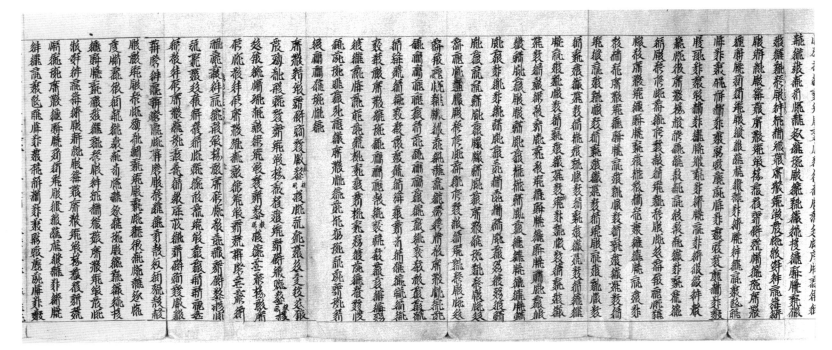

俄Инв.No.507　大寶積經卷第七十四　　　(10-7)

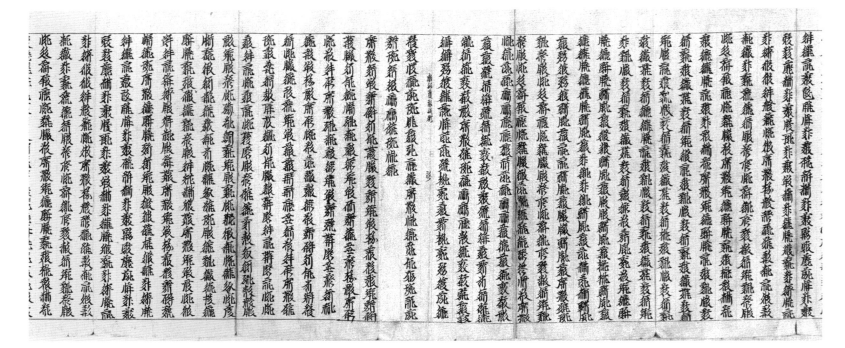

俄Инв.No.507　大寶積經卷第七十四　　　(10-8)

俄Инв.No.507　大寶積經卷第七十四　　　(10-9)

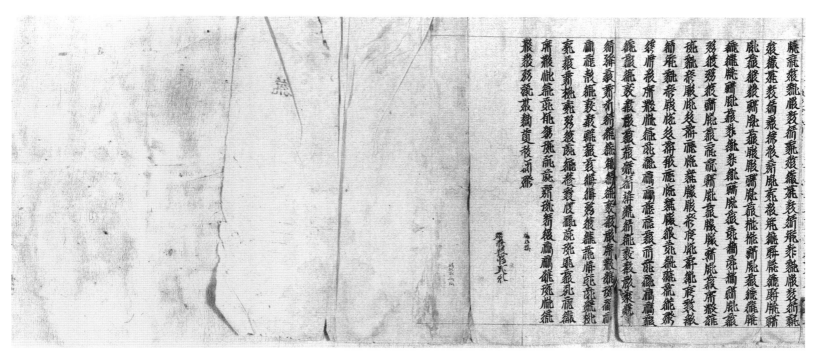

俄 Инв.No.507　大寶積經卷第七十四　　(10-10)

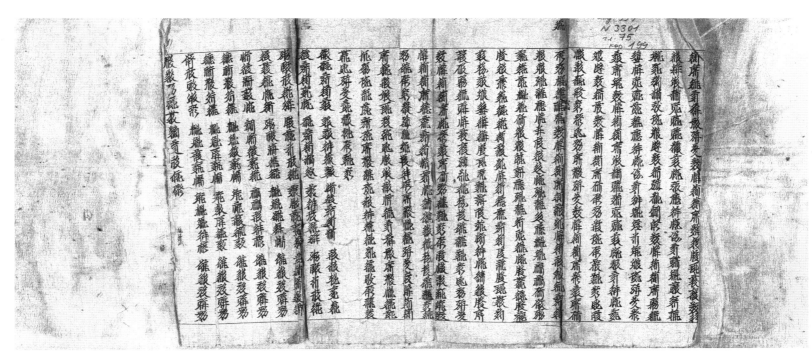

俄 Инв.No.3301　大寶積經卷第七十五

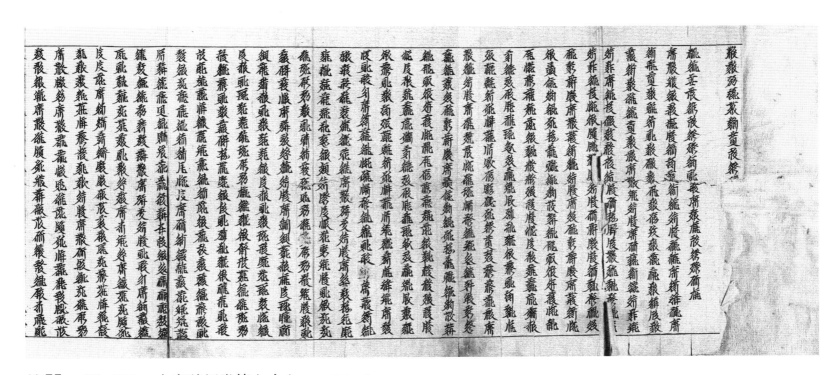

俄 Инв.No.509　大寶積經卷第七十六　　(11-1)

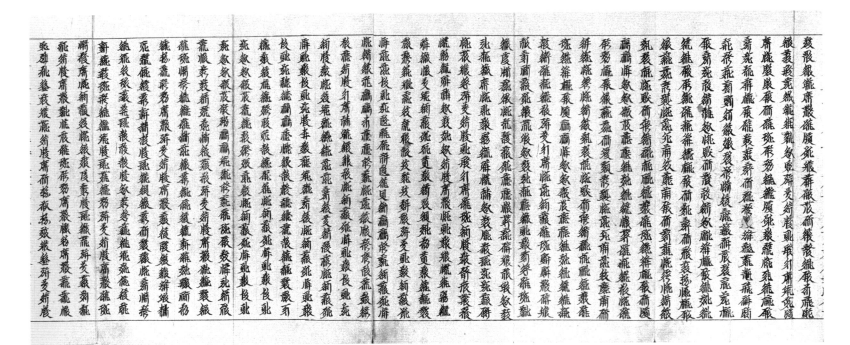

俄 Инв.No.509　大寶積經卷第七十六　　　（11-2）

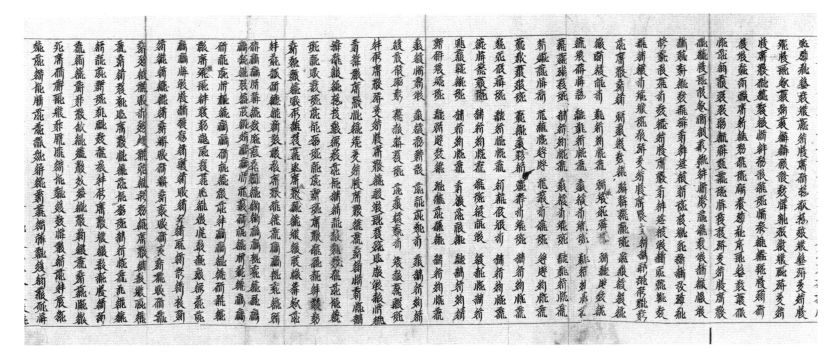

俄 Инв.No.509　大寶積經卷第七十六　　　（11-3）

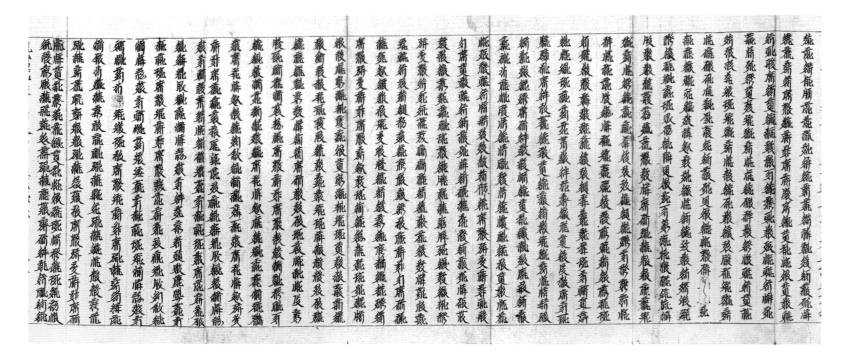

俄 Инв.No.509　大寶積經卷第七十六　　　（11-4）

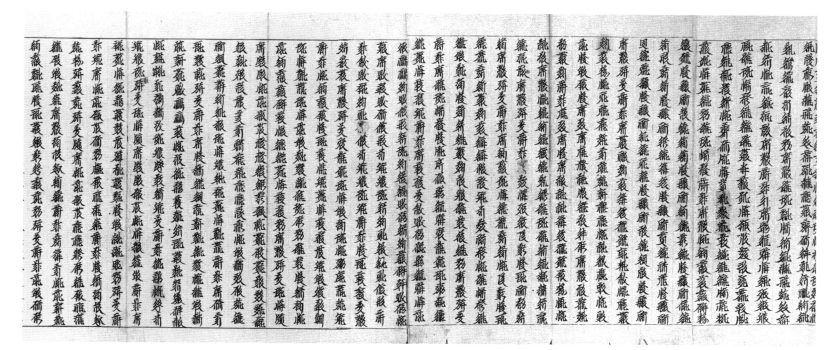

俄 **И**нв.No.509 　大寶積經卷第七十六 　　　　(11-5)

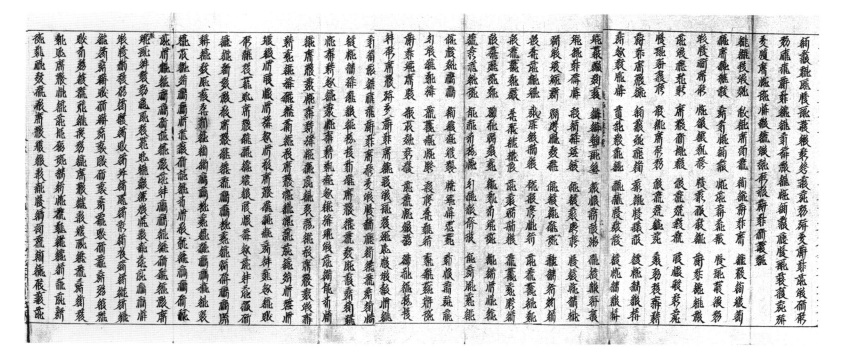

俄 **И**нв.No.509 　大寶積經卷第七十六 　　　　(11-6)

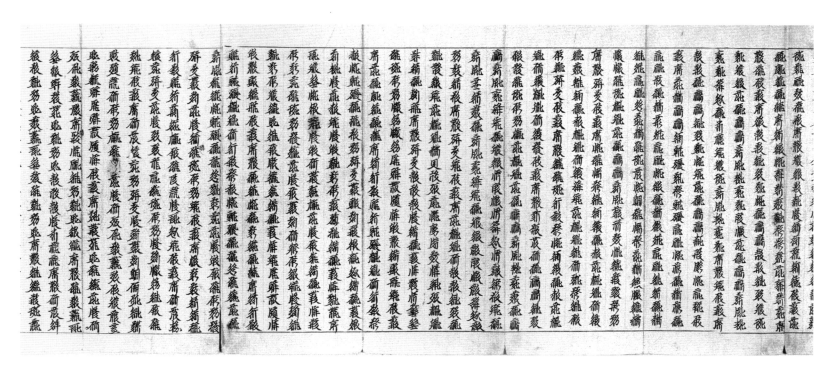

俄 **И**нв.No.509 　大寶積經卷第七十六 　　　　(11-7)

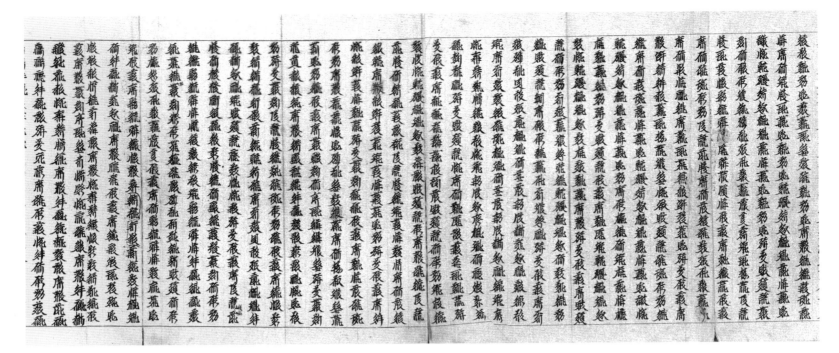

俄 Инв.No.509　大寶積經卷第七十六　　　（11-8）

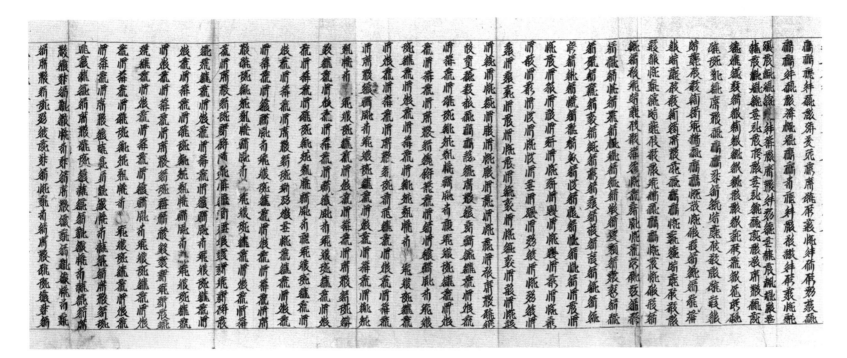

俄 Инв.No.509　大寶積經卷第七十六　　　（11-9）

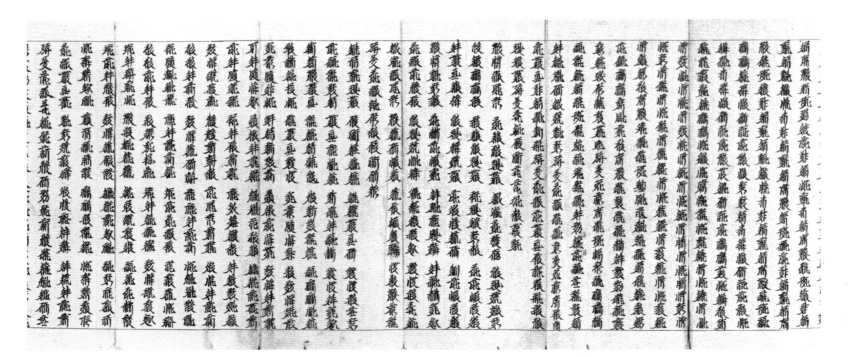

俄 Инв.No.509　大寶積經卷第七十六　　　（11-10）

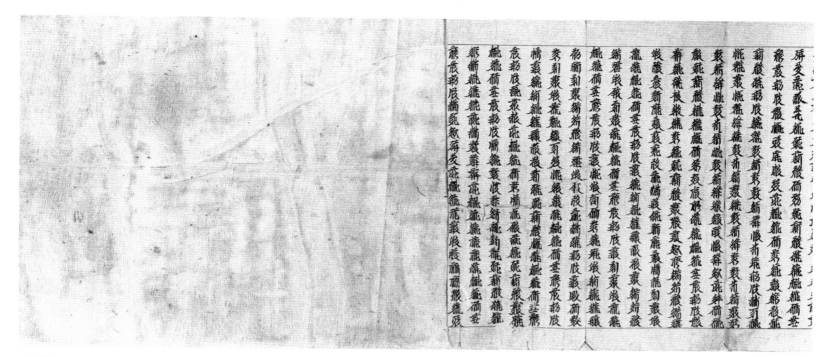

俄 Инв.No.509　大寶積經卷第七十六　　(11-11)

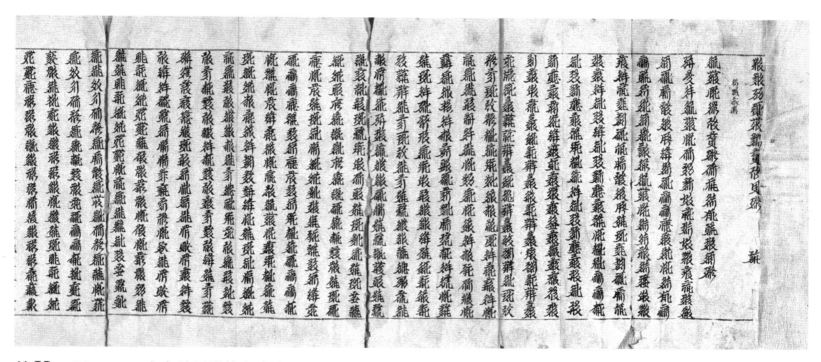

俄 Инв.No.511　大寶積經卷第七十七　　(15-1)

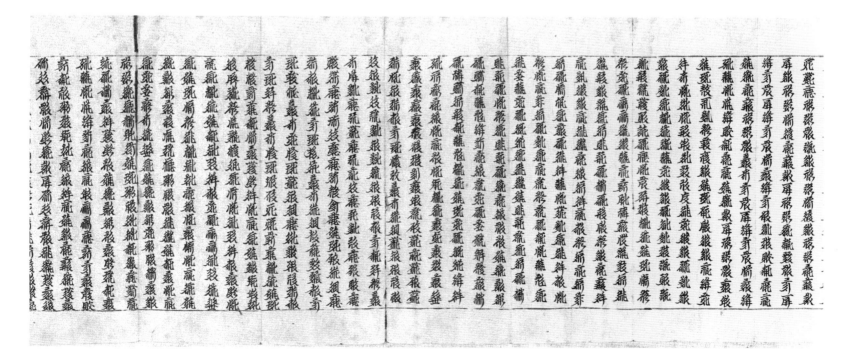

俄 Инв.No.511　大寶積經卷第七十七　　(15-2)

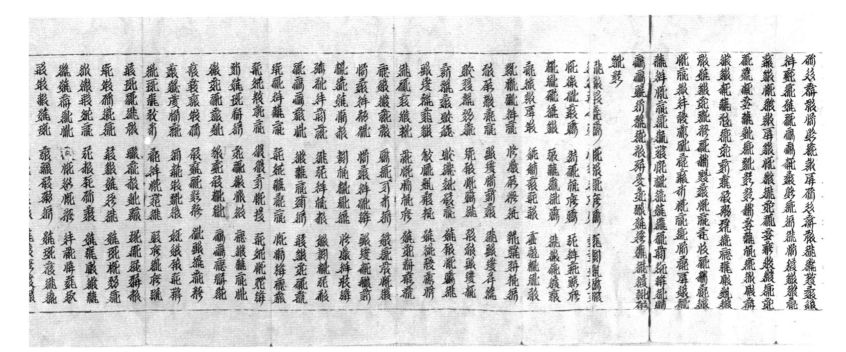

俄ИНВ.No.511　大寶積經卷第七十七　　　(15-3)

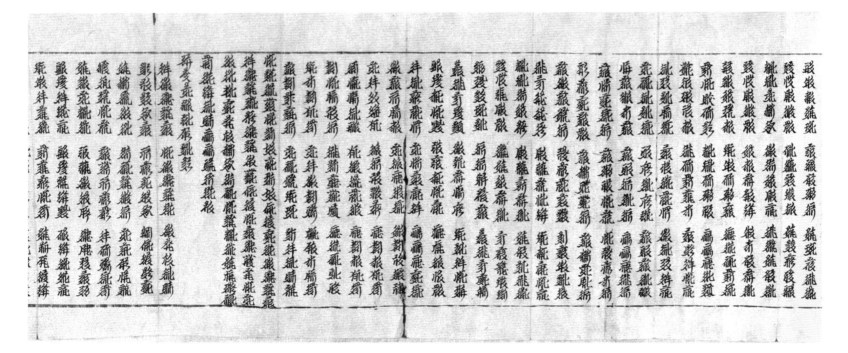

俄ИНВ.No.511　大寶積經卷第七十七　　　(15-4)

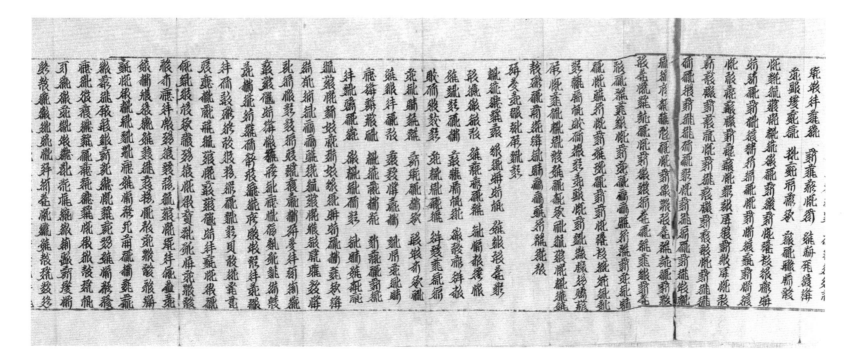

俄ИНВ.No.511　大寶積經卷第七十七　　　(15-5)

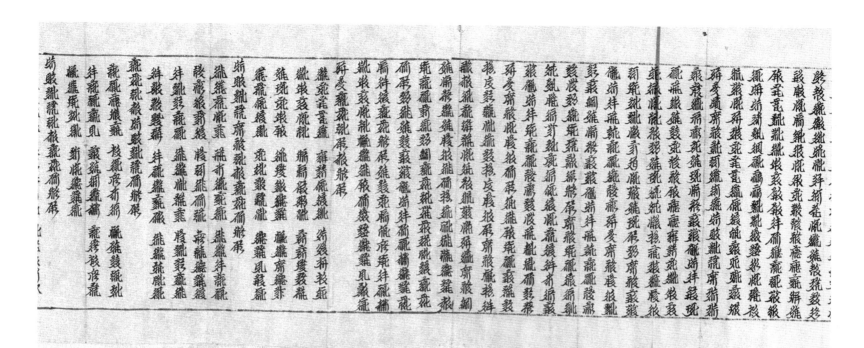

俄 Инв.No.511　大寶積經卷第七十七　　　(15-6)

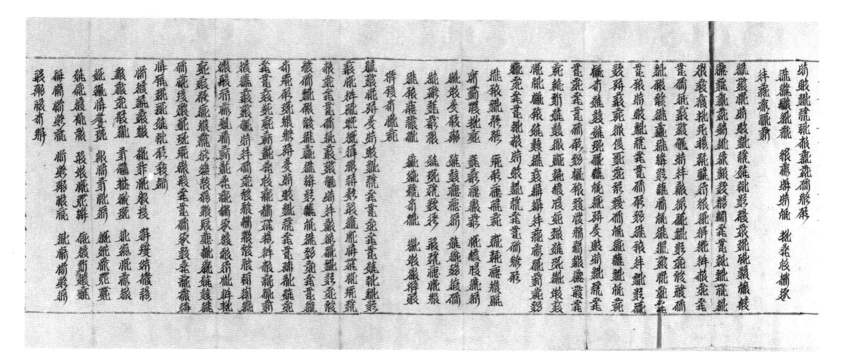

俄 Инв.No.511　大寶積經卷第七十七　　　(15-7)

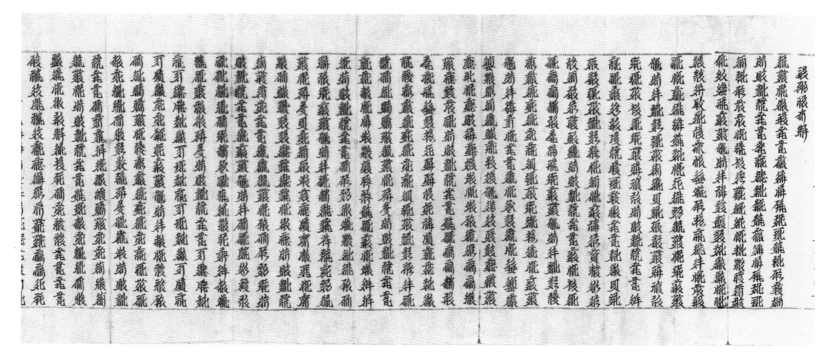

俄 Инв.No.511　大寶積經卷第七十七　　　(15-8)

俄 ИНВ.No.511　大寶積經卷第七十七　　　　(15-9)

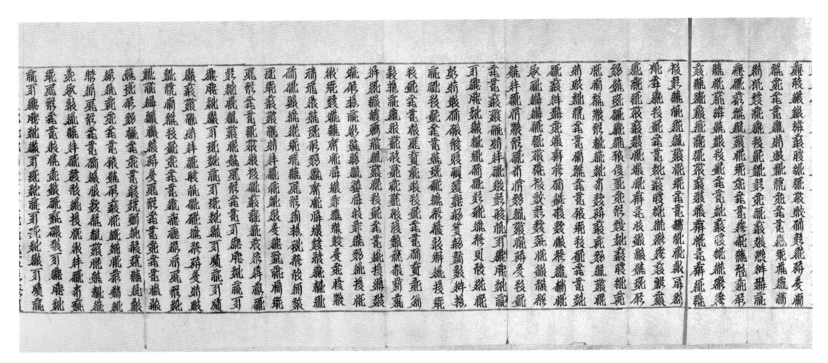

俄 ИНВ.No.511　大寶積經卷第七十七　　　　(15-10)

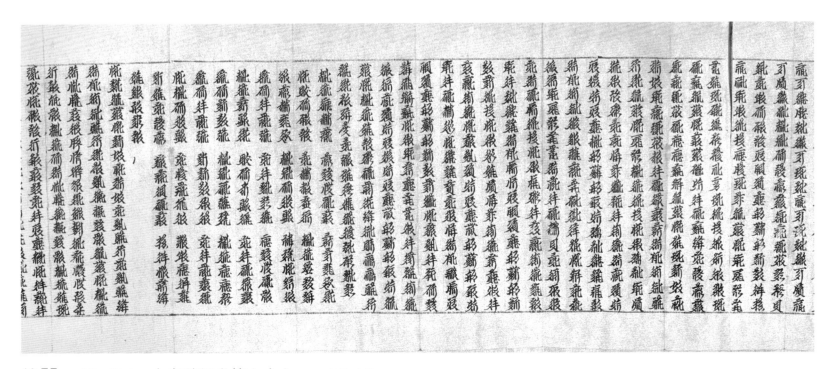

俄 ИНВ.No.511　大寶積經卷第七十七　　　　(15-11)

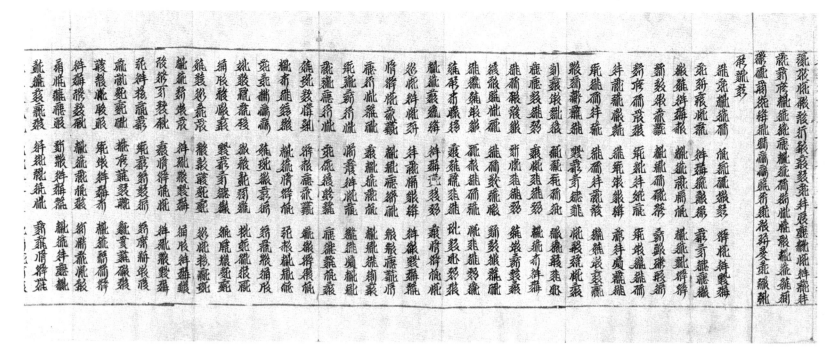

俄 **И**нв.No.511　　大寶積經卷第七十七　　　（15-12）

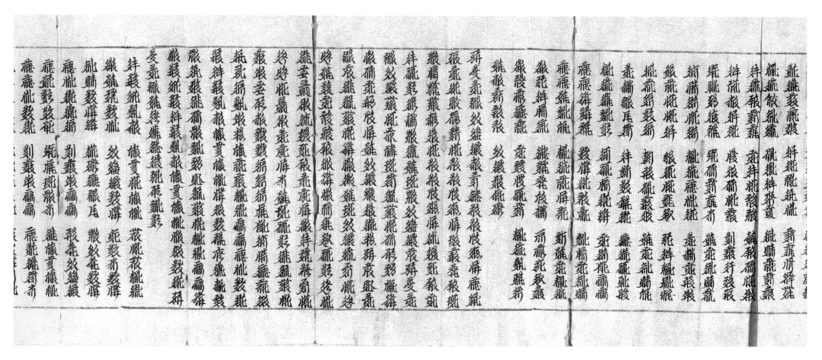

俄 **И**нв.No.511　　大寶積經卷第七十七　　　（15-13）

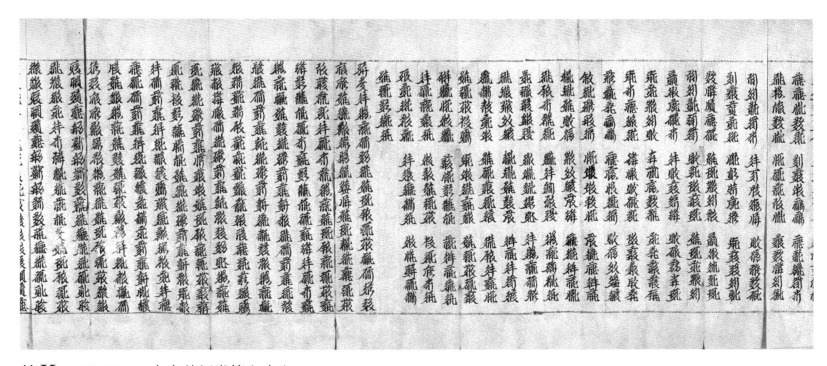

俄 **И**нв.No.511　　大寶積經卷第七十七　　　（15-14）

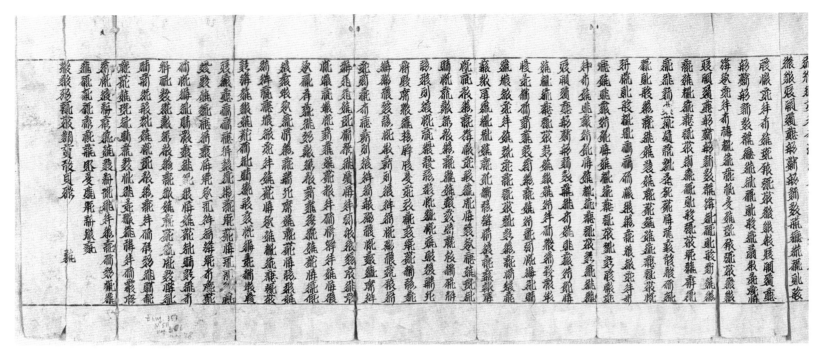

俄 Инв.No.511　　大寶積經卷第七十七　　　　（15-15）

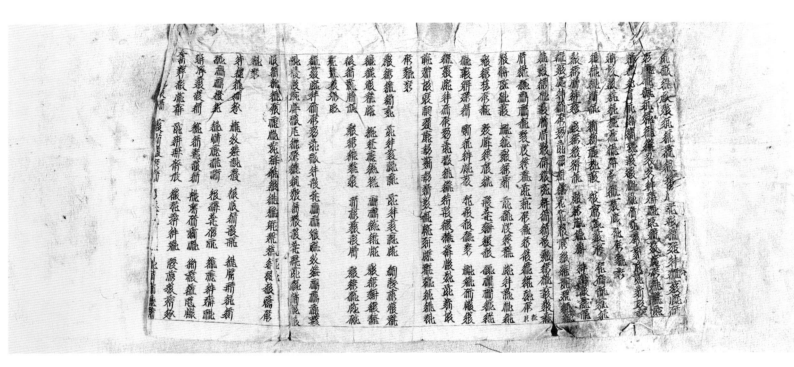

俄 Инв.No.4021　　大寶積經卷第七十七

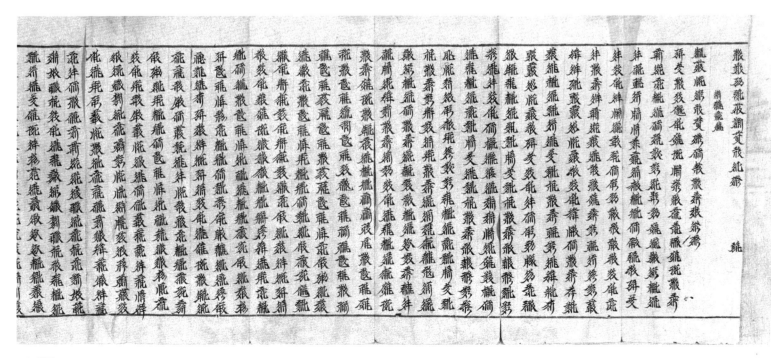

俄 Инв.No.512　　大寶積經卷第七十九　　　　（16-1）

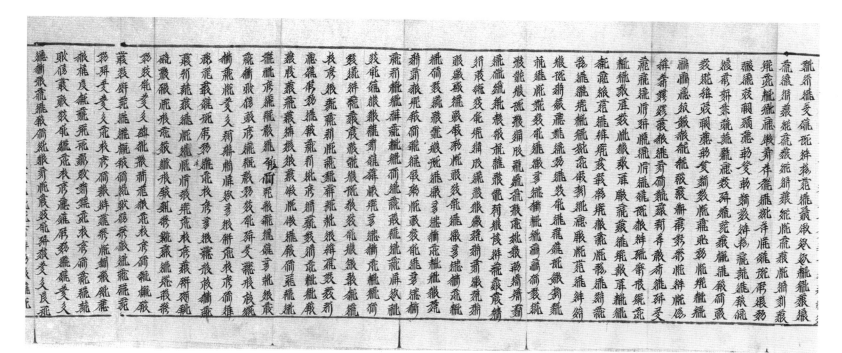

俄 Инв.No.512　大寶積經卷第七十九　　　(16-2)

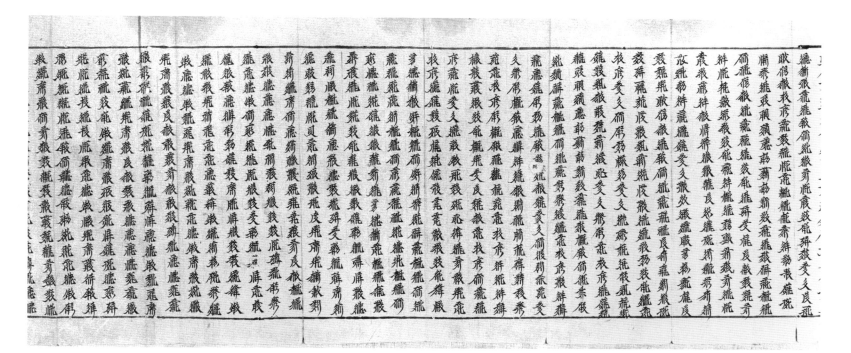

俄 Инв.No.512　大寶積經卷第七十九　　　(16-3)

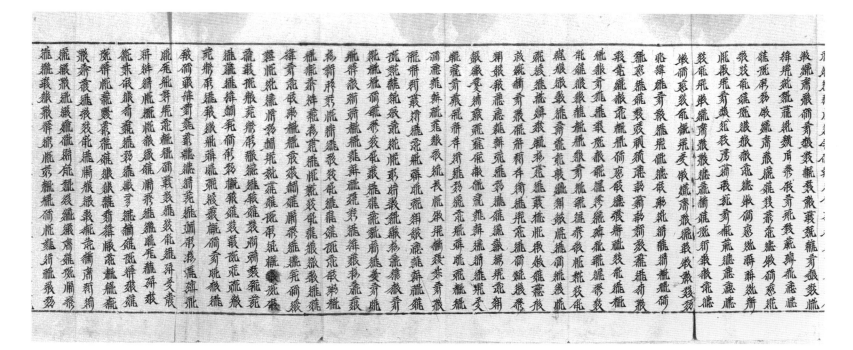

俄 Инв.No.512　大寶積經卷第七十九　　　(16-4)

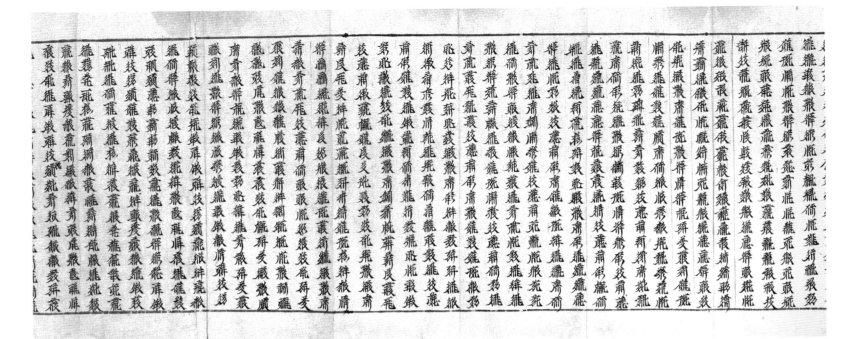

俄 **Инв**.No.512　大寶積經卷第七十九　　　(16-5)

俄 **Инв**.No.512　大寶積經卷第七十九　　　(16-6)

俄 **Инв**.No.512　大寶積經卷第七十九　　　(16-7)

俄 **И**нв.No.512　大寶積經卷第七十九　　　(16-8)

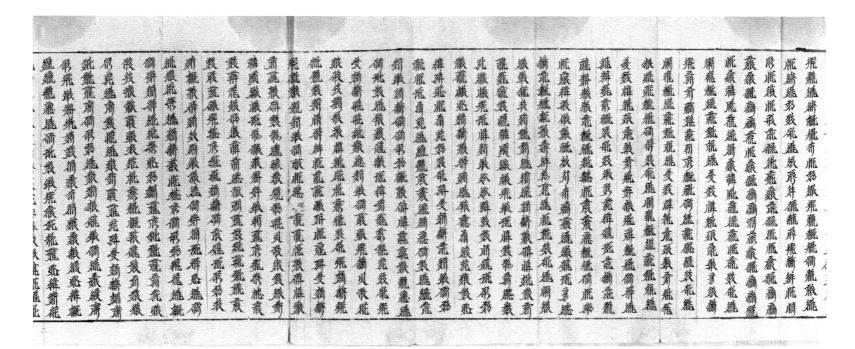

俄 **И**нв.No.512　大寶積經卷第七十九　　　(16-9)

俄 **И**нв.No.512　大寶積經卷第七十九　　　(16-10)

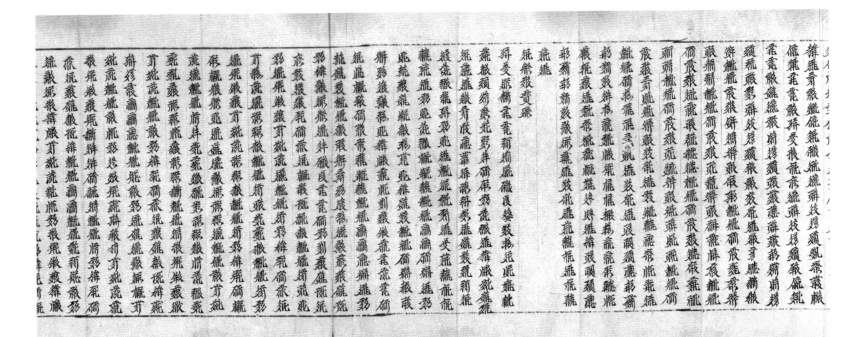

俄Инв.No.512　大寶積經卷第七十九　　　(16-11)

俄Инв.No.512　大寶積經卷第七十九　　　(16-12)

俄Инв.No.512　大寶積經卷第七十九　　　(16-13)

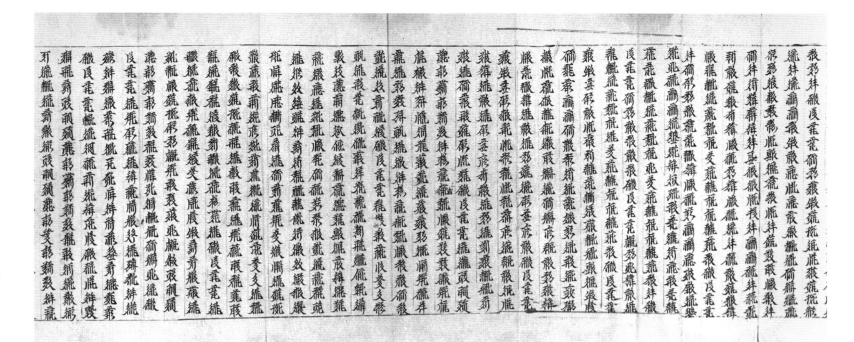

俄 ИНВ.No.512　大寶積經卷第七十九　　　(16-14)

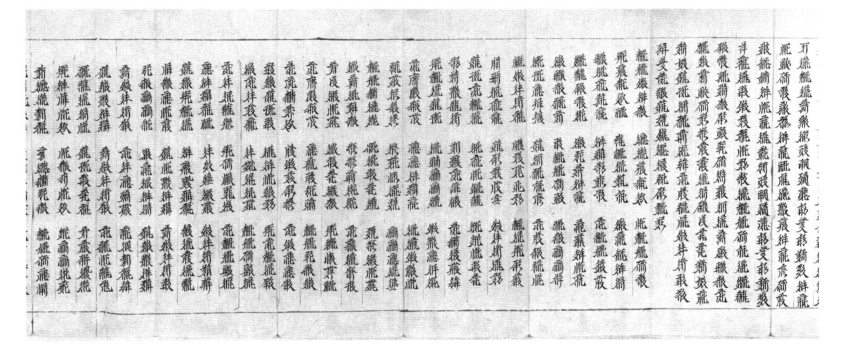

俄 ИНВ.No.512　大寶積經卷第七十九　　　(16-15)

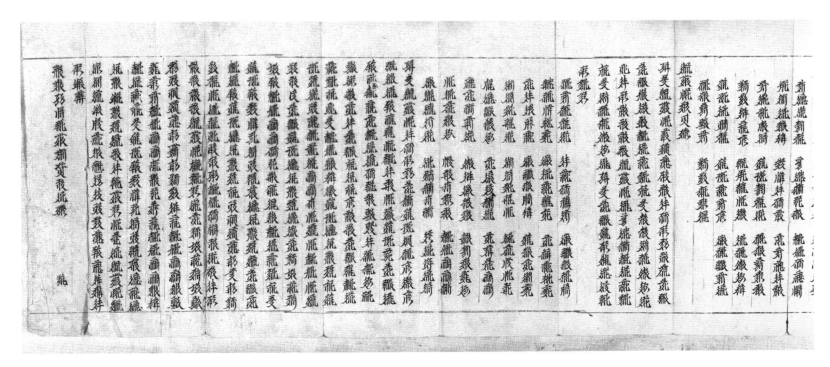

俄 ИНВ.No.512　大寶積經卷第七十九　　　(16-16)

俄 **И**нв.No.514　大寶積經卷第八十　　　(18-1)

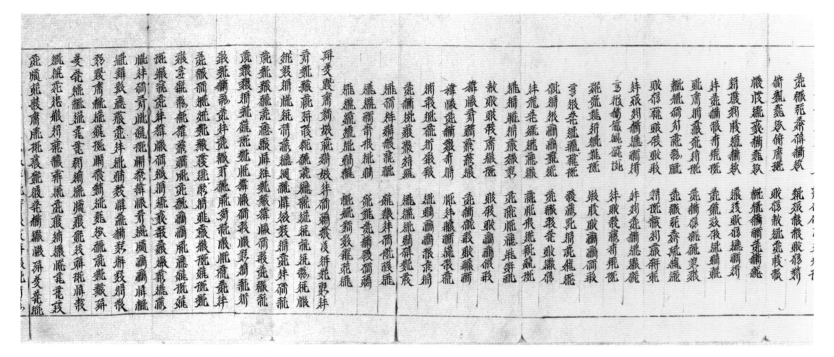

俄 **И**нв.No.514　大寶積經卷第八十　　　(18-2)

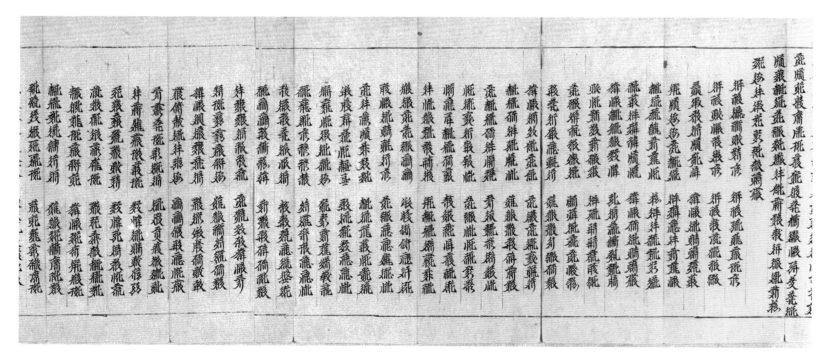

俄 **И**нв.No.514　大寶積經卷第八十　　　(18-3)

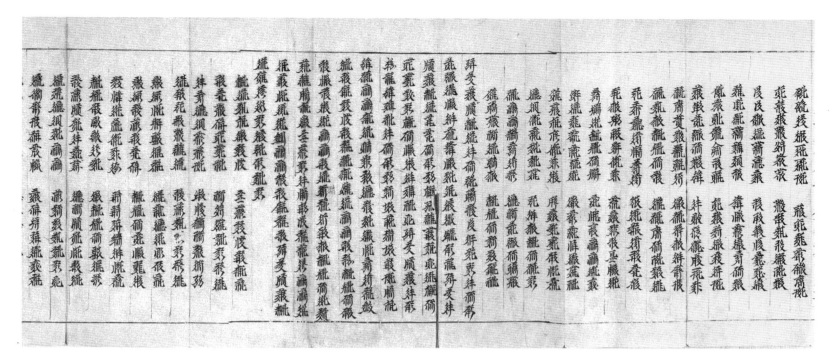

俄 **И**нв.No.514　　大寶積經卷第八十　　　(18-4)

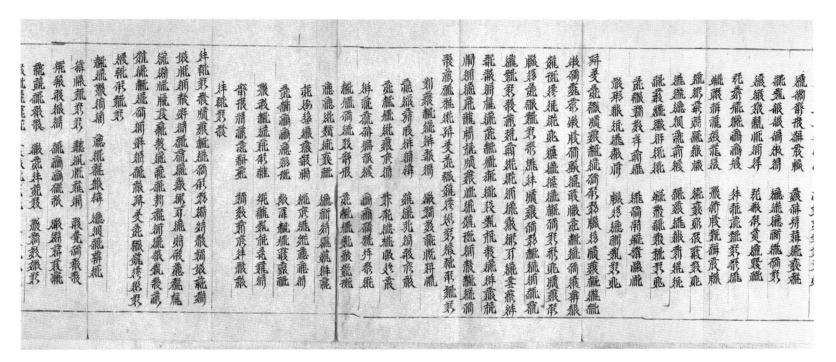

俄 **И**нв.No.514　　大寶積經卷第八十　　　(18-5)

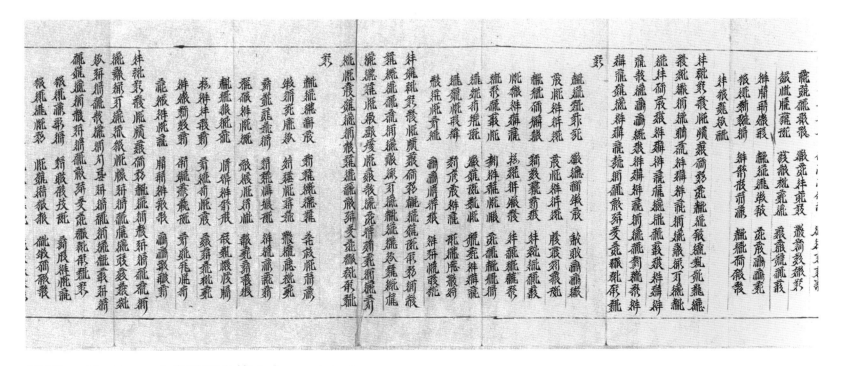

俄 **И**нв.No.514　　大寶積經卷第八十　　　(18-6)

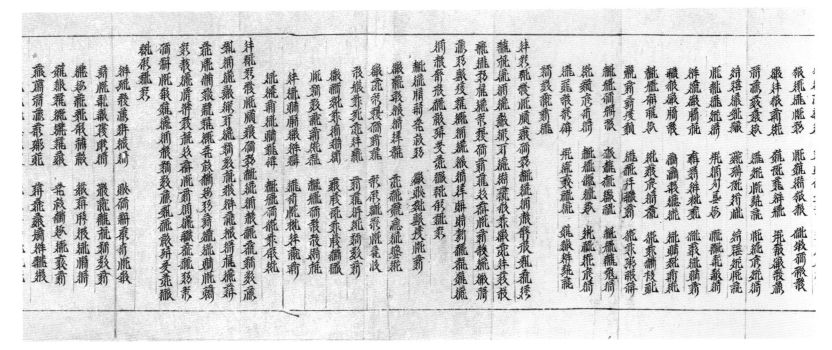

俄 **И**нв.No.514　大寶積經卷第八十　　　(18-7)

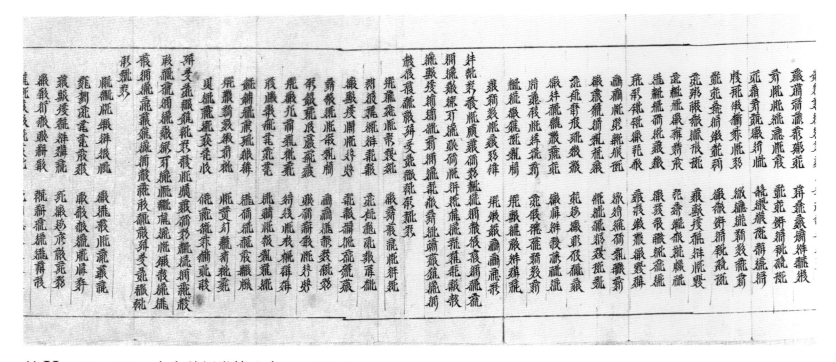

俄 **И**нв.No.514　大寶積經卷第八十　　　(18-8)

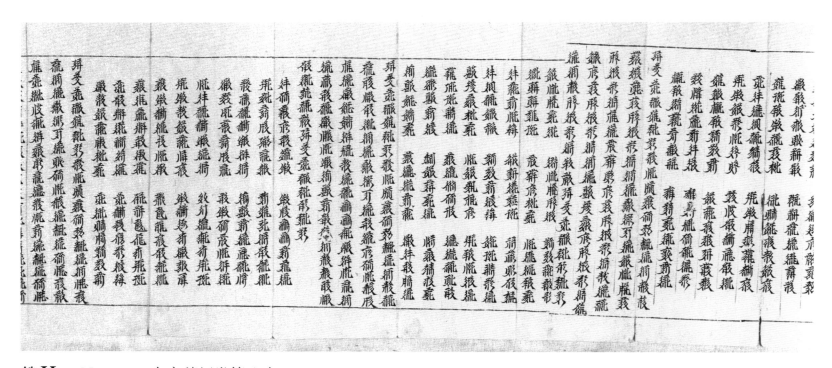

俄 **И**нв.No.514　大寶積經卷第八十　　　(18-9)

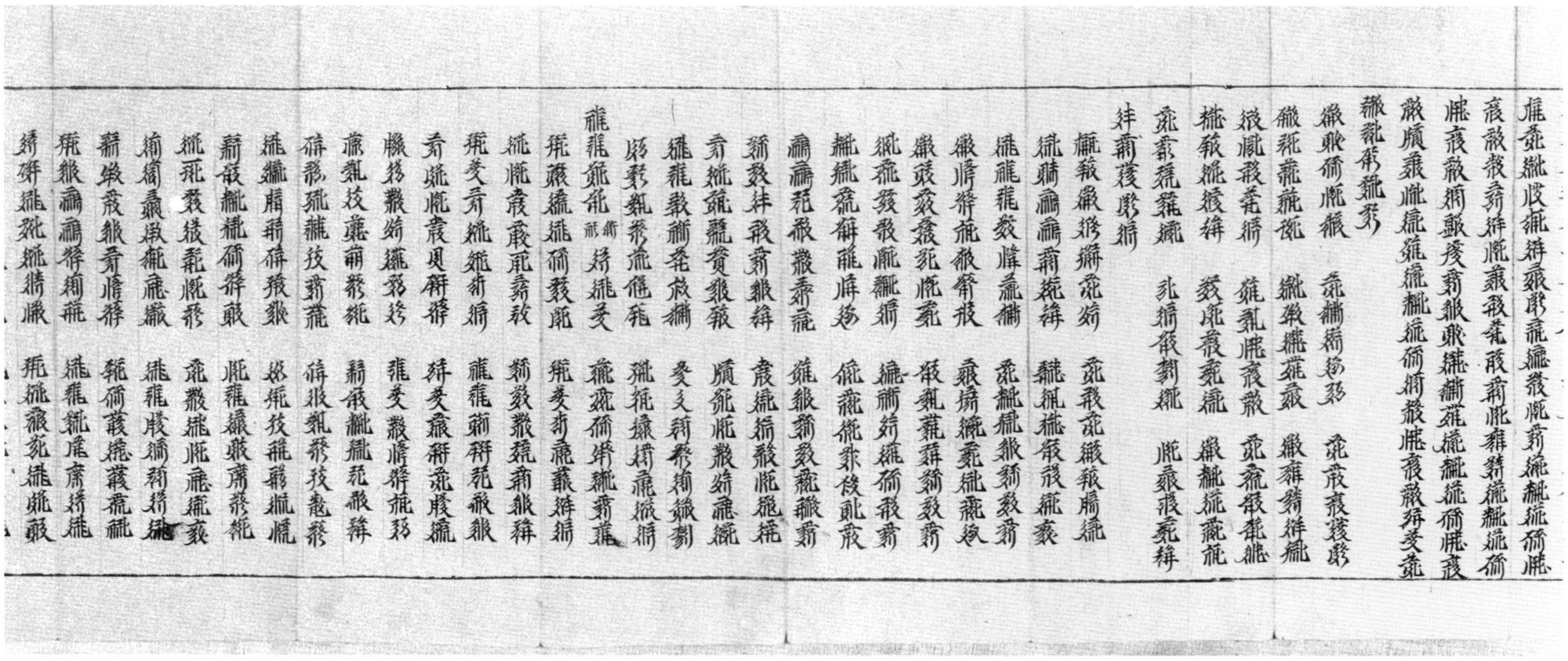

俄 Инв.No.514 大寶積經卷第八十 (18–10)

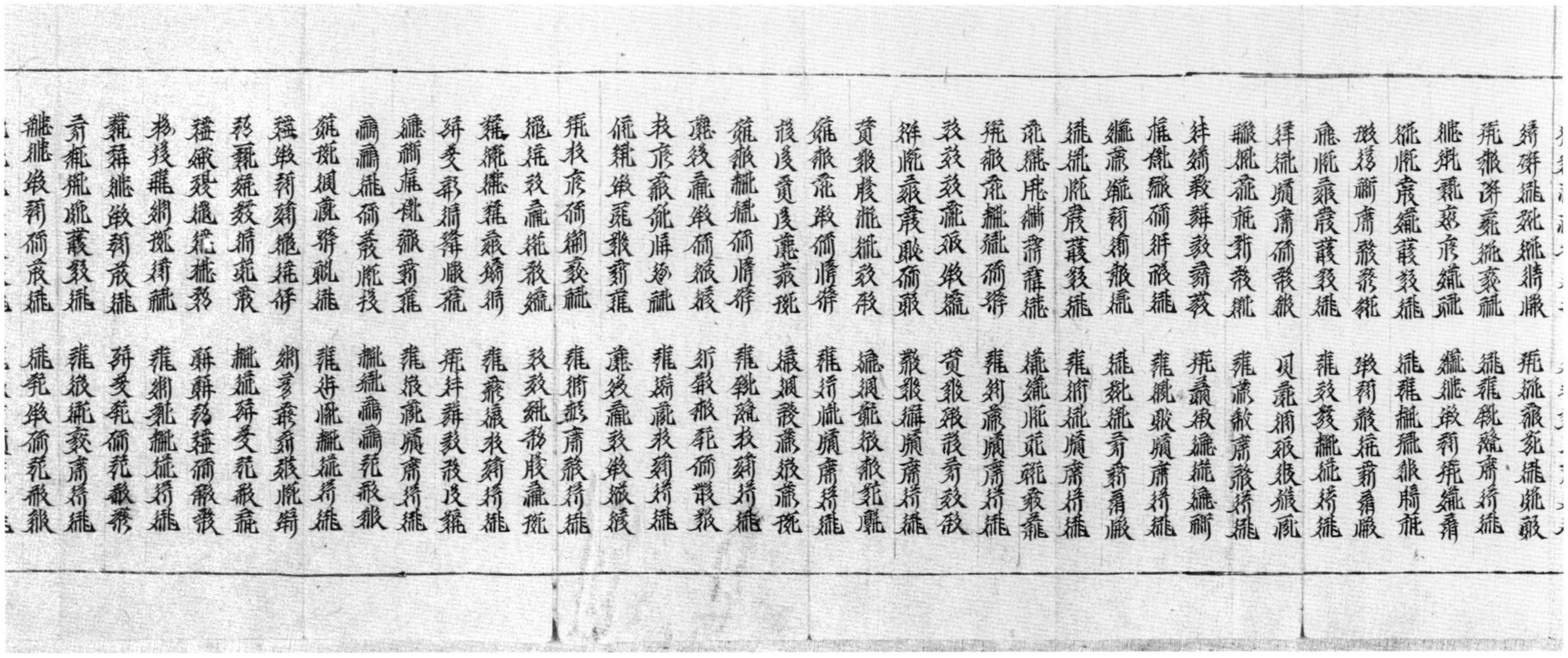

俄 Инв.No.514 大寶積經卷第八十 (18–11)

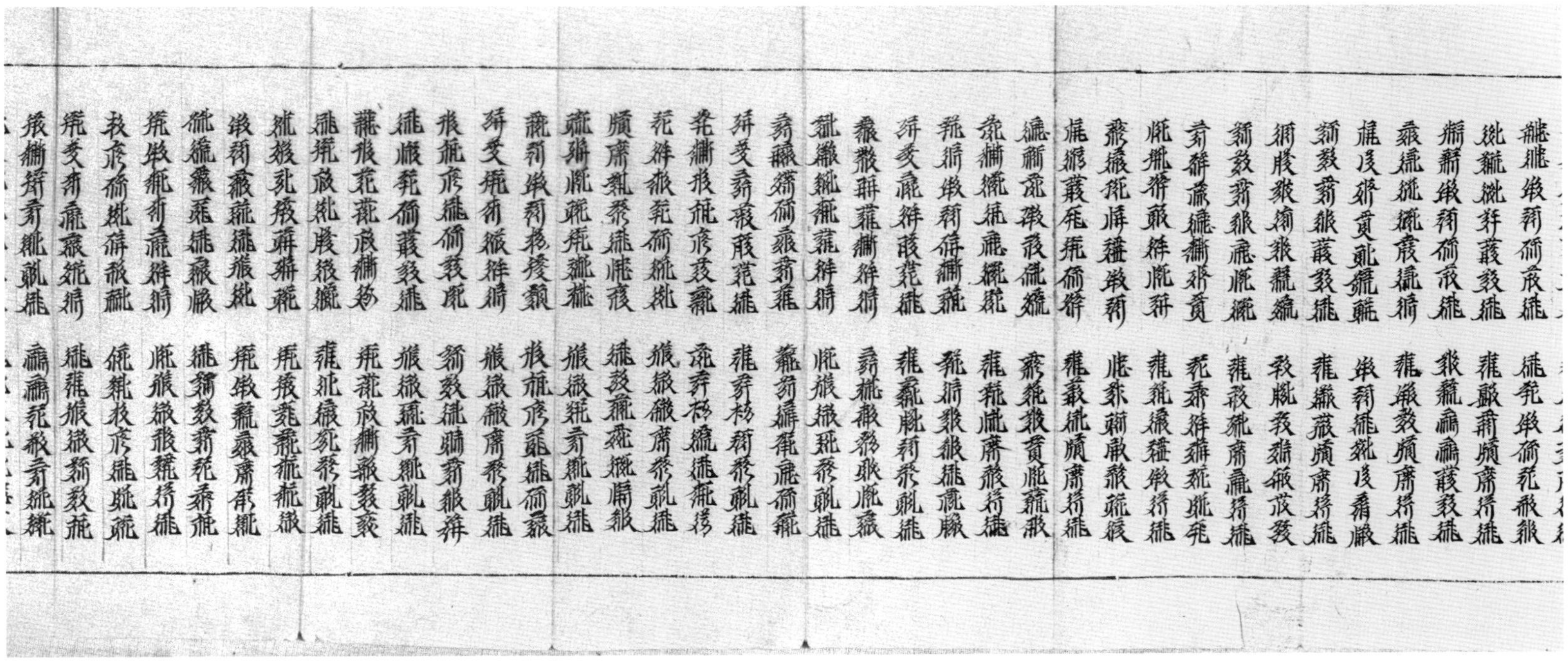

俄 Инв.No.514 大寶積經卷第八十 (18–12)

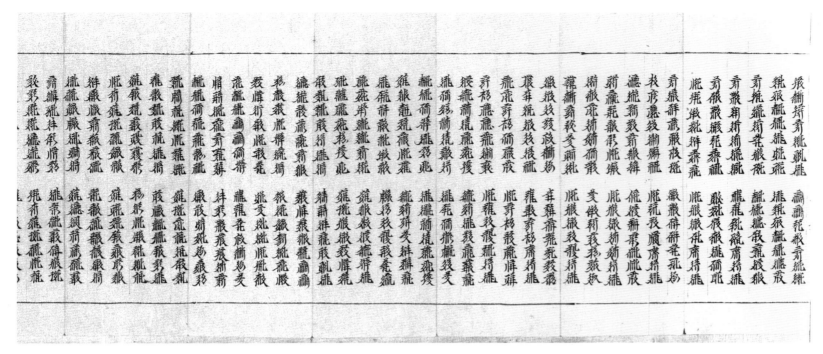

俄 **И**нв.No.514　大寶積經卷第八十　　　(18–13)

俄 **И**нв.No.514　大寶積經卷第八十　　　(18–14)

俄 **И**нв.No.514　大寶積經卷第八十　　　(18–15)

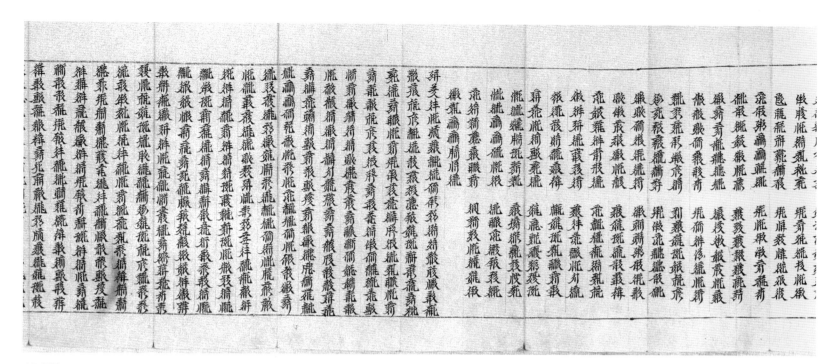

俄 Инв.No.514　大寶積經卷第八十　　　(18-16)

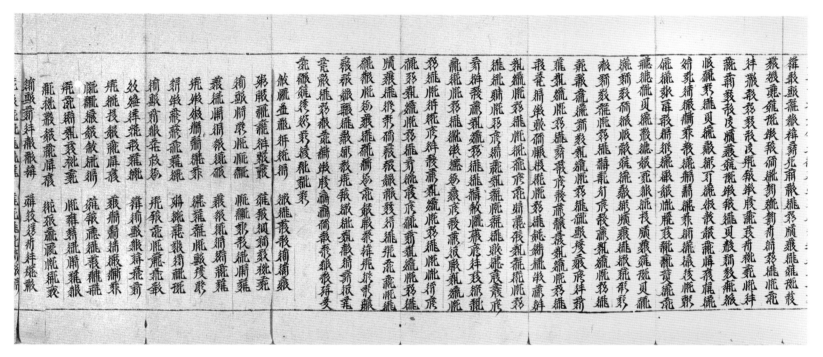

俄 Инв.No.514　大寶積經卷第八十　　　(18-17)

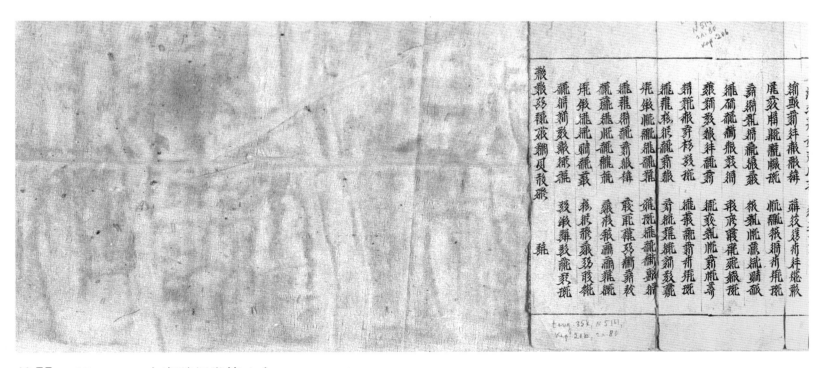

俄 Инв.No.514　大寶積經卷第八十　　　(18-18)

347

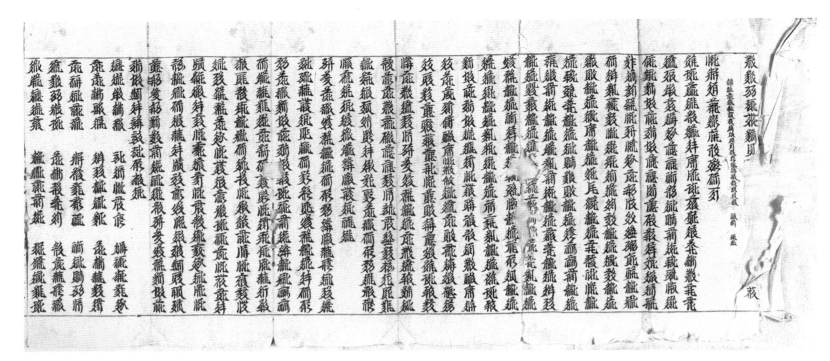

俄 **И**нв.No.516　大寶積經卷第八十三　　　(6-1)

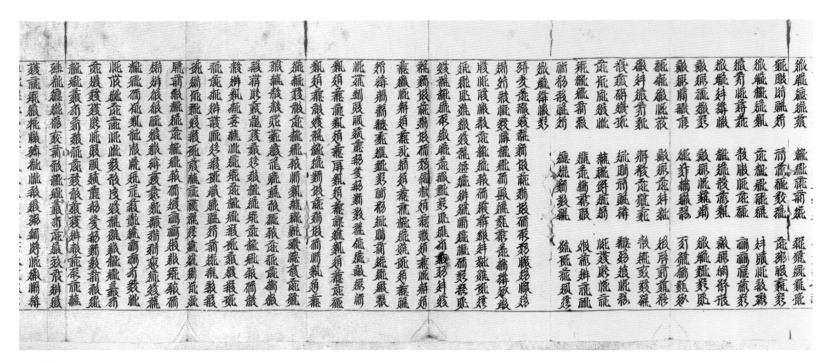

俄 **И**нв.No.516　大寶積經卷第八十三　　　(6-2)

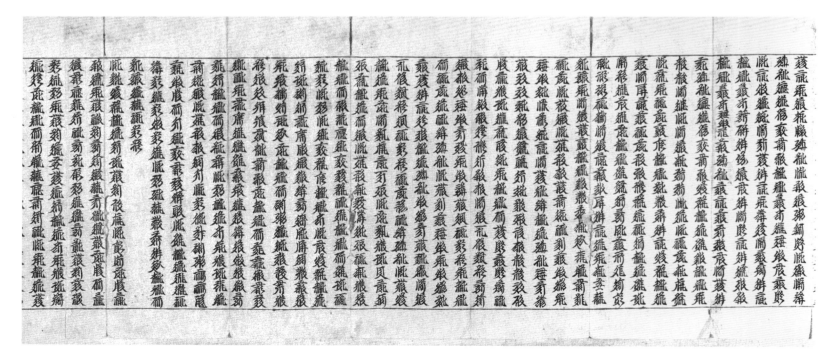

俄 **И**нв.No.516　大寶積經卷第八十三　　　(6-3)

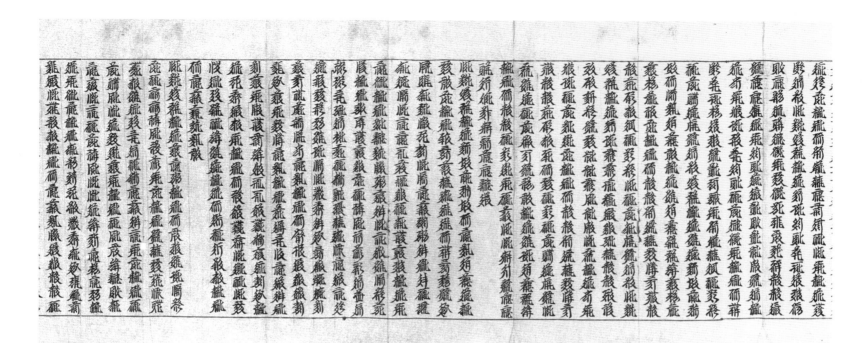

俄 Инв.No.516　大寶積經卷第八十三　　　（6-4）

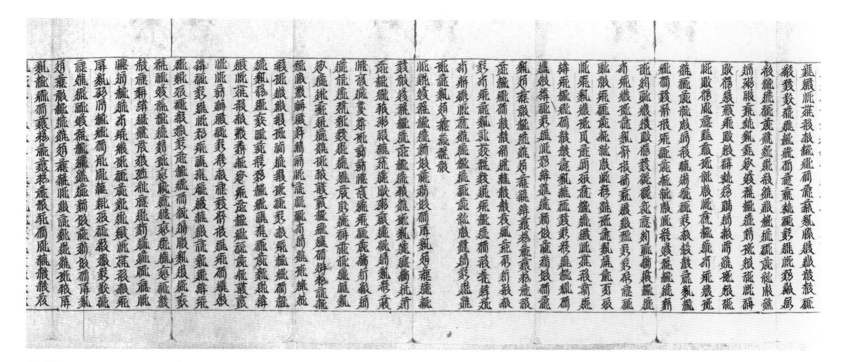

俄 Инв.No.516　大寶積經卷第八十三　　　（6-5）

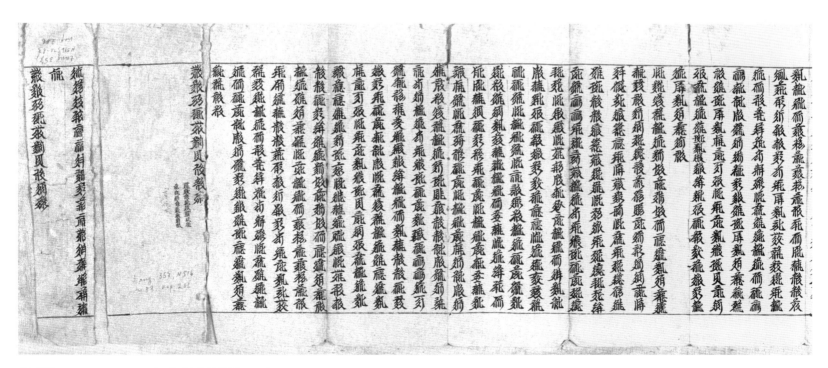

俄 Инв.No.516　大寶積經卷第八十三　　　（6-6）

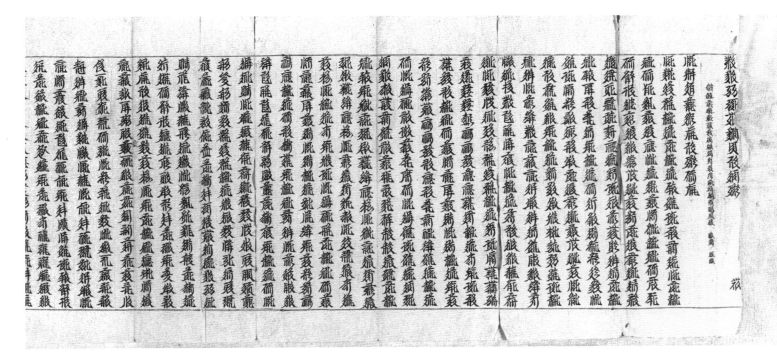

俄 Инв.No.517　大寶積經卷第八十四　　(7-1)

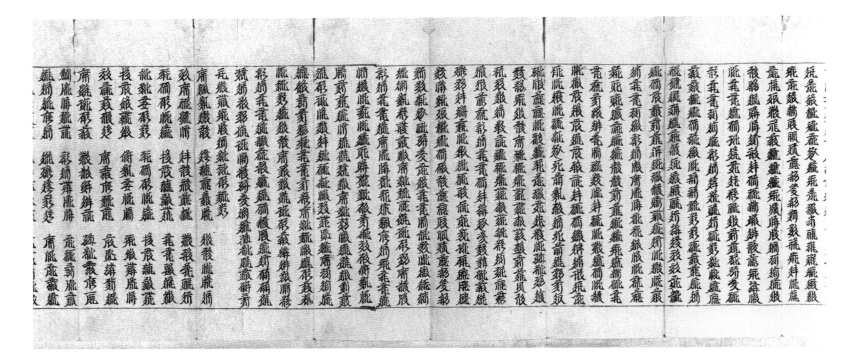

俄 Инв.No.517　大寶積經卷第八十四　　(7-2)

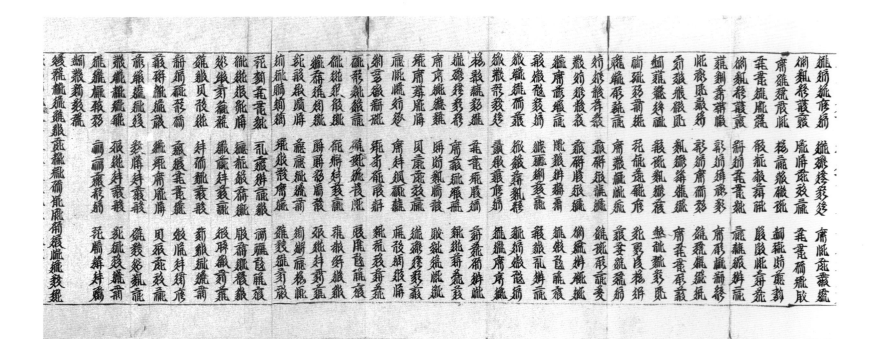

俄 Инв.No.517　大寶積經卷第八十四　　(7-3)

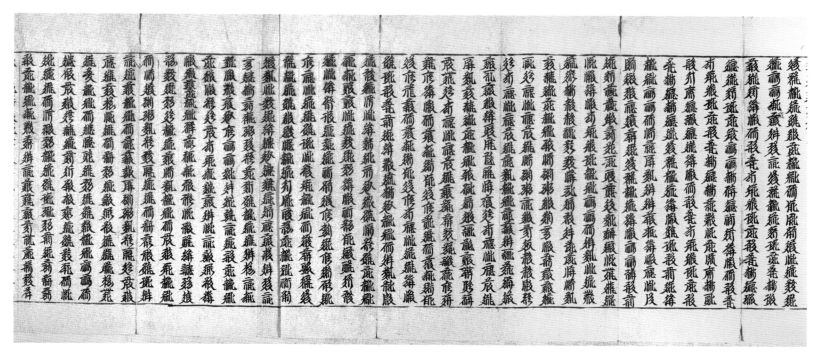

俄 Инв.No.517　大寶積經卷第八十四　　　(7-4)

俄 Инв.No.517　大寶積經卷第八十四　　　(7-5)

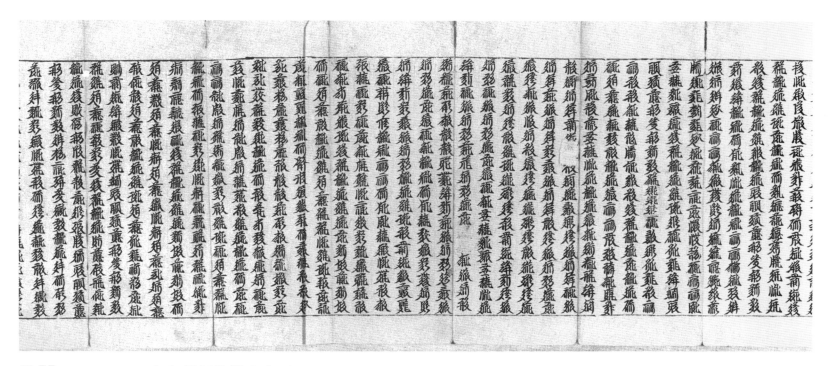

俄 Инв.No.517　大寶積經卷第八十四　　　(7-6)

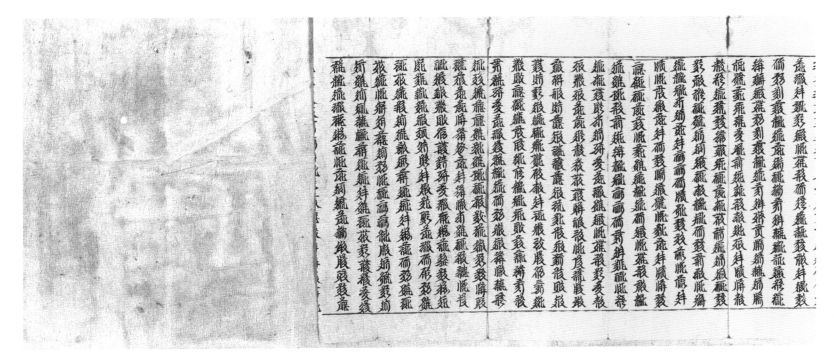

俄 Инв.No.517　大寶積經卷第八十四　　　(7-7)

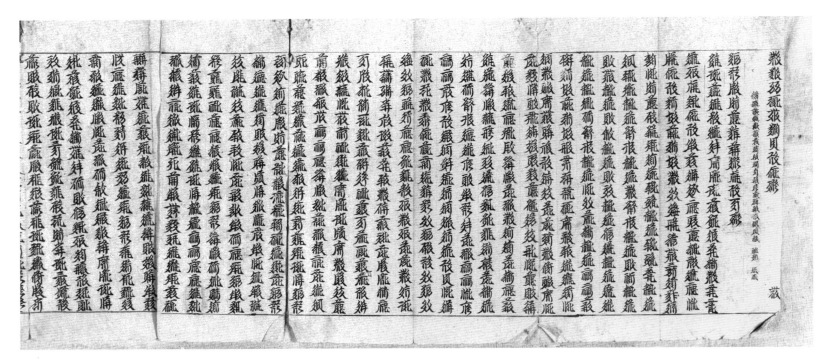

俄 Инв.No.518　大寶積經卷第八十五　　　(14-1)

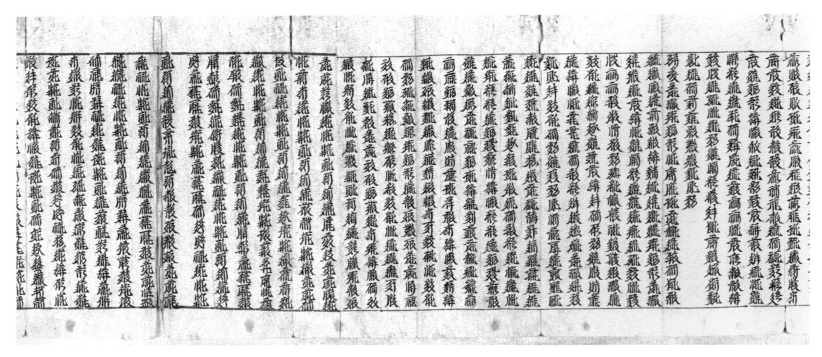

俄 Инв.No.518　大寶積經卷第八十五　　　(14-2)

俄 **И**нв.No.518　大寶積經卷第八十五　　　(14-3)

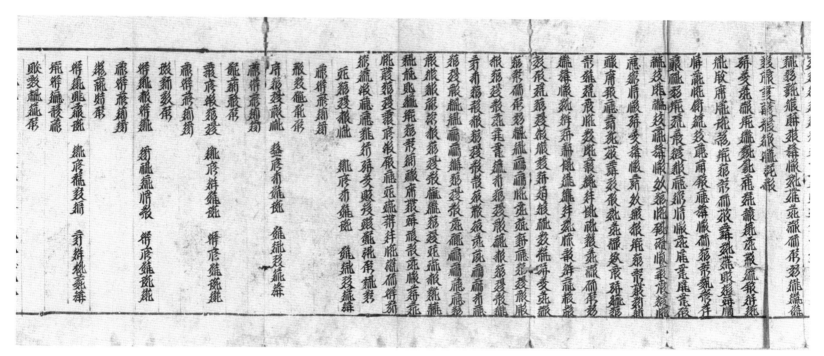

俄 **И**нв.No.518　大寶積經卷第八十五　　　(14-4)

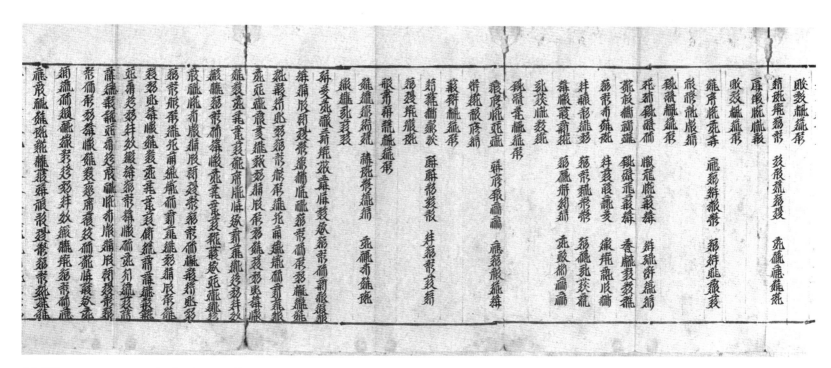

俄 **И**нв.No.518　大寶積經卷第八十五　　　(14-5)

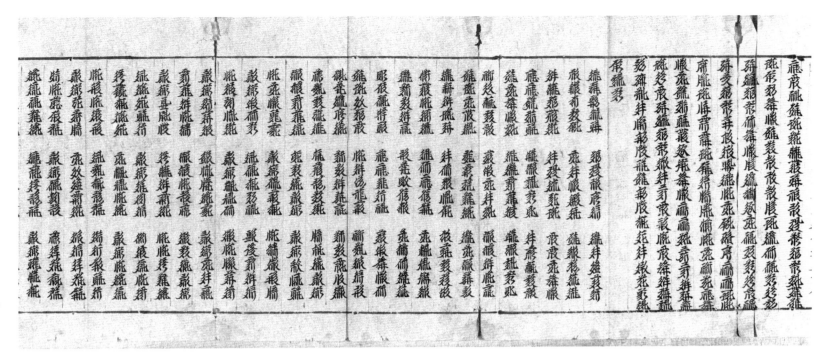

俄Инв.No.518　大寶積經卷第八十五　　　(14-6)

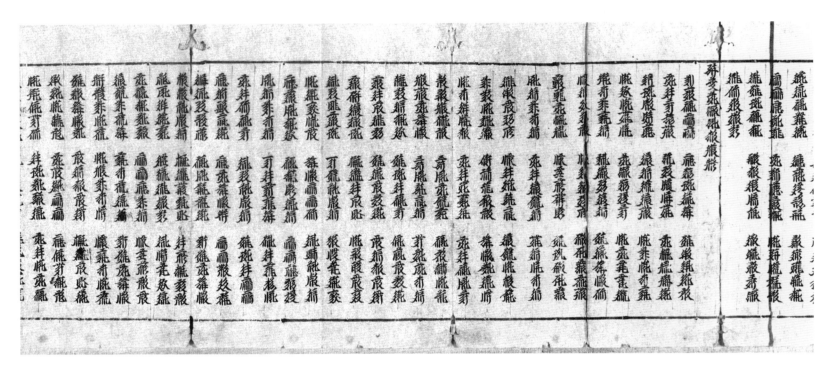

俄Инв.No.518　大寶積經卷第八十五　　　(14-7)

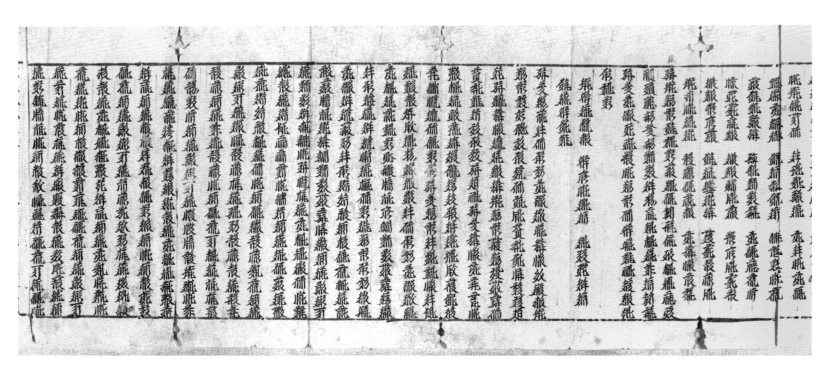

俄Инв.No.518　大寶積經卷第八十五　　　(14-8)

俄 **И**нв.No.518　大寶積經卷第八十五　　(14-9)

俄 **И**нв.No.518　大寶積經卷第八十五　　(14-10)

俄 **И**нв.No.518　大寶積經卷第八十五　　(14-11)

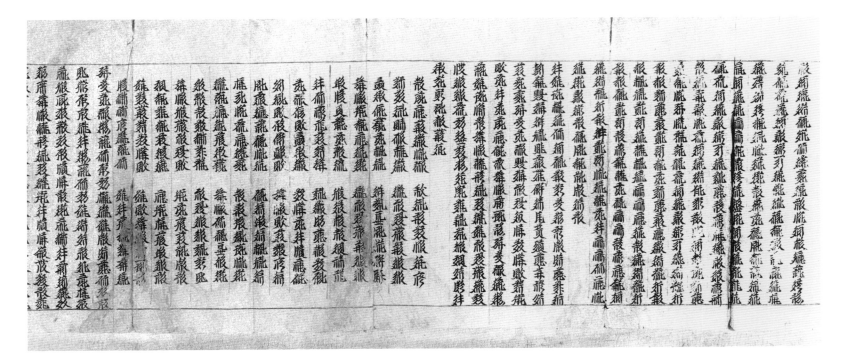

俄 **И**нв.No.518　大寶積經卷第八十五　　　(14-12)

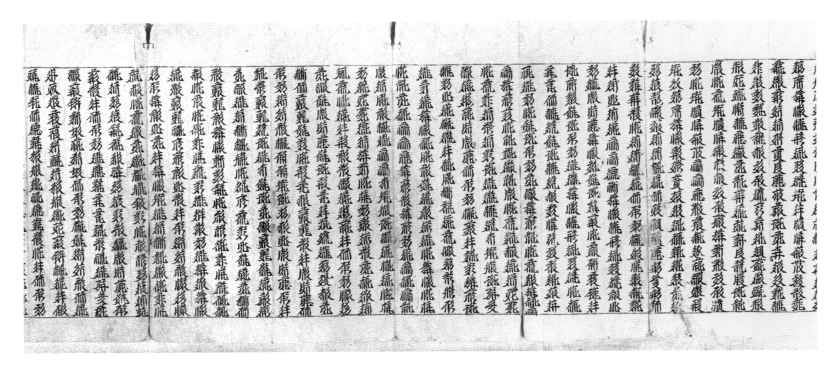

俄 **И**нв.No.518　大寶積經卷第八十五　　　(14-13)

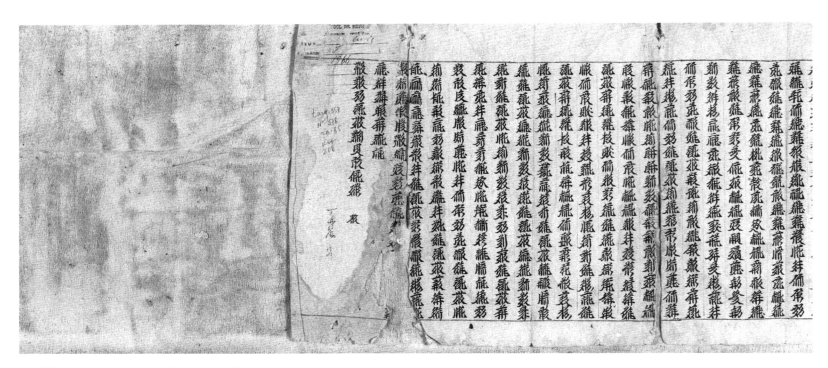

俄 **И**нв.No.518　大寶積經卷第八十五　　　(14-14)

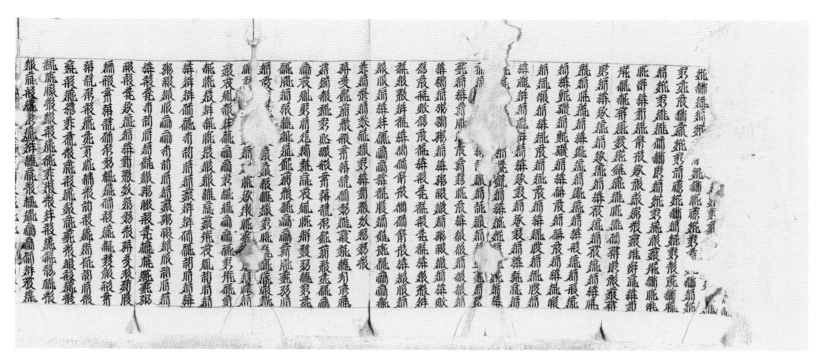

俄 **Инв**.No.1491　大寶積經卷第八十七　　　(9-1)

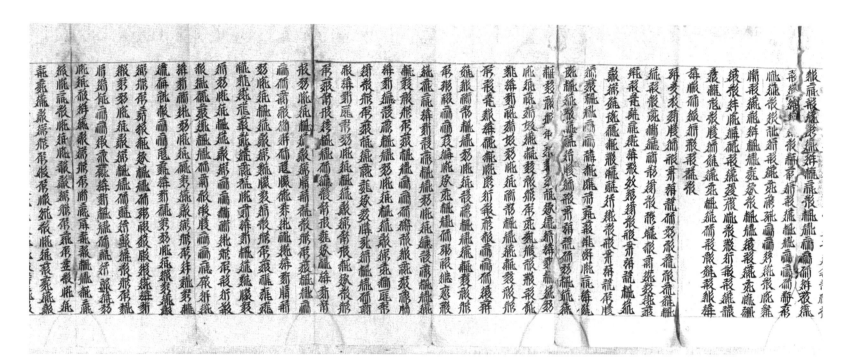

俄 **Инв**.No.1491　大寶積經卷第八十七　　　(9-2)

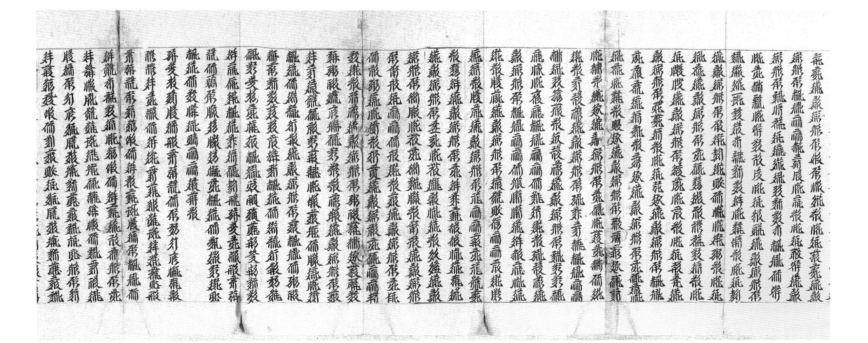

俄 **Инв**.No.1491　大寶積經卷第八十七　　　(9-3)

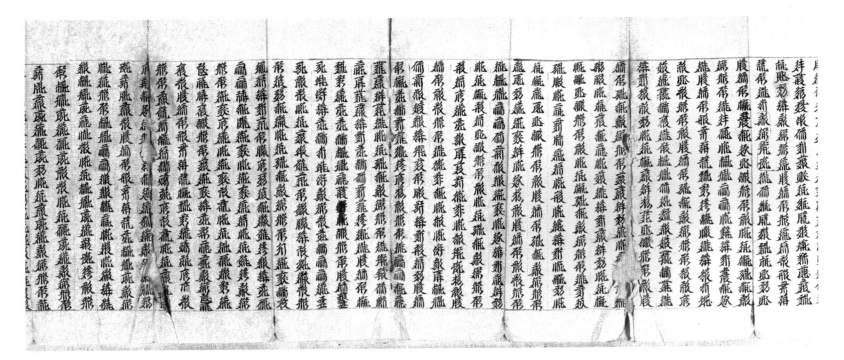

俄 Инв.No.1491　大寶積經卷第八十七　　　(9-4)

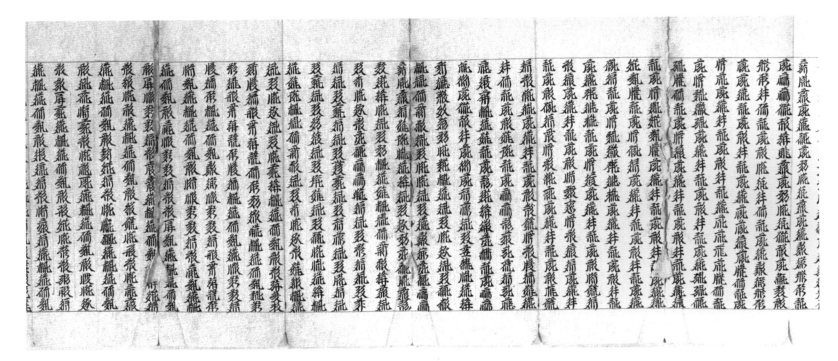

俄 Инв.No.1491　大寶積經卷第八十七　　　(9-5)

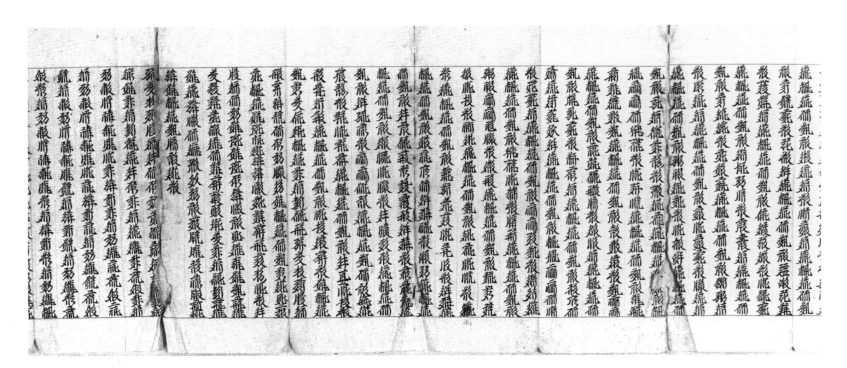

俄 Инв.No.1491　大寶積經卷第八十七　　　(9-6)

俄Инв.No.1491　大寶積經卷第八十七　　　(9-7)

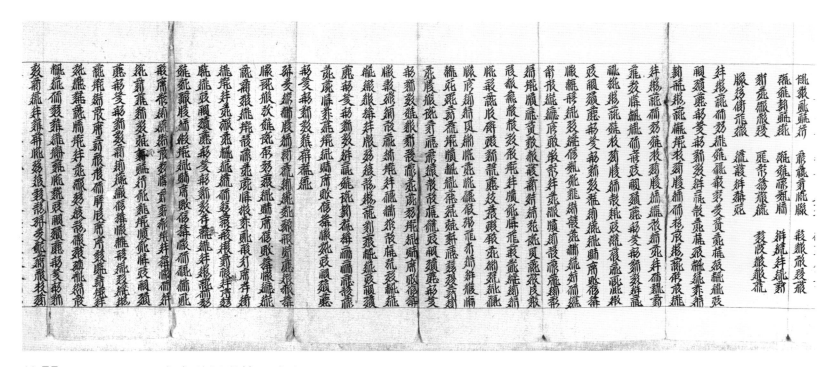

俄Инв.No.1491　大寶積經卷第八十七　　　(9-8)

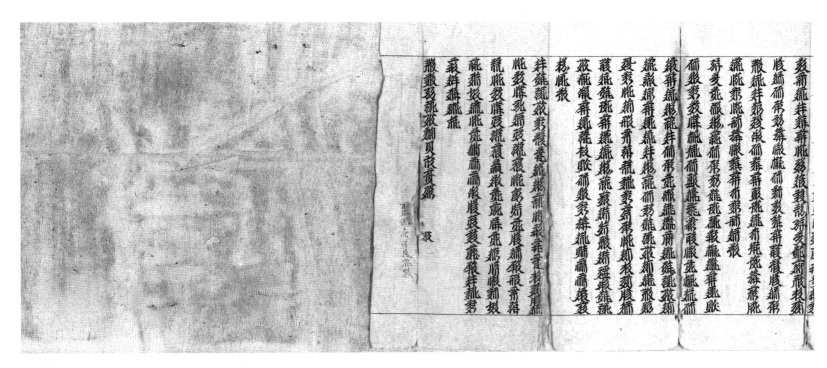

俄Инв.No.1491　大寶積經卷第八十七　　　(9-9)

俄 Инв.No.1490　大寶積經卷第八十八　　　(2-1)

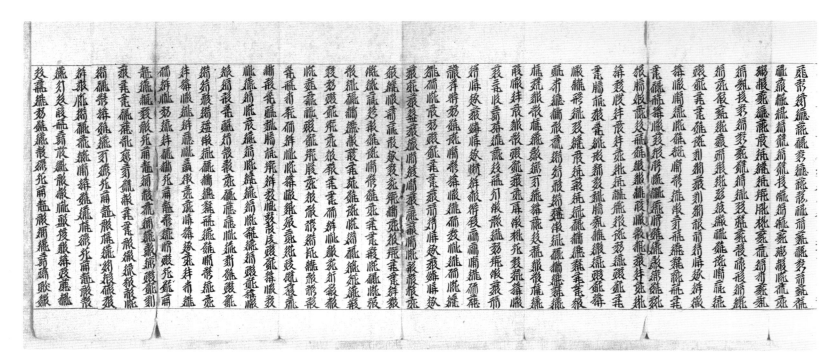

俄 Инв.No.1490　大寶積經卷第八十八　　　(2-2)